U0515337

财税与资产评估

一流本科专业
课程思政教学案例设计
及教学改革探索

何辉 李红霞 等 编著

中国财经出版传媒集团

经济科学出版社
Economic Science Press

图书在版编目（CIP）数据

财税与资产评估一流本科专业课程思政教学案例设计
及教学改革探索/何辉等编著 . —北京：经济科学出版社，
2022. 4
ISBN 978 – 7 – 5218 – 3608 – 0

Ⅰ. ①财… Ⅱ. ①何… Ⅲ. ①高等学校 – 思想政治教
育 – 教学研究 – 中国 Ⅳ. ①G641

中国版本图书馆 CIP 数据核字（2022）第 058808 号

责任编辑：顾瑞兰
责任校对：隗立娜
责任印制：邱　天

财税与资产评估一流本科专业课程思政教学案例设计及教学改革探索

何　辉　李红霞　等　编著
经济科学出版社出版、发行　新华书店经销
社址：北京市海淀区阜成路甲 28 号　邮编：100142
编辑部电话：010 – 88191441　发行部电话：010 – 88191522
网址：www. esp. com. cn
电子邮箱：esp_bj@ 163. com
天猫网店：经济科学出版社旗舰店
网址：http://jjkxcbs. tmall. com
固安华明印业有限公司印装
710 × 1000　16 开　24. 5 印张　410000 字
2022 年 4 月第 1 版　2022 年 4 月第 1 次印刷
ISBN 978 – 7 – 5218 – 3608 – 0　定价：98. 00 元
（图书出现印装问题，本社负责调换。电话：010 – 88191510）
（版权所有　侵权必究　打击盗版　举报热线：010 – 88191661
QQ：2242791300　营销中心电话：010 – 88191537
电子邮箱：dbts@ esp. com. cn）

前　言

　　课程思政建设是落实立德树人根本任务的重要战略举措，是一流专业和一流课程建设的重要内容之一。落实立德树人根本任务，需将价值塑造、知识传授和能力培养三者融为一体。2020 年 5 月 28 日，教育部印发《高等学校课程思政建设指导纲要》，全面推进高校课程思政建设，发挥好每门课程的育人作用，提高高校人才培养质量。全面推进课程思政建设，就是要寓价值观引导于知识传授和能力培养之中，帮助学生塑造正确的世界观、人生观、价值观。习近平总书记强调，"要用好课堂教学这个主渠道""其他各门课都要守好一段渠、种好责任田，使各类课程与思想政治理论课同向同行，形成协同效应"。

　　课程思政建设是全面提高人才培养质量的重要任务。课程思政育人有效实施的基础在课程，要紧紧围绕国家和区域发展需求，结合学校发展定位和人才培养目标。课程思政不是课程与思政的简单组合与叠加，而是在课程知识讲授中有效融入思政元素，探索有效融入方式和渠道，实现专业知识与理想信念、品德修为、文化自信等的内在融合。

　　在首都经济贸易大学财政税务学院党政领导下，财政系、税务系和资产评估系根据各自专业的特色和优势以及专业的育人目标，从课程思政要素的设计、课程思政教学的技巧、课程思政融入课堂教学的路径等方面，组织各专业教师编写课程思政教学案例设计。从课程所涉专业、行业、国家、文化、历史等角度，增加课程的知识性、人文性，提升引领性、时代性和开放性。帮助学生了解本专业和行业领域的国家战略、法律法规和相关政策，培育学生经世济民、诚信服务、德法兼修的职业素养。

　　课程思政教学案例设计的建设旨在强化价值引领、最大限度发挥课堂教学育人主渠道作用，把做人做事的基本道理、社会主义核心价值观的要求以及实现民族复兴的理想和责任融入本科教学，构建全员、全过程、全方位育人新局面。通过课程思政教学案例设计的建设，推动教学方案优化，提高课程思政教学效果，提升人才培养质量。

本书包括两部分：第一部分是财政学、税收学和资产评估三个专业的课程思政教学案例设计，第二部分是一流专业建设的教学改革探索。各专业积极组织编写课程思政教学案例设计，共完成34个课程思政教学案例设计。通过编写课程思政教学案例设计，促进教师掌握课程思政教学技巧，提升课程思政教学效果。近年来，首都经济贸易大学财政税务学院党政领导高度重视教学改革，积极组织老师进行教学改革探索，并取得阶段性的教学改革研究成果，本书中共有8篇教学改革探索成果。

财政系参与编写课程思政教学案例设计的老师为：李红霞教授、何晴教授、张立彦副教授、刘辉副教授、李林君副教授、范庆泉副教授、刘翔副教授、王海南博士、王子林博士、茹玉博士。

税务系参与编写课程思政教学案例设计的老师为：何辉教授、赵书博教授、刘颖教授、曹静韬教授、包健教授、黄春元副教授、张春平副教授、陈远燕副教授、张莉副教授、姜明耀博士、晁云霞博士、张亦然博士、王婉如博士、王涛博士、曹越博士。

资产评估系参与编写课程思政教学案例设计的老师为：王竞达教授、梁美健教授、陈蕾教授、赵琼副教授、张晓慧副教授、李蕾老师、张亮博士、王田力博士。

参与教学改革研究探索的老师为：何辉教授、杨全社教授、曹静韬教授、陈蕾教授、张晓慧副教授、张春平副教授、赵琼副教授、陈远燕副教授。

目　录

课程思政教学案例设计

教学改革探索

课程思政教学案例设计

政府预算——管好政府的"钱袋子"

李红霞

课程名称：《财政学》

课程性质：□公共课 ☑专业课

课程类别：☑理论课 □实践课 □理论实践一体课

课程所属学科及专业：财政学科财政学专业

授课教师：李红霞

授课对象：财政学、税收学、经济学、金融学、国际贸易、会计等经
管类专业大二和大三本科生

一、课程简介

《财政学》是教育部组织实施的面向 21 世纪教学内容和课程体系改革
计划中经济、管理类专业的核心课程。它是一门应用理论学科，在学科体
系中起着衔接一般经济理论课和财政业务课的中介作用，主要适用于大学
本科经济学类、工商管理类等专业。课程目标包括：第一，通过本课程的
学习，要求学生全面了解现代财政学的总体理论框架，掌握财政的基本理
论、基本知识和基本技能，开阔学生分析问题的思路，提高学生解决实际
问题的能力。第二，以马克思主义的基本原理为指导，同时立足于中国实
际，让学生充分了解当今中外新的财政学理论的研究成果，在借鉴西方公
共财政理论基础上，全面了解中国社会主义市场经济下公共财政理论体系。
第三，通过学习财政学的基本理论、基本知识和基本技能，为学生今后相
关课程的学习奠定良好的理论基础。

《财政学》课程内容共分为七大部分，即财政的基本理论、财政支出、
财政收入、财政管理体制、政府预算、公债、财政政策。《财政学》课程坚

持理论与实践相结合的原则，注重课堂教学与课堂讨论相结合，要求学生在掌握财政学重点内容的基础上，能够应用财政税收基本理论对经济领域热点问题进行判断、分析和研究，引导学生在课堂上积极思考，增强其学习的主动性和自觉性。该课程充分运用现代化教学手段，从教学的广度和深度入手，为学生提供最新的财政学理论信息，以提高其分析问题及解决问题的能力。

二、课程思政元素

元素 1：理解中国特色社会主义财政内涵。

财政乃"庶政之母、邦国之本"，关系到重大民生问题，现代财政作为国家治理的基础和重要支柱，已嵌入国家治理体系的每个维度。中国特色社会主义财政是人民性与公共性相统一的财政，是与社会主义市场经济体制相适应的现代财政，是与国家治理相适应的民主法治财政，是开放包容、推动构建人类命运共同体的大国财政。

元素 2：坚持立德树人理念。

财政学课程紧扣立德树人的根本任务，将价值塑造、知识传授和能力培养三者融为一体，在财政学课程讲授中将世界观、人生观、价值观的塑造放在首要位置，突出社会主义核心价值观和社会责任感。把国家、社会、公民的价值要求融为一体，激发学生的家国情怀和使命担当，自觉把小我融入社会大我，不断追求国家的富强、民主、文明和社会的公正与和谐。

元素 3：厚植家国情怀。

财政学课程学习要引导学生关注现实社会，了解国情，特别注重教育引导学生善于发现现实问题，研究经济热点问题，讲好中国故事。增加学生对国家制度和改革发展成就的理性认同，激发学生强烈的爱国热情，培养家国情怀、经国济世的社会责任感和担当意识，培养合格的社会主义事业建设者和接班人。

元素 4：培养公共意识。

公共意识追求公共目标和公共利益，体现着一个民族迈向现代化的文明高度。公共意识包括公共利益意识、公共道德意识、公共责任意识、公共规范意识等。由于财政学是"理公共之财，管公共之事"的学问，因此，财政学课程着力引导学生树立公共意识，着眼公共视角，关心公共问题，关注公共风险，研究公共决策，培养学生具有研究公共问题的能力、制定公共规则的能力、管理公共事务的能力，培养"通财善政、心怀天下"的治国理政人才。

元素5：学史鉴古知今。

财政学课程要求学生了解国家历史，树立深厚的历史观，客观认识世界，理性改造世界，有效治国理政。引导学生客观认识和评价国家历史，尊重国家历史，树立四个自信，引导学生更深刻地理解掌握马克思主义历史唯物主义观点。通过财政学课程学习使学生明了财政制度背景以及社会经济效应，了解财政制度与经济发展水平、社会结构、政治制度、文化传统之间的相互关系。

元素6：强化法治意识。

法治意识是人们对法律发自内心的认可、崇尚、遵守和服从。财政学致力于培养专业性强的治国理政人才，未来充实到行使公共权力与公共理财相关的领域和岗位工作。特别注重培养其高于一般公民和经济主体的法治意识和法律信仰，更高程度地自觉学法守法、严格执法、公正司法、维护法律尊严。可以说，具有强烈的法治意识是财税人才在职业生涯中行稳致远的必要条件，也是财政学课程重要的思政元素。

元素7：立足中国，放眼世界。

从构建人类命运共同体的高度出发，注重训练和拓展世界眼光、国际思维，以海纳百川的眼界、兼收并蓄的心态吸收一切人类文明的优秀成果，注重文化的多样性，站在国际视角、立足世界舞台来开展建设。在中国致力于实现中华民族伟大复兴中国梦的新时期，致力于构建人类命运共同体，不仅追求中国人民福祉，而且关怀世界人民共同福祉，是我们发扬光大中华优秀传统文化的必然选择。

三、教案设计

（一）教学目标

1. 通过本章学习，要求学生掌握有关政府预算的基本内涵及特征，明确预算改革与民生福祉的关系。

2. 了解政府预算制度改革的整体框架，理解从政府管"钱袋子"到管好政府"钱袋子"的转变。

3. 了解全口径预算的内涵及其相互关系，理解全口径预算改革的必要性。

4. 结合《深化预算管理制度改革的意见》，剑指收"过头税费"、支出效率低等弊端及改革路径。

（二）教学内容

1. 授课内容：第 9 章政府预算管理制度第 1 节政府预算概念及组织架构。

2. 授课时数：2 课时（100 分钟）。

3. 第 1 课时：政府预算内涵与特征。

4. 第 2 课时：政府预算模式。

（三）教学重点和难点

1. 教学重点：政府预算内涵、政府预算模式、全口径预算内容。

2. 教学难点：全口径预算架构间的关系。

（四）教学手段与方法

教学手段：灵活运用 PowerPoint 制作的教学课件、微课、视频展示、板书、引导性提问等方式开展教学。重视案例教学法的应用和启发式教学法的应用，从知识延伸、能力提高和思维拓展三个层次组织教学，知识讲解环节采取多种教学形式，通过动态多媒体展示、案例导入和引导思考，吸引学生注意力，提高学生学习兴趣。尤其是将理论知识与现实世界相联系，加深学生对抽象知识理解的同时，使学生对我国预算制度改革以及国家治理的大逻辑有了更加深刻的认识，增强学生分析现实问题的能力。

教学方法：采用课堂讲授法、提问讨论法、直观演示法、案例教学法。财政学课程中有大量理论性较强的内容，理论内容教学可以通过案例教学法的灵活运用来提高教学效率。结合 SPOC 课程《公民必修课：财政学基本原理》相关内容，引入现实案例，掌握教学进程，引导学生思考、组织讨论研究，进行总结、归纳。由于教学内容是具体的财税改革实例，与学生的现实生活经验相融合，学生注意力容易集中，学习中所理解的抽象概念和理论知识可以很快用于解释现实财税问题，学生的学习反馈迅速，能够增强学习成就感和学习动力。

（五）教学设计

1. 教学设计思路。

步骤一：回顾上节课的授课内容，了解本次课程内容在整章中的位置。

"政府施政，虽悠悠万事，惟预算为大。"预算是公共利益发现、确认及实现过程。预算通过建立严密而科学的预算流程，奠定"廉洁政府"的基石；通过预算总量控制，优化资源配置，实现政府"高效"和"低成本"。

本部分内容主要通过实例来创设问题情境，通过与学生的互动和讨论发现问题和思维定向。首先老师提出 2 个问题：（1）如何理解"预算"一词的字面含义？（2）如何理解政府预算与民生的关系学政府预算知识，说说应如何管好政府的"钱袋子"？以此引出社会各界越来越关注的政府预算问题。中国是拥有 14 亿人口的大家庭，政府的钱从哪里来，要用到哪里去，关系到每一位公民的切身福祉。那么到底何为政府预算？政府预算的实质及核心要义是什么？如何管好政府的钱袋子，确保纳税人的钱都能真正落到实处？通过政府预算这一章的学习，来寻找解决问题的答案。

步骤二：思政元素导入、课堂讲授与思路启发。

通过本章讲授，让学生理解政府预算关系到每一位公民的切身福祉，是国家治理的重要组成部分，最终导入本章的核心概念：政府预算内涵、全口径预算及必要性问题。授课教师结合问题与案例，组织学生思考与讨论，主要目的在于用直观案例来帮助学生理解较为抽象的概念及实质的理解。

古人云"凡事预则立，不预则废"，就是指在做任何事情之前，应该事先作好计划或准备。从"预算"的字面意思来理解，预算本身有预测、预计和计划的含义，那么预算是对什么进行预测、预计，进行计划呢？预算作为公共财政的基础和核心，在每年的财政收入取得之前和财政支出在分割之前必须要编制一个收支计划。如果没有预算来约束政府的收支行为，就可能导致政府的支出无度、财政赤字剧增，还可能出现官员贪腐现象。因此，通过深化预算制度改革，将政府的财权关进预算制度的"笼子"里，管好政府的"钱袋子",对推进国家治理体系和治理能力现代化具有重要意义。

步骤三:案例讨论,从直观案例入手理解抽象概念。

举例1:美国政府在历史上曾发生多次"政府关门"事件。在克林顿当总统时期,由于预算草案没有通过议会的审批,克林顿总统只能自掏腰包支付白宫的电费,否则那一年的圣诞节,白宫将一片漆黑,圣诞树也无法点亮。2018年12月底,因为特朗普政府"边境墙"预算问题两院意见不一致,"政府关门"事件再度爆发,时间长达35天,创下美国历史上最长"政府关门"时间纪录。因为按照美国预算法规定,当政府提出的预算案得不到国会批准,政府就不能拨钱,公务员只得被迫无薪休假,当政府财政开支过大造成亏空时,国会就有权命令政府关门,这也体现出政府预算作为法律文件的严肃性和威严感。

举例2:2020年6月28日,国务院办公厅督查室公布了一个反面案例:河北衡水市景县政府及税务机构存在搞税收排名、清缴补缴欠税、向企业分解税收任务、征收"过头税"等违规问题。一些地方政府及有关部门对征收税费也存在监管制度滞后、监管缺位、监管乏力等问题,导致出现违规揽税收费以及以清缴补缴税费的名义增加市场主体的不合理负担。征收"过头税费"会直接导致对经济形势的误判,甚至扭曲经济的正常运行。2021年4月,国务院颁布《关于进一步深化预算管理制度改革意见》明确指出:"严禁收取过头税费、违规设置收费项目或提高收费标准。依照法律法规及时足额征收应征的预算收入,如实反映财政收入情况,提高收入质量,严禁虚收空转。"

2. 教学过程安排。根据教学目标、教学内容和教学设计思路,对教学过程进行系统安排,如表1和表2所示。

表1　　　　　　　　　第1课时:政府预算内涵及特征

环节与时间分配	教学法	设计思路	教学内容
回顾环节,5分钟	讲授法	帮助学生明确授课内容与课程其他部分内容的逻辑关系,以建立对课程内容的整体认识	第一步,确定本章内容结构 1. 本节讨论主题:政府预算内涵及特征 2. 课题讨论:政府预算与我们有多远 第二步,回顾上节内容,引出本节课的主题 1. 回顾上节课学习的财政收支分类 2. 引入政府预算如何规范政府收支行为 第三步,介绍政府预算的具体内容、特征

续表

环节与时间分配	教学法	设计思路	教学内容
导入环节，5~10分钟	讲授法、举例法	通过实际例子来创设问题情境，通过与学生互动和讨论，发现问题和思维定向，最终导入本讲的核心概念：政府预算内涵。授课教师结合问题与案例，组织学生思考与讨论，主要目的在于用直观案例帮助学生理解较为抽象的概念，加深对概念实质的理解	第一步，以两个生活中的例子，引导对政府预算的思考 1. 征收"过头税"：河北衡水市景县政府及税务机构存在向企业分解税收任务、征收"过头税"现象 2. 预算造假：辽宁省长陈求发在作政府工作报告时承认，辽宁省连续五年存在预算数据造假的问题 第二步，分析总结实例 通过对两个例子的分析，引出政府预算在执行中，监督财政收支运行的重要性
讲授和总结环节，30分钟	总结法	回顾本讲的主要内容后，引导学生进行发散思考，同时导入下次课的内容框架，并安排预习任务	第一步，本讲主要内容回顾。包括：政府预算的概念、政府预算的特征；政府预算与民生的关系 第二步，引导学生在本次课程讲授的基础上积极思考。包括：如何深化政府预算制度改革？如何理解"过头税"、预算数据造假的危害？从纳税人角度出发，说明管好政府的"钱袋子"的重要性

表2   第2课时：政府预算模式

环节与时间分配	教学法	设计思路	教学内容
展示和讲授环节，10分钟	直观展示法、讲授法	本部分内容先提出"预算离我们有多远"的思考，然后引导学生回忆在财政收入和财政支出章节已经学习过的与预算有关内容	第一步，从"预算是连接政府与人民之间的财政纽带"出发，引入政府预算的重要性，14亿公民都是政府预算体系的"利益相关者" 第二步，举例：预算"红箱"。英国财政大臣每年将预算收支文件装在红箱中向议会和国民公布，强调预算公开的重要性 第三步，提出讨论的具体问题 问题1：思考全口径预算改革的必要性 问题2：英国"红箱"预算对中国的启示
讨论环节，20分钟	讨论法	本部分由授课教师组织学生分组讨论提出两个问题，在各学生小组下进行讨论后，教师随机抽选小组代表阐述本组观点	第一步，学生分组进行发言，对自己小组的讨论结果进行汇报 第二步，教师根据学生发言内容、课堂气氛和学生知识储备情况等进行实时点评，引导课堂讨论

环节与时间分配	教学法	设计思路	教学内容
讲授和总结环节，20分钟	讲授法、总结法	本部分由授课教师根据学生分组讨论和汇报的内容对深化政府预算制度改革的必要性进行探讨。引导学生对政府预算与民生的关系及在国家治理中的重要作用进行拓展思考	全口径预算改革的必要性： 第一步，了解全口径预算改革的内涵。全口径预算包括一般公共预算、政府性基金预算、国有资本经营预算及社会保险基金预算 第二步，对"四本预算"进行比较分析 总结：根据现阶段深化预算改革的要求，说明全口径预算对管好政府"钱袋子"的重要性 全口径预算改革： 第一步，分析全口径预算的必要性 第二步，分析全口径预算存在问题及原因 提问："四本预算"之间的关系如何？如何进一步完善全口径预算改革？ 思考和拓展： 1. 我国政府预算透明度如何？预算公开与预算透明有什么不同？ 2. 结合实际说明我国政府预算在国家治理能力现代化中的作用？ 3. 西方政府预算模式改革对我国的借鉴与启示？

四、教学效果分析

（一）本次课主要内容回顾

本次课授课内容主要包括政府预算的概念及特征、政府预算的模式、全口径预算的内容及相互关系。本次课知识讲解环节采取多种教学形式，灵活运用多媒体展示、视频展示、小组讨论、引导性提问等方式开展教学，尤其重视现实财税改革案例的导入，吸引学生注意力，提高学生学习主动性及积极性。

（二）本次课教学效果分析

1. 对政府预算与民生之间的关系有了更加深入的认识。将政府预算理论知识与现实相联系，加深学生对抽象概念理解的同时，使其对我国政府预算与民生之间的关系有了更加深刻的认识，激发学生爱国热情和社会责任感，增强学生分析现实问题的能力。

2. 通过鲜活案例提高教学效果。将理论性较强的内容通过案例教学法的灵活运用来提高教学效率。教师通过引入现实案例，掌握教学进程，引导学生思考、组织讨论，并进行总体情况总结、归纳。由于教学内容是具体政府预算改革实例，与学生的现实生活体验相融合，学生注意力容易集中，学习中所理解的抽象概念和理论知识可以很快用于解释现实财政问题，学生的学习反馈迅速，能够增强学习获得感和学习动力。

3. 思政元素引入效果明显。从课程思政的角度来看，本次课程内容的思政元素引入主要体现在将政府预算的基本知识点与中国经济改革相结合，与 14 亿人的民生福祉联系密切。通过预算改革的实际案例的导入，引导学生理解政府预算改革背后的理论逻辑，以及与中国经济发展和社会发展的契合，进一步引导学生关注公共问题、增加公共意识，将社会主义核心价值观、家国情怀、法治意识、立足中国放眼世界等教育融入课程教学中。

总体上看，本次课教学活动能够将思政元素融入专业课程，使学生熟知政府预算在国家治理中发挥的重要作用。课程加入社会主义核心价值观，增加学生的家国情怀和社会责任感，并用案例讲解理论知识，启发学生思考，可以提升学生分析问题和解决问题的能力。

税收超额负担与中国税制改革

何　晴

课程名称：《财政学》

课程性质：□公共课☑专业课

课程类别：☑理论课□实践课□理论实践一体课

课程所属学科及专业：财政学科财政学专业

授课教师：何晴

授课对象：财政学、税收学、经济学、金融学、国际贸易、会计等经管类专业大二和大三本科生

一、课程简介

《财政学》是教育部组织实施的面向 21 世纪教学内容和课程体系改革计划中经济、管理类专业的核心课程。它是一门应用理论学科，在学科体系中起着衔接一般经济理论课和财政业务课的中介作用，主要适用于大学本科经济学类、工商管理类等专业。课程目标包括：第一，通过本课程的学习，要求学生全面了解现代财政学的总体理论框架，掌握财政的基本理论、基本知识和基本技能，开阔学生分析问题的思路，提高学生解决实际问题的能力。第二，以马克思主义的基本原理为指导，同时立足于中国实际，让学生充分了解当今中外新的财政学理论的研究成果，在借鉴西方公共财政理论基础上，全面了解中国社会主义市场经济下公共财政理论体系。第三，通过学习财政学的基本理论、基本知识和基本技能，为学生今后相关课程的学习奠定良好的理论基础。

《财政学》课程内容共分为七大部分，即财政的基本理论、财政支出、财政收入、财政管理体制、政府预算、公债、财政政策。《财政学》课程坚持理

论与实践相结合的原则，注重课堂教学与课堂讨论相结合，要求学生在掌握财政学重点内容的基础上，能够应用财政税收基本理论对经济领域热点问题进行判断、分析和研究，引导学生在课堂上积极思考，增强其学习的主动性和自觉性。该课程充分运用现代化教学手段，从教学的广度和深度入手，为学生提供最新的财政学理论信息，以提高其分析问题及解决问题的能力。

二、课程思政元素

元素 1：理解和正确评价政府行为。

财政学的研究对象是政府收支活动的经济影响，通过该课程的学习，学生能够建立对政府活动经济影响分析的经济学框架，对于理解和正确评价公共决策提供有力的工具，有助于学生养成理性思考的习惯。

元素 2：加强国情教育。

财政学课程的学习要求学生关注现实，了解国情，尤其是发现现实问题和研究现实问题。通过财政学课程的学习，尤其是通过"中国故事"案例的引入和讨论，培养学生对我国经济发展和改革成就的理性认同，激发学生热爱国家、经世济民的责任感和担当意识。

元素 3：弘扬社会主义核心价值观。

财政学课程中，公平与效率原则、税收法定等内容的学习能够帮助学生树立正确的公平观、公正观、法治观，有助于加强学生的社会主义核心价值观教育，帮助学生加深对公平、民主、法制等要素的理解和认识。

元素 4：强化法治意识。

财政学课程内容中贯穿着公共理财、税收法定、财政监督、国有资产管理、预算审查监督等一系列与法治教育息息相关的内容，尤其是行使公权力方面的法治思想贯穿财政学课程体系，强化学生的法治意识是财政学课程重要的思政元素。

元素 5：培养公共意识。

公共意识是以维护公共利益为取向，对于公共事务的看法、态度、价值观念的总和。财政学是"理公共之财，管公共之事"的学问，财政学课程包含政府或公共部门的收入、支出等分配活动及相关经济活动的规律性及其社会经济效应等内容。财政学课程教学能够引导学生树立公共意识，关心公共问题，研究公共决策，而学生的研究公共问题的能力、制定公共规则的能力、管理公共事务的能力，尤其是管理公共之财的能力，对于成为兼容并包的治国理政人才尤为重要。

三、教案设计

（一）教学目标

1. 掌握税收效率原则在税收优化理论中的作用和地位；掌握税收超额负担的内涵；掌握无差异曲线模型分析；掌握商品税税收超额负担的来源。

2. 熟悉补偿需求曲线分析商品税超额负担的方法；熟悉所得税的超额负担问题。

3. 了解商品税和所得税之外的其他税收超额负担问题；了解税收优化理论的整体框架。

4. 了解税收超额负担原理在中国税制改革中的体现；了解最优税收理论对我国财税制度改革具有的理论及现实意义。

（二）教学内容

1. 授课内容：第 6 章税收原理第 2 节税收原则。
2. 授课时数：2 课时（100 分钟）。
3. 第 1 课时：税收的效率原则与税收超额负担。
4. 第 2 课时：税收超额负担与中国税制改革。

（三）教学手段与方法

1. 知识讲解环节采取多种教学形式，灵活运用多媒体展示、视频展示、板书、引导性提问等方式开展教学，通过动态多媒体展示、案例导入和引导思考，吸引学生注意力，提高学生学习兴趣，尤其是将理论知识与现实世界相联系，在加深学生对抽象知识理解的同时，使学生对我国财税体制以及国家治理的大逻辑有更加深刻的认识，增强学生分析现实问题的能力。

2. 案例教学法的灵活运用。财政学课程中有大量理论性较强的内容，理论内容教学可以通过案例教学法的灵活运用来提高教学效率，教师引入现实案例，掌握教学进程，引导学生思考、组织讨论，进行总结、归纳。由于教学内容是具体的财税改革实例，与学生的现实生活经验相融合，学生注意力容易集中，学习中所理解的抽象概念和理论知识可以很快用于解释现实财税问题，学生的学习反馈迅速，能够增强学习成就感和学习动力。

3. 从知识延伸、能力提高和思维拓展三个层次组织教学，课堂教学的目的不仅仅是讲解传授知识，更重要的是激活知识、拓展思维，使学生能够主动学习，提升自学能力，学会知识的积累、梳理、加工和运用。通过理论知识讲解—现实案例讨论—理论与现实相结合的分析—总结等教学步骤的实施，学生对知识点能够进行挖掘、延伸和扩展，自主思考和活学活用的能力得到提升，有利于学生的长期发展。

（四）教学过程

根据教学目标、教学内容和教学设计思路，对教学过程进行系统安排，如表3和表4所示。

表3　　　　　　　　第1课时：税收的效率原则与税收超额负担

环节与时间分配	教学法	设计思路	教学内容
回顾环节，5分钟	讲授法	帮助学生明确授课内容与课程其他部分内容的逻辑关系，以建立对课程内容的整体认识	第一步，回顾整章内容结构 1. 回顾本章讨论主题：税收原则的概念框架 2. 公平原则和效率原则的关系 第二步，回顾上节课内容，引出本节课的主题 1. 回忆上节课学习的税收公平原则 2. 引入税收效率原则概念 第三步，介绍税收超额负担部分的内容框架和本堂课讲解的内容
导入环节，5~10分钟	讲授法、举例法	通过实际例子来创设问题情境，通过与学生的互动和讨论发现问题和思维定向，最终导入本讲的核心概念：税收超额负担问题。由授课教师结合问题与案例，组织学生思考与讨论，主要目的在于用直观案例帮助学生理解较为抽象的经济学概念，加深对概念实质的理解	第一步，以两个生活中的例子，引导对税收超额负担的思考 案例1：PPT展示阿姆斯特丹建筑图片，与学生互动讨论建筑风格形成的原因，进一步解释建筑风格形成的原因 案例2：征税会影响好酒之徒的福利水平吗？ 第二步，总结实例。通过对两个例子的分析，引出税收超额负担的概念和基本逻辑

环节与时间分配	教学法	设计思路	教学内容
讲授环节，5～10分钟	讲授法、举例法、图示法	首先提出理论概念，并结合步骤二的案例说明理论概念实质；其次运用经济学模型说明税收超额负担的度量方法与来源，并区分商品税和所得税的分析过程；最后进行拓展其他模型度量方法，引导学生课后自学	第一步，讲解税收超额负担的概念（本讲教学重点） 税收的无谓损失（dead-weightloss）或超额负担（excess burden）：指因课税而带来的净损失或额外负担，可以用政府征税引起的社会福利损失（消费者与生产者剩余损失的总和）大于政府获得的税收数额的多少来表示 第二步，讲解哈伯格三角（Harberger triangle） 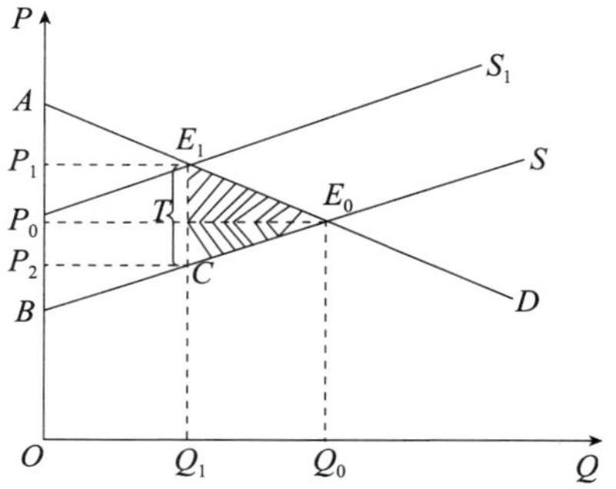 第三步，商品税的超额负担（本讲教学难点） 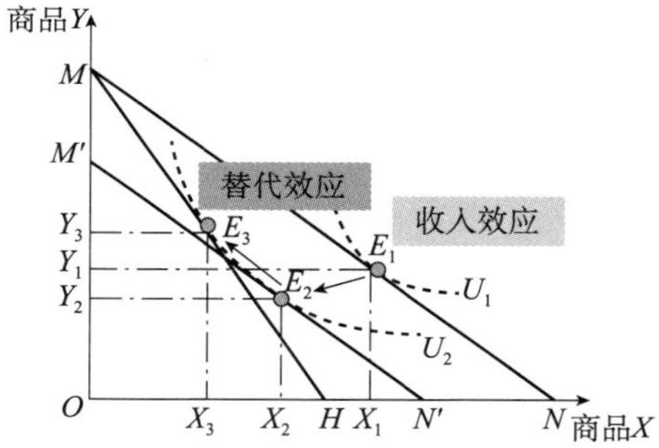 第四步，所得税的超额负担（本讲教学难点） 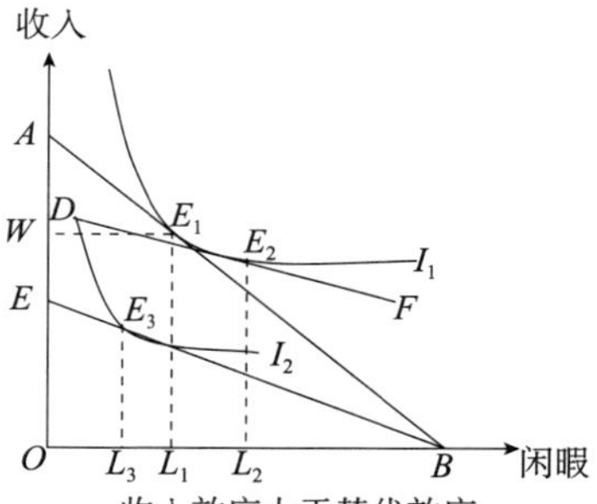

续表

环节与时间分配	教学法	设计思路	教学内容
讲授环节，5～10分钟	讲授法、举例法、图示法	首先提出理论概念，并结合步骤二的案例说明理论概念实质；其次运用经济学模型说明税收超额负担的度量方法与来源，并区分商品税和所得税的分析过程；最后进行拓展其他模型度量方法，引导学生课后自学	
总结环节，5分钟	总结法	回顾本讲的主要内容，引导学生进行发散思考，同时导入下次课的内容框架，并安排预习任务	第一步，本讲主要内容回顾。包括：税收超额负担的概念；商品税的收入效应与替代效应；所得税的收入效应与替代效应 第二步，引导学生在本次课内容的基础上作发散思考 1. 税收超额负担是税收效率原则的重要内容，从效率角度出发，税收超额负担问题应当如何解决？ 2. 在我国的税制改革中，有哪些税收现象体现了税收超额负担问题和税收效率原则？

表4　　　　第2课时：税收超额负担与中国税制改革

环节与时间分配	教学法	设计思路	教学内容
展示和讲授环节，10分钟	直观展示法、讲授法	本部分内容先用视频方式引入中国税制改革的思考，然后引导学生回忆在《税收学》和《中国税制》课程上已经学习过的中国税制改革的内容，提出问题：税收超额负担问题在中国税制改革中有哪些体现	第一步，视频展示反映中国税制改革历程的短片，引入本节讨论和讲授的主题 第二步，引导学生回忆在《税收学》和《中国税制》等课程上已经学习过的中国税制改革的内容 第一，1983年1月和1984年10月分两步对国有企业实行"利改税"改革，以规范政府与企业之间的分配关系 第二，1994年实施的工商税制改革，首次将公平税负，促进公平竞争，税种的简化、规范作为税收改革的基本原则，并将如何平衡公平与效率之间的关系纳入税收改革的视野，从而成为后期税制改革关注的重点 第三，党的十八大以来，建立税种科学、结构优化、法律健全、规范公平、征管高效的税收制度是税制改革的

续表

环节与时间分配	教学法	设计思路	教学内容
展示和讲授环节，10分钟	直观展示法、讲授法	本部分内容先用视频方式引入中国税制改革的思考，然后引导学生回忆在《税收学》和《中国税制》课程上已经学习过的中国税制改革的内容，提出问题：税收超额负担问题在中国税制改革中有哪些体现	主要目标，尤其是2016年5月1日我国全面推开"营改增"试点以来，增值税税率"四档并三档"、降低增值税税率、统一小规模纳税人标准、完善留抵税额退税制度等，在实现以制造业为主的大规模减税的同时，更加公正、简明、高效的增值税制度逐渐成形 第三步，提出讨论的具体问题 问题1：增值税改革中的增值税税率"四档并三档"内容的目的是什么？这一改革内容与刚学过的税收超额负担概念有什么关系？ 问题2：2015年5月财政部、国家税务总局发布通知调整卷烟消费税，将卷烟批发环节的消费税税率由之前的5%提高至11%，卷烟消费税上调后，香烟价格应声而涨，涨幅达10%以上，请用税收超额负担概念解释这一现象并且评价改革的作用
讨论环节，20分钟	讨论法	本部分由授课教师组织学生分组讨论提出两个问题，在各学生小组课下进行讨论后，教师随机抽选小组代表阐述本组观点	第一步，学生分组进行发言，对自己小组的讨论结果进行汇报 第二步，教师根据学生发言内容、课堂气氛、学生知识储备情况等进行实时点评，引导课堂讨论
讲授和总结环节，20分钟	讲授法、总结法	本部分由授课教师根据学生分组讨论和汇报的内容对中国税制改革的两个问题与税收超额负担概念的关系进行讲解，引导学生对中国税制改革对公平与效率目标的实现进行拓展思考	税收超额负担与增值税简化税率结构改革： 第一步，总结"营改增"后，历次关于增值税税率档次过多，简化增值税税率结构的改革内容 第二步，国内外增值税制，尤其是税率设置的简单比较 总结：根据税收效率原则，降低税收超额负担，减少税对经济的扭曲是增值税税率改革的重要考虑 税收超额负担与消费税改革： 总结消费税与增值税的功能差异 总结：卷烟税对卷烟价格的"扭曲"就是有意而为之的税制设计，税制优化的目的不是减少超额负担，而是外部性、收入分配等方面的目标 提问：如果烟税能给政府带来额外的税收收入，那么有没有可能导致本来需要"抑制"的行业反而会获得政府的支持和鼓励呢？ 思考和拓展： 1. 增值税与营业税相比，是否是一种更加"中性"的税？消费税是"中性税"吗？ 2. 增值税只保留一档税率是否可行？ 提高烟草消费税，卷烟价格一定会提高吗？你的观点找到现实证据了吗？ 3. 如果卷烟产业可以给某地方政府带来税收收入，那么地方政府有没有可能鼓励开办卷烟厂？

四、教学效果分析

从课程思政的角度来看，该课程内容的思政元素引入主要体现在将财税理论的基本知识点与中国财税体制改革的结合，通过税制改革的实际案例的导入，引导学生理解税制改革背后的理论逻辑，以及与中国经济发展和社会发展的契合，进一步引导学生关注公共问题，理解公共逻辑，从而将社会主义核心价值观教育、国情教育、法治教育和公共意识教育融入课程教学中。

第一，理解税制改革背后的原理。税收的基本功能是筹集财政收入，筹集政府用于提供公共服务和公共产品的资金。在现代社会中，除了筹集收入的功能，税收还有资源配置、收入分配和促进宏观经济稳定的功能，需要在效率与公平之间进行权衡取舍。探索适合社会主义初级阶段中国所需要的、能够处理好效率与公平权衡关系的税制是税制改革的任务，因此只有理解税制的效率与公平的基本原理，才能深刻理解税制改革的逻辑，这也是学生理解财税改革、分析公共问题所必备的基本经济学素养。

第二，理解税制改革的中国道路。我国税收制度的建立和改革一直以来是促进经济社会发展稳定的重要因素，社会主义市场经济的发展离不开税收制度改革的精准定位，税收制度改革的不断深化一步步地推动财税体制改革和国家治理能力现代化的进展，随着经济结构调整以及后疫情时代的新局面，税制改革的中国道路更需要考虑提升效率与实现公平两者之间的权衡。从案例教学中，学生可以体会到，中国应当立足于本国实际制定税收政策。案例选择了两个重要的间接税税种，可以引导学生思考以所得税为代表的直接税是否也有税收负担问题，以及直接税的税收超额负担对资源配置会有什么影响。基于这样的认识，引导学生进一步思考与社会主义市场经济相适应的税制结构应当具备哪些基本特征，直接税和间接税的双主体税制模式是否能在带动中国经济发展的同时也控制社会不平等的发展程度等问题。

第三，减税降费背景下的税制改革逻辑。中国积极财政政策加力提效，减税降费是重头戏，减税降费既是经济政策，也是税制改革的大方向。教学案例中的增值税是我国第一大税种，增值税的减税力度大充分体现了积极财政政策的要求。沿着简并税率的方向降税率，符合增值税制改革的要求，向现代增值税制度迈出了重要的一步。消费税税目税率调整时机也已经成熟，消费升级意味着中高档商品消费的增多，但范围过宽、税率过高的消费税，在一定程度上阻碍了消费升级，消费税改革对消费升级、人民生活水平提高的作用也是减税降费改革的重要内容。除此之外，可以引导学生进一步思考企业所得税和个人所得税在减税降费大背景下的改革基本逻辑，帮助学生更加深刻理解减税降费改革背后的基本原理。

综合来看，通过以上教学活动的实施，能够将思政元素融入专业课程，加入社会主义核心价值观和新时代中国特色社会主义理论的内容，用案例说明理论知识，启发学生思考，提升学生解决问题的能力。

公债的经济增长效应

刘　辉

课程名称：《公债管理与投资》

课程性质：□公共课 ☑专业课

课程类别：☑理论课 □实践课 □理论实践一体课

课程所属学科及专业：财政学科财政学专业

授课教师：刘辉

授课对象：财政学、税收学、经济学、金融学、国际贸易等经管类专业大二和大三本科生

一、课程简介

《公债管理与投资》属于介于财政学、投资学和金融学之间的交叉课程，适用于已经开过西方经济学课程的院系。本课程的学习，使学生对公债理论与实践的发展形成较为科学系统的初步认识，同时使学生掌握一定的实践操作技能，为将来从事有关公债理论研究和实践工作进行必要的理论准备和专门训练。

本课程是一门系统反映我国体制转轨、社会转型宏观背景下的公共部门债务管理的理论和业务的课程，它系统阐述以下内容：公债的基本概念、基本理论、公债管理内容、公债发行与偿还及其交易的方法与技术、公债调换、公债调控政策等方面，其中，精讲、细讲的重点内容包括公债管理与投资技术等。

本课程坚持理论与实践相结合的原则，注重课堂教学与课堂讨论相结合，要求学生在掌握公债管理与市场投资重点内容的基础上，能够应用公债基本理论对经济领域热点问题进行判断、分析和研究，引导学生在课堂

上积极思考，增强其学习的主动性和自觉性。该课程充分运用现代化教学手段，从教学的广度和深度入手，为学生提供最新的公债理论信息，以提高其分析问题及解决问题的能力。

二、课程思政元素

元素 1：理解和正确评价政府行为。

公债是财政政策和货币政策的结合点，作为市场经济国家实行宏观调控的主要手段在我国的宏观经济管理中发挥着愈来愈重要的作用。通过该课程的学习，学生能够建立对政府活动经济影响分析的经济学框架，对于理解和正确评价公共决策提供有力的工具，有助于学生养成理性思考的习惯。

元素 2：加强国情教育。

公债管理与市场投资课程的学习要求学生关注现实、了解国情，尤其是发现现实问题和研究现实问题。该课程的学习，尤其是"中国故事"案例的引入和讨论，可以培养学生对我国经济发展和改革成就的理性认同，激发学生热爱国家、经世济民的责任感和担当意识。

元素 3：弘扬社会主义核心价值观。

公债管理与市场投资课程中，公平与效率原则、市场准则等内容的学习能够帮助学生树立正确的公平观、公正观、法治观，有助于加强学生的社会主义核心价值观教育，帮助学生加深对公平、民主、法制等要素的理解和认识。

元素 4：强化法治意识。

公债管理与市场投资课程内容中贯穿着公共理财、公债余额法定、利率基准、公债调换和市场规则一系列与法治教育息息相关的内容，尤其是行使公权力方面的法治思想贯穿公债课程体系，强化学生的法治意识是公债管理与投资课程重要的思政元素。

元素 5：培养公共意识。

公共意识是以维护公共利益为取向，对于公共事务的看法、态度、价值观念的总和。由于财政学是"理公共之财，管公共之事"的学问，公债管理与市场投资课程的内容是我国体制转轨、社会转型宏观背景下的公共部门债务管理的理论和业务操作等方面的知识。因此，公债课程教学能够引导学生树立公共意识、关心公共问题、研究公共决策，学生研究公共问题的能力，尤其是管理公共之财的能力，对于成为兼容并包的治国理政人才尤为重要。

三、教案设计

（一）教学目标

1. 掌握公债、资本积累与经济增长；掌握公债与总需求效应；掌握公债的"挤出效应"；掌握公债的"挤进效应"。

2. 熟悉哈罗德 – 多马模式；熟悉 IS-IM 曲线模型。

3. 了解政府发行公债会诱使全社会私人进行投资，从而导致全社会的私人投资增加；了解政府通过大规模发行公债向社会借款，导致政府在资金需求上和民间部门进行竞争，从而减少了对民间部门的资金供应。

4. 了解政府的资金需求导致利率上升，从而抑制了民间投资，阻碍了经济增长的后劲等内容。

（二）教学内容

1. 授课内容：第 2 章公债效应第 1 节公债的经济增长效应。

2. 授课时数：2 课时（100 分钟）。

3. 第 1 课时：公债、资本积累与经济增长。

4. 第 2 课时：公债的挤出效应和挤进效应。

（三）教学手段与方法

1. 知识讲解环节采取多种教学形式，灵活运用多媒体展示、视频展示、板书、引导性提问等方式开展教学，通过动态多媒体展示、案例导入和引导思考，吸引学生注意力，提高学生学习兴趣，尤其是将理论知识与现实世界相联系，加深学生对抽象知识理解的同时，使学生对我国公债制度以及国家治理的大逻辑有更加深刻的认识，增强学生分析现实问题的能力。

2. 案例教学法的灵活运用。财政学课程中有大量理论性较强的内容，理论内容教学可以通过案例教学法的灵活运用来提高教学效率，教师引入现实案例，掌握教学进程，引导学生思考、组织讨论，进行总结、归纳。由于教学内容是具体的财税改革实例，与学生的现实生活经验相融合，学生注意力容易集中，学习中所理解的抽象概念和理论知识可以很快用于解释现实财税问题，学生的学习反馈迅速，能够增强学习成就感和学习动力。

3. 从知识延伸、能力提高和思维拓展三个层次组织教学，课堂教学的目的不仅仅是讲解传授知识，更重要的是激活知识、拓展思维，使学生能够主动学习，提升自学能力，学会知识的积累、梳理、加工和运用。通过理论知识讲解—现实案例讨论—理论与现实相结合的分析—总结等教学步骤的实施，学生对知识点能够进行挖掘、延伸和扩展，自主思考和活学活用的能力得到提升，有利于学生的长期发展。

（四）教学过程

根据教学目标、教学内容和教学设计思路，对教学过程进行系统安排，如表 5 和表 6 所示。

表 5　　　　　　　第 1 课时：公债、资本积累与经济增长

环节与时间分配	教学法	设计思路	教学内容
回顾环节，5 分钟	讲授法	帮助学生明确授课内容与课程其他部分内容的逻辑关系，以建立对课程内容的整体认识	第一步，讲授整章内容结构 1. 回顾上章讨论主题：公债的概念框架 公债产生与发展 2. 引出公债理论的历史演变 第二步，回顾上节课内容，引出本节课的主题 回忆发行公债目的在于发展经济方面 引入资本积累概念 第三步，介绍公债带动经济增长的内容框架和本堂课讲解的内容
导入环节，5 ~ 10 分钟	讲授法、举例法	通过实际例子来创设问题情境，通过与学生互动和讨论，发现问题和思维定向，最终导入本讲的核心概念：税收超额负担问题。由授课教师结合问题与案例，组织学生思考与讨论，主要目的在于用直观案例帮助学生理解较为抽象的经济学概念，加深对概念实质的理解	第一步，以一个生活中的例子，引导对经济增长的思考 与学生互动讨论经济增长形成的原因，进一步解释实现经济增长形成的原因 案例：政府发债带动经济增长：2008 年政府发债应对美国次债危机 第二步，总结实例 通过对案例的分析，引出公债发行、积极财政政策概念和基本逻辑

环节与时间分配	教学法	设计思路	教学内容
讲授环节，30分钟	讲授法、举例法、图示法	首先提出理论概念，并结合步骤二的案例说明理论概念实质；接下来运用经济学模型说明税收超额负担的度量方法与来源，并区分商品税和所得税的分析过程；最后进行拓展其他模型度量方法，引导学生课后自学	第一步，公债、资本积累与经济增长（本讲教学重点） 哈罗德－多马模式：g＝s/v。其经济含义是，假定经济增长的其他因素都是次要的，只有资本积累才是促进经济增长的中心环节，则在资本产出比 v 为一定时，社会总储蓄率 s（包括企业储蓄、政府储蓄和居民个人或家庭储蓄）越高，则国民收入增长率 g 也越大 第二步，讲解发展中国家经济起飞的一个必要条件就是提高储蓄率。在政府储蓄比重不断下降的情况下，通过公债发行，可有效缓解建设资金特别是预算内建设资金短缺的困难。通过以居民为对象的公债发行，有效地抑制了过度消费、提高了国民储蓄率，发行公债已经成为一条重要的积累途径，从而促进了经济增长 第三步，商品税的超额负担（本讲教学难点） 第四步，公债与总需求效应（本讲教学难点） 公债最终将用于政府的财政支出，构成社会总需求的一部分 第五步，公债收入的转移性支出；公债收入的消耗性支出；公债收入的投资性支出
总结环节，5分钟	总结法	回顾本讲的主要内容，引导学生进行发散思考，同时导入下次课的内容框架，并安排预习任务	第一步，本讲主要内容回顾。包括：哈罗德－多马模式；公债与总需求效应 第二步，引导学生在本次课内容的基础上作发散思考 1. 发展中国家哈罗德－多马模式的重要内容；从经济增长角度出发，公债应当如何扮演角色？ 2. 在我国的经济改革中，有哪些因素促进经济增长？

表6   **第2课时：公债的挤效应和挤进效应**

环节与时间分配	教学法	设计思路	教学内容
展示和讲授环节，20分钟	直观展示法、讲授法	本部分内容先用视频方式引入中国公债改革的思考，然后引导学生回忆在《财政学》课程上已经学习过的中国公债改革的内容，提出问题：发行公债在中国经济改革中带动经济作用一定有效吗？	第一步，视频展示反映中国公债改革历程和现状的短片，引入本节讨论和讲授的主题：公债的挤效应和挤进效应 第二步，公债的挤出效应：利率的上升使总需求下降，从而减少国民收入的增加，增加公债发行的扩张性财政政策引起利率上升，从而达到投资下降、总需求减少的作用

续表

环节与时间分配	教学法	设计思路	教学内容
展示和讲授环节，20分钟	直观展示法、讲授法	本部分内容先用视频方式引入中国公债改革的思考，然后引导学生回忆在《财政学》课程上已经学习过的中国公债改革的内容，提出问题：发行公债在中国经济改革中带动经济作用一定有效吗？	第三步，公债的挤进效应 政府发行公债会诱使全社会私人进行投资，从而全社会的私人投资增加和社会总资本增加 （IS-LM 图：坐标轴纵轴 R，横轴 y。曲线 IS、IS'、LM、LM'，点 E_0、E_1、E_2，利率 R_0、R_1，产出 Y_0、Y_1、Y_3） 公债的排挤效应
讨论环节，15分钟	讨论法	本部分由授课教师组织学生分组讨论提出的问题，在各学生小组课下进行讨论后，教师随机抽选小组代表阐述本组观点	第一步，学生分组进行发言，对自己小组的讨论结果进行汇报 第二步，教师根据学生发言内容、课堂气氛、学生知识储备情况等进行实时点评，引导课堂讨论
讲授和总结环节，15分钟	讲授法、总结法	本部分由授课教师根据学生分组讨论和汇报的内容，对中国公债的挤出效应和挤进效应进行讲解，并引导学生对中国经济增长实现进行拓展思考	公债的挤出效应和挤进效应： 第一步，一般认为，当经济已经处于或接近充分就业状态时，政府发行公债会导致利率水平上升，从而产生对私人投资的"排挤效应"。反之，当经济处于非充分就业状态，特别是在经济处于衰退或不景气时，公债的发行可以启动闲置的生产能力，则不容易发生公债的"排挤效应" 第二步，如果公债融资的政府支出用于技术乘数和关联度都比较高的公共资本品，如基础设施、能带动技术升级的高精尖的军工产品，就会产生更为直接、最大效果的"挤入效应"，往往能带动一系列的相关投资 思考和拓展： 公债的排挤效应是否发生及效应的大小要取决于一个国家的整体经济环境，包括民间投资经济能力、资本市场的发育状况和投资对市场利率反映的敏感程度等 政府发行减税公债，且减税公债的目的是降低企业所得税和企业固定资产投资税赋，而不是个人所得税和消费税，企业用于投资的资金来源相对增加，企业投资的预期回报率也相应提高，在这种情况下的减税公债就会产生"挤入效应"

四、教学效果分析

从课程思政的角度来看，该课程内容的思政元素引入主要体现在将公债理论的基本知识点与中国财税体制改革的结合，通过公债改革实际案例的导入，引导学生理解税制改革背后的理论逻辑，以及与中国经济发展和社会发展的契合，进一步引导学生关注公共问题、理解公共逻辑，从而将社会主义核心价值观教育、国情教育、法治教育和公共意识教育融入课程教学中。

综合来看，通过以上教学活动的实施，能够将思政元素融入专业课程，加入社会主义核心价值观和新时代中国特色社会主义理论的内容，用案例说明理论知识，启发学生思考，提升学生能力。

财政全新职能解读

范庆泉

课程名称：《财政学》

课程性质：☐公共课☑专业课

课程类别：☑理论课☐实践课☐理论实践一体课

课程所属学科及专业：财政学科财政学专业

授课教师：范庆泉

授课对象：财政学、税收学、经济学、金融学、国际贸易、会计等经管类专业大二和大三本科生

一、课程简介

《财政学》是教育部组织实施的面向 21 世纪教学内容和课程体系改革计划中经济、管理类专业的核心课程。本课程为财险专业的必修课程，修读对象为二年级本科生。传统财政学主要从研究政府与市场关系出发，以市场失灵为理论基础，阐述政府干预经济的必要性，以及政府提供的公共产品类型与作用，以满足社会公共需要的手段和方式，最终实现优化资源配置、调节收入分配和促进经济稳定与发展的基本职能。

新时代背景下，中国财政学的理论基础和基本职能发生着深刻变化。党的十八届三中全会明确提出"财政是国家治理的基础和重要支柱，科学的财税体制是优化资源配置、维护市场统一、促进社会公平、实现国家长治久安的制度保障"，这是在新的历史起点上、全面深化改革的背景下，从更高层次和更广阔视野上对财政地位和作用作出的新的论断，将财政理论源头提升为"基础和支柱说"，是实现国家长治久安的制度性保障。

本次课程设计聚焦在财政职能转变的问题分析上，通过对财政职能的

传统认知与全新认知进行系统比较，深刻揭示我们对财政运行规律以及经济社会发展规律的理论创新，全面理解中国现代财税体系建设的新内涵。

（一）课程目标

本课程讲授内容是阐明财政基本职能的演变过程，拟实现以下课程目标。

1. 从经济活动的范畴，要求学生全面理解财政手段在"优化资源配置、调节收入分配和促进经济稳定与发展"中发挥的重要作用及相关的理论基础，熟悉掌握经济学和财政学的基本知识，理解市场失灵现象。

2. 从国家治理的范畴，要求学生深刻理解现代财税体系在"优化资源配置、维护市场统一、促进社会公平和实现国家长治久安"的新的职能定位，能够分析财政传统职能与全新职能的主要差异。

3. 通过学习财政职能及其演变过程，让学生能够了解和掌握现代财税体系在"国家治理角色"中的作用与内涵，可以分析和理解现实经济中我国当前实施的财税政策，为今后财政学知识的学习奠定全新的理论基础。

（二）思政理念

1. 课程目标中的思政理念。正确理解和准确把握新时代财政职能变化的新特征。本课程将市场经济体制和中国特色社会主义政治经济学相结合，既分析财政活动在市场经济条件下的宏观调控职能，又阐明财政活动在国家治理中的基础和重要支柱作用，深刻理解财政职能转变过程中我们对财政运行规律认识的新高度，准确把握新时代财政职能变化的新特征。

2. 教学内容中的思政理念。解读大国财政新职能，培养学生经世济民的责任感和担当意识。本课程将财政学基本职能与中国实践中的新理念、新战略及重大方针相结合，既能够讲述财政的基本职能，又能够让学生了解到财政发挥的职能作用，还可以促进学生建立对我国经济发展和改革成就的理性认同和制度自信，激发学生的爱国情怀，培养学生经世济民的责任感与担当意识。

3. 教学方法中的思政理念。讲述大国财政故事，加深学生对典型事件的理性思考。本课程将讲解式教学方法与讨论式教学方法相结合，以财政在经济体制改革的各个历史阶段发挥的重要作用和典型事实进行阐述和讨论，充分调动学生的课堂参与度，启发学生的思辨能力。

讲解式教学方法方面，通过灵活运用多媒体展示、引导性提问等方式开展教学，通过动态多媒体展示，引发学生兴趣，将理论知识与中国现实经济问题相联系，使学生对大国财税体制和国家治理主要支柱功能有更加深刻的认识。

讨论式教学方法方面，通过案例教学法的灵活运用来提高理论教学效率，引入现实案例，引导学生思考、组织讨论研究和提炼总结归纳。

通过理论知识讲解—现实案例讨论—理论与现实相结合的分析—总结归纳等教学步骤的实施，学生对知识点能够进行挖掘、延伸和扩展，学生自主思考和活学活用的能力得到提升，加深学生对典型事件的理性思考。

4. 考核评价方面的思政元素。加强国情教育，弘扬社会主义核心价值观。本课程将在平时成绩中，加入对学生按时出勤、严格课堂纪律以及学生世界观、价值观和人生观的考察，加强学生的社会主义核心价值观教育；期末考试中，加入中国财政实践典型事件的理解与辨析，以"既成材，又成人"的目标全面培育和塑造学生，帮助学生加深对公平正义、以人为本、税收法制等要素的理解和认识。

二、教案设计

（一）教学目标和要求

1. 了解传统财政的三大职能的内容和理论基础。
2. 理解现代财政新职能的内容和理论源头。
3. 能够分析和解释传统职能与全新职能的区别与联系。
4. 能够通过典型案例解读财税全新职能的特征。

（二）教学重点、难点

1. 如何从中国特色社会主义政治经济学的视角理解现代财政新职能在国家治理中发挥着基础和主要支柱作用，是本节内容的研究重点。
2. 如何区分和厘清财政传统职能与全新职能的差异，是本节内容的研究重点，也是难点问题。

（三）授课方法和教学手段

本节内容通过知识讲解和案例解读相结合的方法，讲解财政职能及其功能转变，调动学生课堂的参与度，激发学生的学习兴趣，启发学生的思辨能力，加深学生对典型事件的理性思考。

（四）教学过程

1. 知识点回顾。

回顾财政的基本概念：财政是政府集中一部分社会资源用于生产或提供公共物品或服务，以满足社会公共需要的活动，简称政府的收支或政府的收支活动（高培勇，2004）。

总结市场失灵现象主要类型：主要包括外部效应、公共产品、市场垄断、信息不对称、收入分配不公和经济的过度波动等；市场失灵成为政府干预经济的理论基础。

政府干预的方式：行政法律手段、直接经济手段。

2. 引入新知识点。对财政基本职能进行归纳，分别为优化资源配置、调节收入分配和促进经济平稳增长三大职能。

党的十八届三中全会关于财政职能有了全新概括："优化资源配置、维护市场统一、促进社会公平和实现国家长治久安。"这一新的职能表述与传统职能的区别与联系如何呢？这将是本节讲述的重点内容、也是难点内容。

3. 财政全新职能的认识与理解。

理论基础的变化：由市场失灵上升到国家治理的基础和重要支柱。

财政认识的升华：财政不再局限于经济领域范畴，而是扩展至经济、社会、文化、生态等各领域的国家治理范畴。

财政不仅是政府收支的活动，而是一个可以覆盖政府、社会组织和居民个人在内的所有国家主体的治理活动。接下来，我们将通过对全新职能的讲述来理解上述变化。

（1）优化资源配置，不再局限于经济领域、GDP 的范围，而是上升到国家治理的范畴。

中美新冠肺炎疫情管控的表现差异，如果仅从经济学外部性视角是无法解释的。本质上，中国"以人为本"的治理理念和集中力量办大事的制度优越性的具体体现，这已经突破了经济学的相关概念，而蕴含着中国特色社会主义政治经济学的基本思想。

不仅局限于当年流量资源配置，也将更多的存量资源纳入优化配置的范畴。在减税降费和确保民生领域只增不减的背景下，政府应该如何筹资。2019 年"两会"李克强总理曾表示"增加特定的金融机构和央企上缴利润、进入国库，并把长期沉淀的资金收回……"。

（2）促进社会公平，也不再局限于 GDP 范围内的收入再分配环节，而是扩展到包括收入、财产，以及各种生产要素领域在内的所有分配活动。

精准扶贫攻坚战。2021 年 2 月 25 日，习近平总书记在全国脱贫攻坚总结表彰大会上庄严宣告，脱贫攻坚战取得了全面胜利，中国完成了消除绝对贫困的艰巨任务。占世界人口近五分之一的中国全面消除绝对贫困，提前 10 年实现《联合国 2030 年可持续发展议程》减贫目标，不仅是中华民族发展史上具有里程碑意义的大事件，也是人类减贫史乃至人类发展史上的大事件，为全球减贫事业发展和人类发展进步做出了重大贡献。

精准扶贫的伟大意义毋庸置疑，这已经突破了收入分配调节的经济功能，而且体现出人的全面发展和发展改革成果共享的社会主义核心价值理念。同样，也为我们的社会带来了长期的安全与稳定。国家的扶贫工作是一号工程，全面动用各个层面的资源——包括行政、财政、金融、医疗、教育、工商等，给读书指标、给医疗补助、给财政补贴、给就业机会、给创业机会等，90% 以上实现村村通路、村村通网，扶贫先扶志、扶贫必扶智，给予机会均等。

2015 年 12 月 23 日，青海果芒村和长江村合闸通电，这是全国最后通电的乡村，海拔超过 4200 米的长江村电力设施建设的使用效率很低，甚至 100 年都无法回收成本。促进社会公平，最终才能保持国家的长治久安，实现长期更有效率的增长、孕育更有潜力的成长机会。

（3）维护统一市场，即建立公平统一的市场秩序，让市场机制在全国范围内资源调度和配置中发挥决定性作用，防止出现政府失灵现象。

中国 90% 的税收集中在企业身上，因而企业对地方政府给予的税收优惠格外关注，区域性税收优惠成灾泛滥，反而会影响资源在全国范围内的优化配置，干扰市场秩序。

近年来，中国政府一直为企业减税降费、推动税收法制，并降低竞争性领域的财政支出，本质上就是降低财税体系对市场秩序的干扰、维护统一市场，也是减少政府对市场过度干预的体现，这些无不体现着大国财政的精准施策，对社会主义市场经济制度的"自我纠偏"能力充满着自信。

（4）实现国家的长治久安，着眼点也不再局限于宏观经济稳定与发展，而是包括经济、政治、文化、社会以及生态文明等领域在内的整个国家的长治久安。

2020年面对新冠肺炎疫情，政府及时果断采取措施，但也保持定力，没有搞"大水漫灌"。新增财政资金规模2万亿元，绝大部分是用于市场主体和民生急需，主要是减税降费、保基本民生，而且采取了直达机制，就是把这些"救命钱"最快7天时间直达基层，来保证基层减税降费、稳岗等的财力，保持社会稳定。

2021年中国政府提出经济增长目标为6%的考虑，则是政府引导预期，希望把预期引导到巩固经济恢复增长基础，推动高质量发展，保持可持续性，尤其是和未来两年的目标相衔接，不能造成大起大落，经济能够行稳致远，为产业结构转型赢取时间，实现经济高质量发展与生态高水平保护。

我国人均收入已经连续两年超过1万美元，很多人担心中国将陷入"中等收入陷阱"，实际上拉美国家所谓的"中等收入陷阱"，本质上是西方选举制度下的政治许诺消耗了大量"生产资源"，导致经济陷入停滞状态和社会动乱，而中国五年规划正是在经济社会发展方面对党的宏观目标体系的具体化、对党的长期战略步骤的具体化，"集中资源"推动经济社会全面发展，避免陷入"中等收入陷阱"，这也可以提供部分解释。

总体来看，财政基础的理论体系由弥补"市场失灵"、以满足市场经济条件下的社会公共需要，升华为立足于"治国理政"、以满足国家治理活动中的社会公共需要。国家治理的主体是政府，任何政府职能的发挥又要立足于财政职能，应该说财政职能是一项最具有综合意义的基本政府职能。因此，只有财政才能作为国家治理的基础和重要支柱而存在（高培勇，2021）。

（五）课后作业及思考

思考题：政府紧急叫停"社团卖菜"，除了强化反垄断和防止资本无序扩张外，请结合财政的全新职能，谈谈你对这一现象的认识。

新理论来自伟大实践，财政基础理论的升华恰是对我国财政改革发展经验的高度概括，对财政运行规律认识的新高度。很多学者也从理论层面进行了高度概括，但大都没有举例说明。如何从中国实践中寻找典型案例、讲解好财政新职能、厘清大国财政的"治理逻辑"，从而真正地"以理服人"，引导学生理性思考和树立坚定信念，极具有挑战性。

财政的收入分配职能

张立彦

课程名称：《财政学》

课程性质：☐公共课☑专业课

课程类别：☑理论课☐实践课☐理论实践一体课

课程所属学科及专业：应用经济学财政学专业

授课教师：张立彦

授课对象：经济学、管理学专业本科生

一、课程简介

《财政学》是教育部组织实施的面向 21 世纪教学内容和课程体系改革计划中经济、管理类专业的核心课程。它是一门应用理论学科，在学科体系中起着衔接一般经济理论课和财政业务课的中介作用，主要适用于大学本科经济学类、工商管理类等专业。《财政学》课程的设置目的是通过讲授财政的基本理论和基本知识及基本技能，为学生今后相关课程的学习奠定良好的理论基础。

本课程以马克思主义的基本原理为指导，同时立足于中国实际，反映当今中外新的财政学理论的研究成果，力图建立起社会主义市场经济下公共财政理论体系。本课程内容全面、新颖和实用，适应面向新时代教学内容和课程体系改革的需要。

课程内容共分为七大部分，即财政的基本理论、财政支出、财政收入、财政管理体制、政府预算、公债、财政政策。课程坚持理论与实践相结合的原则，注重课堂教学与课堂讨论相结合，要求学生在掌握财政学重点内容的基础上，能够应用财政税收基本理论对经济领域热点问题进行判断、分析和研究，引导学生在课堂上积极思考，增强其学习的主动性和自觉性。该课程充分运用现代化教学手段，从教学的广度和深度入手，为学生提供最新的财政学理论信息，以提高其分析问题及解决问题的能力。

本课程的学习，要求学生全面了解现代财政学的总体理论框架，掌握财政的基本理论、基本知识和基本技能，开阔学生分析问题的思路，提高学生解决实际问题的能力，力争把学生培养成为适应新时代经济管理工作的高素质的复合型人才。本课程面向全校不同的学院授课，在课程安排上，可以根据不同专业和不同教学对象的需要，在章节和内容上进行相应的增减，讲课的侧重点也有所不同。

二、课程思政元素

元素1：正确认识财政的作用和地位。

党的十八届三中全会通过的《中共中央关于全面深化改革若干重大问题的决定》中指出，财政是国家治理的基础和重要支柱，这是对财政作用和地位的重要论断。财政学课程的教学应以这一论断为主线贯穿始终，引导学生树立国家治理论的财政观。

元素2：理解和践行社会主义核心价值观。

实现社会公平是财政履行弥补市场失灵的重要职能，也是财政理论与实践活动的重要原则，通过财政收入分配职能、文教卫生支出和税收原则等内容的学习，使公平正义的社会主义核心价值观根植于心。

民主和法治既是社会主义核心价值观的重要内容，也是财政活动的重要基石。依法聚财和用财是现代财政制度的应有之义。通过将民主和法治观念融入财政收支和预算制度的教学，使学生牢固树立民主、法治的观念。

元素3：培植爱国情怀，增强"四个自信"。

中国财政历史悠久，其中不乏闪光的理财思想。近代的民族解放战争和新中国成立以来的财政实践和改革积累了宝贵的中国特色的财政理财经验。在财政收支和财政体制等内容的教学中，通过将财政理论与中国古今财政思想与成功实践有机结合，使学生了解国情，激发爱国情怀，进而增强道路自信、理论自信、制度自信、文化自信。

三、教案设计

（一）教学目标

1. 理解财政履行收入分配职能的必要性。
2. 掌握财政履行收入分配职能的途径和手段。
3. 了解我国政府运用财政手段在调节收入分配方面所发挥的作用。

（二）教学案例

案例描述：中国脱贫攻坚战——人类减贫的中国实践。

2015 年 11 月 23 日，中共中央政治局审议通过《关于打赢脱贫攻坚战的决定》。11 月 27 日至 28 日，中央扶贫开发工作会议在北京召开。中共中央总书记、国家主席、中央军委主席习近平强调，消除贫困、改善民生、逐步实现共同富裕，是社会主义的本质要求，是中国共产党的重要使命。11 月 29 日，《中共中央国务院关于打赢脱贫攻坚战的决定》发布。

经过脱贫攻坚战，我国贫困人口的收入和福利水平大幅提高，"两不愁三保障"全面实现，教育、医疗、住房、饮水等条件明显改善，既满足了基本生存需要，也为后续发展奠定了基础。基础设施显著改善。出行难、用电难、用水难、通信难，是长期以来制约贫困地区发展的瓶颈。把基础设施建设作为脱贫攻坚基础工程，集中力量，加大投入，全力推进，补齐了贫困地区基础设施短板，推动了贫困地区经济社会快速发展。基本公共服务水平明显提升。在解决好贫困人口吃饭、穿衣、居住等温饱问题基础上，大力提升贫困地区教育、医疗、文化、社会保障等基本公共服务水平，实现贫困人口学有所教、病有所医、老有所养、弱有所扶，为贫困地区发展夯实基础、积蓄后劲。脱贫攻坚极大释放了贫困地区蕴含的潜力，为经济发展注入强大动力。产业结构显著改善。特色优势产业不断发展，电子商务、光伏、旅游等新业态新产业蓬勃兴起，推动了贫困地区经济多元化发展，扩大了市场有效供给，厚植了经济发展基础。将扶贫开发与水土保持、环境保护、生态建设相结合，通过生态扶贫、农村人居环境整治、生态脆弱地区易地扶贫搬迁等措施，贫困地区生态保护水平明显改善，守护了绿水青山、换来了金山银山。

通过实施脱贫攻坚组合拳，2020 年中国 832 个国家级贫困县全部脱贫摘帽。2021 年 2 月 25 日，全国脱贫攻坚总结表彰大会在京隆重举行，习近平总书记庄严宣告：我国脱贫攻坚战取得了全面胜利；占世界人口近五分之一的中国全面消除绝对贫困，提前 10 年实现《联合国 2030 年可持续发展议程》减贫目标，不仅是中华民族发展史上具有里程碑意义的大事件，也是人类减贫史乃至人类发展史上的大事件，为全球减贫事业发展和人类发展进步做出了重大贡献。3 月 9 日，联合国秘书长古特雷斯致函习近平总书记祝贺中国脱贫攻坚取得重大历史性成就；4 月 6 日，国务院新闻办公室发布《人类减贫的中国实践》白皮书。

（三）思政元素

1. 正确认识财政的作用和地位。本节课程的学习，使学生理解市场机制带来收入两极分化的原因所在，认识收入差距悬殊对经济、社会和政治等带来的消极影响，掌握财政收入分配职能的必要性以及实现收入公平分配的途径和手段，引导学生理解财政是国家治理的基础和重要支柱。

2. 培植爱国情怀，增强"四个自信"。本节课程的学习，尤其是"中国减贫故事"案例的引入和讨论，有助于培养学生对我国经济发展和改革成就的理性认同，激发学生爱党爱国之情。

3. 弘扬社会主义核心价值观。本节课程的学习，帮助学生树立正确的公平观，加深对社会公平正义的理解和认识。

（四）教学过程

根据教学目标、教学内容和教学设计思路，对教学过程进行系统安排，如表 7 所示。

表 7　　　　　教学内容、教学手段与方法以及教学效果分析

教学内容	教学手段与方法	教学效果
导入	观看视频： 2012 年 12 月 31 日习近平看望贫困户，称要看到真实贫困状态	引发学生对现实中贫富差距状况的认识和思考

教学内容	教学手段与方法	教学效果
一、财政履行收入分配职能的必要性 1. 市场经济的分配法则必然带来收入差距的扩大 2. 收入差距的度量：基尼系数 3. 收入两极分化的消极影响	问题讨论： 1. 市场经济为什么会带来收入差距的拉大？ 2. 收入两极分化会带来哪些社会、经济和政治后果？	引导学生探究贫富差距悬殊的根源和思考市场机制在收入公平分配方面的局限性
二、财政收入分配职能的含义	讲授： 财政收入分配职能是指通过财政分配活动实现收入在全社会范围内的公平分配，将收入差距保持在社会可以接受的范围内	使学生了解财政是实现收入公平分配的手段和其目的所在
三、财政收入分配职能的实现机制与手段 1. 区分市场分配和财政分配的界限 2. 规范公共部门工资制度 3. 加强税收调节 商品税 所得税 财产税 4. 完善社会保障体系	讲授与提问相结合： 1. 划清市场分配与财政分配的界限和范围。原则上属于市场分配的范围财政不能越俎代庖，不属于国民收入初次分配领域的企业职工工资、企业利润、租金收入、财产收入、股息收入等应由市场机制形成。凡属于财政分配的范围，财政则应尽其职，财政的职能主要在于对国民收入初次分配的结果进行再分配或二次调节 2. 规范工资制度。这里是指由国家预算拨款的公务员的工资制度以及事业单位职工的工资制度。凡应纳入工资范围的收入都应纳入工资总额，取消各种明补和暗补，提高工资的透明度；实现个人收入分配的货币化；同时合理确定工资水平，建立以工资收入为主、工资外收入为辅的收入分配制度 3. 加强税收调节。税收是调节收入分配的主要手段：一是可以通过增值税、消费税等商品税调节各类商品的相对价格，从而调节各经济主体的收入分配，比如可以对低收入者消费的商品采取低税或无税的税收政策，对高收入者消费的商品采取高税的税收政策进行调节；二是可以通过所得税进行调节，包括企业所得税和个人所得税。一方面通过企业所得税调节公司的利润水平；另一方面通过个人所得税调节个人的劳动收入和非劳动收入，配合累进税率的形式，收入越高税率越高，收入越低税率越低，使纳税人的收入流量维持在一个合理的差距范围内。三是可以通过遗产税、赠与税等财产税调节个人财产的存量分布 4. 通过转移性支出，如社会保险、社会救济支出等，使包括低收入者在内的每个社会成员得以维持基本的生活水平，老有所养、病有所医，从而发挥社会的"安全网"和"减震器"的作用	帮助学生理解和掌握财政在调节收入分配方面的基本手段和一般性做法

教学内容	教学手段与方法	教学效果
四、案例分析：脱贫攻坚与财政的收入分配职能	观看视频： 1. 人类减贫的中国实践：减贫人口占同期全球减贫人口70%以上 2. "十三五"期间，我国财政支持脱贫攻坚力度空前 3. 财政部：助力脱贫攻坚，专项扶贫资金投入力度持续加大 组织讨论： 1. 脱贫攻坚对我国收入分配的意义？ 2. 实施脱贫攻坚战略过程中采用的政策中哪些属于财政手段？ 3. 除了已实施的政策手段外，你觉得还可以运用哪些财政手段助力脱贫攻坚？ 观看视频： 1. 拉美乱象横生引发各种模式之争 2. 中国模式能更好地发挥政府作用	1、巩固和加深学生对本节教学内容的理解 2、使学生了解实现收入公平分配的"中国特色"实践 3、引导学生认识和领悟"财政是国家治理的基础和重要支柱" 4、使学生增强"制度自信"和"道路自信"
总结		

四、教学效果分析

第一，引发学生对现实中贫富差距状况的认识和思考，引导学生探究贫富差距悬殊的根源和思考市场机制在收入公平分配方面的局限性。

第二，使学生了解财政是实现收入公平分配的手段和其目的所在。帮助学生理解和掌握财政在调节收入分配方面的基本手段和一般性做法。

第三，使学生了解实现收入公平分配的"中国特色"实践，引导学生认识和领悟"财政是国家治理的基础和重要支柱"，促使学生增强"制度自信"和"道路自信"。

《财政学》入门第一课

李林君

课程名称：《财政学》

课程性质：□公共课 ☑专业课

课程类别：☑理论课 □实践课 □理论实践一体课

课程所属学科及专业：应用经济学财政学专业

授课教师：李林君

授课对象：财政学、税收学、经济学、金融学、国际贸易、会计、行政管理等经管类专业大二和大三本科生

一、课程简介

《财政学》是经济、管理类专业的核心课程，主要适用于应用经济学、理论经济学、公共管理等一级学科相应专业。课程目标包括：第一，掌握财政的基本概念、基本理论、基本框架、基本知识。第二，结合中国实际，尝试用财政学基本原理解释财政现象。第三，基于财政原理及财政现象，认知"政府"。第四，将财政学、政府的认知融入经济学知识体系，形成完整的"资源配置"知识体系认知。

课程内容共分为七大部分，即财政的基本理论、财政支出、财政收入、财政管理体制、政府预算、公债、财政政策。本课程教学强调基本概念、基本理论、基本框架的掌握，并进行中国财政现象以及政府行为的分析和解释。课堂上更重视师生之间的讨论与互动，促使学生积极、独立思考能力的提高。

二、课程思政元素

对政府有一个原理性和整体性的基本认知，是大学生应该具备的"思

政"素养，而"财政学"知识是提供"认知政府"的有效通道。随着"国家治理体系和治理能力"命题被党的十八届三中全会首次提出以及党的十九届四中全会系统梳理总结，政府作为"国家治理"的主体，"认知政府"成为更加重要、紧迫和必要的大学生思政素养。与此同时，党的十八大以来"高校思想政治工作"受到前所未有的重视，被定为"重大的政治任务和战略工程"，并作出了一系列重大决策部署，包括"思想政治工作"（2017 年、2020 年）、"思想政治理论课"（2019 年）、"课程思政建设"（2020 年）。其中，"爱党""爱国""爱社会主义""政治认同""四个自信""国家意识""法治意识"等要素是思政课建设的重要内容，而上述要素始终与"认知政府"密不可分。本课程尝试建立如图 1 所示的思政要素联系。

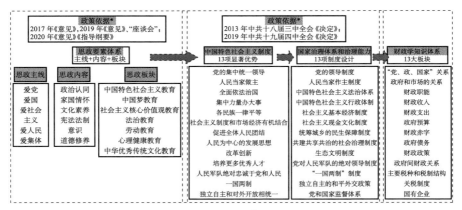

图 1　思政要素联系

注：2017 年《意见》为 2017 年 2 月 27 日中共中央、国务院印发的《关于加强和改进新形势下高校思想政治工作的意见》；2019 年《意见》为 2019 年 8 月 14 日中共中央办公厅、国务院办公厅印发的《关于深化新时代学校思想政治理论课改革创新的若干意见》；2019 年"座谈会"为 2019 年 3 月 18 日习近平主持召开的学校思想政治理论课教师座谈会；2020 年《意见》为 2020 年 4 月 28 日教育部等八部门发布的《关于加快构建高校思想政治工作体系的意见》；2020 年《指导纲要》为 2020 年 5 月 28 日教育部印发的《高等学校课程思政建设指导纲要》；2013 年中共十八届三中全会《决定》为《中共中央关于全面深化改革若干重大问题的决定》；2019 年中共十九届四中全会《决定》为《中共中央关于坚持和完善中国特色社会主义制度 推进国家治理体系和治理能力现代化若干重大问题的决定》。

三、教案设计

（一）教学目标

1. 了解财政学与经济学、管理学、法学之间的区别和联系。
2. 了解财政学与微观经济学、宏观经济学、政治经济学之间的区别和联系。
3. 掌握财政学课程内容的基本架构。

（二）教学内容

1. 从学科门类的角度看，财政学与经济学、公共管理、法学等之间的关系。

2. 从一门课的角度看，财政学与之前所学的微观经济学、宏观经济学之间的关系。

3. 财政学知识体系的基本架构介绍：（1）中国特色社会主义制度体系下的"党""政府""国家"及其关系基本认知；（2）国家治理框架下"财政职能"基本认知；（3）"财政收入"基本认知；（4）"财政支出"基本认知；（5）"国家预算"基本认知；（6）"政府间财政关系"基本认知。

（三）授课时数

1. 第1课时：财政学的空间位置。
2. 第2课时：财政学内容的基本架构。

（四）教学手段与方法

1. 站在自身的角度启发式互动讨论：从自己专业角度，认识财政学这门课程与专业的关系，试图培养学生专业知识的"系统性"思维。

2. 站在自身的角度启发式互动讨论：从课程本身的角度，认识本课程与微观经济学、宏观经济学之间的关系，试图建立完整的经济学知识框架体系，避免"重市场、轻政府"的经济学知识体系。

3. 站在自身的角度启发式互动讨论：结合现实观察引入介绍财政知识框架的每一部分。

（五）教学过程

1. 中国特色社会主义制度体系下的"党""政府""国家"及其关系基本认知。人们经常看到的是"财政现象"，而"政府"往往是"财政现象"的行为主体，政府的差异性决定了财政制度、财政现象的差异性。而党、政府、国家等概念往往是交织在一起的，长期以来只在政治学、公共管理等专业领域有所涉及，在现行高校思政课程体系中是欠缺的，没有系统的引入，经常出现发生混乱使用现象。本部分将在"财政学"知识的框架下，认知"党""政府""国家"及其关系，进而形成正确的"政府观""国家观"，这是实现认知"中国特色社会主义制度""爱党""爱国""爱社会主义""国家认同"等思政要素的必要而有益前提。

2. 国家治理框架下"财政职能"基本认知。本部分主要从理论逻辑层面回答政府的"财政行为"具备哪些"本领"（或功能）？除了传统教材中提及的"资源配置""收入分配""稳定经济及经济发展"等具有高度概括性、专业性、学术性总结外，还包括党的十八届三中全会决定总结出的新定位——"财政是国家治理的基础和重要支柱"。"资源配置"是解决效率问题，"收入分配"是解决公平问题，"稳定经济及经济发展"是解决经济增长问题，"国家治理"是解决制度体系建构问题。上述回答分别在 13 个方面的显著优势和制度设计中寻找与之对接的思政要素。

3. "财政收入"基本认知。本部分主要从理论逻辑层面回答政府为什么要有收入，都有哪些收入类型，每种收入类型的逻辑依据是什么？政府在筹集收入中又会融入哪些政策考量？目前收入规模如何？收入结构如何？政府提供公共服务从而增进人民福祉需要财政资金，政府依据管理者、服务者、代所有者身份分别拥有税收、收费、国有企业利润等收入形式，政府在筹集收入中考量效率、公平、环境保护等因素。上述回答分别在 13 个方面的显著优势和制度设计中寻找与之对接的思政要素。

4. "财政支出"基本认知。本部分主要从理论逻辑层面回答政府筹集到的财政资金花到哪去了？财政支出可以分成哪几类？支出规模如何？支出结构如何？在安排财政支出时会融入哪些政策考量？财政支出可以按政府功能分为政府基本运行、国防、教育、医疗、环境保护、科技创新等，也可以按对经济的影响分为购买性支出、转移性支出。根据财政支出的分类、规模和结构，我们可以判断政策的侧重点和倾向，政府在安排财政支出时会考虑是否影响市场价格、收入分配，进而影响效率、公平、环境保护等因素。上述回答分别在13个方面的显著优势和制度设计中寻找与之对接的思政要素。

5. "国家预算"基本认知。本部分主要从理论逻辑层面回答政府兜里有几本账？为什么要分开记账？每年国家预算如何编制，要经历哪些法定程序？每年的收支计划安排大致明细如何？收支关系如何？如果计划有变，该如何调整预算？国家预算是政府经法定程序批准的国家年度财政收支计划，是实现财政职能的基本手段，反映国家的施政方针和社会经济政策。根据资金来源适用方向，每年的预算报告包含四本账：一般公共预算、政府性基金预算、国有资本经营预算和全国社会保险基金预算。每本账的编制、调整都需经过相应的法定程序。上述回答分别在13个方面的显著优势和制度设计中寻找与之对接的思政要素。

6. "政府间财政关系"基本认知。本部分主要从理论逻辑层面回答在与个体互动过程中，为什么政府是"分域的"和"分层的"？中央政府负责什么事务？地方政府负责什么事务？中央政府和地方政府共同负责什么事务？划分依据是什么？中央政府与地方政府是如何互动的？中央政府是如何平衡地方政府之间关系的？财政收入在中央政府和地方政府之间是如何划分的？这些问题都是关于如何处理中央—地方关系的范畴，核心是如何同时调动中央和地方两个积极性。上述回答分别在13个方面的显著优势和制度设计中寻找与之对接的思政要素。

四、教学效果分析

通过以往的《财政学》教学经验总结以及与授课对象交流，财政学课程的教学与学习存在以下几方面问题：（1）财政学的学习与解释中国现象脱节；（2）财政学的学习与自己专业脱节；（3）财政学的学习与自己的知识体系脱节；（4）财政学的学习与自己脱节。因此，《财政学》入门介绍尤为重要，旨在课程开篇就着重强调：学习财政学应努力培养解释中国现象的潜在意识；应尽力尝试建立财政学专业的知识体系，而不仅仅是一门课程的知识点；应尝试建立财政学与经济学统一的知识体系；财政学的学习与自己息息相关，而不仅仅是了解国家和政府。

拉弗曲线

王海南

课程名称：《财政学》

课程性质：□公共课☑专业课

课程类别：☑理论课□实践课□理论实践一体课

课程所属学科及专业：财政学科财政学专业

授课教师：王海南

授课对象：财政学、税收学、经济学、金融学、国际贸易、会计等经管类专业大二和大三本科生

一、课程简介

《财政学》是教育部组织实施的面向 21 世纪教学内容和课程体系改革计划中经济、管理类专业的核心课程。它是一门应用理论学科，在学科体系中起着衔接一般经济理论课和财政业务课的中介作用，主要适用于大学本科经济学类、工商管理类等专业。

（一）课程目标

目标 1：本课程的学习，要求学生全面了解现代财政学的总体理论框架，掌握财政的基本理论、基本知识和基本技能，开阔学生分析问题的思路，提高学生解决实际问题的能力。

目标 2：本课程以马克思主义的基本原理为指导，同时立足于中国实际，让学生充分了解当今中外财政学理论的最新研究成果，在借鉴西方公共财政理论基础上，全面了解中国社会主义市场经济下公共财政理论体系。

目标 3：通过学习财政学的基本理论、基本知识和基本技能，为学生今

后相关课程的学习奠定良好的理论基础。

（二）课程体系

《财政学》课程内容共分为七大部分，即财政的基本理论、财政支出、财政收入、财政管理体制、政府预算、公债、财政政策。本课程坚持理论与实践相结合的原则，注重课堂教学与课堂讨论相结合，要求学生在掌握财政学重点内容的基础上，能够应用财政税收基本理论对经济领域热点问题进行判断、分析和研究，引导学生在课堂上积极思考，增强其学习的主动性和自觉性。

二、课程思政元素

元素 1：加强现实国情教育。

通过财政学课程讲授，引导学生关注现实，深入社会，了解国情，理解中国。增进学生对国家制度和改革发展成就的理性认同，激发学生强烈的热爱国家、经国济世的社会责任感和担当意识，培养知行合一的社会主义事业建设者（樊丽明，2020）。

元素 2：理解和评价现代政府行为。

财政学是一门关于公共部门（主要是政府部门）运作的学科，通过对政府收支及其相关问题等研究对象的学习和分析，学生能更清晰地了解现代政府的行为，并运用财政学分析框架对其进行评价与判断，预测未来公共政策走势。

元素 3：培养公共服务意识。

通过学习财税制度政策变迁等内容，分析不同历史时期制度演化背景及历程，帮助学生以国家视角观察财政问题与财政现象，培养以国家利益、公共利益考虑问题的大格局观。

三、教案设计

（一）案例描述

本案例知识点为《财政学》（第三版）第 6 章税收原理第 4 节税收负担

与税负转嫁中的拉弗曲线。授课时长为45分钟，课堂教学设计如表8所示。

表8　　　　　　　　　　　　　　课堂教学设计

环节与时间分配	教学法	设计思路	教学内容
回顾环节，5分钟	讲授法	明确授课内容与课程其他部分内容的逻辑关系	第一步，回顾上节课内容，引出本节课的主题 回忆上节课学习的税收负担分类 引入税收负担的宏观与微观视角 第二步，介绍宏观税收负担内容框架和本堂课讲解的内容
导入环节，5分钟	提问法、讲授法、举例法	通过提问引发学生思考，导入本讲的核心概念	第一步，提问税收、税率、经济增长间的函数关系 1. 黑板中作图，横轴为税率，纵轴为税收收入 2. 提问：在税率为0或100%时的税收收入值，进一步引导学生思考曲线走势 第二步，总结曲线形状，引出本节概念 1. 通过对曲线形状的刻画，引出拉弗曲线的提出背景 2. 介绍供给学派代表人物阿瑟·拉弗（Arthur Betz Laffer）
讲授环节，30分钟	讲授法、举例法、图示法	首先提出理论概念，并结合实证研究及现实事件进一步说明。然后结合拉弗曲线原理，介绍中国减税降费改革，通过解读中国故事引导学生增强文化自信和制度自信	第一步，讲解拉弗曲线含义 1. 展示拉弗曲线，标注税收禁区 2. 对拉弗曲线税率与税收收入和经济增长之间关系的重要意义进行讲解。一是高税率不一定会促进经济增长，取得高收入。高收入也不一定需要高税率。二是取得同样多的收入可以采用两种不同的税率。三是税率和税收收入及经济增长之间的最佳结合虽然在实践中是少见的，但曲线从理论上证明是可能的 3. 提醒学生注意拉弗曲线的局限性。如将个人收入全部视为劳动收入，忽视了非劳动收入等 第二步，举例加深对概念的理解 1. 举例世界银行经济学家凯思·马斯顿（1983）的实证分析结果。其选择具有可比性的20个国家20世纪70年代的经验数据，结论为较低的宏观税率对提高本国的经济增长率具有积极的促进作用 2. 举例法国演员热拉尔·德帕尔迪厄2012年12月宣布放弃法国国籍事件。其声称原因为不满法国政府向富人征收重税以及提高财产继承税率的政策，由此讨论高税率对税源的影响 第三步，解读我国减税降费改革的积极意义 1. 根据拉弗曲线原理，分析减税降费对国民经济的影响 2. 列举我国经济新常态以来减税降费政策历史沿革 3. 展示"十三五"时期全国减税降费规模（减税4.7万亿元，降费2.9万亿元）及国民经济数据等

续表

环节与时间分配	教学法	设计思路	教学内容
总结环节，5分钟	总结法	回顾本讲主要内容，引导学生联系实际进一步思考	第一步，本讲主要内容回顾 第二步，引导学生在本次课内容的基础上作发散思考 财政部新闻发布会明确指出"十四五"期间（2021～2025年）减税降费政策方向，包括继续执行制度性减税、阶段性减税降费政策有序退出、突出强化小微企业税收优惠、加大对制造业和科技创新的支持力度和清理收费基金。思考这些政策如何影响经济增长与发展

（二）教学目标

本章全面概括了税收的概念、特征及税制构成要素，介绍了税负转嫁、税收效应等税收理论问题。本节课程的学习，要求学生了解拉弗曲线提出背景及局限性，掌握拉弗曲线含义，理解减税降费在我国社会主义市场经济中的作用，加深对税收是政府宏观调控经济重要手段的理解。

（三）教学手段与方法

采用讲授、提问、答疑、讨论等多种教学方法，使教师与学生产生互动，提高学生口头表达能力，加强对所学知识的理解能力。

该课程充分运用现代化教学手段，开展多媒体教学。从教学的广度和深度入手，为学生提供最新的财政学理论信息，以提高其分析问题及解决问题的能力。

（四）教学效果分析

课程思政的教学效果主要从以下三个层面进行分析。

一是实施方式评价。本课程在知识讲解环节采取了多种教学形式，包括视频展示、小组讨论、引导性提问。通过以上方式的灵活运用，更加重视对现实热点的观察与分析，将理论知识与现实世界相联系，增强学生分析现实问题的能力和对现实国情的理解。

二是内容设计评价。财政学课程中理论性内容及抽象的知识点较多，在内容设计上引入具体案例，组织学生讨论研究、总结归纳。在本节学习税收基础知识和理论基础上，结合对国内外财税改革的观察，进一步帮助学生理解税制改革背后的原理，培养学生理性公共意识，注重以公共利益为取向分析公共事物。

三是学生反馈评价。在组织学生讨论交流环节中，国情教育、现代政府行为、公共服务意识等思政内容得到学生的认可。学生能够对"财政是国家治理的基础和重要支柱"有更深的认识，体会到税收除了有筹集收入的基本功能外，还有资源配置、收入分配和经济稳定与发展的功能，减税降费可在增强发展动力、应对困难挑战、推动高质量发展等方面发挥积极作用。引导学生从政策制定者视角，立足本国实际讨论税收政策的制定与实施，更加深刻理解现代政府的经济活动。

财政的职能与我国公共财政制度的完善

刘　翔

课程名称：《财政学》

课程性质：□公共课☑专业课

课程类别：☑理论课□实践课□理论实践一体课

课程所属学科及专业：财政学科财政学专业

授课教师：刘翔

授课对象：财政学、税务、经济学等经管类专业本科生

一、课程简介

《财政学》是教育部组织实施的面向 21 世纪教学内容和课程体系改革计划中经济、管理类专业的核心课程。它是一门应用理论学科，在学科体系中起着衔接一般经济理论课和财政业务课的中介作用，主要适用于大学本科经济学类、工商管理类等专业。课程目标包括：第一，本课程的学习，要求学生全面了解现代财政学的总体理论框架，掌握财政的基本理论、基本知识和基本技能，开阔学生分析问题的思路，提高学生解决实际问题的能力。第二，以马克思主义的基本原理为指导，同时立足于中国实际，让学生充分了解当今中外财政学理论的最新研究成果，在借鉴西方公共财政理论基础上，全面了解中国社会主义市场经济下公共财政理论体系。第三，学习财政学的基本理论、基本知识和基本技能，为学生今后相关课程的学习奠定良好的理论基础。

课程内容共分为七大部分，即财政的基本理论、财政支出、财政收入、财政管理体制、政府预算、公债、财政政策。课程坚持理论与实践相结合的原则，注重课堂教学与课堂讨论相结合，要求学生在掌握财政学重

点内容的基础上，能够应用财政税收基本理论对经济领域热点问题进行判断、分析和研究，引导学生在课堂上积极思考，增强其学习的主动性和自觉性。该课程充分运用现代化教学手段，从教学的广度和深度入手，为学生提供最新的财政学理论信息，以提高其分析问题及解决问题的能力。

二、课程思政元素

元素1：正确理解和分析政府的收支行为。

财政学课程以马克思主义的基本原理和习近平新时代中国特色社会主义思想为指导，系统介绍政府收支行为的相关理论和实践。该课程的学习，使学生能够正确地理解和分析政府的收支行为，了解党的十八大以来的新理念、新战略和新举措，特别是在财政制度方面的改革措施，明白其背后的经济学原理。

元素2：增强对我国财政制度和经济政策的认同。

财政学课程在经济发展的广阔视角下，介绍我国财政制度和财政政策，通过对现实经济社会问题的讨论，引入财政学知识。通过案例与理论相结合的方式，培养学生对我国财政制度和经济政策的认同，引导他们充分认识到中国特色社会主义制度的优越性。

元素3：倡导社会主义核心价值观。

财政学课程中，将讨论我国财政政策取得的成就、公平与效率理念的贯彻、依法理财与依法纳税、预算监督等内容，这将引导学生树立爱国意识，增强对和谐、公正、法制等社会主义核心价值观的理解和认同。

元素4：培养公共意识与家国情怀。

财政学课程的内容是政府收支相关的经济活动及其规律，这些活动具有显著的公共性，由此产生对公共决策、公共产品提供、社会福利效应的探讨。因此，财政学课程教学能够培养学生的公共意识，引导他们关心公共问题和国家大事，提升他们分析公共问题和管理公共事务的能力，增强学生的家国情怀和爱国精神。

三、教案设计

（一）教学目标

1. 掌握财政资源配置职能的概念和内涵，掌握财政收入分配职能的概念和内涵，掌握财政稳定和发展职能的概念和内涵。

2. 熟悉财政资源配置职能的实现机制和手段，熟悉收入分配职能的实现机制和手段，熟悉财政稳定和发展职能的实现机制和手段。

3. 了解我国公共财政制度构建的主要内容和发展方向。

（二）教学内容

1. 授课内容：第 1 章财政导论第 3 节财政的职能。

2. 授课时数：2 课时（100 分钟）。

3. 第 1 课时：财政的职能。

4. 第 2 课时：我国公共财政制度的完善。

（三）教学手段与方法

1. 多种教学方式相结合。灵活运用多媒体展示、板书、引导性提问等方式开展教学，通过案例和提问引发学生思考和兴趣，将理论知识与社会现实相联系，扩大课程知识面，丰富学生视野，把思政元素有机地融入专业教育体系。

2. 充分灵活地采用案例教学法。财政学课程许多理论内容可以通过案例教学法进行讲解。我国的财政制度改革和近期的财政政策是财政学课程鲜活的案例来源，这些案例一方面可以反映财政理论的应用，另一方面也体现了我国以人民为中心的发展思想。通过引入财税现实案例，引发学生思考，组织学生讨论，总结归纳核心知识点，让学生较直观地掌握专业知识的同时接受思政教育。

3. 线上线下相配合。建立课程互动微信群等网上交流渠道，将专业知识与思政元素相结合，一方面分享课程资料、案例素材、作业要求、参考资料等学习资料，另一方面展开师生线上互动交流，讨论专业知识难点，为学生答疑解惑，提高学生的学习效率。

（四）教学过程

根据教学目标、教学内容和教学设计思路，对教学过程进行系统安排，如表 9 和表 10 所示。

表 9 　　　　　　　　　　**第 1 课时：财政的职能**

环节与时间分配	教学法	设计思路	教学内容
回顾环节，5 分钟	讲授法	明确本节内容与课程其他部分的关系，建立对课程内容的整体认识	第一步，回顾本章讨论主题：财政导论 1. 政府和市场的关系 2. 公共需求与公共产品 第二步，回顾上节课内容，引出本节课的内容 1. 回顾上节课学习的财政的一般概念 2. 引入财政职能的概念 第三步，介绍本节内容框架和本堂课讲解的内容
讲授环节，40 分钟	讲授法、案例法、图示法	首先，提出财政资源配置职能的理论概念及其内涵，并结合案例阐述理论概念 其次，介绍财政配置资源职能的实现机制和手段，根据我国现实情况结合案例展开分析	财政资源配置职能： 第一步，资源配置的含义 资源配置是指稀缺的社会经济资源在不同经济领域、不同地区、不同产业部门之间进行安排与流动，以获得最佳使用效益的过程 案例：党的十八届三中全会关于处理好政府和市场的关系的论述 1. 经济体制改革是全面深化改革的重点，核心问题是处理好政府和市场的关系，使市场在资源配置中起决定性作用和更好发挥政府作用 2. 通过案例的讨论，让学生认识到在市场经济条件下资源配置的基本方式是通过市场实现的，然而财政的资源配置作用仍不可或缺 第二步，财政资源配置职能的含义 财政的资源配置职能是指通过财政本身的收支活动为政府提供公共产品提供财力，引导资源流向，弥补市场失灵，最终实现全社会资源配置的最优效率状态 第三步，财政配置资源的主要内容及手段 1. 预算手段 2. 财政收入手段 案例：近年来我国税制改革的部分内容 个人所得税改革 资源税改革 环境保护税改革 通过案例讨论，让学生认识到税收在实现财政资源配置职能的作用，以及我国税制改革的目的及其对社会福利的改进 3. 财政支出手段 4. 提高财政资源配置的效率

环节与时间分配	教学法	设计思路	教学内容
讲授环节，40分钟	讲授法、案例法、图示法	首先，提出财政收入分配职能的理论概念及其内涵，并结合案例阐述理论概念 其次，介绍财政收入分配职能的实现机制和手段，根据我国现实情况结合案例展开分析	财政收入分配职能： 第一步，财政收入分配职能的含义 财政收入分配职能是指通过财政分配活动实现收入在全社会范围内的公平分配，将收入差距保持在社会能够接受的范围内。财政收入分配的目标是实现公平分配 第二步，财政收入分配职能的必然性 1. 国民收入的初次分配：追求"经济公平"，这是由市场的基本属性决定的 2. 财政作为国民收入的再分配手段，追求"社会公平"，这是市场无法实现的 案例：基尼系数与收入分配 （图示：纵轴为"累计收入份额"，从0到100%；横轴为"从最低收入到最高收入的累计人数"，到100%；图中有"绝对平等线"、"洛伦兹曲线"，区域A、B） 基尼系数简介与评价标准 我国基尼系数的变化 通过案例讨论，让学生了解到如何用基尼系数评价收入分配，以及近年来我国收入分配状况的改善，特别是政府有力财政措施的实施 第三步，财政收入分配职能的实现机制和手段 1. 划清市场分配与财政分配的界限 2. 制定法律保证规则和过程的公平 3. 加强税收调节 4. 完善社会保障体系

环节与时间分配	教学法	设计思路	教学内容
讲授环节，40 分钟	讲授法、案例法、图示法	首先，提出财政稳定与发展职能的理论概念及其内涵，并结合案例阐述理论概念 其次，介绍财政稳定与发展职能的实现机制和手段，根据我国现实情况结合案例展开分析	财政稳定与发展职能： 第一步，稳定与发展职能的含义 1. 财政的宏观调控职能是指利用财政政策通过财政活动纠正市场失灵，进而保证社会总供给与总需求的相对均衡，促进社会再生产协调运行 2. 稳定与发展的目标包括：稳定经济增长、充分就业、物价稳定、国际收支平衡 （1）稳定经济增长 案例：世界 GDP 增速与经济形势 2019 年世界 GDP 增速 1980 年以来世界、美国和中国 GDP 增速 通过案例讨论，让学生认识到经济波动的基本规律，我国经济在世界经济中的独特优势，政府为了实现经济发展所做的努力，体现了我国社会主义制度的优越性 （2）充分就业 （3）物价稳定 （4）国际收支平衡 第二步，稳定与发展职能的实现机制与手段 1. 确定宏观调控的整体目标 2. 确定实现宏观调控目标的财政工具 （1）财政政策可以分为扩张性、紧缩性和中性三种类型 （2）财政政策工具有其发生作用的不同机制，应当有选择地配合使用 案例：我国积极财政政策的实施 2020 年积极财政政策的基本内容 积极财政政策取得成效 通过案例讨论，让学生理解财政稳定与发展职能的实现机制，了解到我国积极财政政策出台的目的和成效，增强国家制度和道路认同
总结环节，5 分钟	总结法	总结本课时的主要内容，引导学生围绕课程内容进行深入思考	第一步，总结本课时主要内容 1. 财政资源配置职能概念和内涵、实现机制和手段 2. 财政收入分配职能概念和内涵、实现机制和手段 3. 财政稳定和发展职能概念和内涵、实现机制和手段 第二步，引导学生进行深入思考 1. 现实中资源配置、收入分配和经济发展等方面是否存在一些问题？ 2. 这些问题可否用财政手段进行治理？ 3. 具体可采用哪些财政工具？

表 10 第 2 课时：我国公共财政制度的完善

环节与时间分配	教学法	设计思路	教学内容
展示环节，8 分钟	视频展示法、讲授法	简要回顾上一讲的主要内容，通过视频方式引入完善我国公共财政制度这一主题	第一步，简要回顾上一讲的主要内容，即财政职能。通过财政职能发挥的机制引入我国公共财政制度主题 第二步，视频展示反映我国公共财政制度构建历程的短片，展开本课时节讲授和讨论的主题
讲授和讨论环节，35 分钟	讲授法、讨论法	讲授我国公共财政制度的构建历程、主要内容和发展方向，组织学生围绕相关主题展开讨论	第一步，公共财政概念的提出 1. 财政（public finance）本身即有公共的含义 2. 不同经济体制下财政运行模式不同 计划经济与市场经济 3. 公共财政突出财政的公共性 第二步，完善公共财政的基本思路 1. 理顺政府与市场的关系 （1）政府以满足公共需求为限提供公共产品 （2）合理确定国有企业的经营范围 （3）减少过多的行政许可，减少对企业经营活动的过度干预 （4）加大对基础教育、社会保障、公共医疗等的投入 2. 建立符合公共财政要求的财政支出体系 （1）支出范围（公共产品及部分混合产品） （2）支出手段（政府采购和国库集中收付） 3. 构建符合公共财政要求的财政收入体系 4. 构建完善的财政宏观调控体系 5. 提高财政管理的法制化 第三步，公共财政的发展方向：建立现代财税金融体制 案例：我国"十四五"规划对财政二作提出新要求 1. 加快建立现代财政制度 （1）深化预算管理制度改革 （2）推进财政支出标准化 （3）完善跨年度预算平衡机制 （4）完善中央和地方财政关系 2. 完善现代税收制度 （1）健全直接税体系 （2）完善个人所得税制度 （3）进一步优化增值税制度 （4）完善消费税制度 3. 围绕上述案例展开讲授和讨论，介绍主要内容，组织学生分组就其中某项内容结合本章知识点进行讨论，发表小组结论，教师进行点评 4. 通过案例讨论，让学生认识到如何在未来更好地发挥财政在国家治理中的基础和重要支柱作用，健全符合高质量发展要求的财税制度

续表

环节与时间分配	教学法	设计思路	教学内容
讲授和总结环节，7分钟	总结法	总结本课时的主要内容后，基于学生对案例的讨论情况，提出若干问题引导学课下进行思考	第一步，总结本课时主要内容 1. 公共财政概念的提出 2. 完善公共财政的基本思路 3. 公共财政的发展方向 第二步，引导学生进行深入思考 1. 当前我国高质量发展面临哪些挑战？ 2. 这些挑战如何运用财政手段进行治理？ 3. 对我国"十四五"规划中关于财政的内容有何具体建议？

四、教学效果分析

上述教学内容及设计思路，能够将专业知识和思政元素灵活地融合，有利于学生掌握财政学中财政职能相关的专业知识，增强学生对我国财政制度和经济政策的认同，培养公共意识与家国情怀。其具体体现在以下方面。

1. 学生能够掌握财政职能的基本概念和基本内容，为后续学习更加深入的财政学知识打好基础。多媒体展示、板书、引导性提问等多种教学方式相结合，以及引入现实案例进行讨论，使学生能够较全面深入地掌握财政职能的相关内容。

2. 学生能够了解我国公共财政制度的主要内容，理解背后的财政学原理和经济社会考量，拓宽专业学习的视野。基于财政职能的基本知识，展开对我国公共财政制度的讨论，通过分组讨论和互动交流的形式，学生能够充分了解我国公共财政制度的构建历程、主要内容和发展方向。

3. 能够增强学生对我国财政制度和经济政策的认同，培养公共意识与家国情怀。在讲授和讨论财政专业知识的同时，灵活引入现实案例，如党的十八届三中全会关于处理好政府和市场关系的论述、近年来我国税制改革的部分内容、我国积极财政政策的实施等。通过对这些案例的讨论，学生能够更加深入地理解政府政策背后的经济学原理和以人民为中心的发展思想，增强公共意识与家国情怀。

公共基础设施 PPP 投融资模式：以北京地铁 4 号线为例

茹　玉

课程名称：《财政学》

课程性质：□公共课☑专业课

课程类别：☑理论课□实践课□理论实践一体课

课程所属学科及专业：财政学科财政学专业

授课教师：茹玉

授课对象：财政学、税收学、经济学、金融学、国际贸易、会计等经管类专业大二和大三本科生

一、课程简介

财政学，也称为公共经济学或公共部门经济学，是研究政府收支活动及其对资源配置与收入分配产生影响的经济学分支。课程内容主要包括七部分，即财政的基本理论、财政支出、财政收入、财政体制、政府预算、公债、财政政策。重点内容涉及市场失灵、财政概念、财政职能、公共产品、财政收支分类、税收原理、税收制度、公债、政府预算、政府间财政关系、财政政策等。教学中，主要侧重阐述基本知识、基本原理和基本管理技能，并运用这些理论基础回答和解决现实中的热点问题，通过理论讲授、案例教学、互动讨论等多种方式引导学生积极思考，增强对专业知识的理解掌握和实践应用能力，为今后的学习和工作奠定良好的基础。

二、课程思政元素

元素 1：加强国情教育。

财政学课程学习要求学生关注现实，深入社会，了解国情。课堂教学中注重理论和社会问题相结合，引导学生善于发现现实问题并探寻解决问题的思路和路径，通过谈古论今、讲好"中国故事"等方式激发学生的家国情怀、社会责任和担当意识。

元素 2：培养公共意识。

公共意识包括公共利益意识、公共道德意识、公共责任意识、公共规范意识、公共参与意识、公共关怀意识、公共服务意识等。财政学课程的重点任务是引导学生掌握"理公共之财，管公共之事"的学问，要明确什么是公共利益和公共需求以及政府筹集、分配、管理资金的原则和必要性，让学生具有更强的公共意识和公共能力，培养学生关心公共问题、研究公共政策的主动性和责任感。

元素 3：强化法治意识。

法治意识是人们对法律发自内心的认可、崇尚、遵守和服从。树立法治意识，就是要培育法治理念，建立法律信仰，维护法律尊严，严格法律遵守，让法治内化于心外化于行。财政学课程中涉及的公共理财、税收法定、预决算审查监督等内容都需要经过法定程序，通过财政学的课程学习，强化学生的法治意识，为推进依法治国奠定思想基础。

元素 4：培育人类命运共同体理念。

我国一直秉承人类命运共同体的理念，积极参与全球扶贫、教育、公共卫生、疫情防控、环境保护、国际安全等国际公共问题的治理以及国际公共产品和公共服务的供给；为推进经济贸易全球化发展，在税收问题上大力度建设自由贸易区并通过免税、扣除、抵免等多种方法避免国际重复征税，为各国经贸往来互利互惠创造条件。财政学课程在学习相关理论的同时，也有助于培养学生的国际化视野和人类命运共同体的理念。

三、教案设计

（一）案例描述

基础设施是国民经济各项事业发展的重要支撑，改革开放以来，我国基础设施投融资由过去的政府高度垄断逐步趋向于多元化格局，市场竞争机制的引入，不仅加速了基础设施的建设，也提高了资源的配置效率。2001年，北京申奥成功后，北京市政府大力发展轨道交通，2003 年专门成立京投公司主要负责城市内轨道交通的投融资和资本运营等任务，逐渐形成了"政府主导、市区共建、多元化运作、多渠道筹资"的创新模式。本案例以北京地铁 4 号线为例，详细阐述 PPP 模式运行的基本流程、参与各方的权责关系、风险分担等情况，让学生熟悉公共基础设施投融资的创新模式、存在的风险，并引导学生思考进一步优化基础设施投融资机制的可行路径。

（二）教学目标

1. 掌握政府介入基础设施投融资的必要性；掌握政府参与基础设施投融资的主要方式。

2. 熟悉 PPP 模式的内涵、特点、优势、基本流程；熟悉我国 PPP 模式推行的理论和现实背景、发展历史、发展现状及潜在风险。

3. 了解北京地铁 4 号线 PPP 投融资的基本流程、运作模式和各方主体的权责关系及存在风险等。

（三）思政元素

1. 提升公共意识。随着市场化深入推进，政府职能快速转变，各个领域高度关注政府和市场的深入合作，PPP 模式应运而生并得到了广泛推行，在实践中为全面提升社会的整体福利和政府的服务水平做出了一定贡献，为促进经济社会高质量发展、国家治理体系和治理能力现代化奠定基础。以北京地铁 4 号线为例，讲述 PPP 投融资模式，让学生了解公共基础设施投融资中政府和市场主体的合作方式、权责利的分配以及政府和市场合作实现互利共赢等，对提升学生的公共利益意识、公共责任意识、公共参与意识、公共关怀意识、公共服务意识至关重要。

2. 增强社会责任。PPP 模式采用市场化的运作手段，节约成本，提高效率，优化资源配置，是现代化国家积极推行的投融资创新模式。我国经济增速下滑，财政压力日益加大，社会资本的参与对缓解财政压力、控制地方政府债务发挥了积极作用，充分彰显了市场主体的责任感和担当意识。通过讲述 PPP 模式，提升学生的社会责任感和奉献精神，鼓励并引导学生步入社会后在各行各业为社会发展贡献力量。

3. 加强国情教育。通过讲述 PPP 模式的推行背景、发展历程、现阶段发展的进展和存在的风险，让学生更加深入了解我国基础设施投融资的实际情况，加强国情教育，激发学生的爱国热情以及贡献社会的责任心和行动力，积极引导学生为经济社会的发展贡献自己的力量。

（四）教学手段与方法

1. 知识讲授法。知识讲授环节灵活运用多种教学形式，增强学生的学习兴趣，并促进学生对理论知识的掌握。通过多媒体展示重要知识点，视频播放观看我国 PPP 模式的发展历程、进展和面临挑战，板书画思维导图直观展示 PPP 模式的相关主体的权责关系和运作流程，引导性提问激发学生积极思考和教育参与，多种方式配合使用，加深学生对公共基础设施 PPP 投融资模式的认识。

2. 案例教学法。引入学生熟悉的北京地铁 4 号线的案例，更能增强学生的代入感和参与感，有助于激发学生的学习兴趣和思考的主动性，将理论知识的晦涩抽象融入与学生生活息息相关的案例，让学生掌握理论知识的同时，提升学生公共事务的参与意识和社会责任感。

3. 互动讨论法。教学中设计互动讨论环节，既可以引导学生自主思考，也可以让学生自由表达观点，同时增进团结协作和共同进步，对于知识掌握、能力提升和思维拓展具有重要价值。

（五）教学过程

1. 教学安排。

（1）授课内容：第 5 讲财政投资性支出第 2 节公共基础设施 PPP 投融

资模式：以北京地铁 4 号线为例。

（2）授课时数：2 课时（100 分钟）。

（3）第 1 课时：PPP 投融资模式。

（4）第 2 课时：北京地铁 4 号线 PPP 模式案例、互动讨论。

2. 教学过程。

根据教学目标、教学内容和教学设计思路，对教学过程进行系统安排，如表 11 和表 12 所示。

表 11　　　　　　　　　　第 1 课时：PPP 投融资模式

环节与时间分配	教学法	设计思路	教学内容
回顾环节，10 分钟	提问法、总结法、讲授法	帮助学生回顾本章重要知识点，了解本节课内容与本章其他内容的关联性，建立对课程内容的整体认识	第一步，回顾整章内容结构 回顾本章讨论主题：财政投资性支出 内涵、特点、投资范围、影响因素 第二步，回顾上节课内容，引出本节课主题 1. 回忆上节课主题：基础设施的财政投资 2. 政府介入基础设施投融资的必要性、政府参与基础设施投融资的主要方式 3. 引入本节课主题：PPP 投融资模式 第三步，介绍本节课的内容框架和本节课讲解的内容
讲授环节，25 分钟	讲授法、举例法、图示法	首先介绍 PPP 模式的基本概念，并结合实例说明 PPP 的主要模式；接下来运用思维导图说明 PPP 模式的基本运行流程以及各环节的重要事项	第一步，介绍 PPP 模式的基本概念 定义、特点、推行条件、发挥作用 第二步，列举实例介绍 PPP 主要模式 成都自来水六厂 BOT 模式，杭州萧山东片污水处理厂 BT 模式，兰州水务股权转让模式，天津市滨海新区汉沽营城污水处理厂 DBO 模式 第三步，运用思维导图介绍 PPP 模式的运行流程 1. PPP 模式运行流程 2. 项目选择原则和要求

环节与 时间分配	教学法	设计思路	教学内容
展示 环节， 15 分钟	视频展示法、讲授法	通过视频展示和教师讲解，主要介绍我国为什么推行 PPP 模式，PPP 模式如何发展起来，PPP 模式当前的发展规模和覆盖领域，以及 PPP 模式存在的潜在风险和挑战等	第一步，我国推行 PPP 模式的理论和现实背景 第二步，视频展示＋讲解 1. 中国 PPP 模式发展历程 2. PPP 发展进展：各地积极推出 PPP 项目 3. PPP 面临多重挑战：潜在风险

表 12   第 2 课时：北京地铁 4 号线 PPP 模式案例、互动讨论

环节与时间分配	教学法	设计思路	教学内容
实践环节，30 分钟	案例教学法、图示法、讲授法	通过生活中的实际例子，阐述 PPP 模式的运作过程、运作模式、参与主体的权责利关系以及可能的风险，帮助学生理解晦涩抽象的概念，加深对理论知识的理解和领悟	第一步，阐述北京地铁 4 号线的建设背景 项目总投资 153 亿元，分 A、B 两部分：A 部分主要为土建工程部分，投资额约 107 亿元（占 70%），由京投公司（国有独资公司）负责投资建设；B 部分主要包括车辆、信号、自动售检票系统等机电设备，投资额约 46 亿元（占 30%），由社会投资者组建的项目特许经营公司（由京投公司、香港地铁有限公司和首创集团按 2∶49∶49 的出资比例组建，简称"京港地铁"）负责投资建设。 第二步，介绍北京地铁 4 号线 PPP 模式的运作过程 第三步，介绍北京地铁 4 号线 PPP 模式的运作模式

续表

环节与时间分配	教学法	设计思路	教学内容
实践环节，30 分钟	案例教学法、图示法、讲授法	通过生活中的实际例子，阐述 PPP 模式的运作过程、运作模式、参与主体的权责利关系以及可能的风险，帮助学生理解晦涩抽象的概念，加深对理论知识的理解和领悟	 第四步，介绍北京地铁 4 号线 PPP 模式参与各方的权责利关系 1. 北京市政府在建设阶段负责 A 部分的建设和 B 部分建设的监管，在运营阶段负责项目运营和票价标准制定和运营监管 2. 京港地铁在建设阶段负责 B 部分的建设，运营阶段自主经营，提供客运服务并获得票款收入 第五步，介绍北京地铁 4 号线 PPP 模式潜在风险 建设风险，技术风险，经营风险，政策风险等 第六步，案例总结 通过案例讲述，强调 PPP 模式的必要性、基本流程和参与各方的权责利关系
讨论环节，15 分钟	讨论法	授课教师提出两个问题，组织学生分组讨论，并由各小组选派 1 名学生发表各组观点	第一步，学生分组讨论，并对自己小组的讨论结果进行汇报 第二步，教师根据学生发言情况进行实时点评，鼓励各小组相互点评，引导课堂讨论
总结环节，5 分钟	讲授法、总结法	回顾本节课的重要知识点，布置课后思考题引导学生思考和自学，同时介绍下节课的内容框架，并安排预习任务	第一步，本节课重要知识点回顾 1. PPP 模式的内涵、特点、优势、基本流程 2. 我国 PPP 模式的推行背景、发展历程、当前进展和潜在风险 第二步，布置课后题引导学生自主思考和课后自学 第三步，导入下节课的内容框架，安排预习任务

四、教学效果分析

第一，采用多种教学形式增强学生的学习兴趣。教学过程灵活运用多媒体展示、视频展示、引导性提问、思维导图、小组讨论等形式，提高可视化程度和教学效果，将枯燥的理论知识生动化，增强学生的学习兴趣和思考的主动性。

第二，采用现实案例加深理论知识的理解和领悟，提升学生的代入感和参与感。列举学生身边的北京地铁 4 号线的案例，使学生很好地融入课堂，积极思考，主动参与，学生能够较好地掌握知识要点，引导学生关注身边事，从学习生活中发掘财政知识，提高理论知识的领悟能力和实践应用能力。

第三，课程思政元素巧妙融入课堂教学，加强国情教育，提高学生的公共意识和社会责任。通过理论知识讲授和案例导入，采用视频展示、互动讨论等多种形式讲好"中国故事"，引导学生关注公共事务，探寻解决现实问题的可行路径，对于提高学生的公共意识、增强社会责任和担当精神具有积极作用。

社会保障的特性与代际风险分散功能

王子林

课程名称:《公共财政与社会保障》

课程性质: □公共课 ☑专业课

课程类别: □理论课 □实践课 ☑理论实践一体课

课程所属学科及专业: 财政学科财政学专业

授课教师: 王子林

授课对象: 财政学、税收学、经济学、金融学、国际贸易、会计等经管类专业大二和大三本科生

一、课程简介

《公共财政与社会保障》是针对财政学专业学生深化专业学习而设置的一门研究性选修课程,本课程在概述社会保障制度及发展历程的基础上,介绍了社会保障财政的基本理论和分析框架,探讨了社会保障供给中的财政责任,进一步从财政视角研究我国养老保险、医疗卫生体制、劳动保障体制等各项改革。

本课程以马克思主义的基本原理为指导,立足于中国实际,让学生充分了解中外经典和前沿的财政—社会保障相关研究成果,使得学生能够更好地理解中国社会主义市场经济条件下公共财政与社会保障的理论体系和实践经验。本课程的学习,要求学生全面了解现代社会保障财政的总体框架,掌握相关基本理论、基本知识和基本技能,能够透过财政视角应用所学理论与方法分析研究社会保障问题,开阔学生视野与思路,提高学生解决实际问题的能力。

课程整体分为六大部分：社会保障制度概述（细讲）、社会保障财政基本理论和分析框架（精讲）、社会保障的财政责任分析（精讲）、财政视角下养老保险改革（细讲＋翻转课堂）、财政视角下医疗卫生体制改革（细讲＋翻转课堂）、财政视角下劳动保障制度改革（细讲＋翻转课堂）。本课程坚持理论与实践相结合的原则，注重课堂教学与课堂讨论相结合，要求学生在掌握财政与社会保障重点内容的基础上，能够应用财政与社会保障基本理论对相应领域热点问题进行判断、分析和研究，引导学生在课堂上积极思考，增强其学习的主动性和自觉性。课程充分运用现代化教学手段，采取线上与线下相结合的方式，从教学的广度和深度入手，培养学生公共经济分析和财政管理能力，强化其对社会保障知识的把握。

二、课程思政元素

元素1：正确理解和评价政府的社会保障责任，培养理性思考习惯。

公共财政与社会保障的研究对象是政府收支在社会保障方面的经济影响，通过该课程的学习，学生能够建立财政收支在社会保障责任方面的经济学分析框架，对于正确理解和评价政府社会保障责任提供有效工具，有助于培养学生理性思考的习惯。

元素2：提升国情现实教育，强化制度自信。

公共财政与社会保障课程的学习要求学生关注现实、了解国情，尤其是发现现实问题和研究现实问题。本课程的学习，尤其是通过"中国社会保障"案例的引入和讨论，有助于培养学生对我国经济社会发展成就的理性认同，激发学生热爱国家、经世济民的责任感和担当意识。

元素3：弘扬社会主义核心价值观，树立当代社会主义新风尚。

公共财政与社会保障课程中，公平与效率原则、社会保障特性、社会保障意义等内容的学习，能够帮助学生树立正确的公平观、公正观、法治观，有助于加强学生的社会主义核心价值观教育，帮助学生加深对公平、民主、法制等要素的理解和认识。

元素4：提高法治意识，增强守法能力。

公共财政与社会保障课程内容中贯穿着社会保险、财政监督、预算审查监督等一系列与法治教育息息相关的内容，尤其是行使公共权力方面的法治思想贯彻本课程体系，强化学生的法治意识是公共财政与社会保障课程重要的思政元素。

元素5：培养公共意识，关心公共问题。

公共意识是以维护公共利益为取向，对于公共事务的看法、态度、价值观念的总和。公共财政与社会保障是"理公共之财，管公共之事"的学问，本课程的内容也是政府或公共部门的收支分配活动及相关经济活动在社会保障方面的具体表现。因此，公共财政与社会保障课程教学能够引导学生树立公共意识、关心公共问题，提升学生研究公共问题的能力、制定公共规则的能力、管理公共事务的能力，使之成为兼具有社会责任感、公共意识和创新精神的新时代财税综合型人才。

三、教案设计

（一）教学目标

1. 掌握社会保障特性的内涵与外延。

2. 通过均值方差效用函数理解社会保障互济性与普享性的经济学意义；通过社会保障目标的设定理解社会保障福利性的深层含义。

3. 掌握社会保障特性（普享性、互济性、福利性）三者之间的关系。

4. 了解金融市场代际风险分散方面的缺陷。

5. 了解高登—范里安模型对现收现付养老金制度的阐释；通过案例罗斯福《社会保障法案》了解社会保障在代际风险分散方面的优势；了解鲍尔—曼昆的时光机理论。

6. 了解社会保障的代际风险分散功能对解决我国人口老龄化问题、改善人口结构的理论与现实意义。

（二）教学内容

1. 授课内容：第2讲社会保障财政基本理论与分析框架第1节社会保障的特性与代际分散风险功能。

2. 授课时数：2 课时（100 分钟）。

3. 第 1 课时：社会保障的特性。

4. 第 2 课时：社会保障的代际分散风险功能。

（三）教学手段与方法

1. 知识讲解环节采取多种教学形式，灵活运用多媒体展示、视频展示、板书、引导性提问等方式开展教学，通过动态多媒体展示、案例导入和引导思考，吸引学生注意力，提高学生学习兴趣，尤其是将理论知识与现实世界相联系，加深学生对抽象知识理解的同时，使学生对我国社会保障制度以及国家治理的大逻辑有更加深刻的认识，增强学生分析现实问题的能力。

2. 数学演绎＋案例教学法的灵活运用。公共财政与社会保障课程中有大量理论性较强的内容，理论内容教学可以通过案例教学法的灵活运用来提高教学效率，教师引入现实案例，掌握教学进程，引导学生思考、组织讨论，进行总结、归纳。虽然教学内容是相对抽象的社会保障特性与代际风险分散理论，但是通过数学演绎和案例分析等教学手段，可以较好地将授课内容与学生现实生活相融合，有利于学生集中注意力、理解抽象概念，并将其应用于解释现实社会问题，增强学习的成就感和动力。

3. 从知识延伸、能力提高和思维拓展三个层次组织教学，课堂教学的目的不仅是讲解传授知识，更重要的是拓展思维，培养理性思考能力，使学生能够主动学习，对所学知识进行梳理、加工和运用。通过理论知识讲解—现实案例讨论—理论与现实相结合的分析—总结等教学步骤的实施，学生对知识点能够进行挖掘、延伸和扩展，自主思考和活学活用的能力得到提升，有利于学生综合能力的提升。

（四）教学过程

根据教学目标、教学内容和教学设计思路，对教学过程进行系统安排，如表 13 和表 14 所示。

表 13 第 1 课时：社会保障的特性

环节与时间分配	教学法	设计思路	教学内容
回顾环节，15 分钟	讲授法	帮助学生明确授课内容与课程其他部分内容的逻辑关系，以建立对课程内容的整体认识	第一步，回顾上个章节内容结构 回顾上一章节讨论主题：社会保障制度概述 第二步，总述本章内容，引出本节课的主题 1. 社会保障的目标 2. 政府、市场、家庭和个人在社会保障中的特点、优势和劣势 3. 厘清政府、市场、家庭和个人在社会保障中的责任边界 4. 应对变化，该如何调整各方的责任边界？及时性与有效性如何保证？ 第三步，介绍社会保障特性的内容框架和本堂课讲解的内容
讲授和讨论环节，30 分钟	讲授法、演绎法、举例法、讨论法	通过引用经典文献，与学生的互动讨论发现问题和思维定向，再由授课教师结合数学演绎与案例佐证，组织学生思考与讨论，主要目的在于用帮助学生理解较为抽象的经济学概念，加深对社会保障特性实质上的理解	社会保障的互济性（经典文献引用＋数学演绎）： 第一步，以马克思经典文献，引导对社会保障互济性的思考 1. 从一个处于私人地位的生产者身上扣除的一切，又会直接或间接用来为处于社会成员地位的社会生产者谋福利（马克思）。 2. 引出社会保障互济性的概念与含义 第二步，数学演绎——分析经济学意义 社会保障的普享性（数学演绎）： 结合"共济性"的数学演绎结果解释"普享性"的经济学意义：社会保障是一种针对社会风险的保障体系，任何的抗风险机制都是覆盖面越广抗风险能力越强。 社会保障的福利性（案例）： 第一步，通过阐释社会保障目标引出社会保障福利性的内涵：社会保障的主要目标是增进社会成员的福祉，而不是以营利为目标 第二步，通过案例佐证：社会保障产品和服务的种类范围也远远超过了其他保障形式 社会保障三性之间的关系（讨论）： 通过对社保三性的讲解，组织学生讨论三者之间的关系：普享性与互济性最大程度上发挥了风险分散的功能，福利性更多体现在社会保障的非营利性上，三者非替代关系而是相互补充关系

续表

环节与时间分配	教学法	设计思路	教学内容
总结环节，5 分钟	总结法	回顾本讲的主要内容后，引导学生进行发散思考，同时导入下次课的内容框架，并安排预习任务	第一步，本讲主要内容回顾 第二步，引导学生在本次课内容的基础上作发散思考 1. 社会保障三性中所体现的风险分散功能与金融市场中保险产品的风险分散功能完全相同吗？ 2. 如果不同，主要体现在哪些方面？对我国社会经济发展有什么影响？

表 14 第 2 课时：社会保障的代际分散风险功能

环节与时间分配	教学法	设计思路	教学内容
引入环节，10 分钟	案例法、讨论法、讲授法	本部分内容先用案例引入金融市场商业保险是否完备的思考，然后引导学生结合上节的内容提出问题：什么是代际风险？代际风险能够通过市场化的保险来化解吗？社会保障在代际风险分散方面是否具有市场化保险不具备的优势？	第一步，案例分析：商业保险是否完备？ 第二步，引导学生结合上节课内容提出问题 1. 什么是代际风险？（诗歌案例：《登幽州台歌》） 一个世代的风险：是由整体政治、经济、社会等多因素所造成的影响 2. 代际风险能够通过市场化的保险来化解吗？ 3. 社会保障在代际风险分散方面是否具有市场化保险不具备的优势？
讲授和讨论环节，25 分钟	案例法、讲授法、演绎法、讨论法	通过讲授社会保障经典模型帮助学生理解社会保障的代际风险分散功能，再结合案例佐证，组织学生结合我国现实国情来思考与讨论，相较于商业保险，社会保障在养老问题上优越性的具体体现	第一步，高登—范里安模型（数学演绎） 现收现付养老金制度是最重要的代际风险分散机制之一，最早由彼得·戴蒙德（Diamond，1977）提出，后由高登和范里安（Gordon & Varian，1988）进行了较正式的阐述。 第二步，鲍尔—曼昆时光机理论（讲授） 代际金融市场缺失的原因——时空分割障碍。两位著名经济学家，新凯恩斯主义的奠基人劳伦斯·鲍尔（Laurence M. Ball）和格里高利·曼昆（Gregory N. Mankiw）由此提出了一个奇思妙想 第三步，罗斯福《社会保障法案》（案例） 没有人能担保这个国家未来不再遭受大萧条，但是我们可以降低这种风险……我们可以缓解它的影响，这个经济保障法案是一个组织和缓解萧条影响的速效措施（罗斯福） 第四步，引导学生思考（分组讨论） 根据上述所讲内容，结合我国现实国情进行讨论：相较于商业保险，社会保障在养老问题上优越性的具体体现？

环节与时间分配	教学法	设计思路	教学内容
讲授和总结环节，15分钟	讲授法、总结法	本部分由授课教师根据学生分组讨论和汇报的内容对社会保障在解决代际风险分散方面优越性的具体体现，进而引导学生对社会养老保险解决我国人口老龄化问题，改善人口结构的理论与现实意义进行拓展性思考	第一步，社会保障的代际风险分散功能（总结讲授） 人世有代谢，往来成古今，这种对全人类总体的风险，由于时空的分割，是不可能通过金融市场来很有效的分散的。但社会保障却可以打破这种时空的局限，使我们能够与未来世代携手，共同应对各种风险的机会，由于子子孙孙无穷匮也，世代的无穷性可以相对的去分散风险，让我们更好面对各种风险和挑战，这就是社会保障的代际风险分散功能 第二步，人口老龄化产生的原因（案例＋讲授） 1. 生育率降低驱动的老龄化 2. 预期寿命延长驱动的老龄化 第三步，我国人口老龄化的特征（案例＋讲授） 1. 老龄化程度深 2. 老龄化速度快 3. 未富先老 4. 异质性 5. 老龄化伴随着严重的高龄化 第四步，拓展思考（讨论） 1. 除了社会养老保险之外，你还知道哪些"养老"手段与途径？ 2. 社会养老保险除了是一种长期、生存保障之外，是否具有调节投资和储蓄的功能？ 3. 结合我国经济社会发展水平与人口老龄化现实情况思考养老保险模式的改革思路？ 4. 从财政视角出发，利用实证数据考察我国养老保险基金缺口程度？

四、教学效果分析

从课程思政的角度来看，该课程内容的思政元素引入主要体现在将理论工具的讲授和应用与中国经济体制改革相结合，通过社会保障三性和社会保障代际风险分散功能的讲解，引导学生结合我国经济社会发展现实理解财政社会保障制度改革背后的理论逻辑，进一步培养学生关注公共问题，提高公共意识，将社会主义核心价值观教育、国情教育、法治教育和公共意识教育有机融入课程教学中。

第一，理解财政社会保障制度改革背后的原理。社会保障是国家依法通过国民收入再分配的方式对社会成员的基本生活提供安全保障的行为、机制和制度的总称，是目前世界大多数国家最大的财政支出项目。在现代社会中，除了稳定、保障和提升伦理道德的社会功能之外，社会保障还具有调节社会总供求、调动劳动力再生产和调节社会成员收入分配的经济功能。作为财政收支的重要项目，社会保障同样面临需要在效率与公平之间进行权衡取舍。探索适合中国特色社会主义所需要的、能够处理好效率与公平权衡关系的财政社会保障制度是我国经济体制改革的重要任务之一，因此必须学好相关基本理论，才能深刻理解我国财政社会保障制度改革的逻辑，这也是学生未来发现、分析公共问题所必备的基本经济学素养。

第二，理解财政社会保障改革的中国道路。我国社会保障制度的建立和改革一直以来是促进经济社会发展稳定的重要因素，作为人类社会久远的福利制度安排，社会保障在进入现代工业社会后，逐渐发展到关乎各国国民切身利益，并对许多国家的政党产生重要影响的社会经济制度。尤其对于中国而言，社会保障通常被视为是社会主义国家的应有之义——化解社会矛盾、增进国民福利、创造就业机会、改良社会产业结构、促进经济高质量发展、推动社会主义文明的进步，这一切都离不开我国财政社会保障改革的精准定位。从案例教学中，学生可以体会到，中国应当立足于本国实际发展情况制定财政社会保障政策，基于这样的认识，引导学生进一步思考与社会主义市场经济高质量发展相适应的财政社会保障制度应当具备哪些基本要素。

第三，人口老龄化与经济高质量发展背景下的财政社会保障改革逻辑。中国经济高质量发展要求解决人口老龄化问题刻不容缓，本课程通过对社保三性以及社会保障代际风险分散功能的讲解和剖析，充分展现了当今时代财政社会保障改革背后的理论支点，通过数学演绎、案例分析、组织讨论等多种教学手段，引导学生深入理解国家宏观政策改革背后的基本原理与逻辑，启发学生深入思考，培养学生的社会责任感，提升学生的综合能力。

总体来看，以上教学活动的实施，能够将思政元素有机融入本课程，将理论与实践相结合，数理推演和国际比较相结合，培养学生创新思维，提高公共意识，强化中国特色社会主义道路自信、理论自信、制度自信和文化自信。

消费税的作用

何　辉

课程名称：《中国税制》

课程性质：□公共课 ☑专业课

课程类别：□理论课 □实践课 ☑理论实践一体课

课程所属学科及专业：财政学科税收学专业

授课教师：何辉

授课对象：财政学本科生、税收学本科生及税务硕士研究生

一、课程简介

《中国税制》不仅是财税类专业的核心专业课，还是经管类专业的重要基础专业课，也是大部分高校所开设的重要通识课程之一，具有影响面广、受益者众、教育效果明显的特征。它对于帮助学生掌握税收基本法规、规章制度具有基础性的作用，同时，也对税收高级人才培养具有重要的作用。课程目标是通过介绍、分析我国现行税制的主要规定，帮助学生掌握我国现行税收体系状况、具体税种的立法精神，并明确我国税制发展的方向。

《中国税制》主要介绍我国现行的税收制度，分析我国现行的税制，同时介绍我国税制改革的方向和思路。课程分为以下部分：第一，介绍我国税制基本理论，税制结构现状和税收分类情况；第二，介绍我国现有税种的基本理论、主要政策规定、税额计算例题和案例；第三，介绍现行税制改革中的理论和实践问题，总结分析现行税制的发展脉络，并前瞻发展趋势。

《中国税制》课程坚持理论与实践相结合的原则，注重课堂教学与课堂

讨论相结合，要求学生在掌握中国税制重点内容的基础上，能够应用税收基本理论对经济领域热点问题进行判断、分析和研究；力求反映国内外税制改革的新情况和税制研究的新成果，突出各税种的法律政策精神和难点、重点问题，并结合例题、案例让学生掌握税收制度在实践中的运用；引导学生在课堂上积极思考，增强其学习的主动性和自觉性。

二、课程思政元素

元素1：协同"健康中国"战略，抑制偏好不合理消费。

改革开放以来，随着工业化、城镇化、人口老龄化进程不断加快，中国居民生产生活方式和疾病谱不断发生变化。吸烟、过量饮酒等不健康生活方式较为普遍，心脑血管疾病、慢性呼吸系统疾病、糖尿病等慢性非传染性疾病导致的死亡人数占总死亡人数的比例越来越大，"健康中国"战略的实施尤为关键，相关配套措施亟须完善。税收在现代经济社会生活中无处不在，关系着国计民生。在《中国税制》课程的讲授中，将税收与民众的生活联系起来，让学生深刻体会到对烟酒等不健康产品征收消费税的意义。消费税作为引导消费的重要手段，通过消费税抑制偏好不合理消费，理论联系实际，使学生理解如何通过税收调控社会经济发展，实现国家战略。

元素2：倡导环境保护，绿水青山就是金山银山。

发展不是破坏，生态环境构成了人类社会生存和发展的基础，联合国环境规划署执行主任英厄·安诺生指出，"我们必须认识到，自然的恢复对于地球和人类的生存至关重要"。然而，人类进入工业文明时代以来，在创造巨大物质财富的同时，也对环境造成了巨大的破坏，各种环境问题日益突出。消费税中鞭炮焰火、实木地板等税目的设立，正是为了抑制人们对环境的破坏。绿水青山就是金山银山，良好的生态环境是最普惠的民生福祉，通过讲述消费税这些税目设立的必要性，让学生更加懂得环境保护至关重要。

元素3：合理进行资源产品的消费，实现可持续发展。

宇宙只有一个地球，人类共有一个家园。我国的国情更是，人口众多，资源相对匮乏，资源存量和环境承载力两个方面都已经不起传统经济形式下高强度的资源消耗。合理利用自然资源、推进生态文明建设、实现人与自然和谐共生，从来没有像今天这样重要和迫切。珍惜资源、永续利用，更需要我们每个人的努力。以消费税为切入角度，通过课堂上的讲述，让绿色可持续发展理念深植学生心中，使学生明白对自己、对生态、对未来发展的责任。

元素4：调节收入差距，缓解分配不公。

改革开放使中国的经济实现了腾飞，但也出现了许多突出的社会问题，收入差距日益加大。未来十年是中国经济社会发展的重要时期，在全社会对于收入分配问题形成共识的基础上，如果能及时出台更有效的收入分配政策、深入推进收入分配制度改革，那么中国跨越中等收入陷阱、进入高收入国家行列就指日可待。中央财经委员会第十次会议也提出："在高质量发展中促进共同富裕，构建初次分配、再分配、三次分配协调配套的基础性制度安排，形成中间大、两头小的橄榄型分配结构。"税收的最基本职能之一就是调节收入分配，在未来收入分配制度的构建中，税收大有可为。通过讲述对高档化妆品、高档手表等奢侈品征收消费税，让学生切身体会到税收如何在收入分配中起到重要作用，充分发挥消费税调节收入分配的功能。

元素5：筹集财政资金，惠及大众民生。

我们的社会经济虽然得到了长足的发展，但仍然存在着许多急需解决的问题。在医疗领域，与经济社会发展和人民群众日益增长的服务需求相比，我们的医疗卫生资源总量相对不足；公共卫生服务体系不健全，医疗资源分配不均，布局结构不合理，影响医疗卫生服务的公平和效率。在教育方面，社会二元化结构和竞争加剧，且教育资源短缺，教师资源分配不合理，教育成本不断提升。还有在养老、人口等方面，都存在相应问题，这些问题遍及社会民生，要想尽快解决，离不开充足的财政资金。筹集财政收入，是消费税乃至整个税收的基本职能。通过对消费税的讲述，让学生学会如何在兼顾经济发展的同时，合理运用消费税政策，发挥消费税的功能，筹集财政资金，实现取之于民、用之于民，促进经济社会更好的发展，提高人民福祉水平，惠及大众民生。

三、教案设计

（一）教学目标

新时代背景下，通过教学使学生明确消费税的概念，懂得在我国开征消费税的意义，重点掌握消费税缴纳环节和计税依据的规定，强调消费税在解决我国经济社会发展不充分、不平衡矛盾中发挥的重要作用，以及消费税如何引导合理消费，并且要学以致用。

1. 培养学生掌握消费税基本知识。掌握我国消费税的基本制度，灵活运用现有消费税制度，辨析消费税制度存在的问题与发展方向。

2. 培养具有消费税相关问题分析能力、逻辑思维能力的人才。消费税政策事关国民经济运行，消费税政策如何征收与管理尤为重要，培养学生具有较好的消费税问题分析能力以及逻辑思维能力。

3. 培养具有理论联系实际的人才。通过学习消费税的作用，分析消费税如何调节收入分配、引导合理消费。结合案例，分析并思考如何有效发挥消费税的作用。

4. 培养具有宏观视野，服务国家的税收人才。培养学生正确的税收理念与税收知识，不仅关系到学生家国情怀的培育，更涉及学生的公共精神、社会责任意识的养成。

（二）教学内容

1. 授课内容：第 3 章消费税第 1 节消费税的概念与特点、消费税的作用。
2. 授课时数：2 课时（100 分钟）。
3. 消费税的概念与特点。
4. 消费税的作用及案例分析。

（三）教学重点和难点

1. 教学重点：如何有效发挥调节收入分配；消费税如何引导合理消费。
2. 教学难点：在课程内容方面，课程重点为消费税要素、消费税的作用及案例分析、如何有效发挥消费税的作用等内容。在课程教学方法方面，课程重点为案例讨论、讲解分析，实践教学方式多样化。良好的教学方法，有助于课程教学实施，激发学生的学习兴趣。

（四）教学手段与方法

教学手段：第一，灵活运用教学课件对学生进行消费税职能作用的基础知识教学。第二，通过微课、新媒体视频向学生展示资源缺乏、水土流失、环境污染对生态造成的影响，从而将知识延伸、思维拓展至消费税的重要作用。第三，通过多媒体将案例导入，引导学生思考，提高学生学习兴趣。通过理论知识、真实世界的相融合，不仅促进学生对抽象知识理解，而且使学生对我国消费税职能作用的大逻辑有更加深刻的认识，增强学生分析现实问题的能力。

教学方法：采用现代化教学手段代替传统的单一枯燥的教学模式，增强教学的趣味性与直观性。除了课堂讲授、追问讨论外，还应加入案例互动、实践教学。

1. 课堂讲授法与追问讨论法。除了课件讲述基础知识，还应对学生进行提问。学生注意力容易集中，学习中所理解的抽象概念和理论知识可以很快用于解释现实财税问题，学生的学习反馈迅速，能够增强学习成就感和学习动力。

2. 案例互动法。《中国税制》课程中有理论性较强的内容，理论内容教学可以通过案例教学法的灵活运用来提高教学效率。引入现实案例，掌握教学进程，引导学生思考、组织讨论，进行总结、归纳。由于教学内容是具体的消费税改革案例，容易与学生的现实生活经验相融合。

3. 实践教学法。积极开展以赛促学、以赛促教的实践教学模式。学校与北京市朝阳区税务局、致同会计师事务所联合开展税收小品大赛、税收案例大赛等，让学生通过税收知识比赛积累税收实务知识，从而加强学生对税收知识的理解与运用。

（五）教学设计

1. 教学设计思路。

步骤一：回顾上节课的授课内容，了解消费税的概念、特点以及消费税在我国税制中的作用。

1994 年税制改革时，确定的消费税的立法精神是：与增值税、营业税相配合，形成以增值税的普遍调节为主、与消费税的特殊调节相配合的新的流转税制体系；税负的高低要体现国家的产业政策和消费政策，即根据国家产业政策和消费政策的要求，通过制定高低不同的税率合理调节消费行为，正确引导消费方向，抑制超前消费，从而间接引导投资流向，筹集资金，保证财政收入。

本部分内容主要通过实例创设问题情境，并通过与学生的互动和讨论引发学生的思考。提出讨论的问题：（1）如何理解"消费税"一词的字面含义？（2）消费税与增值税有何区别与联系？（3）你认为我国应该征收消费税吗？为何征收消费税？（4）通过所学税收知识，说说消费税有哪些调节作用？我国的商品种类那么多，为什么只对其中的几种商品征收消费税？征收消费税的商品有何特殊之处？

步骤二：思政元素导入、课堂讲授与思路启发。

通过本章讲授，让学生理解消费税关系到 14 亿人民的切身福祉，是调控经济和社会的重要手段，最终导入消费税的内涵及特点、消费税的作用。授课教师结合问题与案例，组织学生思考与讨论，重视实物操作，主要目的在于将理论直观地呈现给学生，帮助学生理解并形成实践能力。

消费税具有调节消费结构、筹集财政收入、调节收入分配的作用，是我国税制结构中极为重要的内容之一。因此，根据当前经济形势，进行消费税改革，优化消费税调控社会经济的路径，具有重要的意义。

步骤三：具体案例讨论。

案例 1：近五年消费税改革的主要特征是消费税税率的持续走高及消费税引导作用的增强。近五年经济合作与发展组织（OECD）税收政策改革报告显示，除了继续提高烟草和酒精的消费税税率外，不少国家还开始征收和健康有关的新税，如爱尔兰、葡萄牙、南非、英国、丹麦等国家对被称为"健康隐形杀手"的含糖饮料征税，加拿大对大麻产品征收消费税，希腊、芬兰、瑞典等国家征收电子烟税，波兰对酒精饮料征税，匈牙利对零食征收公共卫生税等。可见，基于健康考虑征收消费税已成为各国消费税改革的一个新趋势，该措施不仅有利于引导健康消费行为，还可以开辟新税源。

案例 2：在党的十九大会议中，全面提出了深化税收制度改革、健全地方税体系的税制改革要点。在税制改革环节中，消费税改革是非常重要的一方面。近年来，白酒行业一直得到社会关注，关于白酒消费税也是众说纷纭。2019 年，财政部和国家税务总局就消费税税法改革共同起草了《中华人民共和国消费税法》，并向社会公开征求意见。其中，征求意见稿中提到白酒消费税的税率和征收环节都继续采用之前的暂行条例，但是由于该规范在实际应用中还存在可改进和完善的地方，以发挥消费税的积极效用，比如引导消费、调节收入、帮扶优质企业和限制劣质企业等方面。另外，对于某些地方保护过严的小型白酒企业来讲，得不到完善管理，反而影响国家收入。因此，在征求意见稿的第二条中又明确规定，根据宏观调控需要，国务院可以调整消费税的税率，以满足社会经济发展的需求。

2. 教学过程安排。根据教学目标、教学内容和教学设计思路，教学过程系统安排如表 15 和表 16 所示。

表 15　　　　　内容之一：消费税的内涵及特征

环节与时间分配	教学法	设计思路	教学内容
展示环节，10 分钟	展示法、讲授法	本部分内容先提出我国收入分配不公与不合理消费等问题，从而引出消费税的重要作用	第一步，从环境与合理消费对人类的重要性，引入消费税对全世界公民的重要作用 第二步，提出讨论的具体问题 消费税有哪些特点？我国选择消费税征税项目的依据是什么？征税项目具体有哪些？
讨论环节，20 分钟	讨论法	学生根据三个问题进行讨论，老师随机抽取学生进行回答	第一步，学生分组进行发言，对自己小组的讨论结果进行汇报 第二步，教师根据学生发言内容、课堂气氛和学生知识储备情况等进行实时点评，引导课堂讨论
总结环节，20 分钟	讲授法、总结法	老师根据学生汇报内容进行点评并总结正确知识	1. 消费税的征税范围、纳税义务人与纳税环节、税目和税率、计税依据、应纳税额的计算 2. 使学生明确消费税的概念，懂得在我国开征消费税的意义，重点掌握消费税纳税环节和计税依据的规定，特别要学会准确计算消费税应纳税额，并且要学以致用

表 16　　　　　内容之二：消费税的职能作用

环节与时间分配	教学法	设计思路	教学内容
回顾环节，5 分钟	讲授法	帮助学生明确授课内容与课程其他部分内容的逻辑关系	第一步，确定本章内容结构 本节讨论主题：消费税的职能作用 第二步，回顾上节课内容，引出本节课的主题 1. 回顾上节课学习的消费税内涵及特征 2. 引入消费税的职能作用

续表

环节与时间分配	教学法	设计思路	教学内容
导入环节，20分钟左右	案例互动法	引入现实案例，掌握教学进程，引导学生思考、组织讨论研究，进行总结、归纳。由于教学内容是具体的消费税改革案例，与学生的现实生活经验相融合	第一步，以OECD国家关于消费税的改革以及我国白酒消费税两个例子，引导对消费税职能作用的思考 第二步，分析总结实例 通过对两个例子的分析，引出消费税在执行中，调节收入分配与保护环境的重要性
总结环节，25分钟	总结法	回顾本讲的主要内容后，引导学生进行发散思考，同时导入下次课的内容框架，并安排预习任务	第一步，本讲主要内容回顾。包括：消费税的概念、消费税的职能作用 第二步，引导学生在本次课程讲授的基础上积极思考 消费税有哪些特点？试分析消费税的调节作用？我国选择消费税征税项目的依据是什么？征税项目具体有哪些？我国消费税的纳税环节有几个？

四、教学效果分析

（一）本次课主要内容回顾

本次课授课内容主要包括消费税的概念和特点、消费税的基本理论与案例分析。本次课知识讲解环节采取多种教学形式，除直接向学生详细讲解相关理论外，还注重学生的直观感受和实际操作能力，通过视频展示、案例讲解、问答交流、小组讨论、课上练习、课后思考等方式开展教学，激发学生的学习兴趣，培养真正能学以致用的人才。

（二）本次课教学效果分析

1. 对消费税的作用有了更加深入的认识。本章将消费税理论知识与现实相联系，加深学生对理论理解的同时，使其对我国消费税在实际经济社会生活中的作用和地位有更加深刻的认识，激发学生的学习兴趣和解决实际问题的社会责任感，增强学生的实践能力。

2. 通过多角度教学提高教学效果。将知识点多、实际操作难度大的内容通过多角度的教学来提高教学效率。教师通过理论讲解并提出问题，引导学生思考，组织讨论研究，通过案例加深理解，通过课堂实际操作检验成果，最后进行总结、归纳和回顾。并且，由于从民生、社会的角度切入，与学生切身的生活体验相融合，容易激发学生学习兴趣，学习中所掌握的理论和知识能很快用于解释和解决实际问题，学生容易看到学习的成果，能够获得更大的学习动力。

3. 思政元素引入效果明显。从课程思政的角度来看，本次课程内容的思政元素引入主要体现在将消费税的基本知识点与当前中国经济社会的热点问题相结合，与所有普通民众的民生福祉相联系。通过实际问题切入，引导学生理解政府征收消费税背后的理论逻辑和现实意义，以及把握在新的经济社会发展状态下我国消费税改革的方向，进一步引导学生关注公共问题，增强社会责任感。在专业教育中融入思政教育，有助于为学生树立起正确的世界观、人生观、价值观，培养出具有家国情怀的优秀接班人。

总体上看，本次课教学活动能够将思政元素融入专业课程，使学生熟知消费税在国家宏观调控、社会民生中发挥的重要作用。课程加入对社会问题的解读，增加学生的公共意识和社会责任感，并从多角度讲解理论知识，启发学生思考，可以提升学生解决实际问题的能力。

税收筹划概述

包　健

课程名称：《税收筹划》

课程性质：☐公共课☑专业课

课程类别：☐理论课☐实践课☑理论实践一体课

课程所属学科及专业：应用经济学税收专业

授课教师：包健

授课对象：税务、会计、资产评估及财政学专业本科生

一、课程简介

《税收筹划》是为财政、税务和会计专业开设的一门专业核心课程。本门课程的教学，让学生掌握税收筹划的基本原理和方法，掌握主要税种的筹划方法以及企业生产经营活动中的筹划策略；了解税收筹划的基本原则和理念，熟悉国际税收筹划方法，探索企业实践中存在的涉税问题和具体的筹划方案，使学生具备税收筹划的基本技能。教学过程中，采取理论讲授与案例分析相结合的方法，培养学生对税收筹划方法的理解和税收筹划方法的运用能力，为学生进一步学习奠定坚实的专业基础。

本课程是一门专业选修课，分理论和实务两部分进行讲解，理论部分主要阐述税收筹划的基本理论和方法，实务部分阐述了主要税种以及企业生产经营过程中的税收筹划方法。本课程的学习有助于扩大学生的专业视野，培养学生的专业素养，提升专业技能。

二、课程思政元素

元素 1：树立税收法治观念。

税收法治是依法治国的基础性内容，税收法治教育是法治教育的基础与前提，税收筹划课程是税收法治教育的重要载体。通过课程的思政教学，以润物细无声的方式，强化学生的税收法治意识，不断提升学生对税收法律制度的自觉认可、敬畏、遵从的程度，从而更好地培养社会主义事业的合格建设者和接班人。

元素 2：培育家国情怀。

家国情怀是对家国共同体认知和情感的统一及其使命担当，也是中华民族在数千年的历史长河中逐渐形成的具有中国特色的优秀文化传统。新时代的中华儿女肩负着实现中华民族伟大复兴中国梦的重任，实现中华民族伟大复兴的中国梦，需要在青年大学生中弘扬中华优秀传统文化，从家国情怀中汲取民族复兴的精神力量。

元素 3：具备国际视野。

习近平总书记强调，高校思想政治工作要培养大学生"正确认识中国特色和国际比较，全面客观认识当代中国、看待外部世界"的能力。当代大学生要具备国际视野和广阔胸襟，更要具备在世界格局中把握中国特色的能力。

元素 4：提高职业素养。

职业素养是指职业内在的规范和要求，是在职业过程中表现出来的综合品质。《税收筹划》是在法律允许的范围内进行筹划，要培养学生维护纳税人合法权益的职业素养，引导学生增强诚信意识，树立诚信观念。

三、教案设计

（一）教学目标

1. 帮助学生掌握税收筹划的基本概念和特点，了解税收筹划产生的微观、宏观环境，熟悉税收筹划的发展历程，提高对税收筹划专业的学习兴趣。

2. 帮助学生掌握税收筹划的原则，熟悉掌握税收筹划的目标，认识到遵守税收法律法规和职业道德规范的重要意义，提升职业道德和专业素养。

3. 帮助学生理解税收筹划和其他涉税违法行为的区别，了解政府对税收筹划的态度，强化税收法治意识。

4. 帮助学生了解税收筹划的分类，以及税收筹划的影响因素。

（二）教学内容

1. 授课内容：税收筹划概述。

2. 授课时数：2 课时（100 分钟）。

3. 第 1 课时：税收筹划的概念、特点。

4. 第 2 课时：税收筹划的原则、目标。

5. 教学难点：税收筹划与其他违法行为的区别、税收筹划的目标及原则。

（三）教学手段与方法

1. 课堂讲授与多媒体资料运用相结合。在课程教学中，以课程讲授为主，辅以多媒体展示、视频资料、图片和数据资料多种教学方式，既丰富课程教学活动，增强学生的学习兴趣，又丰富学生视野，加深学生对知识点的掌握。

2. 采用"任务驱动、讲练结合"互动式教学方法。坚持"教师为主导，学生为主体"的思想，教师主要起"启发"和"引导"的作用，贯彻"精益求精"的原则，以点带面去激发学生获得更多知识的欲望，调动学生的学习自觉性，强化思政元素的融入效果。

3. 理论与实践相结合的教学方式。教师除了全面、系统地介绍本课程的内容以外，还要在各章的相应部分进行教学提示和重难点问题解析，对学习思路和方法进行提示与指导，并要求学生完成相应数量的思考题或实训题。

（四）教学过程

根据教学目标、教学内容和教学设计思路，对教学过程进行系统安排，如表 17 和表 18 所示。

表 17　　　　　　　　　　**第 1 课时：税收筹划的概念、特点**

环节	教学法	设计思路	教学内容
教学步骤一：课前热身，各国建筑图片，让学生直观了解征税的影响			
回顾环节	讲授法	通过世界各国征收房产税后民众的直接反应，帮助学生认识税收筹划	通过图片展示，让学生对税收筹划有直观的了解与认识，了解征税的直接影响
步骤二：举例讨论，思路启发，从直观案例入手理解税收筹划概念			
导入环节	讲授法、举例法	通过各国政府、理论界对税收筹划的态度，了解税收筹划的发展历史。通过与学生的互动和讨论了解税收筹划的特点。由授课教师讲解税收筹划产生的宏观和微观原因，帮助确立学生对税收筹划的理性认识	第一步，国外经典法院判例，引导学生从法律角度对税收筹划的认识 1. 税务局长诉温斯特大公案 2. 比林斯·勒尼法官判例 第二步，通过国内外学术界的界定，引导学生从理论角度对税收筹划的认识，了解税收筹划的特点 1. 荷兰国际财政文献局（IBFD）《国际税收辞汇》 2. 印度税务专家雅萨斯威《个人投资和税务筹划》 3. 美国南加州大学梅格斯博士《会计学》 第三步，通过国内外学者对税收筹划的界定，让同学讨论并总结税收筹划的特点 1. 税收筹划的合法性 2. 税收筹划的超前性 3. 税收筹划的目的性 第四步，通过教师讲解和学生互动，了解税收筹划产生的宏观和微观原因，加深对税收筹划的理解
步骤三：核心内容，教师讲授			
讲授环节	讲授法、举例法、视频展示法	1. 列举所有减税行为；对减税行为进行说明分析 2. 通过案例讲解对税收筹划行为和其他减税行为进行比较，把握税收筹划与其他违法行为区别，树立正确的筹划观念，增强学生的职业道德意识 3. 通过教师讲解，让学生了解税收筹划分类并了解企业日常税收筹划的重点	第一步，讲解税收筹划与其他违法行为差异 1. 逃税、欠税、抗税、骗税、避税概念 2. 逃税、欠税、抗税、骗税、避税的经济处罚 3. 逃税、欠税、抗税、骗税、避税的行政处罚 第二步，通过案例讲解分析税收筹划与其他违法行为的不同 1. 讲解现实中筹划不当引起的逃税案例，明确逃税与税收筹划的本质区别 2. 通过房产交易案例讲解避税和税收筹划的本质区别 第三步，总结政府对税收筹划与其他违法行为的态度，确立正确的筹划观念 第四步，税收筹划的分类 1. 按税收筹划服务对象 2. 按税收筹划的具体税种 3. 按企业生产经营过程

环节	教学法	设计思路	教学内容
步骤四：小结			
总结环节	总结法	回顾本讲的主要内容，引导学生进行发散思考，同时导入下次课的内容框架，并安排预习任务	第一步，主要内容回顾。包括：税收筹划的概念、税收筹划的特点、税收筹划与其他违法行为的区别 第二步，引导学生作发散思考 1. 税收筹划是否是政府应该鼓励的行为？ 2. 逃税与避税及税收筹划的区别？

表 18　　　　　　　　　**第 2 课时：税收筹划的原则和目标**

环节	教学法	设计思路	教学内容
教学步骤一：通过提出问题的方式，引导学生对讲授内容的兴趣。			
展示和讲授环节	讲授法、讨论法	提出问题：企业是否存在涉税风险？涉税风险有哪些表现？	第一步，提出问题，企业是否存在涉税风险？ 第二步，讲解什么是涉税风险，企业经营过程中为什么存在涉税风险？ 1. 涉税风险的定义：指纳税人面对纳税而采取各种应对行为时，所可能涉及的风险 2. 涉税风险的表现：多交税风险和少交税风险 3. 涉税风险的成因：结合案例讲解政策因素、生产因素、税收筹划因素、故意逃税因素 4. 涉税风险的影响：企业纳税信用、国家稽查 第三步，引导学生进行讨论，并结合以往课程学习的内容，举出企业涉税风险的例子 第四步，教师总结学生的发言，提出税收筹划的目标之一：涉税零风险 1. 什么是涉税零风险？纳税人账目清楚，纳税申报正确，缴纳税款及时、足额，不会出现任何关于税收方面的处罚，即在税收方面没有任何风险，或风险极小可以忽略不计的一种状态 2. 涉税零风险是纳税筹划应达到的最低目标之一
步骤二：通过案例分析法讲解税收筹划目标			
讨论环节	讲授法、案例分析法	结合案例讲解税收筹划的目标	第一步，讲解税收筹划的直接目标：降低税收负担 逃税企业生产过程中改变生产方式降低企业税收负担降低的案例 第二步，讲解税收筹划的间接目标：获取货币的时间价值 1. 货币的时间价值是什么？ 2. 货币的时间价值给企业带来的利益 第三步，讲解税收筹划的最终目标：获得税后收益最大化 1. 税后利润最大化是什么？ 2. 税后利润最大化：税收和非税的综合考虑的结果

环节	教学法	设计思路	教学内容
步骤三：讲解税收筹划的原则			
讲授环节	讲授法、案例分析法	本部分由授课教师讲解案例，促使学生熟悉筹划原则，进而在未来学习和工作中强化税收法治意识，做遵纪守法的税务专业人才	第一步，讲解税收筹划的合法性原则 1. 通过古井贡酒涉嫌逃税的案例分析合法性原则的重要性 2. 案例的背景分析 3. 案例筹划失败的原因分析：古井贡股份公司与旗下的全资销售子公司汇总纳税，造成企业所得税税款流失 4. 案例政策依据：税务总局颁布的《关于汇总合并纳税企业实行统一计算、分级管理、就地预交、集中清算所得税问题的补充通知》规定，不允许母子公司合并纳税这一做法 第二步，讲解税收筹划的事前筹划原则 1. 通过秦池等勾兑酒厂的衰败分析事前原则的重要性 2. 案例背景：秦池酒两度蝉联中央电视台广告"标王"称号，但是后来因为资不抵债破产 3. 案例破产的税收因素原因：（1）白酒业实行从价从量复合计征办法；（2）取消外购白酒已纳消费税 第三步，讲解税收筹划的时效性原则 1. 讲解税收政策变更导致的企业筹划失败案例 2. 总结：及时根据政策调整，不可墨守成规 第四步，讲解税收筹划的风险性原则 1. 安永避税案引发的大规模补税案例 2. 总结：筹划有风险，使用需谨慎 第五步，讲解税收筹划的综合性原则 1. 统筹考虑税收、非税因素相互影响 2. 统筹考虑各税种之间的相互影响
步骤四：小结			
总结环节	总结法	回顾本讲的主要内容，培养学生掌握税收筹划的原则，提高职业素养。导入下次课的内容框架，安排预习任务	第一步，主要内容回顾。包括：涉税风险；税收筹划的目标；税收筹划遵循的原则 第二步，通过案例讲解及与学生互动，提升学生的专业职业道德意识 第三步，总结。明确税收筹划的目标，坚持税收筹划的原则

四、教学效果分析

上述教学内容及设计思路，有利于学生掌握税收筹划的基本知识，引导学生树立遵纪守法的筹划观念，提升学生的专业素养，培养学生规范、严谨、细致、认真的良好职业操守和职业习惯。

第一，了解税收筹划的基本概念和特点，培养学生对税收筹划课程的兴趣，为提升专业素养打好坚实基础。税收筹划是在符合税法规定的前提下，对纳税方案进行策划，最终做出有利于纳税人的财务安排。从政府态度、法律判例、理论界定、实务案例等多角度对税收筹划概念进行理解，有助于拓宽学生的专业视野。

第二，熟悉税收筹划与逃税、骗税、避税的区别。明确税收筹划属于合法行为，而逃税，骗税、避税都属于违法行为，不仅要接受税务机关的罚款，而且情节严重构成犯罪的还要追究刑事责任。通过对税收筹划与其他行为的分析，强化学生的税收法治意识，提升学生对税收法律制度的自觉认可、敬畏、遵从的程度。

第三，掌握税收筹划的目标和原则，引导学生在法律允许的范围内进行筹划，培养学生维护纳税人合法权益的职业素养。

第四，通过对企业筹划案例的讲解，引导学生遵纪守法、全面思考，培养学生的法律意识、大局意识、责任意识。

国际税收导论

曹静韬

课程名称：《国际税收》

课程性质：□公共课☑专业课

课程类别：☑理论课□实践课□理论实践一体课

课程所属学科及专业：财政学科税收学专业

授课教师：曹静韬

授课对象：财政学、税收学大三本科生

一、课程简介

《国际税收》是高等财经院校税收专业和财政、国际金融、国际贸易、世界经济等专业的选修课之一。作为研究跨国税收关系的一门课程，本课程以学生前期的财政学、税收原理和中国税制等课程为基础，重点研究税收管辖权、国际重复征税及其避免、国际避税逃税和国际反避税反逃税、国际税收协定等内容。作为一门理论与实务紧密结合的课程，本课程既研究理论和国际规范，又涵盖国际避税与反避税的实务操作，是一门理论政策与实务紧密结合的课程。本课程的学习，要求学生对国际税收基本知识、国际税收惯例和国际避税反避税等问题有比较系统的了解，并熟练掌握国际税收的实务操作。

本课程分为六个部分，分别是导论、税收管辖权的划分、国际重复征税的消除、国际避税活动与反避税规则、转让定价的税务管理、国际反避税政策与实务。

二、课程思政元素

元素 1：国际经济交往的原则。

国际税收关注国家之家的税收协调问题以及国际税收协调的结果——国际税收协定与转让定价指南。其中，既包含国际交往的基本原则：和平、发展、合作、共赢，又包含国际经济交往的原则：公平与效率。

元素 2：加强国情教育与国际关系教育。

国际税收课程的学习要求学生关注现实，了解国情，同时了解我国的国际关系，尤其是发现国际税收中的现实问题和研究这些现实问题。通过国际税收课程的学习，尤其是通过我国参与国际税收协调案例的引入和讨论，培养学生对我国经济发展和改革成就的理性认同，以及对国际关系本质的理解。

元素 3：弘扬社会主义核心价值观。

国际税收课程中，公平与效率原则、税收协定等内容的学习能够帮助学生树立正确的公平观、公正观、法治观，有助于加强学生的国际主义教育和社会主义核心价值观教育，帮助学生加深对公平、民主、法制等要素的理解和认识。

元素 4：强化国际税收规则和税收法治意识。

国际税收课程内容中贯穿着税收协定、转让定价指南及其与我国企业所得税制度和税收征管法等法律制度的衔接，尤其是我国对国际税收协定的法律解释和规定，贯穿国际税收课程体系，这可以强化学生的国际税收规则和税收法治意识。

元素 5：领会"新型国际关系"与构建人类命运共同体的本质。

国际税收课程的学习，结合我国现行涉外税收政策的学习，可以使学生深入领会我国"十四五"规划提出的"新型国际关系"的本质与构建人类命运共同体的重要性，这也是国际税收课程的思政元素。

三、教案设计

（一）教学目标

1. 了解国际税收问题的产生与发展历程，掌握国际税收要解决的主要问题——跨境交易税收问题，并熟悉这些国际税收问题的主要表现。

2. 掌握国际税收的概念及其含义、理解国际税收的内涵、外延和主要特征；熟悉国际税收知识体系的框架——国际税收协调与国际税收合作、重复征税问题的解决与反避税的合作。

3. 熟练掌握国际税收协定和我国涉外税收制度的主要内容，了解这些国际规则和国内法律对我国国际交往及经济社会发展的影响。

4. 了解国际税收发展的趋势，熟悉 BEPS 行动计划、CRS 等国际税收前沿问题，掌握国际税收发展的脉络和前沿。

（二）教学内容

1. 授课内容：第 1 章国际税收导论。
2. 授课时数：2 课时（100 分钟）。
3. 第 1 课时：国际税收问题的产生与国际税收的含义。
4. 第 2 课时：国际税收的主要内容与发展趋势。

（三）教学手段与方法

1. 知识讲解环节采取多种教学形式，灵活运用多媒体展示、视频展示、板书、引导性提问等方式开展教学，通过动态多媒体展示、案例导入和引导思考，吸引学生注意力，提高学生学习兴趣，尤其是将理论知识与现实世界相联系，加深学生对抽象知识理解的同时，使学生对国际税收的知识体系和主要框架有更加深刻的认识，增强学生分析现实问题的能力。

2. 案例教学法的灵活运用。国际税收课程中有很多理论性较强的内容，理论内容教学可以通过案例教学法的灵活运用来提高教学效率，教师引入现实案例，掌握教学进程，引导学生思考、组织讨论，进行总结、归纳。由于教学内容是具体的国际税收问题实例，与学生的现实生活经验相融合，学生注意力容易集中，学习中所理解的抽象概念和理论知识可以很快用于解释现实相关问题，学生的学习反馈迅速，能够增强学习成就感和学习动力。

3. 从知识延伸、能力提高和思维拓展三个层次组织教学，课堂教学的目的不仅是讲解传授知识，更重要的是激活知识、拓展思维，使学生能够主动学习，提升自学能力，学会知识的积累、梳理、加工和运用。通过理论知识讲解—现实案例讨论—理论与现实相结合的分析—总结等教学步骤的实施，学生对知识点能够进行挖掘、延伸和扩展，自主思考和活学活用的能力得到提升，有利于学生的长期发展。

（四）教学过程

根据教学目标、教学内容和教学设计思路，对教学过程进行系统安排，如表19和表20所示。

表19　　　　第1课时：国际税收问题的产生与国际税收的含义

环节与时间分配	教学法	设计思路	教学内容
教学步骤一：通过案例，引出跨境交易税收问题的协调与国际税收协定形成过程			
引出主题，10分钟	讲授法、举例法	帮助学生从先修课程出发，引出国际税收问题	第一步，回顾以前学过的《中国税制》知识 第二步，通过案例，将《中国税制》中的业务活动拓展到国际范围，引出跨境交易面临的各类税收问题
步骤二：课堂提问，引发学生对跨境交易税收问题的思考，并提出国际税收规则的形成			
引出主题，20分钟	提问法、讲授法、举例法	结合案例设计提问来创设问题情境，通过与学生的互动，引发学生思考。通过讲授，介绍国际税收规则形成的过程	第一步，以两个国际经济交往中的例子，提出问题：如何解决国际交往中的税收问题 第二步，通过学生的回答，以及递进的问题，与学生形成良性互动，引发学生思考 第三步，通过讲授国际税收协定的形成和发展过程，介绍国际税收协调中的原则与结果
步骤三：介绍核心内容——国际税收的含义，教师讲授			
讲授环节，20分钟	讲授法、举例法	首先提出国际税收的概念，并结合步骤二的国际税收协定形成过程，分析国际税收的内涵和外延	第一步，讲解国际税收的概念（本讲教学重点） 第二步，通过理论与案例相结合的方式，讲解国际税收的内涵和外延

表20　　　　第2课时：国际税收的主要内容与发展趋势

环节与时间分配	教学法	设计思路	教学内容
分析和讲授环节，10分钟	案例法、讲授法	通过案例和提问等形式，分析国际税收包含的主要内容之一：国际重复征税的消除	第一步，通过案例分析、提问与讨论等形式，引出跨境重复征税问题，并介绍国际重复征税的几种类型 第二步，通过讲授国际税收协定范本，介绍解决重复征税问题的国际规则 第三步，通过介绍我国税法，介绍我国税法与国际税收协定的衔接，分析我国涉外税收制度的影响

环节与时间分配	教学法	设计思路	教学内容
分析和讲授环节，10 分钟	案例法、讲授法	通过案例和提问等形式，分析国际税收包含的主要内容之一：国际重复征税的消除	第一步，通过案例分析、提问与讨论等形式，引出国际避税问题，并介绍国际避税的常用方法 第二步，通过讲授转让定价指南，介绍国际反避税规则的主要内容 第三步，通过介绍我国反避税规定，介绍我国与世界各国的反避税合作，分析我国反避税制度的影响
分析与讲授环节，5 分钟	讲授法	对步骤一和步骤二的内容进行总结，形成国际税收课程整体框架	第一步，总结步骤一和步骤二的内容，引出国际税收课程主要内容 第二步，通过跨境交易增值税案例，引发学生延伸思考国际税收中的增值税问题
案例分析和讲授环节，25 分钟	案例法、讲授法	通过案例和讲授形式，介绍国际税收发展趋势与最新进展	第一步，通过案例，介绍国际避税活动的发展及国际反避税合作情况 第二步，通过讲授，介绍 BEPS 计划与 CRS 等领域的国际税收合作 第三步，通过案例分析、提问和讨论等方法，介绍数字经济引发的税收问题，以及国际上对于数字经济税收问题的最新进展

四、教学效果分析

从课程思政的角度来看，该课程内容的思政元素引入主要体现在将国际关系理论的基本知识点与国际税收规则、我国涉外税收制度的结合，通过实际案例的导入，引导学生理解国际税收规则背后的理论逻辑，以及与中国税制改革逻辑的契合，进一步引导学生关注国际问题，理解公共逻辑，从而将国际关系教育、社会主义核心价值观教育、国情教育、法治教育和公共意识教育融入课程教学中。

第一，理解国际税收协调背后的国际关系原理。国际税收协调的进程，本质上体现了国际关系原理：和平、发展、合作、共赢。对于跨境交易的税收问题，既要解决其重复征税问题，以促进各国共同发展，又要解决其中的国际避税问题，以保护各国共同的税收利益。为此，各国税收问题的协调，只能遵循上述原理，而不能仅仅考虑自身利益，这是构建"新型国际关系"的必由之路。

第二，理解国际税收规则背后的公平与效率。经过各国长期协调形成的税收协定范本，特别是联合国范本，体现了国际经济交往中的公平与效率原则。税收协定范本中对税收管辖权的划分、消除重复征税方法的引入都体现了对各国税收利益的兼顾，体现了公平原则。旨在促进反避税规则建立的转让定价指南则推进了各国反避税的合作，这体现了国际税收的效率原则。同时，上述规则的建立也有利于促进各国经济的交往，这也符合国际税收的经济效率原则。

第三，理解我国涉外税收政策的内在逻辑。面临国际税收规则以及我国的经济社会发展，我国的涉外税收政策内在的逻辑有二：一是维护我国应有的税收利益，确保我国税收管辖权的实现；二是推动我国的国际经济交往，扫除我国在对外贸易、跨境投资等方面的税收障碍。基于此，我国的涉外税收制度一方面遵循了国际税收规则的基本思路，做到了国内税法与国际税收政策的衔接；另一方面也推动了国际税收合作，积极参与新规则的制定过程，体现了大国的担当与对我国税收权益的维护。

综合来看，通过以上教学活动的实施，能够将思政元素融入专业课程，加入新型国际关系、社会主义核心价值观和新时代中国特色社会主义理论的内容，用案例说明理论知识，启发学生思考，提升学生能力。

涉税犯罪

曹 越

课程名称：《涉税相关制度及案例分析》

课程性质：□公共课☑专业课

课程类别：☑理论课□实践课□理论实践一体课

课程所属学科及专业：财政学科财税专业

授课教师：曹越

授课对象：财政学、税收学、经济学、会计等经管类专业

一、课程简介

《涉税相关制度及案例分析》是为财政税收专业学生而开设的专业提升课程。本课程的任务是通过理论教学与案例教学，使学生在了解和掌握涉税相关法律制度，包括行政法律制度、民商法律制度以及刑事与监察法律制度的基本原理、特征、适用范围及法律程序的基础上，能够灵活运用相关法律制度规定对现实案例加以应用分析。本课程有助于强化学生的法律意识，防范执业风险，为培养兼具扎实法律知识与实际业务能力的专业型人才打下坚实的基础。

本课程是一门综合性、应用性的课程，共分为三个部分：行政法律制度、民商法律制度以及刑事与监察法律制度。

二、课程思政元素

元素 1：依法治国。

党的十八届四中全会通过的《中共中央关于全面推进依法治国若干重

大问题的决定》明确提出，要"深入推进依法行政，加快建设法治政府"。习近平总书记强调："各级政府必须坚持在党的领导下、在法治轨道上开展工作，加快建设职能科学、权责法定、执法严明、公开公正、廉洁高效、守法诚信的法治政府。"本课程第一章导论强调思想政治、道德品质是社会对公民行为的软约束，而法律制度则是公民行为的硬约束；强调我党在全面依法治国当中的领导地位；明确依法治国的目标是通过坚持中国特色社会主义法治道路，建成中国特色社会主义法治体系，实现法治国家、法治政府、法治社会。本课程第二章中所涉及的"税务行政许可的设定"的修改变化充分体现了简政放权作为打造法治政府的内在要求，以及国家深化"放管服"改革、优化营商环境的决策部署。

元素 2：树立制度自信。

本课程通过介绍和讲解我国行政法律制度，结合疫情期间我国实际采取的行政措施与手段，向学生明确我国政府在抗疫过程中发挥的决定性作用，阐述我国行政制度在重大灾害面前的优越性，有助于培养学生的理论自信、制度自信，增强学生对祖国的认同感、归属感、荣誉感和自豪感，继而激发学生浓厚的爱国主义情怀。

元素 3：诚信意识。

本课程第四章涉及债权法律制度，在讲解过程中通过结合《关于公布失信被执行人名单信息的若干规定》《关于落实在一定期限内适当限制特定严重失信人乘坐火车、民用航空器有关工作的通知》等政策规定，对我国典型的失信被执行人（俗称"老赖"）进行案例分析，阐述拒不履行法院生效判决行为的严重性及社会危害性，帮助学生正确认识"债权"的法律严肃性，向学生传达社会主义核心价值观，帮助其建立起良好的诚信意识和社会责任意识。

元素 4：强化法治意识。

本课程第八章涉及刑事监察法律制度，通过对近年来重大涉税犯罪案件进行分析，向学生强调涉税犯罪的严重性和社会危害性，以及我国对于损失国家利益行为的惩处决心和力度，帮助学生强化法治意识，坚决远离违法犯罪行为。

元素 5：树立良好职业道德。

本课程作为法律课程，其主要内容体现为行政领域、民商领域和刑事领域的最低道德要求，这一要求是树立涉税相关职业道德的必要条件。对于将来从事财政或税收相关工作的学生，本课程能够帮助其了解涉税违法犯罪行为的界定标准，避免发生知法犯法、执法犯法等行为，同时在符合法律规定的基础上，强调树立良好职业道德的重要性，督促学生以较高的道德标准要求自己，从而降低触碰法律红线的风险。

三、教案设计

（一）教学目标

1. 了解抗税罪、非法出售增值税专用发票罪，了解非法制造、出售非法制造发票罪，了解非法出售用于骗取出口退税、抵扣税款发票罪。

2. 理解逃避追缴欠税罪、非法出售发票罪、涉税犯罪与涉税职务犯罪的区别。

3. 掌握逃税罪、虚开增值税专用发票或者虚开用于骗取出口退税、抵扣税款发票罪、虚开发票罪、持有伪造的发票罪。

4. 应用涉税犯罪相关知识分析实际涉税案例。

（二）教学内容

1. 授课内容：第 8 章刑事监察法律制度第 3 节涉税犯罪。
2. 授课时数：1 课时（50 分钟）。

（三）教学手段与方法

1. 理论讲授为基础。本课程的教学内容主要由我国行政法、民商法及刑事监察法构成，包含大量法律规定及规章制度。为了使学生更容易掌握相关知识点，需要以各项法律的原理、渊源、特征以及基本原则等作为理论讲授基础，引导学生运用法律思维进行思考和判断，帮助学生更快更深刻理解我国各项法律背后的内涵与意义。

2. 案例教学为主体。本课程的目标是使学生能够灵活运用相关法律制度规定对现实案例加以应用分析，因此在教学过程中需要以案例教学法为主体，通过实际案例加深学生对法律内容的理解和记忆，同时有效锻炼其举一反三、理论联系实际的能力。此外，案例教学法通常更灵活生动，有助于激发学生浓厚的学习兴趣，并在运用所学知识解决实际问题过程中加强学习的主动性与成就感。

（四）教学过程

根据教学目标、教学内容和教学设计思路，对教学过程进行系统安排如表 21 所示。

表 21　　　　　　　　　　　　**课堂教学设计**

环节与时间分配	教学法	设计思路	教学内容
教学步骤一：以明星"阴阳合同"事件作为引入			
引入环节，5 分钟	观看视频、PPT	观看"阴阳合同"以及相关视频和 PPT，以学生感兴趣的事件和话题引入涉税犯罪的授课内容	第一步，播放介绍什么是"阴阳合同"的视频 1. 什么是阴阳合同？ 2. 阴阳合同的特点和形式 第二步，通过 PPT 介绍"阴阳合同"事件 第三步，介绍涉税犯罪的内容框架和本堂课讲解的内容
步骤二：理论讲授，介绍涉税犯罪的种类和内容			
基础环节，10 分钟	讲授法、例题法	通过理论讲授结合例题分析的方式介绍涉税犯罪的种类、概念、判别及区分，加深学生对各类涉税犯罪内容的理解	第一步，讲解涉税犯罪的概念和种类 1. 涉税犯罪指依照《中华人民共和国刑法》规定应受刑罚处罚的与国家税收有关的犯罪行为的统称。这里，主要指危害税收征管罪 2. 种类包括：逃税罪，抗税罪，逃避追缴欠税罪，骗取出口退税罪，虚开增值税专用发票罪，虚开用于骗取出口退税、抵扣税款发票罪，伪造、出售伪造的增值税专用发票罪，非法制造、非法出售用于骗取出口退税、抵扣税款发票罪，非法出售发票罪，虚开发票罪，持有伪造的发票罪 第二步，结合经典例题对涉税犯罪类型进行判断，讲解例题时请学生进行回答
步骤三：核心内容，教师讲授			
讲授环节，30 分钟	讲授法、例题法、案例法	采用讲授法和例题法重申需要重点掌握的涉税犯罪类型的内容、处罚规定以及需要注意的问题，采用案例分析法进一步加深学生对核心知识点的理解和记忆	第一步，重点讲解几类涉税犯罪的特点和处罚方式 在步骤二的基础上，重点强调逃税罪、虚开增值税专用发票或者虚开用于骗取出口退税、抵扣税款发票罪、虚开发票罪、持有伪造的发票罪的特点和处罚方式

环节与时间分配	教学法	设计思路	教学内容
讲授环节，30分钟	讲授法、例题法、案例法	采用讲授法和例题法重申需要重点掌握的涉税犯罪类型的内容、处罚规定以及需要注意的问题，采用案例分析法进一步加深学生对核心知识点的理解和记忆	第二步，结合具体例题进行分析 第三步，介绍我国几大涉税犯罪典型案件 1. 重点介绍合肥"11.19"特大虚开增值税发票案 2. 介绍其他相似案例 （1）山东东营"2.07"虚开增值税专用发票案 （2）浙江金华"12.12"虚开增值税专用发票案 （3）天津"3.06"虚开增值税普通发票案 （4）河北张家口"5.06"虚开增值税专用发票案 （5）四川乐山"1.29"虚开增值税发票和伪造出售假发票案 第四步，对案例所涉及知识点进行重申，总结我国涉税犯罪形势的特点和变化趋势 根据《中华人民共和国刑法》规定，虚开税款数额250万元以上的，属于"虚开的税款数额巨大"；虚开税款数额巨大或者有其他特别严重情节的，处10年以上有期徒刑或者无期徒刑。 虚开骗税违法基本态势： 1. "空壳企业"为虚开发票主要载体 2. "暴力虚开"为虚开团伙违法犯罪主要方式 3. "配单配票"为骗取出口退税主要手段
步骤四：小结			
总结环节，5分钟	总结法	回顾涉税犯罪的主要内容，进行课堂提问，布置课后思考题，引导学生进一步深入了解涉税犯罪相关知识	第一步，本讲主要内容回顾 第二步，进行课堂提问 1. 逃避追缴欠税罪与逃税罪有何区别？ 2. 简述虚开增值税专用发票或者虚开用于骗取出口退税、抵扣税款发票罪的构成 3. 简述虚开发票罪的处罚 第三步，布置课后思考题 1. 如何区分逃税罪与一般逃税违法行为？ 2. 走私罪本质上为逃避关税行为，但却没有"冰冰条款"，如何理解？

四、教学效果分析

上述教学内容及设计思路，预期能够产生以下几方面的教学效果。

一是使学生掌握涉税犯罪的基本内涵与重点涉税犯罪类型的构成和处罚规定，能够辨别不同犯罪行为属于哪类涉税犯罪，能够区分一般违法行为与犯罪行为。

二是使学生能够运用涉税犯罪相关法律知识进行实际案例分析，对于案例当中是否存在违法犯罪行为、存在哪类犯罪行为、适用何种处罚能够进行判别。

三是使学生了解我国目前虚开骗税违法行为的形势和变化，以及我国现阶段打击涉税违法犯罪行为所需具备的技术与能力，从而有意识进行自我培养与提升。

四是使学生提升法治意识与观念，认识到涉税犯罪行为的严重性与危害性，树立正确的价值观、是非观，警示自己在未来职业发展过程中要严格遵守法律规章制度与职业道德规范，坚决远离违法犯罪行为。

契税的历史渊源与契税法实施

晁云霞

课程名称：《中国税收史》

课程性质：□公共课☑专业课

课程类别：☑理论课□实践课□理论实践一体课

课程所属学科及专业：财政学科税收学专业

授课教师：晁云霞

授课对象：财政学、税收学、经济学、管理学等经管类专业大二本科生

一、课程简介

《中国税收史》是为税收学专业或者对税收学感兴趣的本科生而开设的专业提升课程。本课程以我国税收起源和发展沿革的历史脉络的讲解为主线，介绍我国税收从古代到近现代的重大税制改革事件、重要改革家及其税收思想，要求学生以史明鉴，从中领悟税收与政治、经济的关系，探索税制改革的条件以及税制变革成功与失败的经验，从而把握税收及其改革的历史观发展规律，提升学生的人文素养和历史自豪感。

本课程主要教学内容分为古代税收史和近现代税收史两大部分，课程教学方法以课堂讲授为主，配合课堂讨论、短片拍摄和论文。通过学习，达到：提高学生对我国古代税收历史的认知能力，提升学生的人文素质；引导学生探索税收发展的规律，以史为鉴，展望未来；总结提升我国税收制度史的经验，培育民族自豪感和爱国主义精神。

二、课程思政元素

元素 1：理解和正确评价政府行为。

中国税收史的研究内容是我国历史上各个朝代的税收制度及其经济影响，通过该课程的学习，学生能够建立对政府活动特别是政府筹集财政收入的行为进行分析的经济学框架，对于理解和正确评价公共决策提供有力的工具，有助于学生养成理性思考的习惯。

元素 2：提高学生对我国古代税收历史的认知能力，提升学生的人文素质，培养正确的历史观。

在漫长的人类进程中，历史作为一门人文学科一直承担着举足轻重的作用，它不仅是对人类历史活动的简单记述，更是对已逝历史年代的反映。而培养学生正确的历史观则是学生接触历史、理解历史最为关键和基础性的一步。历史教育的最终目的在于培养学生通过对社会问题的分析和思考，形成正确的历史观、人生观、价值观和世界观。《中国税收史》为学生提供了了解税收历史、评价税收历史的机会，不仅丰富了学生对于税收学的认识，还能够培养学生正确的历史观。

元素 3：引导学生探索税收发展的规律，以史为鉴，展望未来。

《中国税收史》不仅要求学生了解关于税收制度的基本史实，还引导学生结合中国当前税收政策及制度现状，以史为鉴，积极思考历史对于完善当前税收制度的启示。

元素 4：培育民族自豪感和爱国主义精神。

中国的历史博大精深，源远流长。在税收的历史长河中，不乏有胆识、有魄力的税收改革家，他们的事迹感人至深，千古流芳。通过学习税收制度改革事件和改革思想，备受我国历史上有志之士的鼓舞，自然培养了爱国主义情感和民族的自豪感。

三、教案设计

（一）教学目标

1. 掌握契税发展演变的历史。

2. 掌握契税的功能与作用。

3. 掌握契税立法的必要性。

4. 了解新中国成立后契税的主要发展脉络。

5. 了解契税立法授权地方立法的方式及依据。

（二）教学框架

1. 授课内容：契税的历史渊源与契税法实施。

2. 授课时数：2 课时（100 分钟）。

3. 第 1 课时：契税的发展史及契税的作用。

4. 第 2 课时：契税史对契税法实施的启示。

（三）教学手段与方法

1. 本课程着力引导学生主动学习和主动思考，在课程讲授的基础上，适时给学生展示前几届学生拍摄的中国税收史的视频资料，以丰富的授课手段提高学生的学习兴趣。

2. 让学生以分组拍摄短片的方式，增强学生学习的主动性和自觉性，提高其分析问题和解决问题的能力。

（四）教学内容

1. 第 1 课时：契税的历史渊源及功能

（1）古代及近代契税史。契税在我国具有悠久的历史，最早起源于东晋的"估税"，至今已有 1600 多年的历史。东晋时期规定，对于立有文契的买卖田宅、奴婢、牛马等大型交易行为，按交易额征收估税，税率为 4%，其中卖方缴纳 3%，买方缴纳 1%。估税征收的基础在于：这些大型贵重商品的交换一般都立有文契或凭证，以此得到官府的认可和保护。

此后，北宋开宝二年（公元 969 年）开始征收印契钱（名为钱而实为税），规定地契须官府加盖印章，缴纳印契钱，按契载金额百分之二征税；庆历四年（1044 年）改征田契钱，依交易额百分之四征税。这时契税不再由买卖双方分摊，而是由买方缴纳。

以后历代封建王朝虽然征收的契税名称、税率和征收范围并不完全相同，但对土地、房屋的买卖、典当等重大产权转移行为都征收了契税。民国时期也征收了买契和典契等契税，税目包括土地、房屋的买卖、典当、赠与、交换、分割和占有等。可见，保障财产转移双方（尤其是购买方）的权益是历史上契税产生的重要原因，也是契税这一税种在现代税收制度中得以存续的重要依据。也正是由于契税是以保障产权的名义征收的，长期以来契税在居民中影响较深，纳税人自觉缴纳契税的意识较高，素有"地凭文契官凭印""买地不税契，诉讼没凭据"的谚语。

（2）新中国契税史。新中国成立后，政务院于1950年发布了《契税暂行条例》，规定对土地、房屋的买卖、典当、赠与和交换征收契税。1954年财政部经政务院批准，对《契税暂行条例》的个别条款进行了修改，规定对公有制单位承受土地、房屋权属转移免征契税。社会主义改造完成以后，土地禁止买卖和转让，契税征收范围大大缩小。改革开放后，国家重新调整了土地、房屋管理方面的有关政策，房地产市场逐步活跃。

为适应形势的要求，从1990年开始着手《契税暂行条例》的修订工作。1997年7月7日，国务院发布了《中华人民共和国契税暂行条例》，并于同年10月1日起开始实施。

为了切实贯彻施行新的条例，财政部、国家税务总局又分别于1997年10月28日和11月25日颁发了《中华人民共和国契税暂行条例细则》和《关于契税征收管理若干具体事项的通知》。这些法规和配套政策对契税的征税范围、计税依据、税率、纳税人、税收减免、纳税期限以及代征机构等方面都作了明确而具体的规定，确保了我国契税制度平稳运行数十年。

（3）契税的功能与作用。从契税的产生、发展与沿革的历史不难发现，契税的基本功能包括以下方面。

保护财产转移中财产接受方的权益。契税是针对特定财产转移行为征收的一种财产行为税，其产生的基础在于：特定财产转移行为中财产接受方需要得到政府对于其财产所有权的官方认可，从而愿意为此付出一定的代价。基于此，契税大多数由购买方承担。可见，保护财产转移中财产接受方的权益是契税最基本的功能。

筹集财政收入。随着我国经济总量的不断扩大以及房地产市场的日益活跃，契税收入规模逐年递增。由于现行契税100%属于地方，契税在筹集财政收入特别是地方财政收入中发挥着不可忽略的重要作用，且近年来契税在地方全部税收收入中的占比呈增长趋势。

一定的房地产调节功能。契税的主要征税范围是贵重商品交易行为，特别是与土地、房屋相关的交易行为。现代契税通常由土地、房屋的购买方（或接受方）承担，是土地、房屋购买成本的组成部分。契税增加时，房地产购买成本上升（从而实际购买价格上升），房地产购买需求减少；反之，房地产购买成本下降，房地产购买需求增加。因此，理论上契税也具有一定的房地产市场调节功能。但由于房地产市场受到多方面因素的影响，从历史经验和现实证据来看，契税并不是影响房地产市场的首要因素。因此，契税通常不是房地产市场调节的首选政策工具。

2. 第 2 课时：契税史对契税法实施的启示

（1）契税立法与改革。2020 年 8 月 11 日，《中华人民共和国契税法》（以下简称《契税法》）经十三届全国人大常委会第二十一次会议审议通过，将于 2021 年 9 月 1 日起正式施行，届时现行的《契税暂行条例》废止。这是中央落实税收法定原则的又一重要举措。总体上，与《契税暂行条例》相比，《契税法》基本平移了现行税制。契税税率并未变化，仍为 3% ~5% 的幅度税率；计税依据也与《契税暂行条例》保持了一致，均为成交价格或税务机关核定的价格。但同时，《契税法》也对《契税暂行条例》作出了重大调整和优化，主要体现在以下几个方面。

扩大了征税范围。《契税法》将《契税暂行条例》应税范围中的"国有土地使用权出让"改为了"土地使用权出让"，即将农村集体经营建设用地入市纳入征税范围。这一变化有利于建立新的土地增值收益分配机制，使税收制度与建立城乡统一建设用地市场的土地制度相衔接。

调整了税收优惠。《契税法》保留了国家机关等部门承受土地房屋权属用于与办公相关的优惠政策，取消了职工购买第一次公有住房的优惠。同时，将现行《实施细则》中的部分免税规定或其他规范性文件已明确的部分长期适用的优惠政策提升至税法层面加以固化。

优化了税收征管。《契税法》为方便纳税人缴纳，取消 10 日内纳税的硬要求，把纳税时间弹性便利让给了纳税人。另外，《契税法》新增了退税规定，弥补了现行《契税暂行条例》及《实施细则》未对契税征税基础灭失的情况下是否应退税的问题作出规定的不足。另外，《契税法》明确了税务部门应与其他各部门建立信息共享机制，并强调了契税的征管应与现行税收征管制度相衔接。

规范了地方立法授权。《契税法》增加了法律程序要求硬性规定并规范了省级政府权力。《契税法》第三条明确规定了契税的具体适用税率的决定程序；第七条将现行《实施细则》中体现的授权地方决定部分契税减免事项上升到法律层面，规定了具体减免征事项的决定程序。

（2）契税授权地方立法的方式选择。契税授权地方立法的基本方式包括正常立法程序和重大事项决定程序。

采取重大事项决定方式的理论支撑。一是采取重大事项决定方式符合国家的税收法律要求。相关税收法律明确提出决定事项应由地方政府根据本地实际情况提出，"报同级人民代表大会常务委员会决定，并报全国人民代表大会常务委员会和国务院备案"。该规定为决定事项采取重大事项决定方式提供了基本的法律依据。二是采用重大事项决定符合北京市相关法律要求。决定事项是应当由市人大常委会讨论、决定的重大事项，符合北京市人大常委会讨论、决定重大事项决定规定的界定的法律范畴。三是决定事项采用重大事项决定方式的效率更高。决定事项旨在根据本地区情况确定某一税种个别税收要素的具体内容，事项比较单一，按照重大事项决定的程序进行更加具有行政效率。四是从全国其他省市的具体实践来看，决定事项决定采用重大事项决定方式是较为普遍的做法。

（3）影响契税征收的主要因素：以北京市为例。北京市契税纳税人的基准契税税负水平为成交价格的3%，除了上述法定税收优惠外，不因纳税主体、不动产所在地、住房类型等的不同而存在差异。经过分析，影响北京市契税收入的主要因素有5个：计税依据、不动产交易量、可用资金、税收优惠政策及房地产调控政策。

企业逃税行政处罚的税务行政复议案例

黄春元

课程名称：《涉税服务实务》
课程性质：□公共课☑专业课
课程类别：□理论课□实践课☑理论实践一体课
课程所属学科及专业：税收学科税收学专业
授课教师：黄春元
授课对象：税收学专业、财政学专业大三学生

一、课程简介

《涉税服务实务》是税收征收管理工作的重要环节，对于财税相关专业学生理解新征管模式下如何正确运用国家税收政策、促进纳税人依法纳税、保证国家财政收入、充分发挥税收调节经济职能作用具有重要意义。它是一门应用学科，主要适用于大学本科经济学类、工商管理类等专业。课程主要目标旨在使学生比较广泛、系统地了解涉税服务的基本理论和基本知识，掌握涉税服务实务操作方法；培养和提高学生运用所学知识分析涉税服务实践中出现的问题和解决这些问题的能力。

课程内容主要围绕涉税服务实务的概述、税务管理、发票的审核、税务行政复议以及企业涉税会计核算等内容。教学重点在于掌握涉税服务实务的意义和工作程序及方法，为提高征管工作的效率、提高纳税人办税效率提供专业知识和服务。对此，教学过程将采用老师授课和学生小组展示讨论的形式，使学生积极参与到课程中，提高教学质量和效率。同时，注重引进案例教学方式，在课堂教学中突出重点内容。加强课后作业与实务训练，使学生更好了解涉税服务实务的基本内容、基本方法和程序。引导

学生上课之前积极进行预习，关注与课程相关的热点问题，积极参与课堂讨论，及时消化课堂教学内容，独立完成课后作业。

二、课程思政元素

元素1：增进政治认同。

涉税服务实务的依据是我国现行税收法规，通过该课程的学习，学生能够更好地理解税法在实践中的运用，系统全面、完整地认识和正确评价国家的税收监督职能，有助于加强学生对税务征管工作的认同感，坚定学生依法纳税的责任感和使命感。

元素2：感受家国情怀。

本课程的学习要求学生关注现实，了解国情，尤其是发现现实问题和研究现实问题。涉税服务中介机构在提供专业服务时，一方面会与各类企业、个人接触，另一方面会与税务机关接触。因此，作为中介机构，应该站在公平公正的立场，了解民众情况，保持热情服务，耐心沟通，激发学生热爱国家、经世济民的责任感和担当意识。

元素3：深化文化素养。

本课程中，税收法定、实地检查等内容的学习能够帮助学生树立正确的公平观、公正观、法治观，有助于加强学生的社会主义核心价值观教育。尤其是在纳税服务过程中，保持客观公正，帮助学生将税务文化理念与税收实践活动相结合。

元素4：提高法治意识。

本课程贯穿着税收法定、税收征管等一系列与法治教育息息相关的内容。依法纳税、依法治税引领税务工作，良好的法治环境和税收秩序是市场经济公平竞争和健康发展的重要保证，通过学习，强化学生的法治意识是本课程重要的思政元素。

元素5：加强道德修养。

本课程中提供涉税服务的主体是涉税中介机构，因此本课程学习中会涉及涉税服务中介机构及工作人员职业道德修养的相关内容。树立和弘扬优良作风，进一步坚定学生的理想信念，增强"聚财为国、执法为民"的宗旨意识、大局意识和廉洁从税意识，以促进和提高学生的道德修养也是本课程重要的思政元素。

三、教案设计

（一）教学目标

1. 熟悉税务行政复议的定义。
2. 掌握税务行政复议的受案范围及具体要求。
3. 熟悉税务行政复议的程序。
4. 了解税务行政复议的代理难点及风险。

（二）教学内容

1. 授课内容：第 4 章税务行政复议代理第 4 节税务行政复议案例。
2. 授课时数：2 课时（100 分钟）。
3. 第 1 课时：税务行政复议案例介绍及讨论。
4. 第 2 课时：案例分析及税务行政复议知识点小结及延伸。

（三）教学手段与方法

1. 知识讲解环节采取多种教学形式，灵活运用多媒体展示、视频展示、板书、引导性提问等方式开展教学，通过动态多媒体展示、案例导入和引导思考，吸引学生注意力，提高学生学习兴趣，加深学生对抽象知识理解的同时，使学生对我国税收法律制度及国家治理的大逻辑有更加深刻的认识，增强学生分析现实问题的能力。

2. 案例教学法的灵活运用。本课程中主要是理论与实践相结合讲授，通过引入现实案例，掌握教学理论部分内容，引导学生思考、组织讨论，进行总结、归纳。由于教学内容是具体的税务行政复议的实例，与学生的现实生活经验相融合，学生注意力容易集中，学习中所理解的抽象概念和理论知识可以很快用于解释税收法律法规在实践运用中的一些问题，学生的学习反馈迅速，能够增强学习成就感和学习动力。

3. 从知识延伸、能力提高和思维拓展三个层次组织教学，课堂教学的目的不仅是讲解传授知识，更重要的是激活知识、拓展思维，使学生能够主动学习，提升自学能力，学会知识的积累、梳理、加工和运用。通过理论知识讲解—现实案例讨论—理论与现实相结合的分析—总结等教学步骤的实施，学生对知识点能够进行挖掘、延伸和扩展，自主思考和活学活用的能力得到提升，有利于学生的长期发展。

（四）教学过程

根据教学目标、教学内容、教学手段与方法，对教学过程进行系统设计如表 22 和表 23 所示。

表 22　　　　　　　　第 1 课时：税务行政复议的主要内容

环节与时间分配	教学法	设计思路	教学内容
教学步骤一：回顾上节课的授课内容，了解本次课程内容在整章中的位置			
回顾环节，7 分钟	讲授法	帮助学生明确授课内容与课程其他部分内容的逻辑关系，以建立对课程内容的整体认识	第一步，回顾整章内容结构 回顾本章讨论主题：税务行政复议的主要内容 税务行政复议的程序 第二步，回顾上节课内容，引出本节课的主题 1. 回忆上节课学习的税务行政复议的受案范围等内容 2. 引入案例 第三步，介绍本堂课讲解的内容
步骤二：从直观案例入手理解抽象概念			
引导环节，15 分钟	直观展示法、讲授法	通过案例展示，引导式讨论出最终导入本讲的核心知识点：税务行政复议内容。由授课教师结合案例内容，组织学生思考与讨论，主要目的在于用案例帮助学生理解较为抽象的知识点，加深对知识点的理解	第一步，案例展示 通过案例让学生更加直观地了解税务行政复议的过程 第二步，引导式关注课程重点 1. 通过案例展示，了解税务行政复议的受案范围 2. 对税收法定的认识，提升学生的法治意识 3. 结合案例，引导学生关注课程重点 （1）税务机关的行政处罚是否符合行政处罚的相关程序？ （2）A 搅拌站是否可以申请行政复议？ （3）我国法律对于逃税罪是如何规定的？本案例中搅拌站是否犯逃税罪？ （4）纳税人 5 年内因逃避缴纳税款受过刑事处罚或者被税务机关给予 2 次以上行政罚款的，追究其逃税罪刑事责任时，对司法、税务机关遗漏处理的逃税数额能否追究？

环节与时间分配	教学法	设计思路	教学内容
步骤三：核心内容，教师讲授			
讲授环节，25分钟	讲授法、举例法	以步骤二的案例讨论引导学生思考，然后嵌入本节讲授的主要知识点，系统性梳理税务行政复议的主要内容	第一步，讲解税务行政复议的受案范围（本讲教学重点） 1. 结合步骤二中案例讨论的内容，系统梳理税务行政复议的受案范围、程序、逃税罪及相关处罚等 2. 在梳理的过程中，紧密围绕税收征管法展开，做到有法可依，将法治意识贯穿讲解的过程，提升学生税收法治意识 第二步，结合权限范围讲解税务行政复议主要内容（本讲教学重难点） 这是一起涉及行政处罚以及逃税罪判定的案例。在教学中，通过该案例的介绍与分析，使学生了解、熟悉并掌握以下内容：一是了解行政处罚的前置程序有哪些，以及税务机关实施行政处罚后，涉案当事人是否可以申请行政复议；二是掌握我国对于逃税罪是如何判定的；三是熟悉行政处罚的期限时长；四是对涉税方面的行政处理有一定的理解与认识 第三步，对逃税罪的认定及处罚 逃税严重损害国家的财政利益，且有悖于税收公平原则，因此对于逃税的判定以及处罚有利于我国税收法制化的进程。在本案例中，学生不仅可以了解逃税罪如何判定，也可以熟悉税收行政处罚的相关程序以及税收行政复议申请的前提条件，对于逃税涉事人的处罚期限也进行了介绍，可以使学生了解到逃税这类违法行为的危害性的同时，也对相关税收行政行为进行掌握
步骤四：课堂小结			
总结环节，3分钟	总结法	回顾本讲的主要内容，引导学生进行发散思考	第一步，本讲主要内容回顾。包括：税务行政复议的受案范围、程序等 第二步，引导学生在本次课内容的基础上作发散思考 在税务行政复议过程中，涉税服务中介机构应该如何处理与委托人及税务机关的关系？

表 23   **第 2 课时：税务行政复议的过程、代理要点及法律依据**

环节与时间分配	教学法	设计思路	教学内容
教学步骤一：案例讨论			
讨论环节，30 分钟	讨论法	本部分由授课教师组织学生分组讨论上节课案例中出现的重点问题，在各学生小组课下进行讨论后，教师随机抽选小组代表阐述本组观点	第一步，学生分组进行发言，对自己小组的讨论结果进行汇报 第二步，教师根据学生发言内容、课堂气氛、学生知识储备情况等进行实时点评，引导课堂讨论
步骤二：案例总结，教师讲授			
讲授环节，10 分钟	讲授法、举例法	以学生对案例问题的思考与分析为基础，嵌入本节讲授的主要知识点，系统梳理税务行政复议的基本方法	第一步，讲解税务行政复议的基本内容（本讲教学重点） 本案例的分析围绕行政处罚展开。首先，分析搅拌站是否存在违法行为；其次，判定本案例中税务机关在实施行政处罚时是否符合相关程序；再次，对行政处罚后当事单位 A 搅拌站是否可以申请行政复议进行判断；最后，对 A 搅拌站的行为进行整体判定，即是否构成逃税罪，税务机关的行政处罚及后续刑事处罚是否恰当等。只有对上述几个层面内容灵活掌握，才能找到本案例的着力点和落脚点 第二步，讲解此案例背后的法律依据（本讲教学重难点） 在此案例的讲述过程中，对于每一环节的讨论分析，教师需在讨论结束后在讲述过程中给学生提供相关法律依据，例如行政处罚相关程序是在法条中如何体现的、根据相关法律 A 搅拌站是否可以拥有申请行政复议的权利
步骤三：课堂小结			
总结环节，10 分钟	总结法	回顾本讲的主要内容，引导学生进行发散思考	第一步，本讲主要内容回顾 第二步，引导学生在本次课内容的基础上作发散思考 教师对此次案例进行总结，并基于此案例让学生进行更进一步的思考，设计以下内容：（1）在此案例外，行政处罚程序还有哪些规定，组织学生进行讨论；（2）总结税务行政复议申请条件以及了解涉税当事人办理税务行政复议的方法；（3）让学生通过此案例了解逃税罪的判定以及如何对涉税单位、涉税法人进行处罚，了解逃税对于国家税收管理的严重危害性

四、教学效果分析

从课程思政的角度来看，该课程内容的思政元素引入主要体现在将税收理论的基本知识点与涉税服务实务实例相结合，通过实际案例的导入，引导学生理解税收制度背后的理论逻辑，以及与中国经济发展和社会发展的契合，进一步引导学生关注公共问题，理解公共逻辑，从而将社会主义核心价值观教育、国情教育、法治教育和道德修养教育融入课程教学中。

财政学起源与新时期财政定位

姜明耀

课程名称：《经典财经文献解析》

课程性质：☐公共课☑专业课

课程类别：☑理论课☐实践课☐理论实践一体课

课程所属学科及专业：财政学科税收专业

授课教师：姜明耀

授课对象：财政学、税收学等经管类专业大三和大四本科生

一、课程简介

《经典财经论文解析》为高等学校财政学与税收学的专业选修课。学习本课程，要求有经济学与财政学的基础。

本课程要求学生了解财政学经典理论的标志性文献。课程旨在通过阅读财政学经典论文，加强学生对财政学经典理论的理解，夯实学生的财经理论功底，提高学生的专业素养。本课程所选论文主要包括财政支出、税收、税收经济学等内容。课前要求学生精读所选经典论文，课上要求学生理解所选论文的主要内容与结论。

二、课程思政元素

元素 1：理解和正确评价政府行为。

通过该课程的学习，学生能够了解经典财经文献的主要内容，在此基础上，结合思政要求，精选正确价值观的文献，使学生建立对政府活动经济影响分析的经济学框架，有助于学生养成理性思考的习惯。

元素 2：加强国情教育。

要求学生关注现实，了解国情，尤其是发现现实问题和研究现实问题，培养学生对我国经济发展和改革成就的理性认同，激发学生热爱国家、经世济民的责任感和担当意识。

元素 3：培养公共意识。

培养学生的公民意识，公民意识是社会意识形态的形式之一，它是公民对自身的政治地位和法律地位应履行权利和应承担义务的自我认识。作为社会政治文化的重要组成部分，它集中体现了公民对于社会政治系统以及各种政治问题的态度、倾向、情感和价值观。课程引导学生树立公民意识，关心公共问题，提高学生研究公共决策的能力。

三、教案设计

（一）教学目标

1. 掌握财政的起源，特别是被忽视的非主流的财政学流派。
2. 掌握文献综述的写作技巧和注意事项。
3. 了解文献资料搜集的常用方法。
4. 理解财政作为国家治理的基础和重要支柱作用的意义，以及历史上的关联性。

（二）教学内容

1. 授课内容：第 1 章财政学起源第 1 节财政学的基本流派。
2. 授课时数：2 课时（100 分钟）。
3. 第 1 课时：财政学的基本流派。
4. 第 2 课时：文献综述注意事项与当代财政新定位。

（三）教学手段与方法

1. 课堂讨论，对曾经所学问题的提问，使得学生认识到曾经所学的基础知识可能有更为深刻的含义，同时了解现实中新提法与曾经学科起源之间的关系。

2. 案例教学法。课程中有大量理论性较强的内容，理论内容教学可以通过案例教学法的灵活运用来提高教学效率，教师引入现实案例，掌握教学进程，引导学生思考、组织讨论研究。

3. 知识讲解，运用多媒体展示、视频展示、板书、引导性提问等方式开展教学，通过动态多媒体展示、案例导入和引导思考，吸引学生注意力，提高学生的学习兴趣，增强学生分析现实问题的能力。

（四）教学材料与主要观点

1. 马珺．财政学：两大传统的分立与融合［J］．经济理论与经济管理，2012（10）：63－73.

主要内容：20世纪80年代以来，中国的财政学教学与科研逐渐摆脱了苏联财政学体系的影响，全面转向以英美财政学传统为主要特色的当代西方主流财政学。这既加速了中国财政学"国际化"的进程，同时，这种以"英美化"为标志的"国际化"进程，也对当代中国财政学研究带来了负面影响。本文在对当代主流财政理论两大源流——英美财政学传统与欧洲大陆财政学传统——的理论特色和历史演化进行梳理的基础上，提出了"中国财政学应向何处去"的问题。

2. 高培勇．"基础和支柱说"：演化脉络与前行态势——兼论现代财税体制的理论源流［J］．财贸经济，2021，42（4）：5－19.

主要内容："十四五"规划关于建立现代财税体制的部署，理论源头系"财政是国家治理的基础和重要支柱"。党的十八届三中全会所作出的这一重大论断，牵动了包括财政概念、财政职能格局、财税体制性质、财政学科属性、财政基础理论体系、财税体制改革方向等一系列变化。从根本上来说，这一论断及其所牵引的变化揭示了现代财政发展规律的基本底色，开启了一个大不相同于以往的财政基础理论建设新阶段。从党和国家事业发展全局的战略高度全面理解、准确把握这些财政基础理论建设成果，对于将建立现代财税体制行动落到实处，确保抓住要害、踩到点上、不走偏变样非常重要。

（五）思政元素强调的重点内容：财政的新定位

资料来源：马珺．以理论创新推动财政体制改革［N］．经济日报，

2016 – 10 – 27.

核心内容：财政是国家治理的基础和重要支柱，财税体制在治国安邦中始终发挥着基础性、制度性、保障性作用。党的十八届三中全会提出了"财政是国家治理的基础和重要支柱"这一命题，这不仅对全面深化改革的各项实践起到政策纲领的作用，更具有高度的理论创新性。广大财政理论工作者应当以此为契机，坚持问题导向、立足中国实际，融合先进的思想文化成果，致力于推进财政学研究的理论创新。

习近平总书记在哲学社会科学工作座谈会上，向广大哲学社会科学工作者提出了"结合中国特色社会主义伟大实践，加快构建中国特色哲学社会科学"的历史任务。当代中国正经历着我国历史上最为广泛而深刻的社会变革，也正在进行着人类历史上最为宏大而独特的实践创新。这种前无古人的伟大实践，必将给理论创造、学术繁荣提供强大动力和广阔空间。哲学社会科学工作者应该立时代之潮头、通古今之变化、发思想之先声，积极为党和人民著学立论、建言献策，担负历史赋予的光荣使命。

在众多哲学社会科学门类中，财政学理论创新的任务尤为迫切。自改革开放以来，财税体制改革一直扮演着改革先行者的角色，或通过国家财政的放权让利，积极为其他领域改革创造条件；或通过政府角色的规范与归位，引领整个经济体制改革进程。同期，财政理论关于政府职能定位及其与市场关系的深入研究，发挥了"知识变革和思想先导"的作用，为我国经济体制改革的顺利推进提供了有力的理论支撑。但是，最近十余年以来，主流财政理论囿于单一的经济学视角和对资源配置问题的过度关注，导致其对环境变化中各项具体改革及国家制度变革的理论支持相对走弱，这些问题值得我们高度重视。

当前，改革已经进入深水区和攻坚期，必须走全面深化改革之路，以勇于自我革命的气魄、坚韧不拔的毅力推进改革，敢于向体制机制中的顽瘴痼疾开刀，敢于触及深层次利益关系和矛盾，同时坚持在法治下推进改革、在改革中完善法治，从而让制度更加成熟定型，让发展更有质量，让治理更有水平，让人民更有获得感，真正实现"推进国家治理体系和治理能力现代化"的目标。党的十八届三中全会通过的《中共中央关于全面深化改革若干重大问题的决定》，提出了"财政是国家治理的基础和重要支柱"这一命题，这不仅对全面深化改革的各项实践起到政策纲领的作用，更具有高度的理论创新性。当前和今后一个时期，广大财政理论工作者应当以此为契机，坚持问题导向、立足中国实际，融合先进的思想文化成果，致力于推进财政学研究的理论创新。

财政是国家治理的基础和重要支柱，财税体制在治国安邦中始终发挥着基础性、制度性、保障性作用。财政制度安排体现并承载着政府与市场、政府与社会、中央与地方等方面的基本关系。党的十八届三中全会提出，全面深化改革的总目标是完善和发展中国特色社会主义制度，推进国家治理体系和治理能力现代化。其中"经济体制改革是全面深化改革的重点，核心问题是处理好政府和市场的关系"，经济体制改革的一个重心又放在财税改革上。可以说，财税改革是全面深化改革任务的重点。因此，未来能否通过深化财税改革、卓有成效地建立起适应国家治理体系和治理能力现代化要求的现代财政体制，对于改革总目标的实现可谓至关重要。

然而，值得注意的是，21 世纪以来，我国财政学研究与教学出现了一些"一边倒"倾向，一些学者过于跟随和模仿英美。当代英美主流财政学又被称为"配置范式的财政学"，它更为关注既定制度背景下资源配置效率的最优化，而忽略了历史上曾经主导财政学研究的国家和社会治理问题。如果完全将"治理"这一关键词搁置一旁，则无法理解财政作为一种制度体系应当如何发挥其作为国家治理的基础和重要支柱的作用，无以回应时代的大问题。对于那些进入稳态社会的国家和地区而言，其财政学者遵循配置范式、埋首于既定制度框架下的技术配置细节是可以理解的，而我国仍处于转型阶段，重要领域的制度建设尚未完成，我国财政学要对未来国家制度建设做出贡献，研究者必须认识到并注意克服上述缺陷。

（六）考核方式

平时考核采取提问、学生讲解等形式，加强对学生考勤的检查力度，主要考核学生学习是否主动、学习态度是否端正；期末采取提交文献综述的形式进行考核。

（七）学习要求

学习《经典财经论文解析》，要求学生认真做好预习，提前阅读所列经典文献，做好学习笔记。通过课堂提问了解学生的掌握情况。课后要求学生进一步深化对所学文献论证思路与基本内容的理解。

（八） 与毕业要求的对应关系

首先，本课程通过文献综述写作，特别是对学术规范的重视，有助于提高学生撰写毕业论文的能力；其次，本课程有助于培养学生树立社会主义核心价值观，提高综合素质；最后，本课程有利于提高学生的研究分析能力。

（九） 考核方式、成绩评定

本课程采用论文形式（文献综述）考核。平时成绩占总成绩的30%（其中考勤成绩、课堂表现与中期作业各占10%），期末考试成绩占总成绩的70%。

主要阅读材料：神野直彦. 财政学——财政现象的实体化分析［M］. 南京：南京大学出版社，2012.

教学重点、难点：教学重点是以更全面的视角了解财政学的发展；难点是了解财政学不同发展阶段的历史背景。

课程的考核要求：了解财政学的不同流派与传统，掌握主流财政学的分析框架，能够对财政学未来发展方向有粗略判断。

房产税的政策与改革

刘　颖

课程名称：《中国税制》

课程性质：□公共课☑专业课

课程类别：□理论课□实践课☑理论实践一体课

课程所属学科及专业：财政学科税收学专业

授课教师：刘颖

授课对象：经管类专业大二和大三本科生

一、课程简介

本课程为财政税务专业的专业必修课，为学完《税收原理》的后续课程，学习本课程要求有经济学、税收理论和会计学的基础。

本课程的教学目的是分析、介绍我国现行税制的主要规定，要求学生掌握我国现行税收体系状况、具体税种的立法精神，并明确我国税制发展的方向。

本课程要求学生需修完经济学、财政学、税收原理和会计学基础，并对我国的宏观经济有较为完整的把握。学习本课程要求学生在国家税收总局网站及相关政府机构网站查询一些数据，使得理论与实际相结合。

二、课程思政元素

元素 1：依法治税的进程。

近些年我国税收法治进程加快，课程讲授过程中，通过各个税种的改革动态和立法状况，突出我国依法治税的进程，强化学生法治意识。

元素 2：政府治理的提升。

分析征纳双方的关切，体现我国经济社会发展和政府治理的状况，培养学生对我国政府治理现状的理性认同，激发学生爱国、奉献的责任感和担当意识。

元素 3：核心价值的弘扬。

配合社会主义核心价值观教育，引导学生正确的价值取向。

元素 4：人文精神的思考。

税制设计中的背景分析，体现人文精神。

三、教案设计

（一）教学目标

掌握房产税的历史沿革、税制要素和相关概念；熟悉房产税制度中的优惠政策层次；掌握房产税与其他税种的关系。

（二）教学内容

1. 授课内容：第 11 章财产税第 1 节房产税。
2. 授课时数：2 课时（100 分钟）。
3. 第 1 课时：房产税历史沿革与现行政策。
4. 第 2 课时：房产税的政策与改革。

（三）教学手段与方法

1. 从房产税的起源及沿革引入现行房产税的政策规定，运用引导性提问等方式开展教学，提高学生学习兴趣。
2. 现实案例分析，引入现实案例，突出房产税试点改革的情况，引导学生思考、组织讨论，进行总结、归纳，增强学生的政策关注度和学习动力。
3. 引导学生进行知识延伸和思维拓展，改善学生的思维习惯，推进其长期发展。

（四）教学过程

根据教学目标、教学内容和教学设计思路，对教学过程进行系统安排，如表 24 和表 25 所示。

表 24　　　　第 1 课时：房产税的历史沿革与现行政策

环节与时间分配	教学法	设计思路	教学内容
回顾和导入环节，6 分钟	讲授法	帮助学生明确授课内容与其他课程和本课程其他部分内容的逻辑关系，以建立对课程内容的整体认识	1. 回顾《税收学原理》中的财产税的原理 2. 回顾《中国税收史》中房产税在我国的起源 3. 介绍房产税的沿革和在我国税收体系中的地位
讲授环节，42 分钟	讲授法、举例法	讲解本讲的核心内容：房产税的税制要素设计及要素制定的原理	1. 房产的概念 2. 举例说明房产与建筑物的关系 3. 房产税的开征区域 4. 开征区域设计的原因和问题分析 （插入课程思政元素：讲解我国城乡二元体制差异的缩小、农村多种经营的变化） 5. 房产税的税率 6. 不同税率的使用规则 7. 房产税计税依据的一般规定 8. 从价与从租 9. 从价的内涵及税会差异 （插入课程思政元素：讲解我国税制设计公平性的努力） 10. 从租的计税 11. 房产税计税依据的特殊规定 12. 投资、融资租赁等特殊情形的计税
总结环节，2 分钟	总结法	回顾本讲的主要内容，导入下讲课的内容	1. 回顾强调房产税要素中的主要内容 2. 说明下一讲内容与本讲的逻辑关系

表 25　　　　第 2 课时：房产税的税收优惠、征收管理与未来改革

环节与时间分配	教学法	设计思路	教学内容
讲授环节，15 分钟	讲授法、提问和举例法	分析房产税税收优惠的设计原理、落点、效应	提问：从税收原理角度回顾直接税税收优惠的效应 1. 讲解房产税税收优惠的层次的规定 2. 全国统一规定的优惠 3. 授权国务院或地方规定 （插入课程思政元素：讲解我国税收法治化进程中的税权划分，突出原则性与灵活性结合的政策关系） 4. 讲解房产税的征收管理规定

环节与时间分配	教学法	设计思路	教学内容
提问与讨论环节，20分钟	提问和讨论法	教师实现布置提问，学生小组课下进行讨论，教师随机抽选小组代表阐述本组观点	学生分组进行发言，对自己小组的讨论结果进行汇报： 1. 房产税试点改革的内容与特点 2. 对房产税试点改革的评价 3. 教师根据学生发言内容、学生知识储备情况等进行实时点评，引导课堂讨论
讲授和总结环节，14分钟	讲授法、总结法	授课教师进行总结讲解，并且引导学生对房产税改革应注意的问题进行思考	直接税改革的难度： 1. 税痛 2. 减税降费与税收调节的关系 3. 改革如何凸显公平性问题 4. 是否追溯既往 5. 制度设计与配套改革 （插入课程思政元素：我国税收法治化进程中的公平性彰显，举城建税、契税等其他小税种的例子，对房产税公平性展望） 思考和拓展： 1. 直接税比重变化的方式 2. 房产税改革对房价是否产生影响 3. 改革中可能遇到的特殊困难 4. 引导下一讲的学习 5. 简介下一讲涉及的税种与房产税的主要异同点，引导学生预习

四、教学效果分析

课程思政不是在课堂上喊口号，而是将专业与思政有机结合，上述设计从专业的理论与实践视角，剖析了我国现实发展阶段政府面临的税制改革难点、思路，展现了政府为公平税制的不懈努力，学生易于接受并积极参与互动，从而培养和引导学生爱国、爱党、爱专业，树立正确的世界观、人生观和价值观，以达到"润物细无声"的效果。

车辆购置税与中国"有为政府"的
产业税收政策

王　涛

课程名称：《中国税制》

课程性质：□公共课☑专业课

课程类别：☑理论课□实践课□理论实践一体课

课程所属学科及专业：财政学科财政学专业

授课教师：王涛

授课对象：财政学、税收学、会计等经管类专业大二和大三本科生

一、课程简介

《中国税制》是教育部组织实施的面向 21 世纪教学内容和课程体系改革计划中经济、管理类专业的核心课程。它是一门应用理论学科，是税收学和财政学专业的核心课程，对培养掌握税收基本法规、规章制度的专业人才具有基础性的作用，也是掌握其他相关税收知识的基础，对税收高级人才培养具有重要的作用。课程目标包括：第一，掌握我国税收基本制度，灵活运用现有税收制度，辨析税收制度存在的问题与发展方向。第二，以新时代中国特色社会主义思想为指导，立足于中国经济改革最新进展，让学生充分了解当前税制结构调整在推动社会公平、正义方面的积极意义；不同税种所实施的产业发展政策中，中国共产党领导下的"有为政府"为实现 2035 年社会主义现代化所做出的努力；在供给侧经济改革思想指引下，全面了解中国社会主义市场经济下的税制体系。第三，通过学习中国税制的基本理论、基本知识和基本技能，为学生今后相关课程的学习奠定良好的理论基础。

《中国税制》课程分为三部分共 14 章。第一部分是基础导论（第 1 章）中国现行税制概述，介绍我国税制基本理论、目前税制结构状况和税收分类情况。第二部分是现行制度（第 2 章至第 13 章），或单独或将特征相近的税种归类，介绍我国现有税种的基本理论、主要政策规定、税额计算例题和案例。第三部分为中国现行税制改革中的理论和实践问题（第 14 章），这是本课程比较独特的一章，总结分析现行税制的发展脉络，并前瞻发展趋势。本课程坚持理论与实践相结合的原则，注重课堂教学与课堂讨论相结合，要求学生在掌握中国税制重点内容的基础上，能够应用产业税收政策对经济领域热点问题进行判断、分析和研究，引导学生在课堂上积极思考，增强其学习的主动性和自觉性。本课程充分运用现代化教学手段，从教学的广度和深度入手，为学生提供最新的税制改革理论信息，提高学生分析问题及解决问题的能力。

二、课程思政元素

元素 1：税收历史教育。

税收历史教育是《中国税制》课程思政教育的重要内容。通过国家发展史和税制变迁史的教学，一是厘清我国税收历史发展脉络，通观源流、以史为鉴，增强学生"四个自信"；二是明确税收制度以及税收活动对于一个国家发展乃至于国家兴衰的重要影响。在《中国税制》的教学内容安排上，一方面，要设置专门的章节，从背景、目标、内容和成效等方面系统介绍中国税制发展的历史，特别是改革开放 40 多年来我国税收制度的改革发展史，全面揭示我国税制发展演变的内在逻辑以及税制改革的成效，并结合我们国家社会经济发展成就，折射出我国在课税权上的科学运用以及税收所发挥的重要支撑作用。另一方面，要将税收历史教育有机融合到具体税种制度的教学当中。通过介绍相关税种的起源以及在我国的制度变迁历史，让学生知其然并知其所以然，深化认识税种性质及设置目的、税制改革原因以及税制发展趋势等，做到史学教育与国情教育的有机融合，在税收史学中认识税收国情，在税收国情中体会税收发展历史。

元素 2：税收法治教育。

税收法治教育是《中国税制》课程思政教育的应有之义。税收法治是依法治国的基础性内容，税收法治教育是法治教育的基础与前提，《中国税制》课程是一个不可或缺的重要载体。强化税收法治意识，就是要不断提升人们对税收法律制度的自觉认可、敬畏、遵从的程度，《中国税制》课程承担着开展税收法治教育的重任。近年来，我国陆续通过了《中华人民共和国环境保护税法》《中华人民共和国土地增值税法》《中华人民共和国契税法》等税收法律，以及烟叶税、船舶吨税等由条例上升为法律，在立法层面上，通过税收法定原则的落实，加速推进我国税收法治化进程。

《中国税制》的教学，一方面要传授和宣传税收法定原则的精神要义，重视强化行使公权力的教育。公权力来自人民，其属性为"公"而非个人权利，公共组织中任何独立个人均不构成公权力实施的主体，只能基于公共利益代表组织履职，而不能运用公权力谋取私利。从这个层面上讲，就是要通过税收法治教育来达到敬畏权力、养成公共精神的培养目标。另一方面，指导学生全面掌握我国现有税种法律规范，深入理解征税对象、纳税义务人、应纳税额计算、税收优惠和税收征管等基本制度规定，明确在税法面前应该怎么做、哪些不能做。具体教学过程中，不是仅局限于传授税法规定的内容条款，而要将税收立法的宗旨原则与政策导向讲深讲透，实现法治教育的内化于心，培养税法遵循的自觉性。

元素3："人民性"税收价值理念培育。

"人民性"税收价值理念培育是《中国税制》课程思政教育的必然要求。"人民性"是贯穿于国家制度和国家治理体系的一根红线，教育学生以"人民性"作为理解和把握国家税收法律制度的价值指引是增强"四个自信"的具体表现。我国财政的本质属性是"人民财政"，人民至上价值取向充分彰显了我国税收制度的本质属性与时代内涵。只有"人民性"税收价值理念贯穿于《中国税制》课程教学的全过程，并与学习贯彻习近平"以人民为中心"的发展思想结合起来，才能更加深刻地认识中国特色社会主义国家税收制度，才能更好地培育公民意识与社会责任感。

在《中国税制》的教学中，应重点基于新时代背景，强调税收在解决我国经济社会发展不充分不平衡矛盾中发挥着重要作用；与此同时，深入挖掘税收的"人民性"的内涵，在"为人民谋幸福""为民族谋复兴"的内涵基础上，认识到充分发挥税收在构建"人类命运共同体"中的重要性，有机地将税收教育与国内国际形势教育统一起来。

元素4：税收职能教育。

税收职能教育是《中国税制》课程思政的重要任务。税收制度是财政制度的基本组成部分，在国家治理中起到基础性、支柱性、保障性作用，对推动国家治理体系和治理能力现代化至关重要。传统税收职能理论基于福利经济学视角，局限于研究财政收入筹集及其对经济活动主体行为的影响。现代税收深嵌于国家各个层面，兼具了政治稳定、经济调节与社会治理等多重职能，与国家治理现代化目标高度契合。

强化税收职能教育，也就是要赋予税收职能新的内涵以及时代意义，要突破传统税收职能理论局限，在国家治理视域下去理解税收职能综合性，在重视税收经济调节功能的同时，还要注重发挥税收在政治治理、社会治理等方面的职能作用，进一步深化学生对税收本质属性的认识。基于此，在《中国税制》的教学中，要将国家治理体系与治理能力现代化的进程和要求融入理解税收制度设计理念当中去，要将国家税收政策调整及其最新动态合理嵌入税收制度规定的教学当中去。通过税收职能教育，充分理解进入新时代后，以减税降费改革、增值税改革、个人所得税改革等为代表的税收实践对优化治理体系、提高治理能力所发挥的重要作用，充分展示税收在我国社会经济发展中所发挥的保障功能，提升公民的纳税自豪感。

三、教案设计

（一）教学目标

1. 了解车辆购置税发展历程、车辆购置税的基本概念和特点，掌握车辆购置税的纳税人、税率、征税对象及范围，掌握基本的车辆购置税的计算和申报与缴纳。

2. 通过对经济和社会生活中单位和个人购买车辆行为的案例分析，培养学生理论联系实际的能力，针对不同情境下的购车使用行为，熟悉缴纳车购税的前提、法定减免条件，提高合理计算和判断所缴纳车辆购置税税额的应用能力。

3. 了解汽车行业在国民经济中的支柱作用，了解新能源汽车行业的产

业逻辑与商业模式，了解国家支持新能源汽车的税收产业政策历程以及
效果。

（二）教学内容

1. 授课内容：第 11 章车辆购置税与车船税第 1 节车辆购置税。
2. 授课时数：2 课时（100 分钟）。
3. 第 1 课时：车辆购置税的税制要素与计算。
4. 第 2 课时：我国新能源汽车产业链与税收支持政策。

（三）教学手段与方法

1. 知识讲解环节采取多种教学形式，灵活运用多媒体展示、视频展示、板书、引导性提问等方式开展教学，通过动态多媒体展示、案例导入和引导思考，吸引学生注意力，提高学生学习兴趣，尤其是将税制理论与计算操作相联系，在加深学生对税制内容框架理解的同时，使学生了解我国税收产业政策和政府发挥产业先导作用的功能与有效性。

2. 案例教学法的灵活运用。中国税制课程中有大量琐碎记忆性的条目，因此可以通过案例教学法的灵活运用来提高教学效率，教师引入现实案例，掌握教学进程，引导学生思考、组织讨论，进行总结、归纳。由于教学内容是具体的现实操作实例，与学生的现实生活经验相融合，学生注意力容易集中，学习中所需记忆的知识点可以很快用于解释现实财税问题，学生的学习反馈迅速，能够增强学习成就感和学习动力。

3. 从知识延伸、能力提高和思维拓展三个层次组织教学，课堂教学的目的不仅是讲解传授知识，更重要的是激活知识、拓展思维，使学生能够主动学习，提升自学能力，学会知识的积累、梳理、加工和运用。通过理论知识讲解—现实案例讨论—理论与现实相结合的分析—总结等教学步骤的实施，学生对知识点能够进行挖掘、延伸和扩展，自主思考和活学活用的能力得到提升，有利于学生的长期发展。

（四）教学过程

根据教学目标、教学内容和教学设计思路，对教学过程进行系统安排，如表 26 和表 27 所示。

表 26 　　　　　　　　**第 1 课时：车辆购置税的税制要素与计算**

环节与时间分配	教学法	设计思路	教学内容
回顾环节，5 分钟	讲授法	帮助学生明确授课内容与课程其他部分内容的逻辑关系，以建立对课程内容的整体认识	第一步，回顾整章内容结构 回顾税制基本要素的内在逻辑关联 第二步，介绍车辆购置税税制要素与计算框架
导入环节，5~10 分钟	讲授法、举例法	通过实际例子来创设问题情境，通过与学生的互动和讨论发现问题和思维定向，最终导入本讲的核心概念：车辆购置税征收问题。由授课教师结合问题与案例，组织学生思考与讨论，主要目的在于用直观案例帮助学生加深对税制要素的记忆内容	第一步，以两个生活中的例子，引导出本节学习的车辆购置税征收问题 1. 北京车展汽车消费市场的现状 2. 车辆购置税与其他税种的收入增速与规模对比 第二步，总结实例 通过对两个例子的分析，引出车辆购置税税源的充分性与发展潜力
讲授环节，30 分钟	讲授法、举例法、图示法	分步骤讲解车辆购置税概念、纳税人、征税对象和征税范围、税率与计税依据、应纳税额的计算、税收优惠、征收管理	第一步，讲解车辆购置税的概念 车辆购置税是以在我国境内购置规定的车辆的征税对象，在特定的环节向车辆购置者征收的一种税 第二步，讲解车辆购置税征税范围 汽车、摩托车、电车、挂车、农用运输车 第三步，讲解车辆购置税纳税人 1. 在中华人民共和国境内购置《车辆购置税暂行条例》规定的车辆的单位和个人，为车辆购置税的纳税人。 2. 确定车辆购置税的纳税人，要符合以下条件：（1）发生了购置车辆的行为；（2）这种行为发生在中国境内；（3）所购置的车辆属于规定征税的车辆。只有符合三个条件的单位和个人，才构成车辆购置税的纳税人，否则不能构成车辆购置税的纳税人 第四步，讲解车辆购置税税率 车辆购置税完税凭证和车辆购置税的正本演示，让学生自己找出车辆购置税的税率，学习车辆购置税税率。车辆购置税实行统一比例税率，税率为 10% 第五步，车辆购置税的计算 计算公式应纳税额 = 计税价格 × 税率

续表

环节与时间分配	教学法	设计思路	教学内容
讲授环节，30 分钟	讲授法、举例法、图示法	分步骤讲解车辆购置税概念、纳税人、征税对象和征税范围、税率与计税依据、应纳税额的计算、税收优惠、征收管理	1. 纳税人购买自用应税车辆的计税价格，为纳税人购买应税车辆而支付给销售者的不含增值税的全部价款和价外费用，纳税人购车发票的价格未扣除增值税税款的，在确定车辆购置税计税依据时，将其换算为不含增值税的销售价格，即：计税价格 = 含增值税的销售价格/（1 + 17%） 2. 纳税人进口自用的应税车辆的计税价格 进口应税车辆应纳税额 = （关税完税价格 + 关税 + 消费税）×税率 3. 纳税人自产、受赠、获奖和以其他方式取得并自用应税车辆的计税价格，由征收机关参照国税总局规定的最低计税价格核定。纳税人购买自用或进口自用车辆，申报的计税价格低于同类应税车最低计税价格，又无正当理由的，按照最低计税价格征收车辆购置税。 第六步，车辆购置税税收优惠、征收管理，课外延伸
总结环节，5 分钟	总结法	回顾本讲的主要内容，引导学生进行发散思考，同时导入下次课的内容框架，并安排预习任务	第一步，本讲主要内容回顾 第二步，引导学生在本次课内容的基础上作发散思考

表 27　　　　第 2 课时：我国新能源汽车产业链与税收支持政策

环节与时间分配	教学法	设计思路	教学内容
展示和讲授环节，10 分钟	直观展示法、讲授法	本部分内容先用视频方式介绍新能源汽车行业产业链特征，然后引导学生回忆已经学习过的车购税税收优惠中针对新能源汽车的优惠税收政策，提出问题：新能源汽车的产业价值以及税收政策有效性	第一步，视频方式介绍新能源汽车行业产业链 第二步，引导学生回忆已经学习过的车购税税收优惠中针对新能源汽车的优惠税收政策 1. 获得许可在中国境内销售的纯电动汽车、插电式（含增程式）混合动力汽车、燃料电池汽车 2. 使用的动力电池不包括铅酸电池 3. 纯电动续驶里程须符合附件 1 要求 4. 插电式混合动力乘用车综合燃料消耗量（不含电能转化的燃料消耗量）与现行的常规燃料消耗量国家标准中对应目标值相比小于60%；插电式混合动力商用车综合燃料消耗量（不含电能转化的燃料消耗量）与现行的常规燃料消耗量国家标准中对应限值相比小于60% 第三步，提出讨论的具体问题 新能源汽车的产业价值？汽车税收优惠政策的传导实施路径是什么？这样的政策效果怎样？

环节与时间分配	教学法	设计思路	教学内容
讨论环节，20分钟	讨论法	本部分由授课教师组织学生分组讨论提出的两个问题，在各学生小组课下进行讨论后，教师随机抽选小组代表阐述本组观点	第一步，学生分组进行发言，对自己小组的讨论结果进行汇报 第二步，教师根据学生发言内容、课堂气氛、学生知识储备情况等进行实时点评，引导课堂讨论
讲授和总结环节，20分钟	讲授法、总结法	本部分由授课教师根据学生分组讨论和汇报的内容对汽车产业在国民经济的重要性和车辆购置税优惠效果两个问题进行讲解，引导学生对影响效果的量化评估分析进行进一步深入研究	汽车产业在国民经济的重要性： 1. 汽车产业的产业关联：汽车上游产业高达156个，其中汽车工业直接需求最大的主要是机械制造业、黑色金属冶炼加工业和橡胶制品业，除此之外，还有化学原料以及制品制造业、纺织业等。而在下游产业，例如基础建设、客货运输、旅游、服务、个人消费等都与之密切关联 2. 新能源汽车：两条技术路径，电力驱动汽车和氢能驱动汽车。电力驱动汽车的优点除了环保（电池污染）、提振消费外，从技术上讲主要在于结构简单，尤其是在发动机技术方面。技术瓶颈主要在于动力电池技术（松下、LGC、三星 SDI、中国 CATL）。我国在动力电池生产（钴、镍、锂）、高功率半导体（MOS）方面具有一定的技术优势，发展能源汽车是实现产业链延伸，保障产业链供应链安全的重要"弯道超车"机会 车辆购置税优惠效果：车购税减税政策的税收效果在不同的市场环境条件下具有较大的异质性，具体体现为在经济需求约束阶段较为有效，但在供给约束阶段，其影响能力有限 这一现状的原因在于：由于供给约束时期不存在闲置要素，整车部门要素投入的增加必然以非整车部门要素投入的减少为代价。但是，非整车部门一方面受到为整车部门提供更多中间投入的中间需求拉动，另一方面又面临着因购置税优惠引起消费者总收入和支出减少进而导致最终消费需求的下降 思考和拓展： 1. 通过上述案例，财政补贴政策与税收政策在市场中产生作用与效果的机制有何差异？ 2. 当前我国新能源汽车免征车购税，那么从政府引导新能源汽车行业的健康发展而言，你认为未来我国车购税的改革方向是什么？

四、教学效果分析

从课程思政的角度来看，该课程内容的思政元素引入主要体现在将税制要素的基本知识点与中国税制结构调整、供给侧改革和产业税收支持政策相结合，通过税制改革的实际案例的导入，引导学生理解税制改革背后的理论逻辑，以及与中国经济发展和社会发展的契合，进一步引导学生关注公共问题，理解公共逻辑，从而将社会主义核心价值观教育、国情教育、法治教育和公共意识教育融入课程教学中。

纳税检查的内容和一般方法

王婉如

课程名称：《纳税检查》

课程性质：□公共课☑专业课

课程类别：□理论课□实践课☑理论实践一体课

课程所属学科及专业：税收学科税收学专业

授课教师：王婉如

授课对象：经管类专业大二和大三本科生

一、课程简介

《纳税检查》是税收征收管理工作的重要环节，对于财税相关专业学生理解新征管模式下如何正确运用国家税收政策、促进纳税人依法纳税、保证国家财政收入、充分发挥税收调节经济职能作用具有重要意义。它是一门应用学科，主要适用于大学本科经济学类、工商管理类等专业。课程主要目标为培养学生掌握纳税检查的意义和纳税检查的工作程序与要求、了解纳税检查的方法与技巧、了解纳税检查后的账务调整；要求学生能够重点掌握增值税、消费税、企业所得税等主要税种的检查；了解个人所得税及其他税种的检查。与此同时，巩固所掌握纳税检查的理论知识，为后续课程的学习奠定基础，并指导于实践，使学生找到纳税检查理论知识和实践的结合点，提高学生的分析能力、判断能力和解决问题的能力。

课程内容主要围绕纳税检查的概述、会计核算资料的检查分析、增值税的检查、消费税的检查、企业所得税的检查、个人所得税的检查以及其他税种的检查展开。教学重点在于掌握纳税检查的意义和工作程序及方法，各税种的纳税检查的法律依据、基本方法和基本程序。对此，教学过程将采用老师授课和学生小组展示讨论的形式，使学生积极参与到课程中，提高教学质量和效率。同时，注重引进案例教学方式，在课堂教学中突出重点内容。加强课后作业与实务训练，使学生更好地了解纳税检查的基本内容、基本方法和程序，并掌握如何进行相应的财务调整。引导学生课前积极进行预习，关注与课程相关的热点问题，积极参与课堂讨论，及时消化课堂教学内容，独立完成课后作业。

二、课程思政元素

元素 1：增进政治认同。

纳税检查的依据是我国现行税收法规，通过该课程的学习，学生能够更好地理解税法在实践中的运用，系统全面、完整地认识和正确评价国家的税收监督职能，有助于加强学生对税务征管工作的认同感，坚定学生依法纳税的责任感和使命感。

元素 2：感受家国情怀。

本课程的学习要求学生关注现实、了解国情，尤其是发现现实问题和研究现实问题。税务机关执行纳税检查，会与大小企业甚至小商贩接触，了解民众情况，保持热情服务，耐心沟通。通过学习，有助于激发学生热爱国家、经世济民的责任感和担当意识。

元素 3：深化文化素养。

本课程中，税收法定、实地检查等内容的学习能够帮助学生树立正确的公平观、公正观、法治观，有助于加强学生的社会主义核心价值观教育。尤其是在检查过程中，保持客观公正，帮助学生将税务文化理念与税收实践活动相结合。

元素 4：提高法治意识。

本课程贯穿着税收法定、税务稽查等一系列与法治教育息息相关的内容，尤其是依法检查、依法治税引领税务工作，良好的法治环境和税收秩序是市场经济公平竞争和健康发展的重要保证。通过学习，强化学生的法治意识是本课程重要的思政元素。

元素 5：加强道德修养。

本课程中执行纳税检查的主体是税务机关，因此本课程学习中会涉及税务人员职业道德修养的相关内容，树立和弘扬优良作风，进一步坚定学生的理想信念，增强"聚财为国、执法为民"的宗旨意识、大局意识和廉洁从税意识，以促进和提高学生的道德修养。

三、教案设计

（一）教学目标

1. 熟悉纳税检查的权限范围及内容。
2. 掌握纳税检查的顺查法与逆查法及其适用情况；熟悉其各自优缺点。
3. 熟悉纳税检查抽查法和详查法；熟悉其各自优缺点及适用情况。
4. 了解纳税检查的调查方法。

（二）教学内容

1. 授课内容：第 16 章税收原理第 3 节纳税检查的内容和方法。
2. 授课时数：2 课时（100 分钟）。
3. 第 1 课时：纳税检查的主要内容。
4. 第 2 课时：纳税检查的基本方法。

（三）教学手段与方法

1. 知识讲解环节采取多种教学形式，灵活运用多媒体展示、视频展示、板书、引导性提问等方式开展教学，通过动态多媒体展示、案例导入和引导思考，吸引学生注意力，提高学生学习兴趣，尤其是将税收理论与实践检查相联系，加深学生对抽象知识理解的同时，使学生对我国税收法律制度及国家治理的大逻辑有更加深刻的认识，增强学生分析现实问题的能力。

2. 案例教学法的灵活运用。本课程主要是理论与实践相结合讲授，通过引入现实案例，掌握教学理论部分内容，引导学生思考、组织讨论，进行总结、归纳。由于教学内容是具体的纳税检查涉及的实例，与学生的现实生活经验相融合，学生注意力容易集中，学习中所理解的抽象概念和理论知识可以很快用于解释税收法律法规在实践运用中的一些问题，学生的学习反馈迅速，能够增强学习成就感和学习动力。

3. 从知识延伸、能力提高和思维拓展三个层次组织教学，课堂教学的目的不仅是讲解传授知识，更重要的是激活知识、拓展思维，使学生能够主动学习，提升自学能力，学会知识的积累、梳理、加工和运用。通过理论知识讲解—现实案例讨论—理论与现实相结合的分析—总结等教学步骤的实施，学生对知识点能够进行挖掘、延伸和扩展，自主思考和活学活用的能力得到提升，有利于学生的长期发展。

（四）教学过程

根据教学目标、教学内容、教学手段与方法，对教学过程进行系统设计如表 28 和表 29 所示。

表 28　　　　　　　　第 1 课时：纳税检查的主要内容

环节与时间分配	教学法	设计思路	教学内容
教学步骤一：回顾上节课的授课内容，了解本次课程内容在整章中的位置			
回顾环节，7 分钟	讲授法	帮助学生明确授课内容与课程其他部分内容的逻辑关系，以建立对课程内容的整体认识	第一步，回顾整章内容结构 1. 纳税检查的主要内容 2. 纳税检查与税务稽查区别与联系 第二步，回顾上节课内容，引出本节课的主题 1. 回忆上节课学习的纳税检查概述 2. 引入纳税检查的要求与内容 第三步，介绍本堂课讲解的内容
步骤二：视频展示，引发讨论，从直观案例入手理解抽象概念			
引导环节，15 分钟	直观展示法、讲授法	通过观看视频反映直观情境，然后引导式讨论，最终导入本讲的核心知识点：纳税检查内容。由授课教师结合视频内容，组织学生思考与讨论，主要目的在于用直观视频帮助学生理解较为抽象的知识点，加深对知识点的理解	第一步，视频展示 通过视频让学生更加直观地了解税收征管法中纳税检查被赋予的执法权力 第二步，引导式讨论 1. 通过观看视频，大致了解税收征管法中纳税检查的权限范围 2. 学生们对税收法定的认识，提升学生的法治意识 3. 结合视频，引导学生讨论税务机关在行使检查权时，会涉及哪些内容 例如，引导式提问 1：视频里面提到查证权，那么"证"会包括哪些？加强学生法律意识。提问 2：查账权中，"账"又包括什么？引导学生回忆之前学过的财务知识。提问 3：场地检查权，会涉及哪些场地？涉及一些条件艰苦的场地实地检查讲授的时候，可以结合社会主义核心价值观中弘扬艰苦奋斗精神，加强学生自身道德修养

环节与时间分配	教学法	设计思路	教学内容
步骤三：核心内容，教师讲授			
讲授环节，20 分钟	讲授法、举例法	以步骤二的视频讨论引导学生思考，然后嵌入本节讲授的主要知识点，系统性梳理纳税检查的主要内容	第一步，讲解纳税检查的权限范围（本讲教学重点） 1. 结合步骤二中视频讨论的内容，系统梳理纳税检查的各项权限范围，包括查账权、询问权、提供资料权、场地检查权、税收保全措施等 2. 在梳理的过程中，紧密围绕税收征管法展开，做到有法可依，将法治意识贯穿讲解的过程，提升学生税收法治意识 第二步，结合权限范围讲解纳税检查主要内容（本讲教学重难点） 《税收征管法》中纳税检查的各项权利下展开检查的主要内容，比如查账权的主要检查内容是对被检对象会计资料的检查，查明是否有不符合国家税收法规及财务会计制度规定而发生的逃避税情况。涉及的资料如会计总分类账、明细分类账、序时账、收款凭证、付款凭证、转账凭证、资产负债表、利润表、商品成本表、有关原始记录，有关财务报告、企业会计核算方法、生产部门计划、统计表、纳税申报表、纳税缴款书、商事凭证、发票存根、代扣（代收）代缴税款账簿等（以提问的形式唤起学生之前学习的会计相关知识点） 第三步，税收保全措施 税收保全措施概念以及在何种情况下采取，即适用条件，税收保全措施的制约。举例展开讲解，比如法人的古玩字画、金银首饰是否在其中？加深学生对知识点的理解，树立公平观、公正观
步骤四：课堂小结			
总结环节，8 分钟	总结法	回顾本讲的主要内容，引导学生进行发散思考	第一步，本讲主要内容回顾。包括：纳税检查的权限及主要内容、税收保全措施 第二步，引导学生在本次课内容的基础上作发散思考 在纳税检查过程中，体现了税收的哪些原则？

表 29   第 2 课时：纳税检查的主要方法

环节与时间分配	教学法	设计思路	教学内容
教学步骤一：视频展示，启发思路			
展示与导入环节，10 分钟	直观展示法、讲授法	本部分讲授先采用视频方式引入纳税检查的一些方法，然后引导学生结合上一节纳税检查的主要内容，提出问题，启发思考	第一步，视频展示反映纳税检查的宣传片，引入本节讨论和讲授的主题 第二步，引导学生回忆上一节课所讲的纳税检查主要内容，启发思考 1. 回忆上节课学习的纳税检查权限，如查账权、询问权、提供资料权、场地检查权等 2. 回忆上节课学习的纳税检查的主要内容 3. 引发思考：执行这些检查内容会涉及什么方法 第三步，提出讨论的具体问题 上述视频中所涉及的纳税检查的方法有哪些？
步骤二：学生讨论，教师指导			
讨论环节，15 分钟	讨论法	本部分由授课教师组织学生分组讨论提出的问题，在各学生小组课下进行讨论后，教师随机抽选小组代表阐述本组观点	第一步，学生分组进行发言，对自己小组的讨论结果进行汇报 第二步，教师根据学生发言内容、课堂气氛、学生知识储备情况等进行实时点评，引导课堂讨论
步骤三：核心内容，教师讲授			
讲授环节，20 分钟	讲授法、举例法	以步骤二的视频讨论引导学生思考，然后嵌入本节讲授的主要知识点，系统性梳理纳税检查的基本方法	第一步，讲解纳税检查的基本方法（本讲教学重点） 1. 结合步骤二中视频讨论的内容，系统梳理纳税检查的各项权限范围，包括详查法和抽查法、顺查法和逆查法、审阅法和核对法等 2. 在讲解的过程中，使学生回忆会计知识。比如顺查法是依照会计核算的顺序，从检查会计凭证开始到账簿进而到报表的一种检查方法。还将复习到会计科目的各项对应关系，检查是否正常，以及其与发生的经济业务是否相符，这是查核偷、漏税问题的一种有效手段。此时穿插讲到依法纳税是纳税人的基本义务，坚定学生的责任感和使命感 第二步，讲解纳税检查各项方法的优缺点以及适用对象（本讲教学重难点） 1. 按照检查的范围、内容、数量和查账详略的不同要求，其中抽查法的优点是提高审计工作效率，缺点是可能对审计质量产生影响，故

环节与时间分配	教学法	设计思路	教学内容
讲授环节，20 分钟	讲授法、举例法	以步骤二的视频讨论引导学生思考，然后嵌入本节讲授的主要知识点，系统性梳理纳税检查的基本方法	适用范围比较广泛，凡对规模较大、经济业务多、内部控制健全有效、会计基础工作较好、组织机构健全的单位进行审计，都可运用抽查法。相反，详查法对于管理混乱、业务复杂的企业，以及纳税检查的重点项目和事项的检查十分适用 2. 具体采用哪种方法进行纳税检查，则需要结合检查对象的情况，这就要求学生关注现实、了解国情，尤其是发现现实问题和研究现实问题 第三步，讲解纳税检查中抽查法的程序 制定抽查方案，确定抽查重点；确定抽查对象；实施抽查；抽查结果分析；确定抽查结果对总体的重要程度
步骤四：课堂小结			
总结环节，5 分钟	总结法	回顾本讲的主要内容，引导学生进行发散思考	第一步，本讲主要内容回顾。包括：纳税检查的基本方法、各自优缺点及适用范围 第二步，引导学生在本次课内容的基础上作发散思考 在纳税检查基本方法实施中，需要注意哪些问题？

四、教学效果分析

从课程思政的角度来看，该课程内容的思政元素引入主要体现在将税收理论的基本知识点与纳税检查实例相结合，通过实际案例的导入，引导学生理解税收制度背后的理论逻辑，以及与中国经济发展和社会发展的契合，进一步引导学生关注公共问题、理解公共逻辑，从而将社会主义核心价值观教育、国情教育、法治教育和道德修养教育融入课程教学中。

纳税评估和约谈

张春平

课程名称:《税务检查理论与实务》
课程性质: □公共课 ☑专业课
课程类别: □理论课 □实践课 ☑理论实践一体课
课程所属学科及专业: 财政学科税收学专业
授课教师: 张春平
授课对象: 税务专业硕士

一、课程简介

(一) 课程特征

税务检查指税务机关依据国家税收政策、法规和财务会计制度的规定,对纳税人或者扣缴义务人履行纳税义务或扣缴税款义务的情况进行监督检查的一种管理活动。《税务检查理论与实务》课程案例教学具有知识运用的综合性、分析思维的发散性、解决方案的非唯一性三个显著特征。

1. 知识运用的综合性。《税务检查理论与实务》课程学习要求先期学习《财务会计》《税法》《税务管理》等课程,在具备相关知识的基础上,配合专业逻辑思维展开学习。该课程更加注重和强调专业知识的综合运用能力,是一门偏重于实务能力综合训练的专业课。

2. 分析思维的发散性。现实中,纳税人违反税法的行为呈现多样化特征,这要求税务人员检查时具体问题具体分析。在纳税检查初期,对企业可能存在的涉税问题做出完整列示;在检查中期,通过收集证据对疑点逐一排查;在检查末期,形成税务检查结论。特别是在检查初期、中期需运用发散思维,主要原因是涉税问题涉及面广、验证疑点过程中可能遇到检查路径障碍点，此时需要转换思维方式另辟蹊径。这些现实情况要求《税务检查理论与实务》教学案例分析必须采用发散性思维，对同一问题进行多角度、多层面剖析，以期对实践工作尽可能地实现情景再现和近似模拟。

3. 解决方案的非唯一性。《税务检查理论与实务》课程案例分析中，对于存在的问题可采用不同的检查方法进行，而不同的检查方法对应方案是不同的，因此对同一案例分析时解决方案不是唯一的。此外，即使面对不同企业的同一问题，由于企业操作手段有差异，因此检查思路和路径有较大差别，存在的纰漏之处和检查结论也可能完全不同，这种现实情况决定了方案的非唯一性。

（二）课程总体目标

1. 发挥案例教学的优势和作用。通过对《税务检查理论与实务》课程案例进行精心设计，总结以往案例教学的经验和成果，结合近年来我国税收制度改革及相关政策的调整变化以及实践中新出现的典型税务案件，综合考虑实际应用的复杂度和学生的接受度，使课程理论知识与税收实务的结合度和匹配度显著提升。

2. 实现课程体系立体化。结合税收实务中关注的焦点问题，通过从不同行业、领域、主体以及特殊事项等多个维度对专业知识进行教学和研究，一方面使课程体系更加丰富，授课内容从整体上更加生动和立体，另一方面使理论部分的内容更加贴近实务，具有更强的可操作性。

3. 教学方式多元化，提高学生的积极性和参与度。通过改善教学环境，充分利用现代化设施和资源，使教学的信息化水平得到提升；同时，突破传统教学模式，通过探索多元化教学方式，将"案例分析小组竞赛""模拟岗位""校外课堂"等多种创新教学模式相结合，学生的学习热情以及课程的参与程度将显著提高。

4. 提高学生综合素质，助力税务人才培养目标的实现。通过加强专业基础知识的教学，扎实学生的专业基本功；通过加强税收风险防控意识的培养，逐步提升学生的专业敏感度；通过加强对数据运用和税务分析方面的培养，提高学生在"大数据"背景下的发现问题、分析问题、解决问题的综合能力；通过全方位的课程改革以及对创新人才培养模式的探索，全面提高学生的专业素质和综合应用能力，最终助力实现专业化复合型税务人才的培养目标。

二、课程思政教育

培养正确的税收理念、税收文化与税收知识，不仅关系到学生家国情怀的培育，更涉及学生的公共精神、社会责任意识的养成。税收是国家为了实现其职能，参与国民收入的分配所体现出的一种分配关系。《税务检查理论与实务》课程将思政元素融入其中，将无形的价值观与专业知识有机结合。

税收作为一种分配关系，取之于民，用之于民，是关乎国计民生的大事。《税务检查理论与实务》课程基于新时代背景，强调税收在解决我国经济社会发展不充分不平衡矛盾中发挥着重要作用，与此同时，深入挖掘税收的"人民性"的内涵，在"为人民谋幸福""为民族谋复兴"的内涵基础上，认识到充分发挥税收在构建"人类命运共同体"中的重要性，有机地将专业知识教育、思政教育与国内国际形势教育统一起来。

（一）爱国主义教育

爱国主义是中华民族的优良传统，是推动中国社会前进的巨大力量，是各族人民共同的精神支柱。爱国主义教育作为思想政治教育，是一种政治性的社会实践活动，其途径与方法是自上而下的指导、培育、规训、约束，其功能是维护社会的和谐稳定。

爱国的情感不只有在国家处于危急的关头才会出现，和平年代和日常生活中一样可以爱国。爱国，就是让我们的国家发达起来。从大的方面讲，爱国是每一位公民履行宪法规定的公民义务，其中便包含了每一位公民的纳税义务；从小的方面讲，爱国是每一个人遵纪守法、勤学好问，争取未来为国家社会多做贡献。在实现中国梦的路上，《税务检查理论与实务》课程倡导学生都要努力奔跑，把个人梦融入中国梦中，用刻苦学习、努力钻研税务知识的行动阐述爱国主义的新内涵。

（二）税收法治意识教育

法治教育是新时期思想政治教育的一项重要、艰巨的任务。自党的十一届三中全会以来，特别是随着改革开放的不断深入，法治教育越来越显示出它在思想政治工作实践中的重要位置。税收法治是依法治国的基础性内容，税收法治教育是法治教育的基础与前提。

案例教学是一个不可或缺的重要载体。强化税收法治意识，就是要不断提升学生对税收法律制度的自觉认可、敬畏、遵从的程度，实践教学课程承担着开展税收法治教育的重任。在讲述案例的时候，培养学生的税收遵从意识，依照法律的规定履行纳税义务，按时申报、准确申报、及时缴款。

（三）职业道德教育

良好的职业道德是学生未来踏入职场必须具备的基本品质，税务工作者更应该坚守职业道德底线。税务工作者应当遵纪守法、爱岗敬业、文明礼貌、热心公益；应当遵守本规范，履行相应的职业责任和社会责任，维护委托人的合法权益，保证国家税法的正确实施；应当以诚信为本，恪守独立、客观、公正的原则。《税务检查理论与实务》课程倡导学生以税务师职业道德要求自身，深刻体现立德树人原则，要坚持把立德树人作为中心环节并有效贯穿教育教学全过程，将教育方向与教学内容同我国发展的现实目标和未来方向紧密联系在一起。

（四）社会责任教育

社会责任形成的内在本质规律是知与行、个体性与社会性、自律和他律之间的辩证统一。《税务检查理论与实务》课程坚持用好课程育人主阵地，为学生树立正确的责任认识。学生社会责任感的强弱，事关自身成长、社会进步、国家发展和民族前途。正因如此，《国家中长期教育改革和发展规划纲要（2010—2020年）》将着力提高学生服务国家服务人民的社会责任感列入教育发展重要战略。

三、教案设计

（一）教案简介

1. 教案授课内容：第2章纳税评估和约谈第2节纳税评估方法和要点。

2. 授课时长：2 课时（100 分钟）。

（二）教学目标

1. 回顾上节课关于纳税评估的概念和主体等基本理论内容。
2. 了解本次课程关于纳税评估分析要点方面的内容。
3. 掌握纳税评估基本分析指标体系的计算方法和主要功能。

（三）教学方法与手段

本课程采用讲述法、案例教学、小组讨论与学生发言等教学手段相结合的方法。

（四）教学过程

第一部分：知识回顾（5 分钟）。

1. 纳税评估的概念和主体。
2. 纳税评估特点。
3. 纳税评估的法律意义。
4. 纳税评估的基本程序。

第二部分：专业基础理论（50 分钟）。

1. 纳税评估分析要点。

纳税人是否按照税法规定的程序、手续和时限履行申报纳税义务，各项纳税申报附送的各类抵扣、列支凭证是否合法、真实、完整。

纳税申报主表、附表及项目、数字之间的逻辑关系是否正确，适用的税目、税率及各项数字计算是否准确，申报数据与税务机关所掌握的相关数据是否相符。

收入、费用、利润及其他有关项目的调整是否符合税法规定，申请减免缓抵退税、亏损结转、获利年度的确定是否符合税法规定并正确履行相关手续。

2. 纳税评估基本分析指标体系。

收入类评估分析指标及其计算公式和指标功能。

成本类评估分析指标及其计算公式和指标功能。

费用类评估分析指标及其计算公式和指标功能。

利润类评估分析指标及其计算公式和指标功能。

3. 涉税风险处理。

税款负担风险：按时准确缴纳税款，对于已发生的税款负担风险，企业应积极配合税务机关进行税款以及滞纳金和罚款的缴纳。

税收违法风险：遵守税法相关规定，对于已发生的税收违法情况，积极配合税务机关进行处理。

信用与政策损失风险：按照税法的要求，对企业的相关资质进行留查与报备。

第三部分：案例与讨论（35 分钟）。

1. 案例简介（将案例提前发给学生预习，课上仅对案例内容简要叙述，节省课堂时间）。

纳税人名称：北京 FANG 房地产开发有限公司（以下简称"FANG 公司"）。

公司成立时间：2006 年 10 月 16 日。

企业类型：有限责任公司。

经营范围：房地产开发；销售商品房；房地产咨询；自有房屋出租；酒店管理；货物进出口；销售酒、饮料；住宿；餐饮服务；零售卷烟雪茄烟；游泳（仅限分支机构经营）；健身服务、洗衣服务、会议服务；打字、复印。

销售业务模式：该公司房屋销售业务以销售自建房产为主，取得预售许可后对外销售主要包含两种模式：一部分房产由 FANG 公司直接销售，另一部分由其他公司（实质上构成关联公司）代售。同时，也存在代售其他房产的业务，收到的房款确认为代收款项计入"其他应付款"，其中，代售的房产中部分属于精装房。

租赁业务模式：该公司房屋、场地出租业务包含两种模式：一种是根据房屋租赁面积和合同约定的固定租金单价，按日计价按月计算租金；另一种是双方在合同中约定抽成比例，按照固定租金和抽成租金两者孰高收取租金。

2. 学生讨论与发言。

学生根据案例给出的企业信息以及 PPT 中的企业房屋预售合同及主要条款、提前发给学生的主营业务收入明细账等财务信息，运用前两课时所学知识对该公司进行纳税风险评估。

3. 教师点评。

预售房屋收入是否预缴增值税、土地增值税和企业所得税？

增值税方面，一般纳税人采取预收款方式销售自行开发的房地产项目，应在收到预收款时按照3%的预征率预缴增值税，同时计算缴纳相应的城建税及教育附加。

土地增值税方面，纳税人取得的房屋预售收入，应当根据各地区税务机关的具体规定，以不含税预收款为计税依据，适用相应的预征率预缴土地增值税。

企业所得税方面，企业签订《房地产销售（预收）合同》所取得的预收款等收入应确认为收入的实现，预售收入先按预计计税毛利率计算出当期毛利额，扣除相关的期间费用、税金及附加后计入当期应纳税所得额缴纳企业所得税，待开发产品结算计税成本后再行相关调整。

销售精装房业务是否存在通过拆分房价降低税负的问题？

以北京为例，根据住建委公布的房屋销售（预售）合同范本及相关规定，房地产公司与业主只签订一份《商品房买卖合同》，且在合同中注明装修费用包含在房价中，装修属于房屋价款的一部分。该情形下，房地产公司应当以合同全部价款为计税依据，计算缴纳增值税、土地增值税等税款，但在实践中，部分房企为了实现整体税负的降低，可能采取单独成立装修公司与业主签订《装修合同》的方式，通过拆分降低房屋售价，两家公司分别按照销售不动产和提供装修服务进行处理，由于提供装修服务不属于土地增值税的应税范围，因此显著降低了公司整体税负。其他税种税负问题可留作课后作业。

代收款项是否构成该公司收入？

房地产公司在销售自有房产的同时，可能存在代售其他房产或代收物业管理费等其他款项的情形，但名义上为"代收"的各类款项实质上可能构成该公司自身的销售收入，需要根据具体的代收方式做进一步确认。可能涉及的情形可由学生举手回答以提升课堂气氛。

第四部分：课程思政教育。

结合案例强调税收法治意识，要求提升学生对税收法律制度的自觉认可、敬畏、遵从；强调对于企业的纳税检查和风险评估都需要有法可依、有据可查。努力争取在讲述案例的时候，培养学生的税收遵从意识，依照法律的规定履行相关义务。对于存在偷、逃、抗、骗等违法行为的企业和个人，税务机关将依法作出相应处罚，纳税人不能抱有侥幸心理。

四、教学效果分析

从专业知识角度分析，学生应掌握纳税评估的分析方法和基本要点，夯实自身纳税检查理论基础，提升专业能力；理解课堂案例中房地产行业具体业务（精装房业务、代收款项等）的纳税评估要点，提升实务分析能力。

从思政教育角度分析，本节课程将专业知识与思政内容相互融合，将思政元素融入专业课程，加入核心价值观和新时代中国特色社会主义理论的内容，用案例说明理论知识的同时，启发学生思考，引导学生树立为经济社会服务的人生观，负责、诚信、讲道德的价值观，以及独立、公正、做经济秩序卫士的职业观。

个人所得税汇算清缴

张春平

课程名称：《中国税制》
课程性质：□公共课☑专业课
课程类别：☑理论课□实践课□理论实践一体课
课程所属学科及专业：财政学科税收学专业
授课教师：张春平
授课对象：财政学、税收学、资产评估专业本科生

一、教学目标

（一）知识目标

1. 掌握新个人所得税法下的征收模式变化、累计预扣法与汇算清缴。
2. 掌握"优化部分纳税人预扣预缴方法"的相关政策。
3. 掌握个人所得税汇算清缴流程与步骤。

（二）能力目标

1. 具备分析我国个税改革现状以及影响的能力。
2. 具备分析政策、解读政策的能力。
3. 具备办理个人所得税汇算清缴、补退税的相关能力。

（三）育人目标

1. 培养具备个人所得税分配思想和相关问题分析能力的人才。个人所得税改革事关国民经济运行以及纳税人的利益，其征收模式、各项扣除，

以及为了减轻汇算清缴办税负担出台的相应政策处处体现着税收的分配思想。个人所得税政策如何落实，需要学生具有较好的个人所得税问题分析能力以及逻辑思维能力。

2. 培养具有联系性思维的税收人才。在学习本章课程内容时，要用联系的观点看待问题。加强税制之间的联系，如个人所得税与企业所得税的逻辑联系、个人所得税相关会计处理。加强税制与税收学原理间的联系，其蕴含的分配思想、税收公平原则对于我国的税制结构以及社会发展有着重要意义。

3. 培养兼备理论与实务的税收人才。学生需要在学习个人所得税专项扣除、专项附加扣除以及汇算清缴等知识的基础上，结合案例，通过税务实训平台、自然人扣缴客户端进行人员信息采集、具体填报专项附加扣除，进行汇算清缴补退税操作，加强学生对税收知识的理解与运用。

4. 培养具有宏观视野、服务国家的税收人才。除了培养学生掌握正确的个人所得税税收理念与知识，还应结合我国现状，启发学生思考个人所得税与企业所得税的逻辑联系，拓宽学习视野和思考领域。这不仅关系到学生专业素养的培育，更涉及学生公共精神、社会责任意识的养成。

二、教学重点与难点

（一）教学重点

新个税改革后征收模式的变化；个人所得税的相关会计处理；个人所得税汇算清缴案例；个人所得税的分配思想和调节作用。

（二）教学难点

累计预扣法与传统代扣代缴的区别；需要办理汇算清缴与不需要办理汇算清缴的情形；汇算清缴流程及其合理性；个人所得税与企业所得税间的逻辑联系；我国个人所得税法目前存在的问题以及今后的改革方向。

三、课程思政案例介绍

2018 年 8 月，《全国人大常委会关于修改个人所得税法的决定草案》提请 27 日召开的十三届全国人大常委会第五次会议审议。依据决定草案，个人所得税的基本减除费用确定为每年 6 万元，同时增加了个人所得税的专项附加扣除，修改了征收模式。《中共中央关于制定国民经济和社会发展第十四个五年规划和二〇三五年远景目标的建议》强调，要适当提高直接税比重，而提高直接税比重的关键在于提高个人所得税比重。新个人所得税法更强调了个人所得税的分配思想，对于提高直接税比例、完善我国的税制结构发展有着重要的意义。

（一）个人所得税的征收模式

在 2018 年新个人所得税法实施之前，我国个人所得税采用分类所得征收模式，其对税制各项应税收入分别征收，对劳动性所得和非劳动性所得没有区分，无法充分达到调节个人所得税调节收入分配的作用。目前，我国个人所得税征收模式采取分类与综合相结合的征收模式，主要目的依然是调节收入分配、缓和社会收入差距的扩大，从而起到稳定器的功能，促进我国的社会分配。新修改后的个人所得法第二条将"工资、薪金所得，劳务报酬所得，稿酬所得，特许权使用费所得"四项劳动性所得归为综合所得，其他为财产性所得。一方面，这符合按劳分配的原则，纳税人通过付出劳动获得收入，是纳税人最根本也是最主要的收入方式；另一方面，劳动性所得具有一定的规律并且收入较为稳定，对劳动性所得采用综合计税，有利于税务机关征管。对于能够获取财产性应税所得的纳税人，一方面经济条件相对较好，依然适用分类所得税制，能够更好地发挥个人所得税调节纳税人收入分配的作用；另一方面，财产性所得并没有劳动性所得那么稳定，通过分类所得税制更方便税收征管。从我国经济建设的基本国情、税务部门征管水平以及公民纳税意识的现状考虑，对一部分应税所得采用综合计税，另一部分采用分类计税的方式，能够兼顾效率与公平原则，是"小综合到大综合的过渡"，是更加注重社会公平与分配的体现。

（二）个人所得税累计预扣法与专项附加扣除

新个人所得税法明确了子女教育、继续教育、大病医疗、住房贷款利息、住房租金、赡养老人支出 6 项专项附加扣除的具体范围和标准，并将基本减除费用提高到 5000 元，进一步减轻了仅有工资薪金一项所得的纳税人的税收负担，降低了该部分纳税人的生计压力，增加了广大中低收入居民实际收入和消费能力，而加大了对于收入多、来源多的纳税人的税收负担，调节了不同收入阶层的收入分配，充分体现了公平原则。

同时，采用累计预扣法计算应预扣税款时，扣缴义务人要以纳税人本年度截至当前月份取得的累计收入减除累计免税收入、累计减除费用、累计专项扣除、累计专项附加扣除和累计依法确定的其他扣除后的余额，计算累计的应纳税所得额。其好处在于，对于一个纳税年度内只在一处取得工资薪金所得的纳税人，预扣预缴的税款在多数情况下会正好与全年应纳税款相等，纳税人也就无需另行办理年度汇缴申报，能够大大减轻纳税人的办税负担与税务机关补退税的负担，提高了征管效率。需要注意的是，采用累计预扣法，对部分纳税人来说，可能会出现收入逐月累计增加后，适用的税率相应提档，纳税人感觉年初几个月纳税少，之后税额逐渐增加。但从全年看，该方法计算出的每月应纳税额的全年合计数，与按年度整体计算出的应纳税额是一致的，不影响纳税人应享受的减税红利，更不会额外增加纳税人的税负，反而让纳税人享受到了一定的"递延纳税"的红利。

（三）个人所得税年度汇算清缴

汇算清缴综合所得年度汇算，不仅可以让纳税人更充分地享受各项扣除优惠、全年拉通算账缴税，也让部分收入高、来源多的纳税人将收入加总后找税率，以此更好地体现量能负担、税收公平的原则，对深入贯彻落实减税降费政策、保障纳税人合法权益具有重要意义。一方面，年度汇算可以更加精准、全面落实各项税前扣除和税收优惠政策，更好地保障纳税人的权益。对于平时未申报享受的扣除项目，以及大病医疗等年度结束才能确定金额的扣除项目，可以通过办理年度汇算补充享受。年度汇算给了纳税人"查遗补漏"的机会，以确保充分享受改革红利。另一方面，通过年度汇算可以准确计算纳税人的综合所得全年应该实际缴纳的个人所得税，对于多预缴的退还、少缴的补缴。实践中，因个人收入、支出情形各异，无论采取怎样的预扣预缴方法，很难使所有纳税人平时已预缴税额与年度应纳税额完全一致，此时两者之间就会产生"差额"，而这一"差额"需要通过年度汇算来多退少补，以达到相同情况的个人税负水平一致的目标，体现了税收公平原则。

与此同时，为了减轻汇算清缴的办税负担，国家税务总局出台了相应政策，优化了部分纳税人税款预扣预缴方法。如对一个纳税年度内首次取得工资、薪金所得的居民个人，扣缴义务人在预扣预缴个人所得税时，可按照 5000 元/月乘以纳税人当年截至本月月份数计算累计减除费用；对正在接受全日制学历教育的学生因实习取得劳务报酬所得的纳税人，可以按照累计预扣法计算并预扣预缴税款。按照累计预扣法计算，使得大部分上述纳税人在预扣预缴时的税款为零，减轻当年新入职人员和正在接受全日制学历教育的学生个人所得税预扣预缴阶段的税收负担和汇算清缴时的办税负担，对于鼓励就业、促进消费有着积极的作用。

（四）课程思政元素

元素 1：理解和正确评价税制改革相关问题。

通过本门课程的学习，学生能够建立对税制改革经济影响分析的经济学框架，为理解和正确评价公共决策提供有力工具，有助于学生理性思考习惯的养成。同时，个人所得税改革事关国民经济运行以及纳税人的利益，通过该课程的学习，能够培养学生具有良好的税收分配思想。

元素 2：加强国情与良好品德的教育。

该课程的学习要求学生关注现实、了解国情，尤其是发现现实问题和研究现实问题。通过相关案例的引入和讨论，培养学生对我国经济发展和税收改革成就的理性认同，激发学生热爱国家、经世济民的责任感和担当意识。

元素 3：弘扬社会主义核心价值观。

个人所得税改革内容的学习能够帮助学生树立正确的公平观、公正观、法治观，有助于加强学生的社会主义核心价值观教育，帮助学生加深对公平、民主、法制等要素的理解和认识。

元素 4：强化法治意识。

本课程中对于落实税收法定、税收征管等一系列与法治教育息息相关的内容，尤其是税收公平方面的法治思想贯穿个人所得税课程体系，有助于强化学生的法治意识，这也是该课程重要的思政元素。

四、教学方法与手段

（一）课堂讲授互动法

灵活运用多媒体、视频、板书、引导性提问等多种方式开展教学。通过动态多媒体展示、案例导入和引导思考，吸引学生注意力，提高学生学习兴趣，尤其是将理论与现实相联系，加深学生对抽象知识理解的同时，使得学生对我国个人所得税政策以及整个税收制度有更加深刻的认识，增强学生分析现实问题的能力。此外，除了对基础知识进行讲解外，还对学生进行提问。提问的方法使得学生的注意力容易集中，学习反馈迅速，学习中所理解的抽象概念和理论知识可以很快用于解释现实财税问题，能够增强学习成就感和学习动力。

（二）案例教学法

个人所得税这一章节理论性较强，理论内容教学可以通过案例教学法的灵活运用来提高教学效率。引入现实案例，掌握教学进程，引导学生思考、组织讨论研究，提高学生的学习兴趣，使学生对知识点能够进行挖掘、延伸和扩展，自主思考和活学活用的能力得到提升，有利于学生的长期发展。与此同时，教师掌握教学进程，进行总结与归纳。由于教学内容是具体的个人所得税汇算清缴案例，易于与学生的现实生活经验相融合。

（三）实践教学法

通过税务实训平台、自然人扣缴客户端进行人员信息采集、具体填报专项附加扣除，进行汇算清缴补退税操作，加强学生对税收知识的理解与运用。另外，还可以通过"华诚永勤杯"税收知识竞赛、税收案例大赛等方式，积极开展以赛促学、以赛促教的实践教学模式，让学生通过税收知识比赛积累税收实务知识。

五、教学实施过程

(一) 教学设计思路

步骤一：简要介绍个人所得税的概念、特点以及在我国税制中的作用。

1. 个人所得税的发展回顾。个人所得税最早开征于英法战争时期的英国，在当时，仅个人所得税一个税种就为政府提供了 20% 的财政收入。第二次世界大战后，在许多西方国家纷纷以直接税代替间接税的大趋势中，个人所得税也得到较为充分的发展，其组织财政收入的功能也更加明显。到了 20 世纪 70 年代中期，许多国家如美国、加拿大、英国、丹麦、瑞典、芬兰、瑞士、澳大利亚、新西兰等，个人所得税已占政府全部收入的 30% ~ 50% 。

我国现行个人所得税依据《中华人民共和国个人所得税法》征收。该法最早于 1980 年 9 月 10 日第五次全国人民代表大会第三次会议通过。2018 年 6 月 19 日，个人所得税法修正草案提请十三届全国人大常委会第三次会议审议，这是个税法自 1980 年出台以来第七次大修。全国人大常委会关于修改个人所得税法的决定草案 2018 年 8 月 27 日提请十三届全国人大常委会第五次会议审议。依据决定草案，基本减除费用拟确定为每年 6 万元，增加了专项附加扣除，修改了征收模式。

2. 个人所得税相关会计处理与税收思想。在计提工资时，借记"管理费用"，贷记"应付职工薪酬——工资、社保"；在发放工资时，借记"应付职工薪酬——工资、社保"，贷记"应交税费——应交个人所得税""库存现金/银行存款"；缴纳个人所得税时，借记"应交税费——应交个人所得税"，贷记"银行存款"。社保单位承担的要计入"营业外支出"，不能计入个人所得税专项扣除中，从应纳税所得额中扣除，即仅从会计处理上并不能反映个人所得税的调节作用以及其"分配"思想。从形态上看，税收就是一种以政府为主体的分配活动。在强制征税过程中，一方面是政府在征税，另一方面是社会成员在缴税，这一征一缴导致社会资源或社会财富从私人部门手中转移到政府手中，政府以税收手段占有和支配一部分社会资源。工资也是社会再生产中的一种分配形式，税收是整个分配体系中的一个重要的组成部分，是诸多分配形式中的一种。

因此，调节收入分配是个人所得税的一项重要功能，利用强制的税收征纳参与收入再分配，对于提升社会总福利、实现调节收入公平具有非常重要的意义。

本部分内容主要通过实例创设问题情境，并通过与学生的互动和讨论引发学生的思考。提出讨论的问题：（1）我国目前个人所得税的征收模式是什么？在该种征收模式下有什么优缺点？（2）通过所学的税收知识，说说个人所得税有哪些调节作用，并根据世界税收发展模型，讨论个人所得税今后的改革趋势。

步骤二：思政元素导入、课堂讲授与思路启发。

通过本章的讲授，让学生理解到个人所得税关系到 14 亿人民的切身福祉，是调控经济和社会的重要手段。从累计预扣法到专项附加扣除，最终导入个人所得税汇算清缴案例。授课教师结合问题与案例，组织学生思考与讨论，重视实务操作，主要目的在于将理论直观地呈现给学生，来帮助学生理解并形成实践能力。

例如在设计基本减除费用时，多数学者都在考虑具体的数额，如果将个人所得税分为劳务性收入和非劳务性收入，对于非劳务性收入各地统一，而对于劳务性收入各地区别对待，是否更有利于充分体现税收公平职能，发挥个人所得税筹集财政收入、调节收入分配不公的作用？同时，也要意识到我国目前个人所得税汇算清缴下存在的征管问题，如纳税人自行申报时，首先存在着税收宣传不到位和纳税人认知水平不足的问题，使得纳税人难以理解专项附加扣除以及汇算清缴相关概念；其次，一些高收入者因其收入多元化、隐蔽化、分散化，更是游离在个人所得税调节之外，还会导致个人所得扣缴不足，致使自行申报和代扣代缴的真实性难以落到实处。因此，促进税收宣传、提高纳税人遵从度、优化个人所得税调控收入分配的路径具有重要的意义。

步骤三：具体案例讨论。

随着新《个人所得税法》确立的综合与分类税制相结合的全面实施，2020 年 3 月 1 日至 6 月 30 日，我国迎来了首次个人所得税综合所得汇算清缴，即符合税法规定的居民个人需要将 2019 年度内从中国境内和境外取得的综合所得（包括工资薪金所得、劳务报酬所得、稿酬所得和特许权使用费所得），在平时预扣预缴的基础上，合并全年收入、按年计算税款、汇缴多退少补。

（二）不需要办理综合所得汇算清缴典型案例

《国家税务总局关于办理 2019 年度个人所得税综合所得汇算清缴事项的公告》第二条规定，如果纳税人在 2019 年已依法预缴个人所得税，无需办理年度汇算的情形包括：纳税人年度汇算需补税但年度综合所得收入不超过 12 万元的；纳税人年度汇算需补税金额不超过 400 元的；纳税人已预缴税额与年度应纳税额一致或者不申请年度汇算退税的。

1. 只有一处工资薪金所得，且综合所得年收入额减除专项扣除的余额不超过 6 万元，已预缴税额与年度应纳税额一致，不需要汇算清缴。

例题 1： 王某（居民个人，下同）在甲公司任职受雇，2019 年 1 ~ 12 月取得工资薪金收入 65635 元（税前应发工资，下同），个人负担缴纳"三险一金" 11875 元，专项附加扣除 39600 元，依法确定的其他扣除（商业健康保险）2400 元；甲公司按照累计预扣法已预扣预缴个人所得税 0 元，计算过程如下：2019 年工资薪金所得应纳税所得额 = 65635 – 60000 – 11875 – 39600 – 2400 = – 48240（元），小于 0，即不需要预缴税金。假设王某未取得其他综合所得。

2. 取得劳务报酬、稿酬所得、特许权使用费所得中一项或者多项所得，且综合所得年收入额减除专项扣除的余额不超过 6 万元，但已预缴税额大于年度应纳税额，纳税人如果不申请退税，不需要汇算清缴。

例题 2： 赵某在甲公司任职受雇，2019 年 1 ~ 12 月取得工资薪金收入 58900 元，个人负担缴纳"三险一金" 11375 元，专项附加扣除 12000 元；甲公司按照累计预扣法已经预扣预缴个人所得税 0 元，计算过程如下：2019 年工资薪金所得应纳税所得额 = 58900 – 60000 – 11375 – 12000 = – 24475（元），小于 0，不需要预缴税金。另外，赵某因向乙公司提供税务咨询取得 900 元劳务报酬并已预扣预缴税金，因发表论文从杂志社取得稿酬 1000 元并已预扣预缴税金。假设赵某未取得其他综合所得。

3. 有两处以上工资薪金所得，综合所得年收入不超过 12 万元，即使纳税年度内预缴税额低于应纳税额，属于免除汇算清缴义务情形。

4. 综合所得年收入超过 12 万元，但是年度补税金额 400 元以下的纳税人，属于免除汇算清缴义务情形。

（三）需要办理综合所得汇算清缴补税典型案例

综合所得收入超过 12 万元，且需要补税金额超过 400 元的，需要汇算清缴补税。包括取得两处及以上综合所得，合并后适用税率提高导致已预缴税额小于年度应纳税额等情形。

1. 取得两处及以上工资薪金所得超过 12 万元，属于需要办理汇算清缴补税且不属于免除汇算清缴义务情形。

2. 预扣预缴申报的收入低于纳税人实际取得的收入，导致预缴税额低于应纳税额的，需要办理汇算清缴。

3. 从两处以上取得综合所得年收入超过 12 万元，年收入额合并后适用税率提高，导致预缴税款低于应纳税额且需要补税金额大于 400 元。

4. 累计扣除的专项扣除、专项附加扣除、依法确定的其他扣除，不符合税法规定条件或者超过规定标准，导致预缴税额低于应纳税额需要补税的。

（四）需要办理综合所得汇算清缴退税典型案例

1. 综合所得年收入不超过 12 万元，属于免除汇算清缴义务情形，但工资薪金所得累计预扣法计算当月应预扣预缴税额为负值的暂不退税，纳税年度终了后余额仍为负值时，纳税人可以办理汇算清缴申请退税。

2. 综合所得年收入不超过 12 万元，属于免除汇算清缴义务情形，但取得劳务报酬所得、稿酬所得、特许权使用费所得中一项或者多项所得，预扣预缴税额大于应纳税额，纳税人可以办理汇算清缴申请退税。

3. 因年度中间就业、离职、退休或者部分月份没有收入，取得两处以上工资薪金所得，综合所得年收入不超过 12 万元，属于免除汇算清缴义务情形，但预扣预缴税额大于应纳税额，纳税人可以办理汇算清缴申请退税。

4. 预扣预缴时，未扣除或者未足额扣除专项扣除、专项附加扣除、依法确定的其他扣除的，导致预缴税额高于应纳税额，纳税人可以办理汇算清缴申请退税。

5. 预扣预缴时，未享受或者未足额享受综合所得税收优惠的，导致预缴税额高于应纳税额，纳税人可以申请退税。

6. 纳税人享受大病医疗专项附加扣除，需要办理汇算清缴。

7. 有符合条件的公益慈善捐赠支出，但预缴税款时未办理扣除。

8. 取得符合规定的全年一次性奖金，预扣预缴时单独申报计税，汇算清缴时可选择并入综合所得，需要汇算清缴并申请退税。

9. 取得综合所得预扣预缴时按照非居民个人申报计税，汇算清缴时成为无住所居民个人，需要汇算清缴。

例题3：纳税申报。李先生 2019 年取得工资薪金收入 120000 元，劳务报酬收入 50000 元，稿酬所得 20000 元，专项扣除分别为：基本养老 5136 元，基本医疗 1092 元，失业保险 630 元，住房公积金 7992 元，合计 14850 元。专项附加扣除分别为：子女教育支出：12000 元，赡养老人支出：12000 元，合计 24000 元。工资薪金已预扣预缴个人所得税 634.5 元，劳务报酬已预扣预缴个人所得税 10000 元，稿酬所得已预扣预缴个人所得税 2240 元。其收入结构及个人所得税汇算清缴过程如表 30 所示。

表 30   **收入结构**

项目	行次	金额（元）
一、收入合计（1 = 2 + 3 + 4 + 5）	1	190000
（一）工资、薪金所得	2	120000
（二）劳务报酬所得	3	50000
（三）稿酬所得	4	20000
（四）特许权使用费所得	5	
二、费用合计	6	14000
三、免税收入合计	7	4800
四、减除费用	8	60000
五、专项扣除合计（9 = 10 + 11 + 12 + 13）	9	14850
（一）基本养老保险费	10	5136
（二）基本医疗保险费	11	1092
（三）失业保险费	12	630
（四）住房公积金	13	7992
六、专项附加扣除合计（14 = 15 + 16 + 17 + 18 + 19 + 20）	14	24000
（一）子女教育	15	12000
（二）继续教育	16	
（三）大病医疗	17	
（四）住房贷款利息	18	

续表

项目	行次	金额（元）
（五）住房租金	19	
（六）赡养老人	20	12000
七、其他扣除合计（21＝22＋23＋24＋25＋26）	21	
（一）年金	22	
（二）商业健康保险	23	
（三）税延养老保险	24	
（四）允许扣除的税费	25	
（五）其他	26	
八、准予扣除的捐赠额	27	
九、应纳税所得额（28＝1－6－7－8－9－14－21－27）	28	72350
十、税率（%）	29	10%
十一、速算扣除数	30	2520
十二、应纳税额（31＝28×29－30）	31	4715
十三、减免税额	32	
十四、已缴税额	33	12874.5
十五、应补/退税额（34＝31－32－33）	34	－8159.5

六、教学过程安排

根据教学目标、教学内容和教学设计思路，对教学过程进行系统安排，如表31和表32所示。

表31　　　　　第1课时：个人所得税累计预扣法与专项附加扣除

环节与时间分配	教学法	设计思路	教学内容
回顾环节，5分钟	讲授法	帮助学生明确授课内容与课程其他部分内容的逻辑关系	第一步，回顾上节课内容 1. 回顾个人所得税的特点及作用，以及我国个人所得税的征收模式 2. 新个税法下的税制改革合理性问题 第二步，引出本节课的主题 本节讨论主题：累计预扣法与专项附加扣除

续表

环节与时间分配	教学法	设计思路	教学内容
导入环节，20分钟	案例互动法	引入现实案例，掌握教学进程，引导学生思考、组织讨论研究，进行总结、归纳。由于教学内容是具体的个人所得税改革案例，与学生的现实生活经验相融合	第一步，通过《中华人民共和国个人所得税法》以及《国家税务总局关于办理2020年度个人所得税综合所得汇算清缴事项的公告》，引出累计预扣法与专项附加扣除的概念 第二步，通过上述案例的计算，对理论进行夯实 第三步，分析总结实例 通过对两个例子的分析，引出个人所得税在执行中调节收入分配的重要性。
总结环节，25分钟	总结法	回顾本讲的主要内容，引导学生进行发散思考，同时导入下次课的内容框架，并安排预习任务	第一步，本讲主要内容回顾。包括：个人所得税的特点及作用、累计预扣法与专项附加扣除 第二步，引导学生在本次课程讲授的基础上积极思考

表32　　　　　　　　　　第2课时：个人所得税汇算清缴

环节与时间分配	教学法	设计思路	教学内容
回顾环节，5分钟	讲授法	帮助学生明确授课内容与课程其他部分内容的逻辑关系	第一步，确定本章内容结构 本节讨论主题：个人所得税年度汇算清缴 第二步，回顾上节课内容，引出本节课的主题 1. 回顾累计预扣法与专项附加扣除 2. 引入个人所得税汇算清缴
导入环节，20分钟	案例互动法	引入现实案例，掌握教学进程，引导学生思考、组织讨论研究，进行总结、归纳。由于教学内容是具体的个人所得税改革案例，与学生的现实生活经验相融合	第一步，通过《中华人民共和国个人所得税法》以及《国家税务总局关于办理2020年度个人所得税综合所得汇算清缴事项的公告》引出汇算清缴概念 第二步，通过上述案例的计算对理论进行夯实 第三步，分析总结实例 通过上述案例的分析，总结出谁要汇算？何时汇算？怎么办理？
总结环节，25分钟	总结法	回顾本讲的主要内容，引导学生进行发散思考，同时导入下次课的内容框架，并安排预习任务	第一步，本讲主要内容回顾。包括：个人所得税的特点及作用、累计预扣法与专项附加扣除，汇算清缴与补退税相关概念 第二步，引导学生在本次课程讲授的基础上积极思考

七、考核与评价方式

平时课程采取课堂提问、主题讨论等形式，期末采取闭卷考试形式。

平时成绩占总成绩的30%，期末考试成绩占总成绩的70%。另外，平时上课要加强对学生考勤的检查，主要考核学生学习的积极性、主动性以及学习态度是否端正。

八、教学效果分析

第一，本次课授课内容主要包括个人所得税的概念和特点、专项附加扣除与汇算清缴基本理论与案例分析。本门课程知识讲解环节采取多种教学形式，除直接向学生详细讲解相关理论外，还注重学生的直观感受和实际操作能力，通过视频展示、案例讲解、引导性提问、小组讨论、课上练习、课后思考等方式开展教学，将理论知识与实践相联系，吸引学生注意力，提高学生的学习兴趣，增强学生分析现实问题的能力，培养真正能学以致用的人才。

第二，通过本次课程的学习，使学生对个人所得税的作用以及我国的税制结构有更加深入的认识。本章将个人所得税专项附加扣除与汇算清缴理论知识与现实相联系，通过案例加深理解，通过课堂实际操作检验成果，最后进行总结、归纳和回顾，加深学生对理论理解的同时，使其对我国个人所得税在实际经济社会生活中的作用和地位有更加深刻的认识，激发学生的学习兴趣和解决实际问题的社会责任感，增强学生的实践能力。

第三，从课程思政的角度来看，由于是从民生、社会的角度切入，与学生切身的生活体验和经济社会的热点问题相融合，与所有普通民众的民生福祉相联系，将税收理论与中国税制改革相结合，启发学生全面考虑问题，引导学生理解税制改革背后的理论逻辑，进一步引导学生关注税收问题、理解税收逻辑、把握在新的经济社会发展状态下我国个人所得税改革的方向，并进一步引导学生关注公共问题、增强社会责任感，从而将社会主义核心价值观教育、国情教育、法治教育和公共意识教育融入课程教学，为学生树立起正确的世界观、人生观、价值观，培养出具有家国情怀的优秀接班人。

　　总体上看，本次课教学活动能够将思政元素融入专业课程，使学生熟知个人所得税在调节收入分配中发挥的重要作用。课程加入对社会问题的解读，增加学生的公共意识和社会责任感，并从多角度讲解理论知识、启发学生思考，可以提升学生解决实际问题的能力。

增值税的纳税申报

张　莉

课程名称：《税收征管制度》
课程性质：□公共课☑专业课
课程类别：☑理论课□实践课□理论实践一体课
课程所属学科及专业：财政学科税收学专业
授课教师：张莉
授课对象：税收学专业大三本科生

一、课程简介

《税收征管制度》是为税收学专业学生开设的一门专业提升课，在税收专业学科体系中是较为重要的课程，是一门综合性较强的应用课程。通过本门课程的教学，使学生掌握税收管理方面的基本知识，了解税收征管的有关内容，实现理论与实践相结合。教学过程中注意对学生基本技能的培养，使学生系统、准确地理解和掌握我国现行的税收法律规定及实务操作方法，为提高学生的专业素养打下良好的基础。

本课程以经济学理论、管理学理论、法学理论为基础，介绍和阐述了税收征收管理制度的基本原理和基本方法。主要内容包括税收征收管理的基础理论、税收征收管理的基本方法、税收征收管理的基本形式、税收征收管理的主要内容（税务登记管理、会计账簿与凭证管理、发票管理、纳税申报管理、纳税检查管理、税收行政处罚、税务行政纠纷处理——税务行政复议和税务行政诉讼）等。

本课程的学习，要求学生能够熟练地掌握税收管理方面的基本知识，能理论与实践相结合，运用所学知识计算各种业务活动的应纳税款，了解税收征管的有关内容，并能为其他经、管、法相关课程的学习创造条件、打下基础。教学中，注意对学生基本技能的培养，使学生系统、准确地理解和掌握我国现行的税收法律规定及实务操作方法，能够运用所学知识解决基本的税收问题。

本课程依据我国的程序法——《税收征收管理法》展开，侧重讲授税收征收管理制度的相关内容。课程涉及税收征收管理理论、税收征收管理制度，包括税务登记管理制度、账簿凭证管理制度、纳税申报管理制度、税款征收与缴纳制度、税务检查制度和税收法律责任等相关知识。

本课程要求学生有中国税制、税务会计等相关课程的基础，通过本课程的学习，学生能够更好地了解我国税收征管制度的相关内容，掌握税收学的专业知识，了解税收征管的实践，为毕业后的工作或后续研究打基础。

二、课程思政元素

元素1：发现并研究现实税收问题。

在课程导论部分强调我国的税收征管制度符合我国的国情。税收征管制度课程的学习要求学生关注现实、了解国情，尤其是发现现实问题和研究现实问题。

元素2：强化学生的法治意识。

税收征管制度课程内容贯穿税收法定等一系列与法治教育息息相关的内容，强化学生的法治意识是税收征管制度课程重要的思政元素。

元素3：社会主义核心价值观。

税收征管课程有助于加强学生的社会主义核心价值观教育，帮助学生加深对公平、民主、法制等要素的理解和认识。

元素4：政府关注国计民生问题。

通过新冠肺炎疫情期间税收优惠政策的讲解和具体申报案例的分析，让学生了解国家税收政策对于纳税人实际情况的考量、对于国计民生问题的关注。

元素5：树立正确的公平观、法治观。

税收征管制度课程中，公平与效率原则、税收法定等内容的学习能够帮助学生树立正确的公平观、法治观。

三、教案设计

1. 教学目标。熟练掌握增值税纳税申报表的填写。

2. 教学内容。讲述纳税申报管理内容和主要税种申报表的填写。

3. 教学重点、难点。本章的重点是纳税申报制度的法律意义与纳税申报的程序与方法。各个主要税种纳税申报表的填写方法。

4. 课程的考核要求。增值税小规模纳税人的纳税申报表填写。

5. 复习思考题。（1）纳税申报在税收征管制度体系中的地位作用。（2）增值税纳税申报要点。

6. 授课内容。第 5 章纳税申报管理制度第 3 节流转税的纳税申报第 3 点增值税的纳税申报——小规模纳税人增值税减免政策的申报。

7. 授课时数。2 课时（100 分钟）。

四、教学手段与方法

1. 课堂讲授与多媒体资料运用相结合。在课程教学中，以课程讲授为主，辅以多媒体资料运用，丰富课程教学活动，增强学生的感性认识，加深学生对知识点的掌握。

2. 采用"任务驱动、讲练结合"互动式教学方法。坚持"教师为主导，学生为主体"的思想，教师主要起"启发"和"引导"的作用，贯彻"精益求精"的原则，以点带面去激发学生获得更多知识的欲望，调动学生的学习自觉性。

3. 在本课程教材配备的课件基础上，教师根据学生实际情况，细化课件，体现不同专业的教学特色。课堂教学全部采用多媒体、案例教学和课堂讨论相结合的讲授方式，使学生可以更直观地理解教学内容，激发学生的学习兴趣。

4. 与教学有关的资料，如教案、课件等内容全部上网，学生可以随时上网学习和下载，通过网络化的教学方式，学生可以在课外自主学习，培养学生研究式学习，提高教学质量。

五、教学过程

（一）小规模纳税人免征增值税政策

政策内容：《国家税务总局关于小规模纳税人免征增值税政策有关征管问题的公告》国家税务总局公告 2019 年第 4 号第一条。

例题 1：某酒店属于餐饮服务行业，属于增值税小规模纳税人，2019 年季度销售额 20.6 万元。

（1）享受季度未超 30 万元免征增值税的账务处理（单位：万元）：

借：银行存款   20.6

    贷：主营业务收入——餐饮收入   20

        应交税费——应交增值税   0.6

（2）减免增值税的账务处理：

借：应交税费——应交增值税   0.6

    贷：营业外收入   0.6

例题 2：1 户提供餐饮服务的按季申报的增值税小规模纳税人，2020 年 1 月份销售货物 20 万元，2 月份因疫情停业未销售货物，预计 3 月份销售符合 8 号公告免税货物 5 万元，同时销售不动产 50 万元，以上均为不含税销售额，相关业务均未开具专用发票，请问一季度应该如何计算缴纳增值税？

讲解相关的纳税申报，疫情期间小规模纳税人的优惠政策政策内容：财政部税务总局公告 2020 年第 13 号财政部税务总局关于支持个体工商户复工复业增值税政策的公告。

例题 3：1 户从事广告服务业的按季申报的增值税小规模纳税人，今年 1~2 月份未取得销售收入，3 月份销售收入为 40.4 万元（含税），未开具发票，请问一季度增值税如何申报？

讲解具体的申报过程。

疫情期间其他的增值税优惠政策。

政策内容：《财政部税务总局关于支持新型冠状病毒感染的肺炎疫情防控有关税收政策的公告》（财税〔2020〕第 8 号）。

例题 4：某酒店属于餐饮服务行业，属于增值税小规模纳税人，2020 年第一季度销售额 206 万元。

享受疫情期间免征增值税的账务处理：

借：银行存款 206 万元

　　贷：主营业务收入——餐饮收入 206 万元

讲解具体的申报过程。

四、教学效果分析

通过上述教学活动，可以使学生更好地了解我国增值税小规模纳税人的申报环节和注意事项，尤其是了解相关税收优惠政策的纳税申报。以疫情期间的税收优惠政策为例展开讲解，一方面，可以使学生通过案例学习税收征管制度课程中的重要知识点，学习和掌握增值税小规模纳税人申报的关键环节，尤其是关于税收优惠政策的纳税申报；另一方面，可以达到较好的课程思政效果。疫情期间，政府实施了多项税收优惠政策，为纳税人减轻税收负担，针对增值税的小规模纳税人也实施了相应的税收优惠政策。这些优惠政策的实施，可以在一定程度上减轻小规模纳税人的负担，帮助其顺利度过疫情的艰难时期，体现了社会主义的核心价值观，体现了中国特色社会主义基本经济制度的优越性。通过课程的讲解，可以使学生全面了解并学习社会主义税收征管制度，更深刻地理解我国税收征管制度中所体现出的社会主义基本经济制度特征。

中国的个人房地产税改革

张亦然

课程名称：《税收前沿问题》
课程性质：□公共课 ☑专业课
课程类别：□理论课 □实践课 ☑理论实践一体课
课程所属学科及专业：财政学科税收学专业
授课教师：张亦然
授课对象：税收学专业大四本科生

一、课程简介

《税收前沿问题》是税收学专业的一门专业选修课，其开设的目的在于使学生全面地了解当前国内税收学的理论前沿；熟悉我国税制改革最新动态，掌握税制改革的基本原理与路径；通过课堂授课和小组讨论，使学生对当前税收热点问题有清晰的认识，培养学生对税制改革问题的兴趣。理论联系实际，提高学生理解、运用税收学专业知识解决税收实际问题的能力，为以后的学习和就业打下坚实的理论基础。

课程教学中，系统讲授当前税制改革的基本概念、基本理论和基本知识，由浅入深，从理论出发，提出和分析现实问题，培育学生认识问题和分析解决问题的能力。重点讲授税制改革的最新动态和发展趋势，剖析税收前沿问题中所蕴含的深层次理论，注重分解分析问题和理论联系实际的培养，运用实际案例阐明教学内容，同时结合小组讨论，培养学生的自我学习能力和语言表达能力，最终使学生对当前税收前沿问题形成自己的看法。

课程分为四个章节，分别是税收征管改革、房产税改革、环境税改革和个人所得税改革。

二、课程思政元素

元素1：理解和正确评价前沿税制改革。

税收前沿问题的研究对象是我国税收改革的前沿问题，通过该课程的学习，学生能够建立对税制改革经济影响分析的经济学框架，对于理解和正确评价公共决策提供有力的工具，有助于学生养成理性思考的习惯。

元素2：加强国情教育。

税收前沿问题课程的学习，要求学生关注现实、了解国情、发现现实问题和研究现实问题，通过学习，尤其是通过"中国故事"案例的引入和讨论，培养学生对我国经济发展和税收改革成就的理性认同，激发学生热爱国家、经世济民的责任感和担当意识。

元素3：弘扬社会主义核心价值观。

税收前沿问题课程中，税收征管、房产税改革、个人所得税改革等内容的学习能够帮助学生树立正确的公平观、公正观、法治观，有助于加强学生的社会主义核心价值观教育，帮助学生加深对公平、民主、法制等要素的理解和认识。

元素4：强化法治意识。

税收前沿问题课程中贯穿税收法定、税收征管等一系列与法治教育息息相关的内容，尤其是税收公平方面的法治思想贯穿税收前沿问题课程体系，而强化学生的法治意识是税收前沿问题课程重要的思政元素。

元素5：强化诚信教育。

金税三期工程建立起全国集中的涉税数据库，完整实现了税收关键数据的实时查询、监控以及深层次、多方位的分析和挖掘。为各省份之间的业务联动提供了全面数据支撑，督促、检查、监控税务人员服务、管理、执法全过程。为各级税务机关税收决策提供了依据。在讲解这部分内容时，使依法纳税、诚信纳税在学生的心中生根发芽，为构建诚信社会贡献一份力量。此外，还可引用孔子的"人无信不立，业无信不兴，国无信则衰"，诠释在工作岗位中要保持诚信，还要在日常的人际交往中以诚相待，说实话、办实事、做老实人，才能赢得成功。

元素6：强化"生态文明建设"观念。

2015年5月，中共中央、国务院印发《关于加快生态文明建设的意见》，首次在中央文件中明确提出"绿色化"概念，要求"协调推进新型工业化、城镇化、信息化、农业现代化和绿色化"，加快推进生态文明建设。2017年10月18日，党的十九大报告强调要推进绿色发展，加快生态文明体制改革，建设美丽中国。税收政策方面：2016年7月1日全面推行资源税改革，2016年12月25日全国人民代表大会常务委员会通过环境保护税法并于2018年1月1日开征，中国税制绿化进程有了新的突破。在讲解这部分内容时，引导学生理解对以上行为征税，正是贯彻了节约资源和保护环境的基本国策，践行了"绿水青山就是金山银山"的发展理念。而我国在2019年已提前完成"2020年碳排放强度比2005年下降40%～45%"的国际承诺，更是展现了我国是一个负责任的、勇于承担国际责任的大国。作为个人，应从节约用水、用电、用纸，光盘行动，绿色出行等身边小事做起，实现与自然的和谐相处，为共同推动全球生态安全做出贡献。

三、教案设计

（一）教学目标

1. 让学生了解最新税收前沿问题，开阔学生的学术视野。
2. 帮助学生掌握税制改革的基本原理，提高其对税制改革的认识。
3. 提升学生分析问题的能力和自我学习能力。
4. 帮助学生了解税收领域的国家战略、法律法规和相关政策，引导学生深入税收前沿实践、关注现实问题，培育学生的职业素养。

（二）教学内容

1. 授课内容：第2章房产税改革。
2. 授课时数：2课时（100分钟）。
3. 第1课时：房产税改革概述与国际比较。
4. 第2课时：房产税开征的理论依据、经济影响和实践探索。

（三）教学手段与方法

1. 知识讲解环节采取多种教学形式，灵活运用多媒体展示、视频展示、板书、引导性提问等方式开展教学，通过动态多媒体展示、案例导入和引导思考，吸引学生注意力，提高学生学习兴趣，尤其是将理论知识与现实世界相联系，在加深学生对抽象知识理解的同时，使学生对我国财税体制以及国家治理的大逻辑有更加深刻的认识，增强学生分析现实问题的能力。

2. 案例教学法的灵活运用。财政学课程中有大量理论性较强的内容，理论内容教学可以通过案例教学法的灵活运用来提高教学效率，教师引入现实案例，掌握教学进程，引导学生思考、组织讨论，进行总结、归纳。由于教学内容是具体的财税改革实例，与学生的现实生活经验相融合，学生注意力容易集中，学习中所理解的抽象概念和理论知识可以很快用于解释现实财税问题，学生的学习反馈迅速，能够增强学习成就感和学习动力。

3. 从知识延伸、能力提高和思维拓展三个层次组织教学，课堂教学的目的不仅是讲解传授知识，更重要的是激活知识、拓展思维，使学生能够主动学习，提升自学能力，学会知识的积累、梳理、加工和运用。通过理论知识讲解—现实案例讨论—理论与现实相结合的分析—总结等教学步骤的实施，使学生对知识点能够进行挖掘、延伸和扩展，自主思考和活学活用的能力得到提升，有利于学生的长期发展。

（四）教学过程

根据教学目标、教学内容和教学设计思路，对教学过程进行系统安排，如表 33 和表 34 所示。

表 33　　　　　　　　第 1 课时：房产税改革概述与国际比较

环节与时间分配	教学法	设计思路	教学内容
回顾环节，15 分钟	讲授法	帮助学生明确授课内容与以往课程内容的逻辑关系，以建立对课程内容的整体认识	第一步，引入房产税的概念和定义 1. 房产税的历史渊源 2. 现行房产税的定义 第二步，回顾现行税法当中房产税的主要规定 1. 现行房产税的纳税人 2. 现行房产税的征税范围 3. 现行房产税的计税依据

环节与时间分配	教学法	设计思路	教学内容
导入环节，10 分钟	讲授法、举例法	通过实际例子来创设情境，通过与学生的互动和讨论发现问题和思维定向，最终导入本讲的核心概念：房产税的国际比较。由授课教师结合问题与案例，组织学生思考与讨论，主要目的在于用直观案例帮助学生理解较为抽象的经济学概念，加深对概念实质的理解	第一步，以美国、日本、韩国的房产税制度为例，启发学生对房地产税制度的思考 PPT 及视频展示美国、日本和韩国房产税的制度规定 第二步，与学生互动不同国家房产税制度设定的异同，进一步总结房产税的主要目的和成功施行的必要条件 通过对两个例子的分析，引出税收超额负担的概念和基本逻辑
讲授环节，20 分钟	讲授法、举例法、图示法	分别讲解美国、日本、韩国房产税的基本构成，征收办法和经济效果，启发学生对不同国家房产税制度的异同进行思考，总结房产税制度有效施行的必要条件	第一步，讲解美国房产税制度 1. 主要由房地产所得税、取得税和保有税三个部分构成 2. 最大的特点是"宽税基，少税种" 3. 征收范围非常广泛，除一些宗教、慈善机构外，几乎所有的房产都需要缴纳房产税 4. 计税依据为房屋的估定价值，并且为了可以将房屋价值和土地价值区分开来，制定了一套非常完善的估值标准。房屋的固定价值再乘以 20%~100% 的比例便是计税依据，具体比例由各地方政府规定 5. 根据相应的房产税税率计算房产税的应纳税额，房产税的税率通常为 1%~3% 6. 差别化的计税依据和税率使房产税可以有效地调控需求，同时居民的税负也不会太重。"宽税基"使地方财政有较为稳定的收入来源，征纳的房产税资金主要用于改善当地公共设施和公共服务水平。"少税种"可以降低房产税的征收成本，提高监管效率，很大程度上促进了房地产市场的流通 第二步，讲解日本房产税制度 一是固定资产税，这也是跟中国现行的房产税制度最为相近的一种。以房屋价值作为其计税依据，实行差别化税率。房产价值同样由土地评估价格和房屋评估价格构成，估值当年作为基准年度，基准年度估定的价值作为标准估定价值，一般情况下每三年估值一次，直接按标准年度估定价值计算作为计税依据，若在之后的 2~3 年中发生重大变化，则进行重新估值。一般住房的税率为 1.4% 的标准税率

环节与时间分配	教学法	设计思路	教学内容
讲授环节，20分钟	讲授法、举例法、图示法	分别讲解美国、日本、韩国房产税的基本构成，征收办法和经济效果，启发学生对不同国家房产税制度的异同进行思考，总结房产税制度有效施行的必要条件	二是事业所得税，又称营业场所税，只有在东京、大阪等人口超过30万人的城市征收，征税对象是住房建筑的所有者和使用者，其征收目的主要是使营业性住房的收益降低，低于住宅性房屋。资金主要用于治理城市污染，改善大城市的环境问题 三是都市规划税，一般以房产评估价值乘以差别税率来计算，税率由各市町村自定，上限为0.3%，主要为城市规划事业筹集 第三步，简单介绍韩国房产税制度及施行效果
总结环节，5分钟	总结法	回顾本讲的主要内容，引导学生进行发散思考，同时导入下次课的内容框架，并安排预习任务	第一步，本讲主要内容回顾 第二步，引导学生在本次课内容的基础上作发散思考

表34　　第2课时：房产税开征的理论依据、经济影响和实践探索

环节与时间分配	教学法	设计思路	教学内容
讲授环节，20分钟	讲授法	本部分内容主要为房产税基本理论的讲解，启发学生对税收公平与效率、税收法定，以及央地财政关系等问题进行思考	第一步，介绍房地产税当中的受益理论 受益论认为，政府征收房地产税多少主要依据房屋所有者所享受的受益水平。房地产拥有者住在当地，无形中享受地方政府提供的公共产品和服务，进而理所应当为享受服务而缴纳税收作为对价 一个家庭会在自己能力范围内，比较所住区域附近公共服务水平，偏好高的、不满足当地区域的服务水平或者为享受高质量公共服务难以负担高额税负的住户，个人边际效用较低，会搬离此区域。长此以往会达到一个平衡，则居住地提供的公共服务会弥补缴纳房地产税带来的损失。最终在社会稳步开征下会形成一个家庭、社区、政府共赢的局面：地方税务部门用征收的本地房地产税收入来完善当地基础设施，从而提高公共服务水平，进而所处区域的房价提升，税基增大，地方政府收入增多，公共设施进一步完善

环节与时间分配	教学法	设计思路	教学内容
讲授环节，20分钟	讲授法	本部分内容主要为房产税基本理论的讲解，启发学生对税收公平与效率、税收法定，以及央地财政关系等问题进行思考	第二步，介绍房地产税中的负税能力理论 税收讲究公平，要体现量能负税的原则。负税能力论很好地体现了税收公平，尤其纵向公平，即根据支付能力或获得收入，以不同的方式对待不同经济状况的人 负税能力理论认为，土地以及在土地上建造的不动产价值是衡量纳税人纳税能力的主要指标，因此纳税能力会随着房产和地产的增多而不断增强。因此，考虑纳税人负税能力大小是设计个人房地产税制的前提，要使纳税人的负税能力足够应对个人房地产税实际税负的缴纳，这是这个理论最基本要求 第三步，介绍房地产税中的资本税理论 资本税理论认为，由于房屋是固定资产，是资本，房地产税是对资本征税，是资本税（要素税） 对于房地产行业而言，房地产税增加，房屋所有者税负增加，会使房地产持有成本提高，从而导致短期内利润降低，房地产投资会减少，相应地要素会从房地产行业流出 如果资本在市场中自由流动，税负高，资本就会流出，税负低，资本相应就流入。若各个地方房地产税有一定差异，那么资本自由流动，最终会形成无差别税率，使得房地产税纳税人承担全国房地产税的平均税负 地方政府如果运用资本税理论对个人住宅进行征税，应该以资本量为计税依据，资本量多的富者多征税，资本量少的穷者少缴税，从而实现收入再分配作用
讨论环节，20分钟	讨论法	本部分由授课教师组织学生分组讨论房产税改革对房地产市场的经济影响，在各学生小组课下进行讨论后，教师随机抽选小组代表阐述本组观点	第一步，学生分组进行发言，对自己小组的讨论结果进行汇报 第二步，教师根据学生发言内容、课堂气氛、学生知识储备情况等进行实时点评，引导课堂讨论

环节与时间分配	教学法	设计思路	教学内容
讲授和总结环节，10分钟	讲授法、总结法	本部分由授课教师根据学生分组讨论和汇报的内容进行讲解，并且引导学生对中国税制改革对公平与效率目标的实现进行拓展思考	第一步，房产税改革对房地产市场需求方影响的理论分析 1. 对于消费性需求来说：个人住房房产税对个人房产的持有环节进行征税，因此房产税改革会直接增加购房者的持有成本，这在理论上会减少消费者对住房的购买。同时，政策改革将会改变房地产市场的需求结构，即从大面积住房转向合理面积，从高档住房转向普通居民住房 2. 对投资者需求的影响：房产税改革的目的就是为了保证房地产市场从而整个经济平稳健康发展。因此，房产投资者或者说房产投机者便是个人房产税征收所主要针对的人群 第二步，房产税改革对房地产市场供给方影响的理论分析 住房市场上的供给方，主要指房地产开发企业。短期内，房地产企业的供给弹性较小，无法及时调整住房供给，住房总体需求的减少会导致成交量减少。成本的增加和销售量的减少会对房地产企业的利润造成双重打击，尤其是原本高档住宅带来丰厚利润被大大削减 长期内，住房供给更富有弹性。房地产企业可以根据市场需求和政策导向改变住房供给，减少高档住宅和大面积住宅的开发，转而增加普通商品住宅建设，提高房产的附加值，从而提高利润 房产税能够在一定程度上打击投资者的炒作行为，使房产价格和需求回归正常，房地产企业能更好地把握市场需求动向，制定更有针对性的经营决策

四、教学效果分析

从课程思政的角度来看，该课程内容的思政元素引入主要体现在将税收理论的基本知识点与中国税制改革的结合，通过税制改革的实际案例的导入，引导学生理解税制改革背后的理论逻辑，以及与中国经济发展和社会发展的契合，进一步引导学生关注公共问题、理解公共逻辑，从而将社会主义核心价值观教育、国情教育、法治教育和公共意识教育融入课程教学中。

综合来看，以上教学活动的实施，能够将思政元素融入专业课程，加入社会主义核心价值观和新时代中国特色社会主义理论的内容，用案例说明理论知识，启发学生思考，提升学生能力。

税收效应与中国税制改革

赵书博

课程名称：《税收学》
课程性质：□公共课☑专业课
课程类别：☑理论课□实践课□理论实践一体课
课程所属学科及专业：财政学科税收学专业
授课教师：赵书博
授课对象：税收学专业大一本科生

一、课程简介

《税收学》是税收学专业的核心课程，在学科体系中起着衔接一般经济理论课和税收业务课的中介作用。通过讲授税收相关理论，为学生今后相关课程的学习奠定良好的理论基础。课程的教学目标是通过本课程的学习，使学生全面了解税基本理论，提高学生理论素养与分析实际问题的能力。

二、课程思政元素

元素1：加强国情教育。

"财政是国家治理的基石与重要支柱"，作为财政的重要组成部分，税收在国家治理中发挥重要作用。税收学课程的学习，要求学生关注经济与税改现实、了解国情、发现现实问题和研究现实问题，通过学习，尤其是通过"中国故事"案例的引入和讨论，培养学生对我国经济发展和改革成就、对我国税制改革成就以及税制改革在我国改革开放中所发挥作用的理性认同，激发学生的爱国热情。

元素 2：增强其明辨是非的能力。

税收学课程中关于税收效应的内容，能够帮助学生树立正确的思考问题、分析问题的能力，增强其明辨是非的能力。

元素 3：理解税制设计的难度。

税制设计不仅要考虑名义上的纳税人、税率，还要考虑实际的负税人、实际税率。税制设计要达到设计者的效果，难度很大，必须综合考虑。

三、教案设计

（一）教学目标

1. 掌握税收宏观经济效应的内涵；掌握税收乘数的概念。
2. 掌握税收稳定经济运行效应；能够发挥这些效应的税种；运用所学理论分析实践问题。
3. 了解各国不同时期税收效应发挥情况。

（二）教学内容

1. 授课内容：第 2 章税收效应第 2 节税收的宏观经济效应中的"一、税收稳定经济运行的效应"。
2. 授课时数：2 课时（100 分钟）。
3. 第 1 课时：税收稳定经济运行的效应。
4. 第 2 课时：税收稳定剂经济运行与中国税制改革。

（三）教学手段与方法

1. 进行知识讲解。灵活运用多媒体展示、视频展示、板书、引导性提问等多种方式开展教学。（1）通过动态多媒体展示、案例导入和引导思考，吸引学生注意力，提高学生学习兴趣，尤其是将理论知识与现实世界相联系，在加深学生对抽象知识理解的同时，使学生对我国财税体制以及国家治理的大逻辑有更加深刻的认识，增强学生分析现实问题的能力。（2）通过系统性的建树，培养学生的逻辑思维能力。

2. 引入案例教学。（1）将案例引入课堂，引导学生思考、组织讨论研究，可以提高学生的学习兴趣。（2）教师掌握教学进程，进行总结、归纳，引出所要讲授的理论。由于案例是具体的财税改革实例，与学生的现实生活经验相融合，有利于激发学生的学习兴趣。

3. 理论提升。通过理论知识讲解—现实案例讨论—理论与现实相结合的分析—理论提升等教学步骤的实施，学生对知识点能够进行挖掘、延伸和扩展，自主思考和活学活用的能力得到提升，有利于学生的长期发展。

（四）教学过程

根据教学目标、教学内容和教学设计思路，对教学过程进行系统安排，如表 35 和表 36 所示。

表 35　　　　　　　　　第 1 课时：税收的宏观经济效应

环节与时间分配	教学法	设计思路	教学内容
回顾环节，5 分钟	讲授法	帮助学生明确授课内容与课程其他部分内容的逻辑关系，以建立对课程内容的整体认识	第一步，回顾整章内容结构 1. 回顾本章讨论主题：税收效应 2. 税收的微观经济效应与宏观经济效应 第二步，回顾上节课内容，引出本节课的主题 1. 回忆上节课学习的税收微观经济效应的内容 2. 引入税收宏观经济效应的概念 第三步，介绍税收宏观经济效应的内容框架和本堂课讲解的内容
导入环节，5～10 分钟	讲授法、举例法	通过实际案例来创设问题情境，通过与学生的互动和讨论，发现问题和思维定向，最终导入本讲的核心概念：税收效应担问题。由授课教师结合问题与案例，组织学生思考与讨论，主要目的在于用直观案例帮助学生理解较为抽象的经济学理论，加深对理论的理解	第一步，以两个生活中的例子，引导对税收超额负担的思考 1. 疫情发生后，2020 年各国的经济增长水平及各国采取的税收措施 个人所得税：减免税；提高捐赠税前扣除标准 企业所得税：减免税；延长亏损弥补权限；企业购买及安装用于工作场所的防护设备，相关成本可以进行税收抵免等 另外还有增值税等的减免税优惠 2. 2008 年金融危机以来我国实行的积极调控政策 第二步，总结实例 通过对两个例子的分析，引出税收宏观经济效应的概念和基本逻辑

环节与时间分配	教学法	设计思路	教学内容
讲授环节，30 分钟	讲授法、举例法、图示法	首先提出理论概念，并结合案例说明理论概念实质；其次说明发挥税收宏观经济效应必须运用税收手段进行宏观调控；最后引导学生课后自学	第一步，讲解税收的总量调控（本讲教学重点） 1. 结合两个例子讲解税收调控的分类：总量调控；结构调控 2. 税收调控手段：内在稳定器；相机抉择 第二步，讲解税收稳定经济运行的局限性 1. 税制不能频繁变动 2. 调控空间有限 3. 调控具有时滞
总结环节，5 分钟	总结法	回顾本讲的主要内容，引导学生进行发散思考，同时导入下次课的内容框架，并安排预习任务	第一步，本讲主要内容回顾。包括：税收稳定经济运行的概念；税收的乘数效应；税收稳定经济运行具有局限性 第二步，引导学生在本次课内容的基础上作发散思考 税收调控手段有内在稳定器与相机抉择，分析其优缺点

表 36　　　　　　　　第 2 课时：税收的宏观经济效应与税制改革

环节与时间分配	教学法	设计思路	教学内容
展示和讲授环节，10 分钟	直观展示法、讲授法	本部分内容先用视频方式引入中国税制改革的思考，然后引导学生回忆在《税收学》和《中国税制》课程上已经学习过的中国税制改革的内容，提出问题：税收超额负担问题在中国税制改革中有哪些体现？	第一步，资料展示反映中国税制改革历程的短片，引入本节讨论和讲授的主题 第二步，将改革开放以来，中国的税制改革分为 4 个阶段，分析不同阶段税制改革在稳定经济运行方面发挥的作用 第三步，提出讨论的具体问题 1. 改革开放以来，我国不同时期如何运用税收稳定经济运行的？ 2. 在政策工具选择方面，有哪些制约因素，最后如何抉择的？效果如何？
讨论环节，20 分钟	讨论法	本部分由授课教师组织学生分组讨论提出的两个问题，在各学生小组课下进行讨论后，教师随机抽选小组代表阐述本组观点	第一步，学生分组进行发言，对自己小组的讨论结果进行汇报 第二步，教师根据学生发言内容进行实时点评，引导课堂讨论

环节与时间 分配	教学法	设计思路	教学内容
讲授和总结环节，20分钟	讲授法、总结法	本部分由授课教师根据学生分组讨论和汇报的内容进行讲解，并且引导学生对中国税制改革对稳定经济运行目标的实现进行拓展思考	1. 我国不同时期如何运用税收稳定经济运行？ 2. 总结不同时期运用税收调控经济运行取得的效果 3. 国外运用税收政策调控经济运行的简单比较 总结：结合税收稳定经济运行的局限性，分析税收政策设计的不易 思考和拓展： 1. "生产型"增值税与"消费型"增值税有何不同？ 2. 1994年选择"生产型"增值税的原因；该类型增值税存在的不足之处

四、教学效果分析

从课程思政的角度来看，将税收理论与中国税制改革相结合，引导学生理解税制改革背后的理论逻辑，进一步引导学生关注税收问题、理解税收逻辑，从而将社会主义核心价值观教育、国情教育、法治教育和公共意识教育融入课程教学中。税制改革受多重因素约束，改革有很多约束条件，启发学生全面考虑问题。税制改革在多数情况下是成功的，但也有失误，通过对成功与失误的分析，提高学生对改革开放以来我国税制改革取得伟大成功的自豪感，同时提醒学生改革不易，需要扎实的理论知识与高超的技巧，激发学生的学习兴趣。

消费税的税额计算和征收管理

陈远燕

课程名称：《中国税制》
课程性质：□公共课 ☑专业课
课程类别：☑理论课 □实践课 □理论实践一体课
课程所属学科及专业：财政学科税收学专业
授课教师：陈远燕
授课对象：财政学、税收学、资产评估专业本科生

一、课程简介

《中国税制》不仅是财税类专业的核心专业课，还是经管类专业的重要基础专业课，也是大部分高校所开设的重要通识课程之一，具有影响面广、受益者众、教育效果明显的特征。它对于帮助学生掌握税收基本法规、规章制度具有基础性的作用，同时也对税收高级人才培养具有重要的作用。课程目标是通过分析、介绍我国现行税制的主要规定，帮助学生掌握我国现行税收体系状况、具体税种的立法精神，并明确我国税制发展的方向。

《中国税制》主要介绍我国现行的税收制度，分析我国现行的税制，同时介绍我国税制改革的方向和思路，课程分为以下部分：第一，介绍我国税制基本理论、目前税制结构状况和税收分类情况；第二，现行制度与介绍我国现有税种的基本理论、主要政策规定、税额计算例题和案例；第三，中国现行税制改革中的理论和实践问题，总结分析现行税制的发展脉络，并前瞻发展趋势。

《中国税制》课程坚持理论与实践相结合的原则，注重课堂教学与课堂讨论相结合，要求学生在掌握中国税制重点内容的基础上，能够应用税收

基本理论对经济领域热点问题进行判断、分析和研究。力求反映国内外税制改革的新情况和税制研究的新成果，突出各税种的法律政策精神和难点、重点问题，并结合例题、案例让学生掌握税收制度在实践中的运用。引导学生在课堂上积极思考，增强其学习的主动性和自觉性。

二、课程思政元素

元素 1：新发展理念。

党的十八届五中全会通过的《中共中央关于制定国民经济和社会发展第十三个五年规划的建议》首次提出了创新、协调、绿色、开放、共享的新发展理念，经过"十三五"时期的发展，全党全社会对新发展理念的认识和实践不断丰富提升。"十四五"时期，面临新的形势和任务，更需要坚定不移贯彻新发展理念。在创新发展方面，需要坚持创新是第一动力，深化创新驱动发展战略，推进创新型国家建设，打好关键核心技术攻坚战。在协调发展方面，需要坚持统筹推进"五位一体"总体布局、协调推进"四个全面"战略布局，加强顶层设计和战略布局，增强发展的整体性、协同性。在绿色发展方面，人们的生态环保意识普遍增强，天更蓝、水更清、山更绿、空气更清新了。在开放发展方面，需要坚持对外开放的基本国策，把握好开放和自主的关系，建设更高水平开放型经济新体制。在共享发展方面，需要强化全体人民共同富裕的发展导向，改善人民生活品质，坚持经济发展就业导向，扩大中等收入群体，积极推进教育、卫生、社保、养老、育幼等各方面工作。

元素 2：绿水青山就是金山银山。

我们进入新的绿色发展阶段，"两山论"是习近平生态文明思想的核心内涵。"绿水青山"是对良好生态环境的形象化比喻，指种类多样、数量丰富、质量良好、功能完备的生态系统或生态环境；"金山银山"是对经济增长的形象化表述。"我们既要绿水青山，也要金山银山。宁要绿水青山，不要金山银山，而且绿水青山就是金山银山。"这句话深刻阐述了"两山"之间的内在关系，认识到绿水青山可以源源不断地带来金山银山，绿水青山本身就是金山银山，我们种的常青树就是摇钱树，生态优势变成经济优势，形成了浑然一体、和谐统一的关系。"两山论"不断深化，为中国生态文明建设奠定了坚实的理论基石，成为中国生态文明建设的指导思想，引领中国走向绿色发展之路。

元素3：建设资源节约型和环境友好型社会。

"两型社会"指的是资源节约型、环境友好型社会。它是以环境资源承载力为基础，以自然规律为准则，以可持续发展政策调控为手段，倡导人与自然、人与人之间的和谐共处，致力于构建协调持续的发展体系，是一种全新的经济社会发展形态。从二者的关系来看，节约资源是建设环境友好型社会的前提条件，节约资源同时也是环境友好的具体表现。建设"两型社会"不是一般意义上的保护资源、节约资源，而是应坚持生产发展、生活富裕、生态良好的文明发展道路，实现速度和结构质量效益相统一、经济发展与人口资源环境相协调，使人民在良好生态文明中生产生活，实现经济社会永续发展。

元素4：建设美丽中国。

建设美丽中国是人民向往的奋斗目标。这个目标有明确的时间表：到2035年美丽中国目标基本实现，到本世纪中叶建成美丽中国。党的十九大首次提出建设富强民主文明和谐美丽的社会主义现代化强国的目标，提出现代化是人与自然和谐共生的现代化。绿色发展是美丽中国的底色，是未来经济的方向，是人民群众的期盼。建设美丽中国，就是要改变传统的生产模式和消费模式，实现经济社会发展和生态环境保护协调统一。绿色种植、乡村旅游、家庭经营、合作经营……各地实践探索出了绿色发展的多种模式，一个"天更蓝、山更绿、水更清、环境更优美"的大美中国画卷正在中华大地上徐徐铺开。

元素5：以生态文明推动构建人类命运共同体。

生态文明建设关乎人类共同命运，建设绿色家园是各国人民的共同梦想。中国正在推进的这场深层次、全方位的生态文明变革，不仅改变着中国，也为携手创造世界生态文明的美好未来、推动构建人类命运共同体做出贡献。面对全球生态环境挑战，同各国深入开展交流合作，是中国推动构建人类命运共同体的应有之义。以"绿水青山就是金山银山"为导向的中国生态文明战略为世界可持续发展理念的提升提供了"中国方案"和"中国版本"。而"中国方案"和"中国版本"不仅为新兴市场经济体和发展中国家在绿色治理和发展方面做出榜样，也为全球绿色治理和发展做出重要贡献。

三、教学设计

1. 教学目的：掌握消费税的自产自用、委托加工和进口应纳税额的计算；掌握已纳消费税税额扣除的计算；了解消费税的征收管理。

2. 教学内容：消费税的税额计算；消费税的征收管理。

3. 教学重点：掌握消费税的税额计算，能够准确计算不同环节消费品需要征收的消费税，以及熟悉相应的税率。

4. 教学难点：掌握消费税具体的税额计算，以及一些特殊规定，复合计税税率。

5. 教学方法：课堂讲授法、提问讨论法、直观演示法、案例教学法。

6. 教学手段：使用 PowerPoint 制作的教学课件进行演示和讲授，重视案例教学法的应用和启发式教学法的应用。

7. 教学特点：运用启发式教学法，紧密联系实际，扎实理论学习的同时，丰富学生视野，开创学生思维

四、教学流程与具体内容设计

步骤一：回顾上节课的授课内容，了解本次课程内容在整章中的位置。

1. 教学环节：回顾环节。

2. 教学方法：讲授法。

3. 设计思路：本部分内容主要是帮助学生明确授课内容与课程其他部分内容的逻辑关系，以建立对课程内容的整体认识。从课程思政的角度来看，该课程内容的思政元素引入主要体现在消费税征税范围变化和税率水平的确定上，将消费税的基本知识点与中国财税体制改革的结合，通过生活中的实际例子导入，引导学生理解税制改革背后的理论逻辑，以及与中国经济发展和社会发展的契合，进一步引导学生关注社会问题，从而将新发展理念、绿水青山就是金山银山、建设资源节约型和环境保护型社会、美丽中国和以生态文明构建人类命运共同体的思政元素融入课程教学中。

4. 时间分配：本部分预计占用时间为 2 分钟。

5. 具体教学内容：一是回顾整章内容结构。本章讨论的主题——消费税，是我国流转税体系的重要组成部分，配合普遍征收的增值税，通过对特定消费品的选择课征，可以在取得财政收入的同时实现对生产、消费乃至对收入分配的调节。二是回顾上节课内容，引出本节课的主题。上节课我们学习了消费税的概念和特点，这节课我们将对消费税进行更深层次的探讨学习，了解消费税的征税范围、具体税目和税率，更好地认识消费税。三是介绍消费税的内容框架和本堂课讲解的内容。我们前面提到过，消费税是以消费品和消费行为为课税对象的一种税，也是世界各国普遍采用的一个税种。要了解消费税，就要从它的征税范围、具体税目与税率等入手，今天我们就来具体了解一下消费税的这几个方面。

步骤二：举例讨论，思路启发，从直观案例入手理解抽象概念。

1. 教学环节：导入环节。

2. 教学方法：讲授法、举例法。

3. 设计思路：本部分内容主要通过实际例子来创设问题情境，通过与学生的互动和讨论发现问题和思维定向，最终导入本讲的核心概念：消费税征税范围问题。由授课教师结合问题与案例，组织学生思考与讨论，主要目的在于用直观案例帮助学生理解较为抽象的经济学概念，加深对概念实质的理解。

4. 时间分配：本部分预计占用时间为 2~3 分钟，由教师根据与学生互动的情况灵活安排时间。

5. 具体教学内容：第一步，PPT 展示各种消费品的图片；第二步，与学生互动讨论上述消费品是否需要缴纳消费税；第三步，与学生互动讨论消费税的征税范围，可以让学生大胆猜测自己认为的消费税征税范围，并在此留下悬念。比如爱马仕的名牌包包，众所周知，爱马仕属于较高端的品牌，人们会以为这类奢侈品可能会被课征大量的消费税，然而事实却是相反，我国现在并没有对此类奢侈品课征消费税。

步骤三：核心内容，教师讲授。

1. 教学环节：讲授环节。

2. 教学方法：讲授法、举例法、图示法。

3. 设计思路：本部分内容的设计思路是结合步骤二的案例说明我国消费税的征税范围；接下来，引导学生思考我国现行消费税征税范围的合理性和改革方向；最后，介绍我国现行的消费税征税具体税目与税率。

4. 时间分配：本部分预计占用时间为 35 ~ 40 分钟，是本讲授课的核心环节。

5. 具体教学内容。

第一，消费税征税范围（本讲教学重点）。

（1）烟。

子目：①卷烟；②雪茄烟；③烟丝（图片展示）。

案例：一包卷烟在生产环节和批发环节一共需要交多少消费税，占比。

比如一包香烟的出厂价为 10 元（不含增值税），则出厂环节需要交纳 10 × 56% + 0.06 = 5.66 元消费税，若该包香烟批发环节为 15 元（不含增值税），则批发环节还要交 15 × 11% + 0.1 = 1.75 元的消费税，若该包香烟零售环节价格为 1 元（不含增值税），则消费税占比 41.2%。

（2）酒。

子目：①白酒；②黄酒；③啤酒；④其他酒。

提问互动：果啤和调味料酒是否属于征税范围（果啤属于啤酒税目；调味料酒不属于消费税的征税范围）。

（3）高档化妆品。

举例：①海蓝之谜（Lamer）精华面霜 60ml 京东价 ￥2450.00（属于征税范围）；② SK-Ⅱ 护肤精华露 160ml（PITERA "神仙水"）京东价 ￥1180.00（不属于征税范围）。

（4）贵重首饰及珠宝玉石。金、银和金基、银基合金首饰，以及金、银和金基、银基合金的镶嵌首饰、钻石及钻石饰品、铂金首饰在零售环节纳税，税率5%。其他非金银贵重首饰及珠宝玉石在生产（出厂）、进口、委托加工环节纳税，税率为10%。（举例：翡翠、玛瑙、珊瑚）。

（5）鞭炮、焰火。不含体育用的发令纸、鞭炮药引线。

（6）成品油。

子目：①汽油；②柴油；③石脑油（也称化工轻油）；④溶剂油；⑤航空煤油（暂缓征收）；⑥润滑油；⑦燃料油（也称重油、渣油）。

（7）小汽车。

子目：①乘用车；②中轻型商用客车；③超豪华小汽车。

含 9 座内乘用车、10 ~ 23 座内中型商用客车（按额定载客区间值下限确定）。

举例：①奇瑞 QQ2013 款 1.0L 报价 4.68 万元（含增值税），缸容量在

1.0 升以上至 1.5 升（含 1.5 升）的税率为 3%，计算消费税 = 4.68 ÷（1 + 17%）× 3% = 1200 元；②奔驰 G 级 2015 款 G500 重装版 5.5T 报价 187.2 万元（含增值税），气缸容量在 4.0 升以上的税率为 40%，超豪华小汽车零售环节加征 10% 消费税，若国内汽车生产企业直接销售给消费者：消费税 = 187.2 ÷（1 + 17%）×（40% + 10%）= 80 万元。

电动汽车以及沙滩车、雪地车、卡丁车、高尔夫车等均不属于本税目征税范围，不征消费税。

（8）摩托车。取消气缸容量 250 毫升（不含）以下的小排量摩托车消费税。

（9）高尔夫球及球具。包括高尔夫球、高尔夫球杆、高尔夫球包（袋）、高尔夫球杆的杆头、杆身和握把。

（10）高档手表。包括不含增值税售价每只在 10000 元（含）以上的手表。

（11）游艇。本税目只涉及符合长度、材质、用途等项标准的机动艇。

（12）木制一次性筷子。

（13）实木地板。含各类规格的实木地板、实木指接地板、实木复合地板及用于装饰墙壁、天棚的侧端面为榫、槽的实木装饰板，以及未经涂饰的素板。

（14）电池。范围包括：原电池、蓄电池、燃料电池、太阳能电池和其他电池。

（15）涂料。涂料是指涂于物体表面能形成具有保护、装饰或特殊性能的固态涂膜的一类液体或固体材料之总称。自 2015 年 2 月 1 日起对涂料征收消费税，施工状态下挥发性有机物（volatile organic compounds，VOC）含量低于 420 克/升（含）的涂料免征消费税。

第二，关于消费税现存问题的思考。

（1）现行的消费税范围是否合理？

（2）通过消费税影响价格调节人们的消费行为的效果如何？

（3）消费税的改革方向？

拓宽消费税征税范围，把高能耗、高污染产品及部分高档消费品纳入征收范围。

第三，消费税税率的基本形式（如图 2 所示）。

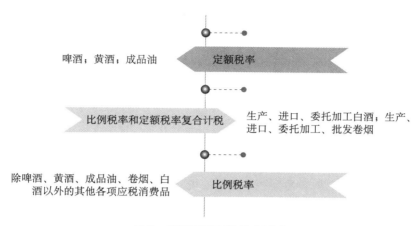

图 2 消费税税率的基本形式

第四，消费税的税目与税率。

（1）烟。只有卷烟在商业批发环节缴纳消费税，雪茄烟、烟丝以及其他应税消费品在商业批发环节只缴纳增值税，不缴纳消费税（见表37）。

表 37　　　　　　　　**卷烟、雪茄烟、烟丝消费税税率**

税目		税率
1. 卷烟	生产、进口、委托加工环节	（1）甲类卷烟—调拨价70元（不含增值税，含70元）/条以上	56%加0.003元/支（0.6元/条，150元/箱）
		（2）乙类卷烟—调拨价70元（不含增值税）/条以下	36%加0.003元/支（0.6元/条，150元/箱）
	批发环节	11%加0.005元/支（1元/条，250元/箱）
2. 雪茄烟		36%
3. 烟丝		30%

例题：某卷烟厂销售其生产的 A 牌和 B 牌卷烟。2018 年 5 月份销售 A 牌卷烟 5 箱，含税销售收入 80000 元；B 牌卷烟 1 箱，含税销售卷烟应纳消费税税额。

答案：销售收入换算为不含税销售额 = 80000 ÷（1 + 17%）+ 11500 ÷（1 + 17%）= 68376.07 + 9829.06 = 78205.13（元）。

当月应纳消费税税额 =（5 + 1）× 150 + 68376.07 × 56% + 9829.06 × 36% = 42729.06（元）。

（2）酒。白酒同时采用比例税率和定额税率。白酒的比例税率为 20%，但是在把握白酒定额税率时，要会运用公斤、吨与克、斤等不同计量标准的换算（见表 38）。

表 38 白酒消费税税率

计量单位	500 克或 500 毫升	1 公斤	1 吨
单位税额	0.5 元	1 元	1000 元

啤酒分为甲类和乙类。啤酒分类标准——每吨出厂价（含包装物及包装物押金）3000 元（含 3000 元，不含增值税）以上是甲类啤酒（见表 39）。

表 39 啤酒消费税税率

税目	定额税率
甲类啤酒	250 元/吨
乙类啤酒	220 元/吨

①果啤属于啤酒税目。

②饮食业、娱乐业自制啤酒缴纳消费税（按照甲类啤酒税率计税）。

③葡萄酒按照"其他酒"适用 10% 的比例税率。

例题：某酒厂为增值税一般纳税人，主要生产粮食白酒和啤酒。2018 年 1 月销售粮食白酒 60000 斤，取得不含销售额 105000 元；销售啤酒 150 吨，每吨不含税售价 2900 元。计算该酒厂本月应纳消费税税额（啤酒单位税额 220 元/吨）。

答案：粮食白酒应纳消费税 $= 60000 \times 0.5 + 105000 \times 20\% = 51000$（元）

啤酒应纳消费税 $= 150 \times 220 = 33000$（元）

该酒厂应纳消费税税额 $= 51000 + 33000 = 84000$（元）

（3）贵重首饰及珠宝玉石。贵重首饰及珠宝玉石消费税税率见表 40。

表 40 贵重首饰及珠宝玉石消费税税率

分类及规定	税率	纳税环节
金、银和金基、银基合金首饰，以及金、银和金基、银基合金的镶嵌首饰、钻石及钻石饰品	5%	零售环节
与金、银和金基、银基、钻无关的其他首饰	10%	生产、进口、委托加工提货环节

例题： 某百货商场经省级人民银行批准，允许其经营金银首饰的零售业务，2018年1月份，该商场发生了如下销售首饰的经济业务。

①售给消费者金项链100条，取得销售货款（含增值税）95830元。

②售给消费者金戒指50枚，实现销售收入（含增值税）39000元。

③售给消费者镀金首饰，实现销售收入2800元。

④售给消费者包金首饰，实现销售收入1500元。

⑤为调剂品种，售给某金店（没有经营金银业务经营许可证）金戒指50枚，实现销售额（不含增值税）32500元，销项税额5525元，价税合计38025元。

答案： 该商场当月销售金银首饰，应纳的消费税税额应按如下步骤计算。

①售给消费者金银首饰应纳消费税税额 $= [(95830 + 39000) \div (1 + 17\%)] \times 5\% = 115239.31 \times 5\% = 5761.97$（元）。

②售给金店的金银首饰应纳消费税税额 $= 32500 \times 5\% = 1625$（元）。

③该商场应纳消费税税额 $= 5761.97 + 1625 = 7386.97$（元）。镀金首饰和包金首饰在零售环节不缴纳消费税。

（4）小汽车。2016年12月1日起，"小汽车"税目下增设"超豪华小汽车"子税目。征收范围为每辆零售价格130万元（不含增值税）及以上的乘用车和中轻型商用客车，即乘用车和中轻型商用客车子税目中的超豪华小汽车。对超豪华小汽车，在生产（进口）环节按现行税率征收消费税基础上，在零售环节加征消费税，税率为10%（见表41）。

表41   **小汽车消费税税率**

小汽车		出厂（进口）环节税率	零售环节税率
每辆不含税零售价格不超过130万元的小汽车	乘用车	1%～40%	不缴纳消费税
	中轻型商用客车	5%	
超豪华小汽车（每辆不含税零售价格超过130万元）	乘用车	1%～40%	10%
	中轻型商用客车	5%	

（5）高档化妆品税率15%。征收范围包括高档美容、修饰类化妆品、高档护肤类化妆品和成套化妆品。高档美容、修饰类化妆品和高档护肤类化妆品是指生产（进口）环节销售（完税）价格（不含增值税）在10元/

毫升（克）或 15 元/片（张）及以上的美容、修饰类化妆品和护肤类化妆品。不含舞台、戏剧、影视化妆用的上妆油、卸妆油、油彩。

举例：兰蔻（LANCOME）新精华肌底 30ml，假设出厂价为 450 元，每瓶需缴纳消费税 $450 \times 15\% = 67.5$ 元

（6）成品油。汽油：含铅汽油，1.52 元/升；无铅汽油，1.52 元/升。柴油，1.20 元/升；航空煤油，1.20 元/升；石脑油，1.52 元/升；溶剂油，1.52 元/升；润滑油，1.52 元/升；燃料油，1.20 元/升。

（7）摩托车。气缸容量在 250 毫升以上的税率为 10%。

（8）鞭炮、焰火：15%。

（9）高尔夫球及球具：10%。

（10）高档手表：20%。

（11）游艇：10%。

（12）木制一次性筷子：5%。

（13）实木地板：5%。

（14）铅蓄电池：4%。

（15）涂料：4%。

步骤四：本讲小结。

1. 教学环节：总结环节。

2. 教学方法：讲授法、总结法。

3. 设计思路：本部分内容的设计思路是回顾本讲的主要内容后，引导学生进行发散思考，同时导入下次课的内容框架，并安排预习任务。

4. 时间分配：本部分预计占用时间为 5 分钟。

5. 具体教学内容：一是本讲主要内容回顾。包括：消费税的概念，征税范围、具体的税目和税率的整体介绍。二是引导学生在本次课内容的基础上做发散思考。包括：消费税现行的征税范围有问题么？从纳税人的角度出发，消费税是否对纳税人的消费行为产生巨大影响呢？如果要改革消费税的征税范围，那么应该如何设计呢？

五、预习任务

消费税纳税义务人、纳税环节和计税依据。

资产评估职业规范案例

王竞达

课程名称：《资产评估实务与案例分析》

课程性质：□公共课 ☑专业课

课程类别：☑理论课 □实践课 □理论实践一体课

课程所属学科及专业：经济·管理学科资产评估专业

授课教师：王竞达

授课对象：资产评估、财会学等经管类专业大三本科生

一、课程简介

《资产评估实务与案例分析》是旨在培养学生综合运用资产评估知识能力的资产评估专业硕士核心课程。通过本课程资产评估关键知识点的学习和分析实务案例，增强学生理论联系实际、解决实际问题的能力，使学生掌握或了解机器设备、房地产、无形资产、金融资产、企业价值以及服务于财务报告等资产类型或业务的评估实务操作，增强实践能力。

二、思政元素

元素 1：加强国情教育。

《资产评估实务与案例分析》课程的学习要求学生关注现实、了解国情。通过对并购价值评估案例的学习，尤其是通过对资产评估职业道德和法律责任案例的引入和讨论，培养学生对资产评估职业道德的了解和认识，提升学生的参与实践能力和专业职业素养。

元素 2：强化职业道德和法治意识。

《资产评估实务与案例分析》课程内容中包含资产评估准则和相关的法律法规，通过向学生讲解资产评估实务操作中的法律法规和监管体系，加强学生对资产评估法律法规和准则的了解，培养学生诚实守信的职业道德。

元素 3：培养正确的价值观。

《资产评估实务与案例分析》课程内容中包含机器设备、房地产、无形资产、金融资产、企业价值以及服务于财务报告等资产类型或业务，通过案例学习，理解资产评估中评估师、审计师、企业以及券商等的功能和责任，了解评估师应有的职业操守，有助于提升学生的实践能力和树立正确的价值观，了解如何防范价值评估中的法律风险。

三、教案设计

1. 教学目的：引导学生理解盈利预测在企业价值评估、股权价值评估中的角色，理解在并购重组中企业、被评估公司、评估机构的责任与证监会法律规范，理解收益法中关键参数的选择以及"借壳上市"的相关行为。

2. 教学内容：上市公司并购重组盈利预测、价值评估和法律责任。

3. 教学重点：上市公司并购重组价值评估和法律责任。

4. 教学难点：上市公司并购重组盈利预测。

5. 教学方法：案例教学法、课堂讲授法、提问讨论法。

6. 教学手段：使用 PowerPoint 制作的教学课件进行演示和讲授，回顾保千里公司案例，进行专题提问和讨论。

7. 教学特点：运用现代教育技术手段，紧密联系实际，扩大课程容量，丰富学生视野，开创学生思维。

四、教学流程与具体内容设计

步骤一：课前热身，提问讨论，思路启发提出问题引发思考，并层层深入开展讨论。

提问一（浅层次提问）：上市公司并购重组时应该如何进行价值评估？

通过讨论，引导学生直观思考并购重组价值评估方法。

提问二（进一步提问）：并购重组中盈利预测和价值评估之间的关系？

请同学介绍自己所了解的上市公司案例（大致介绍，不一一列举）。

提问三（深层次提问）：上市公司并购重组中盈利预测和价值评估的法律责任如何界定？

通过讨论，引导学生探讨和思考并购重组中盈利预测和价值评估的法律责任如何界定。

本部分预计用时 5 分钟，由授课教师结合问题与案例，组织学生思考与讨论，并根据学生的知识储备、表达能力、合作精神等方面调节课堂讨论气氛。

步骤二：核心内容，教师讲授。

1. 主要内容。保千里并购重组盈利预测、价值评估和法律责任案例。

2. 案例背景。

中达股份拟向庄敏、日昇创沅、陈海昌、庄明、蒋俊杰以非公开发行股份的方式购买其合计持有的保千里 100% 股权。

银信评估与江苏中达新材料集团股份有限公司签订资产评估业务约定书，受托对保千里电子股东全部权益价值进行评估，约定评估服务收费 100 万元。

2014 年 10 月出具《评估报告》，保千里股东全部权益价值的评估值为 288314.00 万元。交易双方协商确定，拟购买资产作价 288314.00 万元。

2015 年 2 月 17 日，本次重大资产重组获得中国证监会的核准。

2018 年 11 月 23 日，银信评估收到中国证监会发出的《行政处罚决定书》

2020 年 4 月 1 日，上交所根据上市委员会的审议意见，作出了对保千里（*ST 保千）股票实施终止上市的决定。

3. 本讲难点。保千里公司盈利预测、评估对象保千里及其财务状况、公司主营业务、评估基准日资产负债情况、评估基准日前经营状况、保千里盈利预测情况。

盈利预测编制基础：根据国家宏观经济政策，结合中达新公司及保千里电子的 2014 年度和 2015 年度经营计划、投资计划、生产计划等相关资料，以及各项生产技术条件，考虑市场销售和业务拓展计划，本着谨慎性原则及下列各项基本假设的前提下模拟编制。

盈利预测基本假设：（1）预测期内本公司所遵循的国家和地方现行政策、法律及当前社会政治、经济环境不发生重大变化。（2）预测期内本公司遵循的税收政策不发生重大变化。（3）预测期内的各项经营计划、资金计划及投资计划能如期实现，无重大变化。（4）主要服务市场需求状况、价格在正常范围内变动。（5）预测期内，公司架构不发生重大变化。（6）公司高层管理人员无舞弊和违法行为而造成重大不利影响。（7）公司已签订的合同能基本实现，根据历史数据预测的增长率能基本实现。（8）生产经营将不会因劳资争议或其他董事会不能控制的事项而受到不利影响。

保千里盈利预测数字：通过学习保千里盈利预测的过程，分析盈利预测假设和基础对盈利预测数字的影响，分析相关当事人在盈利预测中的责任。

4. 本讲重点。银信评估公司所作的价值评估和交易定价，资产基础法及其评估结论，被评估单位经审计后的净资产账面值 20307.92 万元，评估值 77356.23 万元，评估增值 57048.31 万元，增值率 280.92%；收益法及其评估结论，收益法评估模型。

企业价值 = 营业性资产价值 + 溢余资产价值 + 非经营性资产（负债）价值 + 长期股权投资价值，其中：

营业性资产价值 = 明确的预测期期间的现金流量现值 + 明确的预测期之后的现金流量现值收益法关键参数确定。

预测期的确定：预测期确定为 2014 年 4 月至 2018 年 12 月

收益期限：为持续经营假设前提下的无限经营年期

折现率：$WACC = Ke \times [E/(E+D)] + Kd \times (1-T) \times [D/(E+D)]$

其中：$Ke = Rf + ERP \times \beta + Rc$

净现金流量的确定：净现金流量 = 净利润 + 折旧、摊销 − 资本性支出 − 营运资金追加额 + 税后付息债务利息 + 税后资产减值损失

收益法评估结果：被评估单位股东全部权益价值为 288314.00 万元，评估增值 262596.77 万元，增值率 1021.09%。

交易定价：经交易各方友好协商，最终交易中保千里 100% 股权作价 288314.00 万元，同收益法结论一致。

未来年度盈利预测完成情况：保千里电子 2015 年净利润达 43714.50 万元，完成率为 154.21%，完成了盈利预测对应的承诺。

2016 年净利润为 101697.70 万元，完成率达 277.99%，完成了盈利预测对应的承诺。

2017 年净利润为 − 428213.20 万元，完成率达 − 965.51%，

2015～2017 年总计利润实际数为 -281801.20 万元，三年盈利预测的承诺完成率为 -258.78%，未能完成承诺。

证监会调查并出具行政处罚书（资料来源：证监会网站）。

2018 年 11 月，保千里和银信评估收到中国证监会发出的《行政处罚决定书》。

对银信评估的处罚决定：提供虚假协议虚增评估值，责令银信评估改正，没收评估业务收入 100 万元，并处以 300 万元罚款；对梅惠民、李琦给予警告，并分别处以 5 万元罚款；对龚沈璐给予警告，并处以 3 万元罚款。

对保千里处罚决定：信息披露存在虚假记载，对保千里责令改正，给予警告，并处以 40 万元罚款；对童爱平、王务云给予警告，并分别处以 20 万元罚款；对林硕奇、王培琴、茅建华、费滨海、沙智慧给予警告，并分别处以 10 万元罚款。对庄敏责令改正，给予警告，并处以 60 万元罚款；对陈海昌、庄明、蒋俊杰责令改正，给予警告，并分别处以 15 万元罚款。

ST 保千里被立案调查后续进展：结合前面价值评估结果进行分析。2017 年 10 月 16 日，保千里宣布终止重大资产重组进程。2017 年 12 月 26 日，保千里宣布，公司存在对外投资违规决策且估值过高五大问题。2017 年年报披露后，ST 保千里因 2017 年末公司净资产为负且年报被出具无法表示意见的审计报告，公司股票被实施退市风险警示，变更为"*ST 保千"。2019 年 4 月，*ST 保千收到中国证监会《行政处罚及市场禁入事先告知书》，2019 年 5 月 24 日，上交所决定暂停 *ST 保千的公司股票上市。2020 年 4 月 1 日，上交所作出了对保千里（*ST 保千）股票实施终止上市的决定。公司最后交易日期为 5 月 26 日。公司股价由最高时的 29.89 元，最终跌至退市前夕的 0.16 元。

本部分预计用时 25 分钟，由授课教师主讲。

步骤三：案例分析讨论。

会计师事务所做的盈利预测的结果与评估机构出具的评估报告中未来收益预测的数值是否一致？为什么？（可以从二者的作用、原理说明）

案例中采用收益法核算股东全部权益价值是否合理？为什么？收益法的参数选取中采用 WACC 模型与现金流量模型是否合理？可否采用替代模型？（可以通过收益法的适用特点等来说明）

本次证监会针对高估保千里电子评估值的处罚中，应负主要责任的是提供虚假协议的保千里电子还是未识别重大风险的银信评估？为什么？同时思考，作为评估人员，应如何识别虚假协议，保证评估质量，维护好资产评估工作底稿的完整？

在证监会发布事先告知书后，银信评估进行的申辩理由是否合理？为什么？（若需分析申辩理由的合理性，需要充分查阅资产评估执业准则等规范性要求）

保千里盈利预测为何无法实现？可以通过阅读更多的相关新闻与文献来分析背后掏空保千里的行为有哪些？

本部分预计用时 16 分钟，由学生讨论，教师点评。

步骤四：本讲主要内容回顾。

保千里案例回顾，案例思考，盈利预测、价值评估和法律责任界定。

本讲综合目标：提出思政要求和希望：充分调动同学们的学习积极性，建议同学们在学习案例的基础上，思考评估人员的职业道德，应该如何遵守职业道德。

本部分预计用时 4 分钟，由学生讨论。

资产评估法律体系思政案例设计

梁美健

课程名称:《资产评估》

课程性质:□公共课☑专业课

课程类别:☑理论课□实践课□理论实践一体课

课程所属学科及专业:经济·管理学科资产评估专业

授课教师:梁美健

授课对象:资产评估、财会学等经管类专业大二和大三本科生

一、课程简介

《资产评估》是面向非资产评估专业本科生开设的一门专业课。该课程是一门结合资产评估基本理论与方法应用的专业课程。本课程对资产评估专业知识进行系统的论述,包括资产评估基本事项、资产评估报告以及三种基本评估方法的系统论述,并以机器设备评估、房地产评估、无形资产评估、企业价值评估为例,说明市场法、收益法和成本法的具体应用。通过本门课程的学习,学生可以了解资产评估的基本原理,掌握资产评估的基本方法,熟知评估方法的具体应用。

二、思政元素

元素1:强化资产评估法律责任的法治意识。

资产评估课程内容中包含公司法、资产评估法及相关经济法中的法律法规与资产评估行业监管体系,通过向学生介绍资产评估相关法律法规和监管体系,加强学生对资产评估中的法律法规和监管体系的了解、强化学

生资产评估法治意识。

元素2：培养评估专业人员的权利、义务和责任意识。

评估专业人员从事的评估活动是一种专业服务活动，通过法律规定赋予其从业所享有的各种权利，同时明确其应当履行的法定义务和从业禁止行为，对于保障评估专业人员的合法权益、保护委托人利益和社会公共利益、促进评估行业健康发展具有重要意义。因此，通过资产评估法等法律法规的学习，培养评估专业人员的权利、义务和责任意识。

元素3：加强理解评估机构的权利和责任的教育。

评估机构是依法设立的从事评估业务的专业机构，《资产评估法》对评估机构的组织形式、设立条件和相关管理制度作出了规定。通过对法律法规的了解，使评估专业学生理解从事专业服务的评估机构所具有的权利和责任，形成评估机构的良性发展。

元素4：正确理解我国国有资产评估管理方式。

国有资产代表人或其指定的履行出资人职责的机构，依据相关法律法规对国有资产评估进行监督管理，是国有资产管理的重要内容之一。我国国有资产评估项目管理方式包括核准制和备案制。按照相关法律法规对国有资产评估项目实施核准制和备案制，其主要作用是防止国有资产流失。通过学习，使学生掌握两种管理方式的实施条件，正确理解我国国有资产评估的管理。

三、教案设计

1. 教学目的：引导学生了解我国资产评估的法律体系构成，理解《资产评估法》重要意义，并掌握资产评估法的主要内容；同时，掌握评估专业人员和评估机构的权利和责任，并熟悉我国国有资产的评估管理方式。

2. 教学内容：资产评估法律体系概述，包括（1）资产评估法的主要内容、（2）我国国有资产评估管理方式。

3. 教学重点：资产评估法的主要内容。

4. 教学难点：评估专业人员和评估机构的权利与责任。

5. 教学方法：案例教学法、课堂讲授法、提问讨论法。

6. 教学手段：使用 PowerPoint 制作教学课件进行演示和讲授，回顾东方资产公司案例，进行专题提问和讨论。

7. 教学特点：运用现代教育技术手段，紧密联系实际，扩大课程容量，丰富学生视野，开创学生思维。

四、教学流程与具体内容设计

步骤一：课前热身，提问讨论，思路启发（提出问题引发思考，并层层深入开展讨论）。

1. 提问一（浅层次提问）：资产评估法律体系包括哪些内容？

通过讨论，引导学生了解我国资产评估法律体系的基本构成。

2. 提问二（进一步提问）：《资产评估法》颁布的重要意义体现在哪些方面？

请同学阐述自己的理解和观点。

3. 提问三（深层次提问）：评估专业人员和评估机构的权利与责任是如何界定的？

通过讲授和讨论，引导学生探讨和思考评估专业人员和评估机构的权利和责任如何体现在资产评估专业业务中。

本部分预计用时 5 分钟，由授课教师结合问题，组织学生思考与讨论，并根据学生的知识储备、表达能力、合作精神等方面调节课堂讨论气氛。

步骤二：核心内容，教师讲授。

1. 资产评估法律体系概述。我国已形成了以《资产评估法》为统领，由相关法律、行政法规、部门规章、规范性文件以及自律管理制度共同形成的全面、系统、完备的资产评估法律制度体系。

2. 《资产评估法》的主要内容。关于评估对象、评估主体的法律范围，关于业务类型的划分，关于评估专业人员的权利、义务和责任，关于评估机构的组织形式、权利和责任，关于评估协会的性质和职责，关于评估行政管理部门的监督管理。

3. 评估专业人员的权利、义务和责任。根据《资产评估法》的规定，评估专业人员享有下列从业权利：要求委托人提供相关的权属证明、财务会计信息和其他资料，以及为执行公允的评估程序所需的必要协助；依法向有关国家机关或者其他组织查阅从事业务所需的文件、证明和资料；拒绝委托人或者其他组织、个人对评估行为和评估结果的非法干预；依法签署评估报告。

根据《资产评估法》的规定，评估专业人员应当履行下列从业义务：诚实守信，依法独立、客观、公正从事业务；遵守评估准则，履行调查职责，独立分析估算，勤勉谨慎从事业务；完成规定的继续教育，保持和提高专业能力；对评估活动中使用的有关文件、证明和资料的真实性、准确性、完整性进行核查和验证；对评估活动中知悉的国家秘密、商业秘密和个人隐私予以保密；与委托人或者其他相关当事人及评估对象有利害关系的，应当回避；接受行业协会的自律管理，履行行业协会章程规定的义务。

根据《资产评估法》的规定，评估专业人员不得从事下列从业禁止行为：私自接受委托从事业务、收取费用；同时在两个以上评估机构从事业务；采用欺骗、利诱、胁迫或者贬损、诋毁其他评估专业人员等不正当手段承揽业务；允许他人以本人名义从事业务，或者冒用他人名义从事业务；签署本人未承办业务的评估报告；索要、收受或者变相索要、收受合同约定以外的酬金、财物或者谋取其他不正当利益；签署虚假评估报告或者有重大遗漏的评估报告。

4. 评估机构。

评估机构的权利：委托人拒绝提供或者不如实提供执行评估业务所需的权属证明、财务会计信息和其他资料的，评估机构有权依法拒绝其履行合同的要求；委托人要求出具虚假评估报告或者有其他非法干预评估结果情形的，评估机构有权解除合同。

评估机构的责任。评估机构不得有下列行为：不得利用开展业务之便，谋取不正当利益；不得允许其他机构以本机构名义开展业务，或者冒用其他机构名义开展业务；不得以恶性压价、支付回扣、虚假宣传，或者贬损、诋毁其他评估机构等不正当手段招揽业务；不得受理与自身有利害关系的业务；不得分别接受利益冲突双方的委托，对同一评估对象进行评估；不得出具虚假评估报告或者有重大遗漏的评估报告；不得聘用或者指定不符合《资产评估法》规定的人员从事评估业务；不得有违反法律、行政法规的其他行为。

5. 加强评估机构内部管理。评估机构应当依法独立、客观、公正开展业务，建立健全质量控制制度，保证评估报告的客观、真实、合理。

6. 完善风险防范机制。评估机构根据业务需要建立职业风险基金或者自愿办理职业责任保险，完善风险防范机制。

7. 我国国有资产评估管理。我国国有资产评估管理的有关规定，我国国有资产评估项目管理的方式。目前，我国国有资产评估项目管理实行核准制和备案制。

本部分预计用时 35 分钟，注重引发学生的专业兴趣，提升学生的专业认同、职业自信和职业道德的培养。

步骤三：问题讨论。

1. 《资产评估法》颁布的重要意义体现在哪几个方面？

2. 为什么说评估专业人员的从业义务也是评估职业道德的规范？

3. 什么是虚假评估报告？

4. 评估机构为什么要建立风险防范机制？

本部分预计用时 10 分钟，由学生讨论，教师点评。

步骤四：本讲主要内容回顾。

1. 本讲主要内容包括资产评估法律体系构成、资产评估法的主要内容。

2. 引导学生带着问题课下进行自主学习。

五、教学效果分析

以上述教学活动为例，资产评估法律体系教学内容具有以下特点：（1）采取多种教学形式讲解专业知识，吸引学生注意力，提高学生学习兴趣，使学生对我国资产评估法律体系有更加深刻的认识，注重评估职业道德的培养。（2）资产评估法律制度具有较强的理论性知识，通过典型案例的运用，引导学生思考，便于学生理解专业知识的同时，增加参与感和学习动力。（3）有利于学生提高自主学习能力，从接受知识、运用知识和思维拓展的层次递进，通过课堂教学，问题讨论，实际案例分析，培养学生自主学习的能力。

从课程思政来看，一是理解资产评估法的颁布背景，在维护我国社会主义市场经济秩序中，资产评估提供重要的专业服务；二是了解资产评估法律制度的基本构成，相关法律和行政法规组成了全面、系统、完备的法律体系制度；三是评估专业人员的权利、义务和责任，保护委托人利益和社会公共利益，促进评估行业健康发展，具有重要意义；四是了解评估机构的权利和责任，明确评估机构所为和不所为，加强法律意识的培养。

　　综合来看，通过以上教学活动的实施，能够将思政元素融入资产评估法律体系的讲解，加入社会主义核心价值观和新时代中国特色社会主义理论的内容，用案例说明理论知识，启发学生思考，提升学生能力。

流动性受限的普通股和优先股的估值

赵　琼

课程名称：《金融资产评估》
课程性质：□公共课☑专业课
课程类别：☑理论课□实践课□理论实践一体课
课程所属学科及专业：应用经济学资产评估专业
授课教师：赵琼
授课对象：资产评估专业本科生、其他相关专业本科生

一、课程简介

金融资产是国民财富的重要组成部分，随着我国经济的不断发展，金融资产交易在经济生活中的重要性日益凸显，与此同时，与金融资产评估相关的市场需求增长强劲。《金融资产评估》课程是资产评估专业的主修课之一，该课程主要研究金融资产评估基本理论和评估各类金融资产的主要方法。该课程既有金融资产评估的理论知识，也涵盖金融资产评估的实务。通过课程学习，学生将了解金融资产和资产评估的内涵与外延、产生与发展，熟悉金融资产评估的特征与途径、方法与模型，掌握金融资产评估工作的管理方法，从而为日后从事金融资产评估相关工作打下坚实的理论基础；同时，在学习中注意培养学生的逻辑思维能力、实践操作能力以及创新思维能力，提高其独立思考、分析问题和解决问题的综合素养。

二、思政元素

元素 1：政府在金融市场改革中发挥着重要作用。
了解我国股权分置改革的初衷及绩效，正确理解政府在我国金融市场

改革中的重要作用，以及政府维护中小投资者利益的重要意义。

元素 2：正确理解政府政策的用意。

深入理解优先股和普通股的区别，明确优先股对优化我国企业股权结构的意义，了解我国优先股发行与交易的现状，理解政府鼓励企业发行优先股以及如何构建我国完善的金融市场体系的政策用意。

元素 3：政府监管措施的重要性。

通过中美两国资产市场发展对比分析，体会在资本市场发展过程中政府与市场的相互关系，明确政府的监管措施为资产市场保驾护航的必要性和重要性。

三、教案设计

（一）教学目标

1. 通过对我国股权分置改革历史的回顾，将专业知识和思政教育进行有机融合，加强国情教育，使学生体会"股权分置改革"是中国资本市场史上的一座丰碑的深刻内涵，理解我国资本市场改革的渐进性和复杂性以及政府在资本市场改革中的不懈努力，帮助树立学生的国家自信感和自豪感。

2. 了解我国优先股的发行现状及评估方法，深刻领会我国政府助力企业发行优先股的初衷，了解我国资本市场健康快速发展背后的动因，引导学生对社会主义核心价值观中公平、效率等内涵的理解。

（二）教学内容

1. 重点：掌握限售股的估值方法；掌握优先股估值方法；熟悉可转换优先股估值方法。

2. 难点：了解我国限售股的种类，对我国股权分置改革对我国资本市场发展的贡献做出客观的评价。了解我国优先股推行中存在的难点与问题。

（三）教学手段与方法

1. 采用混合式教学方法，教学过程分为课前预习、课堂教学和课后消化三个环节。课前预习为教学导入环节，旨在帮助学生提前了解课堂内容，要求学生观看视频或阅读书籍，思考相关问题；课堂教学重在夯实基础、解释难点，知识讲解环节采取多种教学形式，灵活运用多媒体展示、视频展示、板书、引导性提问等方式开展教学，提高学生的课堂参与度，进而提高课堂教学效率；课后消化是课堂学习的补充和延伸，通过推荐阅读书目和相关视频，开拓学生学习视野，加深对课堂知识的深入理解和深度思考，提高学习的深度和广度。

2. 采用启发式教学方法，旨在激发学生学习的原动力、调动学生学习的积极性和创造性。启发式教学贯穿教学的各个环节，由于本节的内容属于金融资产评估中股票估值的前沿性问题，许多问题没有统一的结论，理论和实践还在不断的完善之中，为此本部分内容的课前预习极为重要，通过课前知识导入使学生具有一定的知识储备，课堂上我们以股票流动性和股权交易多元化为核心，组织学生对流动性问题、同股不同权问题展开讨论，通过讨论使学生了解流动性是股票估值的重点考虑要素之一，如何在估值模型中体现流动性之间的差异，通过对优先股和普通股对比分析，使学生了解股权结构差异在公司治理中的不同作用，进而激发学生在优先股估值模型中寻找更恰当的方法体现其价值。

（四）教案设计

根据教学目标、教学内容和教学设计思路，对教案设计如表 42 和表 43 所示。

表 42　　　　　　　　　　　　　课堂教学设计一

教学环节	教学内容
预习材料	1. 观看视频：《中国资本力量》第二集，了解股权分置改革的任务和改革成效 2. 阅读推荐：吴晓波：《激荡三十年》（下卷），浙江人民出版社 2007 年版，了解 1993 ~ 2008 年我国的企业变革 3. 阅读：《中国资本市场发展报告》，中国证监会网站下载 4. 观看视频：《华尔街》
思考问题	1. 我国现有企业在股权融资方面存在哪些形式？企业存在融资优先顺序吗？ 2. 流通股和非流通股的区别何在？ 3. 我国股权分置改革的必要性？ 4. 根据限售股和普通股的区别，你认为在估值方面如何体现两种股票的差异？ 5. 同股不同权？同股不同权对企业经营的影响？ 6. 有哪些上市公司同时发行普通股和优先股？

表 43   **课堂教学设计二**

环节与时间分配	教学法	设计思路	教学内容
教学步骤一：回顾上节课的授课内容，了解本次课程内容在整章中的位置			
回顾环节，5 分钟	讲授法	帮助学生了解本节内容在全章中的地位，明确本节内容是对普通股估值内容的延伸，具有一定的前沿性	回顾本章的主要知识点，进一步熟悉普通股的特点及估值思路，对已讲授的各种估值模型进行对比分析 1. 上市的普通股的估值思路 2. 上市的普通股的评估方法——市场法 3. 非上市的普通股的估值思路 4. 非上市的普通股的评估方法——收益法
步骤二：从直观案例入手，进而引出流通受限股估值的问题			
导入环节，5～10 分钟	举例法、讲授法	通过两个例子引出在上市的普通股中为何存在总市值和流通市值的差异，进而组织学生思考与讨论，对于流动性有差异的普通股采用统一的估值模型是否合理？	1. 通过观察几只股票的市值指标，发现流通市值和总市值存在较大差异，进而提出问题：为何企业发行的股票中存在流动性差异？ 2. 观看视频：流通市值和总市值的区别，启发学生思考两类指标差异是否与企业的股权性质有关？
步骤三：核心内容，教师讲授			
讲授环节，30 分钟	讲授法、举例法	首先提出限售股的概念，然后介绍我国受限股的种类，最后对受限股的估值思路和方法进行逐一介绍。思政切入点：我国股权分置改革的缘由、目的、改革成效与意义，帮助学生理解政府在我国金融市场改革中的重要作用，以及政府维护中小投资者利益的重要意义。同时让学生了解到虽然股权分置改革使国内资本市场的流通性出现明显改善，但我国特色的二元股权结构下同股不同权问题依然存在，资产市场改革之路任重道远	限售股的概念： 1. 限售股的产生以及股权分置改革的缘由 2. 观看视频：纪录片《中国资本力量》第二集节选破冰前行：中国股市全流通时代到来，了解全流通对资本市场稳步发展的重要意义 限售股的种类： 1. 股改限售股：股权分置改革后，原非流通股转变为有流通期限和流通比例限售的流通股 2. 新股限售股：公开发行前股东所持股份都有一定的限售期规定。这类限售股目前已经占到全部限售股的大多数 3. 限售股的估值方法——2017 年中国基金业协会发布的《证券投资基金投资流通受限股票估值指引（试行）》（教学重点）

环节与时间分配	教学法	设计思路	教学内容
步骤四：核心内容，教师讲授			
导入环节，5 分钟	举例法、讲授法	通过 2018 年小米集团公司在香港 IPO 市值与盈利能力不匹配为例，进而引导学生关注优先股问题，组织学生思考与讨论，对于优先股如何进行合理估值？	2018 年 7 月 9 日，小米集团在香港上市，以每股 17 港币的价格发行了 21 亿股股票，总市值高达 4215 亿港币，是 2018 年香港股市最大的一宗互联网公司 IPO。小米集团的上市引起了社会各界的热议，不仅因为其巨大的市值，还因为其如此高的市值与其财务报表巨额亏损的严重不匹配。向学生展示小米的资产负债表，可得知其如此巨大的亏损是由可转换可赎回优先股公允价值变动引起的
讲授环节，40 分钟	讲授法、举例法	主要介绍优先股在企业股权结构中的作用以及优先股的估值方法。思政切入点：优先股具有股债结合的特点，合理的优先股制度设计可以有效保护中小投资者利益，缓解股权结构中股东之间的代理问题，我国政府倡导的优先股制度设计对于保护上市公司价值、促进资本市场健康稳定发展有着重要的意义	1. 优先股的特点 2. 优先股制度的优势与劣势 3. 我国优先股发展情况和推进优先股发行的重大意义 观看视频： （1）《优先股试点管理办法》发布，来源：央视网发布时间：2014 - 03 - 21 （2）优先股试点：国务院决定开展优先股试点，来源：乐视视频发布时间：2018 - 10 - 24 （3）林义相，优先股试点是中国证券市场成熟的表现，来源：好看视频发布时间：2020 - 08 - 29 4. 优先股发行中面临的问题 5. 优先股在我国的发展前景 6. 优先股的评估方法（教学重点） （1）一般优先股估值方法——中债价格指标产品优先股估值计算方法 （2）可转换优先股估值思路可转换优先股与普通股一样，其价值取决于公司本身的价值和股票附带的权利。进行估值时需要估算公司价值，然后根据各类股票附带的条款，将公司价值分配到各类股票

环节与时间分配	教学法	设计思路	教学内容
步骤五：小结			
总结环节， 5分钟	总结法	回顾本讲的主要内容，引导学生进一步思考，在完善我国多层次资本市场体系中我国资本市场还有哪些值得改进的空间？	1. 本讲主要内容回顾。包括：限售股的种类及估值；优先股的改革；一般优先股的估值；可转换优先股的估值。 2. 联系本章股票价值评估的主题，归纳总结股票价值评估的基本思路，寻找如何提高估值精度的突破口

（五）课后思考题

延伸阅读：继续完成推荐书目《激荡三十年》上卷的阅读，了解我国资本市场发展三十余年的历程，明确未来我国资产市场改革的方向。

延伸阅读：全球资本市场竞争力报告（2020），来源于上海证券报·研究（2020.6.19）

观看纪录片《华尔街》，全面理解现代金融与一个国家崛起的关系，对比中西方在资产市场建设方面的差异。

思考：在完善我国多层次资本市场体系中我国资本市场还有哪些值得改进的空间？如何正确看待政府和市场之间的关系？

四、教学效果分析

以上述教学活动为例，《金融资产评估》课程教学有以下特点。

1. 从课程的特点出发，选择形式多样的教学方法与手段。作为资产评估专业的专业必修课之一，金融资产评估主要聚焦于研究金融资产评估基本理论和评估各类金融资产的主要方法。随着我国金融创新和金融市场的国际化进程加快，金融资产评估领域的研究视角和内容日趋丰富。考虑到本课程开放性和前沿性的特点，教师在授课过程中注意采用形式多样的教学方式，灵活运用多媒体展示、视频展示、小组讨论、引导性提问等方式开展教学，注重培养学生的探究态度与能力。重视资本市场发展与改革案例的导入，提供给学生丰富的学习素材，引导学生观察经济现象，将理论知识与实践有机结合，利用已有知识在思考中不断形成与提炼观点，增强学生分析现实问题的能力。

2. 从资产评估专业人才培养目标出发，本课程重视学生国际视野和创新精神的培养，强化学生分析问题、解决问题能力的训练，提高学生学习的主动性和能动性。《金融资产评估》课程面向大学三年级学生开设，经过两年基础学科课程的学习，学生已具备一定的专业基础知识和学习能力，此时正是实施素质教育的关键时期。在本课程的教学活动中，教师注重改变以教师为中心的"灌输式"教学模式，从教学内容、课堂组织、教学形式等方面树立学生的主体和核心地位，通过建立学习资源库，制定合理的学习指引，提供相应的学习方法和策略来引导和培养学生的探究意识、探究精神和探究能力。

3. 从本课程教学中知识吸收、能力提高和思维拓展三个层次来看，在大学学习阶段，把所学的知识默默地记在心中是远远不够的，要引导学生积极参与教学活动，学会知识的积累、梳理、加工和运用，学生能够对知识点进行挖掘、延伸和扩展，自主思考和活学活用的能力得到提升。本案例教学中，限售股估值和优先股估值内容是股票价值评估中的前沿内容，具有研究理论成果较少和实践刚刚起步的特点，许多教学内容没有明确的定论与唯一答案，本节的教案设计旨在开阔学生视野，培养学生独立思考、深入探究的学习习惯，激发学生探索未知事物的兴趣。

从课程思政的角度来看，金融资产评估课程主要遵循以下几个原则。

1. 由于金融资产评估课程的专业性、技术性较强，在思政案例的切入中追求案例设计合情合理，水到渠成，与课堂讲授的专业知识浑然一体，达到润物细无声的效果。在课堂设计中，引导学生多阅读、多思考，在借鉴西方基础理论和实践的同时，辩证评价资本市场的天然缺陷，形成对我国资本市场改革相关政策的合理评价。

2. 结合金融资产评估课程前沿性的特点，在教学中思政案例的切入点侧重于帮助学生全面了解我国资本市场改革开放 30 年中取得的跨越式成就，增强国家自信心和自豪感，同时深刻体会资本市场的改革与发展具有持久性和艰巨性，我国政府始终是资本市场发展的推动者和资本市场稳定的守护者，而这是市场其他主体无力做到的，进而培养学生的家国情怀与科学精神，养成终身学习的习惯。

资产评估报告

陈 蕾

课程名称：《评估学原理（双语）》（或《资产评估学》）

课程性质：☐公共课☑专业课

课程类别：☑理论课☐实践课☐理论实践一体课

课程所属学科及专业：应用经济学资产评估专业

授课教师：陈蕾

授课对象：资产评估专业本科生、其他财会专业本科生

一、课程简介

《评估学原理（双语）》（或《资产评估学》）是面向资产评估专业本科生开设的一门专业必修课程，同时接受其他财会类专业本科生选修。通过本课程的学习，学生能够理解资产评估的内涵、功能、对象、目的、价值类型、假设、原则等资产评估的基础原理，掌握成本法、市场法和收益法三大基本评估方法及其应用于不同评估对象的基本思路，熟悉资产评估行业的发展历程、资产评估程序的基本要求以及资产评估报告的基本内容和撰写要点，为学生进一步学习后续资产评估专业课程和进行资产评估专业实践打下良好的理论基础。

二、课程思政元素

元素1：立德树人。

立德是坚持德育为先，通过正面教育来引导人、感化人、激励人。树人是坚持以人为本，通过合适的教育来塑造人、改变人、发展人。立德是

树人的前提和基础，树人是立德的指向和目标。《求是》杂志发表习近平总书记重要文章《思政课是落实立德树人根本任务的关键课程》中指明了立德树人的重要性和落实立德树人根本任务的关键性。高校立身之本在于立德树人。我国高等教育肩负着培养德智体美全面发展的社会主义事业建设者和接班人的重大任务，要坚持把立德树人作为中心环节并有效贯穿教育教学全过程，将教育方向与教学内容同我国发展的现实目标和未来方向紧密联系在一起。

元素2：爱国主义。

爱国主义指个人或集体对祖国的一种积极和支持的态度，揭示了个人对祖国的依存关系，是人们对祖国以及民族和文化的归属感、认同感、尊严感与荣誉感的统一。它是中华民族精神的核心，是中华民族团结奋斗、自强不息的精神纽带，是实现中华民族伟大复兴的重要力量源泉。现阶段，爱国主义最基本、最本质、最重要的表现，就在于不遗余力地巩固最广泛的爱国统一战线，为维护祖国统一、加强民族团结、构建和谐社会、实现中华民族的伟大复兴而做出自己的贡献。

元素3：社会责任感。

责任感作为一种道德情感，是一个人对国家、集体以及他人所承担的道德责任。在一个特定的社会里，社会责任感更是每个人在心理和感觉上对其他人的伦理关怀和义务。一个有社会责任感的人，能够坚持正确的道德主张和正义的实践原则，以及愿意为他人做出奉献和牺牲。大学生是我们为社会培养的高级专门人才，能否树立强烈而牢固的社会责任感，不仅关系个体理想信念的实践，更与国家前途和民族命运息息相关。

元素4：诚信公正。

诚信、公正是社会主义核心价值观的重要内容。在社会主义核心价值观中，诚信即诚实守信，是人类社会千百年传承下来的道德传统，也是社会主义道德建设的重点内容，它强调诚实劳动、信守承诺、诚恳待人；公正即社会公平和正义，它以人的解放、人的自由平等权利的获得为前提，是国家、社会应然的根本价值理念，更是社会主义制度的首要价值以及和谐社会的本质与基石。

元素5：法治意识。

法治意识是人们对法律发自内心的认可、崇尚、遵守和服从。党的十八届四中全会通过的《中共中央关于全面推进依法治国若干重大问题的决定》提出了推动全社会树立法治意识的重大任务，要求把全民普法和守法作为依法治国的长期基础性工作，提高全体公民的法律素质，增强全社会的法治意识，并特别强调把法治教育纳入国民教育体系和精神文明创建内容。

元素 6：职业道德。

职业道德是社会道德体系的重要组成部分，它一方面具有社会道德的一般作用，另一方面又具有自身的特殊作用。广义的职业道德是指从业人员在职业活动中应该遵循的行为准则，涵盖了从业人员与服务对象、职业与职工、职业与职业之间的关系；狭义的职业道德是指在一定职业活动中应遵循的、体现一定职业特征的、调整一定职业关系的职业行为准则和规范。概括而言，职业道德通常包忠于职守、乐于奉献、实事求是、不弄虚作假、依法行事、严守秘密、公正透明、服务社会等内容。

元素 7：专业精神。

专业精神是指从业人员在专业技能的基础上发展起来的一种对工作极其热爱和投入的品质，具体体现为任何一个工作职位所必须履行的职业功能以及以此为基础的专业情怀、职业道德、职业操守和奉献精神。具有专业精神的人在从事具体工作时能够执着于专业的规范、要求、品质化程序，能够对自己所从事的工作有着精深的学习与孜孜不倦的研究，能够在原有知识基础上不断地精益求精与学习创新。

三、教案设计

（一）教学目标

1. 帮助学生掌握资产评估报告的基本概念和基本内容，了解《资产评估执业准则——资产评估报告》的制定背景及修订历程，熟悉资产评估报告的编制步骤和基本要求，理解资产评估报告的法律效力，提高资产评估专业学习兴趣和实践操作能力。

2. 帮助学生理解国有资产与资产评估的关系，熟悉国有资产评估报告内容的特殊要求，并能够结合资产评估报告的典型案例分析，认识到遵守资产评估相关法律法规和职业道德规范的重要意义，提升与之相关的社会责任感、法治意识、职业道德素养和专业精神。

（二）教学内容

1. 核心教学内容。

（1）资产评估报告的基本概念和基本内容。

（2）资产评估报告的编制步骤和基本要求。

（3）国有资产评估报告内容的特殊要求。

2. 教学重点。讲解资产评估报告的基本内容、编制步骤和基本要求，以及国有资产评估报告内容的特殊要求。

3. 教学难点。比较分析资产评估报告的基本内容与国有资产评估报告内容的特殊要求。

（三）教学手段与方法

1. 双主体互动的启发式教学方法。一是从教学内容的深度和广度入手，运用现代教育技术手段，将启发式和诱导式教学相结合，具体采用课堂讲授法、直观演示法、案例教学法等方法，把思想政治价值观要求转化为专业教育语言体系，从而扩大课程容量，丰富学生视野，开创学生思维，提升专业兴趣。二是紧密联系实际，开展讨论式、参与式教学活动，使教学内容形象化、生动化，具体通过对学生进行分组并布置实践教学作业，由各组自选感兴趣的资产对象进行评估案例与报告撰写的线下模拟，从而将思政元素有效融入课程教学。

2. 多渠道协同的教学手段。一是使用多媒体教学课件进行课程内容的演示和讲授，并将教学资料、配套作业、参考文献等学习资源上传至移动网络教学平台，帮助学生通过移动设备随时随地进行学习、复习。二是建立课程答疑互动微信群，在网络教学平台设置课程讨论区，鼓励学生进行实践教学作业的线上互评，打造多元化的师生沟通交流渠道，实现线上线下相结合的分享交流与难题讨论，从而高效、实时地解答学生在学习过程中产生的疑问，提高学生的学习效率，强化思政元素的融入效果。

（四）教学设计

1. 教学设计思路。

（1）课前热身，观看视频，提出问题，引导学生集体思考、阐述观点。

通过观看视频《资产评估行业三十周年》（新华社发布，时长 2 分 2 秒），回顾资产评估行业的发展历程，加强学生对资产评估行业及其作用的了解与认识，特别是资产评估作为资本市场中非常关键的一环，在保障资本市场安全及市场信息质量方面的重要作用。教师首先提问："资产评估工作的最终成果是以什么形式体现呢？"由此引出这一讲的教学主题——资产评估报告。随后，教师进一步提问："那么，请继续谈谈你对国有企业改革与发展的认识；你认为国有资产评估报告较之一般的资产评估报告有哪些特殊要求？"

此教学环节由授课教师结合视频内容，组织学生发表感想、阐述观点，并根据学生的知识储备、表达能力、合作精神等方面调节课堂气氛，为后续内容的精讲作铺垫。

（2）教师讲授核心内容，精选案例予以演示，加强学生分析和解决问题的能力。教师从介绍资产评估报告的基本概念和基本内容入手，详细讲解资产评估报告的编制步骤和基本要求，并分别从评估准则层面和报告案例层面解析国有资产评估报告内容的特殊要求。其中，教师可以精选典型的资产评估报告书和国有资产评估报告书，对资产评估报告的基本结构以及国有资产评估报告的特殊内容进行快速演示。教师应注意，在讲授"资产评估报告的编制步骤和基本要求"时，应结合"资产评估报告的基本内容"加以讲解。此外，教师可以于课前适当布置预习任务，比如对资产评估报告准则在修订前后的内容变化以及企业国有资产评估报告指南相关内容进行初步了解，为课堂教学作铺垫。

（3）本讲小结、课堂习题和思考题训练。教师对本讲主要内容进行回顾，并设计与教学内容相配套的课堂习题和课后思考题，巩固学生课上所学知识。例如，"请概述资产评估报告的基本内容""试分析资产评估报告中的评估基准日与评估报告日有何区别""国有资产评估报告较之一般的资产评估报告有哪些特殊要求""资产评估机构及其资产评估专业人员应如何控制和防范执业风险"等。教师还可以结合本讲的资产评估报告案例演示和下一讲的资产评估案例分析，进一步提出要求和希望：建议学生综合运用在本课程前八章所学的知识，聚焦自己最感兴趣的行业领域并选择一家样本公司，尝试模拟展示一份资产评估报告的编制流程及其简要内容，力求在本课程后续的实践教学环节有更大的收获与更好的表现。

（4）融入课程思政的具体教学思路和核心要点。通过对资产评估报告基本内容的讲解、对《资产评估执业准则——资产评估报告》制定背景和修订历程的介绍、对国有企业与国有资产评估的重要作用的阐述、对资产评估报告典型案例和问题案例的分析，进一步引导学生关注、理解、消化下列拓展性信息，从而将立德树人、爱国主义、社会责任感、诚信公正、法治意识、职业道德、专业精神等思政元素潜移默化地融入课程教学和学生行为之中。

①资产评估行业的产生和发展与我国经济社会高速发展的大背景息息相关，它见证着我国国企改革推进和资本市场发展的步伐。这些都得益于全国各族人民在中国共产党的坚强领导下，团结一心，迎难而上，开拓进取，奋力前行，从封闭落后迈向开放进步，从温饱不足迈向全面小康，从积贫积弱迈向繁荣富强，创造了一个又一个人类发展史上的伟大奇迹，经济社会发展取得了巨大成就，为世界经济的发展做出了卓越贡献。资产评估专业学生更应厚植爱国主义情怀，弘扬爱国主义精神，强化青年的使命担当，为祖国的发展贡献自己的一份力量。

②根据《中国资产评估协会章程》，资产评估协会及其会员均须遵守国家宪法、法律、法规和国家政策，遵守社会道德风尚，通过规范执业服务国家经济社会发展，维护社会公共利益和合法权益，提升行业服务能力和社会公信力。因而，作为经济社会发展重要的专业力量，资产评估机构及其资产评估专业人员更应积极树立德业，关注国计民生和现实问题，增强社会责任感和专业使命感，勇当国家经济社会发展的智囊团和相关当事方合法权益的捍卫者。

③根据《中华人民共和国资产评估法》，"诚实守信，依法独立、客观、公正从事业务""对评估活动中知悉的国家秘密、商业秘密和个人隐私予以保密""与委托人或者其他相关当事人及评估对象有利害关系的，应当回避"等，都是评估专业人员应当履行的义务。毋庸置疑，诚信公正是资产评估专业精神的品质要求，是资产评估行业建设与发展的基点，是资产评估行业核心价值观的根基。

④《中华人民共和国资产评估法》是为了规范资产评估行为，保护资产评估当事人合法权益和公共利益，促进资产评估行业健康发展，维护社会主义市场经济秩序制定的法律。该法律由中华人民共和国第十二届全国人民代表大会常务委员会第二十一次会议于 2016 年 7 月 2 日通过，自 2016 年 12 月 1 日起施行。作为我国资产评估行业的第一部基本法律，它的出台

为我国资产评估相关行业提供了统一的法律准绳，是我国资产评估行业进入法治时代的重要标志。

⑤根据《资产评估职业道德准则》，职业道德是指资产评估机构及其资产评估专业人员开展资产评估业务应当具备的道德品质和体现的道德行为。资产评估机构及其资产评估专业人员应当诚实守信，勤勉尽责，谨慎从业，坚持独立、客观、公正的原则，不得出具或者签署虚假资产评估报告或者有重大遗漏的资产评估报告；应当遵守法律、行政法规和资产评估准则，履行资产评估委托合同规定的义务；应当自觉维护职业形象，不得从事损害职业形象的活动。

⑥资产评估是具有较强专业性的工作。根据《中华人民共和国资产评估法》和《资产评估职业道德准则》，评估专业人员应当遵守评估准则，履行调查职责，独立分析估算，勤勉谨慎从事业务；应当具备相应的评估专业知识和实践经验，能够胜任所执行的资产评估业务；应当完成规定的继续教育，保持和提高专业能力。除此之外，作为资产评估专业的学生，还应通过资产评估专业理论学习与实习实践，不断提高自身的专业认可度，加强对专业的投入与热爱，培养专业精神，提升对关键核心难题攻关的骨气和志气。

2. 教学过程安排。根据教学目标、教学内容和教学设计思路，对教学进程进行系统安排如表 44 所示。

表 44　　　　　　　　　　资产评估报告

环节与时间分配	教学意图	教学内容与手段
导言 提出问题 引发思考， 7 分钟	结合视频内容，组织学生发表感想、阐述观点，并根据学生的知识储备、表达能力、合作精神等方面调节课堂气氛	1. 观看视频：《资产评估行业三十周年》，新华社发布，视频链接：https：//mp. weixin. qq. com/s/K-lnrilQxo-K25YTyVYQvQ。通过观看视频，回顾资产评估行业的发展历程，加强学生对资产评估行业及其作用的了解与认识，特别是资产评估作为资本市场中非常关键的一环，在保障资本市场安全及市场信息质量方面的重要作用 2. 提出问题：资产评估工作的最终成果是以什么形式体现呢？由此引出这一讲的教学主题——资产评估报告 3. 进一步提问：那么，请继续谈谈你对国有企业改革与发展的认识，以及你认为国有资产评估报告较之一般的资产评估报告有哪些特殊要求 4. 教师组织学生思考，随机抽选学生发表感想、阐述观点

环节与时间分配	教学意图	教学内容与手段
本节课程总体框架架构，1分钟	学生总体了解课程内容	1. 资产评估报告的基本概念和基本内容 2. 资产评估报告的编制步骤和基本要求 3. 国有资产评估报告内容的特殊要求
基本概念概念内涵，2分钟	通过对基本概念的解析，使学生加深对概念的理解，对概念要素有清晰的把握	1. 资产评估报告是接受委托的资产评估机构及其资产评估专业人员在完成评估项目后，向委托方出具的关于评估过程及其结果等基本情况的工作报告，是其履行评估业务委托合同的书面成果以及为资产评估项目承担法律责任的证明文件 2. 资产评估报告是指资产评估机构及其资产评估专业人员遵守法律、行政法规和资产评估准则，根据委托履行必要的评估程序后，由资产评估机构对评估对象在评估基准日特定目的下的价值出具的专业报告
核心内容－1教学重点－1，10分钟	通过详细介绍，使学生充分掌握资产评估报告的基本内容，并且为学生更好理解资产评估报告的编制步骤和基本要求奠定基础；通过对资产评估报告准则制定和修订背景的拓展性介绍，使学生进一步了解评估准则的制定和修订过程，拓宽专业学习的视野	1. 介绍资产评估报告的基本内容 （1）标题及文号、目录、声明、摘要 （2）评估报告正文：委托人及其他资产评估报告使用人；评估目的；评估对象和评估范围；价值类型；评估基准日；评估依据；评估方法；评估程序实施过程和情况；评估假设；评估结论；特别事项说明；资产评估报告使用限制说明；资产评估报告日；资产评估专业人员签名和资产评估机构印章 （3）评估报告附件 2. 拓展介绍资产评估报告准则的制定背景及修订历程 （1）《资产评估执业准则——资产评估报告》的制定背景 （2）《资产评估执业准则——资产评估报告》的修订历程
核心内容－2教学重点－2教学难点－1，13分钟	此部分的讲解需结合核心内容－1"资产评估报告的基本内容"进行。通过PPT的多样化制作以及资产评估报告案例的演示，学生能够正确理解资产评估报告的编制步骤和基本要求，也可以更好理解资产评估报告书的基本内容，以及提前将理论知识与实践相联系，明确未来提升专业胜任能力和行动力的重要性	1. 介绍资产评估报告的编制步骤和基本要求 （1）整理工作底稿和归集有关资料：资产评估现场工作结束后，评估人员必须着手对现场工作底稿进行整理和分类，同时对询证函、被评估资产背景材料、技术鉴定和价格取证等有关材料进行归集和登记。对现场未予确定的事项，还需进一步落实和查核 （2）汇总评估数据和评估明细表的数字：在完成现场工作底稿和有关资料的归集任务后，评估人员应着手进行评估数据的汇总。

环节与时间分配	教学意图	教学内容与手段
核心内容－2 教学重点－2 教学难点－1， 13分钟	此部分的讲解需结合核心内容－1"资产评估报告的基本内容"进行。通过PPT的多样化制作以及资产评估报告案例的演示，学生能够正确理解资产评估报告的编制步骤和基本要求，也可以更好理解资产评估报告书的基本内容，以及提前将理论知识与实践相联系，明确未来提升专业胜任能力和行动力的重要性	如果评估对象是整体资产评估，评估人员还应着手评估明细表的数字汇总。明细表的数字汇总应根据明细表的不同级次先明细表汇总，然后分类汇总，再到资产负债表式的汇总 （3）分析和讨论评估的初步数据：在完成评估数据和评估明细表的数字汇总后，应召集评估工作有关人员，对评估报告的初步数据结论进行分析和讨论，比较有关评估数据，复核记录估算结果的工作底稿，对存在作价不合理的部分评估数据进行调整 （4）编写评估报告书：一是完成资产评估初步数据的分析和讨论，对有关部分的数据进行调整，由具体参加评估各组负责人员拟出各自负责评估部分资产的评估说明，同时提交全面负责、熟悉本项目评估具体情况的人员拟出资产评估报告书。二是将评估基本情况和评估报告书初稿的初步结论与委托方交换意见，听取委托方的反馈意见后，在坚持独立、客观、公正的前提下，认真分析委托方提出的问题和建议，考虑是否应该修改评估报告书，对评估报告中存在的疏忽、遗漏和错误之处进行修正，待修改完毕即可撰写出资产评估正式报告书 （5）资产评估报告书的签发与送交：评估机构撰写资产评估报告书后，经审核无误，按以下程序进行签名盖章；先由负责该项目的资产评估师签署（两名或两名以上），再送复核人审核签章，最后送评估机构负责人审定签章并加盖机构公章。资产评估报告书签发盖章后，即可连同评估说明及评估明细表送交委托单位 2. 精选一份典型的资产评估报告书，对资产评估报告的基本结构和内容进行快速演示，并由此观资产评估师之职业道德素养的重要性
核心内容－3 教学重点－3 教学难点－2， 12分钟	通过介绍国有资产与资产评估的关系，以及国有企业在我国国民经济发展中发挥的关键性作用和重要贡献，将社会责任感和爱国主义情怀潜移默化地融入同学们心中；采用与一般	1. 简要介绍国有资产与资产评估的关系 （1）我国国有企业的发展历程 （2）国有企业在我国国民经济发展中发挥着关键性作用 （3）国有企业的重要贡献体现在很多方面，包括科技创新、共建"一带一路"、抗击新

环节与时间分配	教学意图	教学内容与手段
核心内容－3 教学重点－3 教学难点－2， 12分钟	资产评估报告对比分析的方法，并进一步结合国有资产评估报告案例演示，帮助学生深刻理解和把握国有资产评估报告内容的特殊要求，同时激发学生的专业兴趣，提升学生的专业认同、职业自信、职业道德意识和法治素养	冠肺炎疫情等 2. 详细介绍国有资产评估报告内容的特殊要求 （1）评估报告声明 重点关注：委托人和其他相关当事人依法应对其提供资料的真实性、完整性、合法性负责 （2）评估报告摘要 重点关注：对评估结论影响重大、可能直接导致评估结论使用时不确定的"评估基准日期后重大事项"，资产评估师应在摘要中提醒报告使用人注意评估结论未反映该期后事项的影响 （3）评估报告正文 重点关注：评估依据的内容、评估结论的形式、特别事项说明的内容等。例如，与非国有资产评估业务不同，国有资产评估业务要求在评估报告的"评估依据"部分披露本次评估业务所对应的经济行为依据；企业国有资产评估报告要求评估结论是确定的数值，而境外企业国有资产评估报告的评估结论可以用区间值表达；国有资产评估业务报告应当说明评估程序受到的限制、评估特殊处理、评估结论瑕疵等特别事项，以及期后事项 （4）评估报告附件 重点关注：与评估目的相对应的经济行为文件、被评估单位的专项审计报告、委托人和被评估单位产权登记证、签名资产评估师的承诺函、资产评估机构法人营业执照副本、资产评估委托合同、引用其他机构评估报告的批准（备案）文件、其他重要文件 3. 精选一份典型的国有资产评估报告书，对国有资产评估报告的特殊要求进行快速演示，并由此观资产评估师之职业道德素养的重要性
课程总结 内容回顾， 3分钟	结合PPT，对课程重点进行总结，加深学生的印象	本讲主要内容回顾： 1. 资产评估报告的基本概念：资产评估报告是指资产评估机构及其资产评估专业人员遵守法律、行政法规和资产评估准则，根据委托履行必要的评估程序后，由资产评估机构对评估对象在评估基准日特定目的下的价值出具的专业报告

环节与时间分配	教学意图	教学内容与手段
课程总结 内容回顾， 3分钟	结合PPT，对课程重点进行总结，加深学生的印象	2. 资产评估报告的基本内容：包括标题及文号、目录、声明、摘要、评估报告正文以及评估报告附件 3. 资产评估报告的编制步骤和基本要求：包括整理工作底稿和归集有关资料、汇总评估数据和评估明细表的数字、分析和讨论评估的初步数据、编写评估报告书以及资产评估报告书的签发与送交 4. 国有资产评估报告的特殊要求：体现在评估报告声明、评估报告摘要、评估报告正文以及评估报告附件等多个方面
课堂习题 课后思考， 2分钟	通过课堂习题、课后复习巩固题和思考题的布置，帮助学生对课堂的知识进行温习和强化	复习与思考： 1. 课堂习题：请概述资产评估报告的基本内容 2. 课后思考题：试分析资产评估报告中的评估基准日与评估报告日有何区别？ 3. 课堂习题：国有资产评估报告较之一般的资产评估报告有哪些特殊要求？ 4. 课后思考题：资产评估机构及其资产评估专业人员应如何控制和防范执业风险？

四、教学效果分析

上述教学内容及设计思路，有利于使学生具备资产评估报告编制的基本职业技能，并且通过相关价值观环节的融入，引导学生树立为经济社会服务的人生观，负责、诚信、讲道德的价值观，以及独立、公正、做经济秩序卫士的职业观。其具体体现在以下方面。

1. 学生能够掌握资产评估报告的基本概念和基本内容，为在资产评估专业实践中规范编制资产评估报告打下基础，提升自身的专业胜任能力和行动力。

2. 学生能够了解《资产评估执业准则——资产评估报告》的制定背景及修订历程，熟悉资产评估报告的编制步骤和基本要求，理解资产评估业务范围和资产评估报告的法律效力，拓宽专业学习的视野。

3. 学生能够理解国有资产与资产评估的关系，明确国有资产评估的重要性，熟悉国有资产评估报告的特殊要求，增强自身的社会责任感，提升专业认同、职业自信和未来投入资产评估工作的热情。

4. 学生能够结合资产评估报告的典型案例演示，认识到遵守资产评估相关法律法规和职业道德规范的重要意义，提升自身的法治意识和法治观念，警示自己在未来职业道路中要谨慎从业、遵守职业道德规范、自觉维护职业形象。

并购与重组中的法律和监管框架

王田力

课程名称：《并购价值评估》

课程性质：□公共课 ☑专业课

课程类别：☑理论课 □实践课 □理论实践一体课

课程所属学科及专业：管理学科资产评估学专业

授课教师：王田力

授课对象：资产评估专业大三本科生

一、课程简介

《并购价值评估》是资产评估专业的核心课程。本课程的教学目的是通过课堂讲授、讨论及案例分析等形式，重点介绍并购与重组中的法律法规与监管、常用并购策略、反收购防御措施及公司治理、并购计划、并购整合、并购价值评估方法、中国海外并购总体情况等内容。通过课堂教学及其他学习方式，力图让学生系统地掌握并购价值评估的各方面知识，注重培养学生分析问题、解决问题的能力，尤其是解决并购价值评估实务的能力；通过对课程思政元素的融入，帮助学生了解并购价值评估和相关专业领域的国家战略、法律法规和相关政策，引导学生深入社会实践、关注现实问题，培育学生经世济民、诚信服务、德法兼修的职业素养。

本课程教学内容主要包括：收购、兼并和重组活动导论、并购与重组中的法律法规与监管、常用并购策略、反收购防御措施及公司治理、并购计划、并购整合、并购价值评估方法、中国海外并购总体情况。除此之外，本课程将系统地讲授并购价值评估理论与方法在实务中的具体操作技巧。

二、课程思政元素

元素 1：加强国情教育。

并购价值评估课程的学习要求学生关注现实、了解国情，尤其是发生并购价值评估中的现实问题和研究现实问题。通过并购价值评估课程的学习，尤其是通过中国并购发展历史和现状、中国特色并购案例的引入和讨论，培养学生对并购重组的了解和认识，引导学生对并购重组事件关注，提升学生的参与实践能力和专业职业素养。

元素 2：强化法治意识。

并购价值评估课程内容中包含并购与重组中的法律法规与监管体系，通过向学生介绍中国并购与重组中的法律法规和监管体系，加强学生对中国并购与重组中的法律法规和监管体系的了解，培养学生诚实守信的职业道德。

元素 3：培养正确的价值观。

并购价值评估课程内容中包含中国特色并购整合案例，帮助学生理解文化整合的重要性，了解中国特色文化与国外文化的融合是海外并购成功的因素之一，也是中国企业走向世界的重要步骤之一，有助于提升学生的未来实践能力和树立正确的价值观。

三、教案设计

（一）教学目标

1. 掌握中国并购与重组中的法律法规与监管体系。

2. 熟悉美国并购与重组中的法律法规与监管体系；熟悉欧盟并购与重

组中的法律法规与监管体系。

3. 了解德国并购与重组中的法律法规与监管体系；了解英国并购与重组中的法律法规与监管体系；了解日本并购与重组中的法律法规与监管体系。

（二）教学内容

1. 授课内容：第 2 章税收原理第 1 节并购与重组中的法律法规与监管体系。

2. 授课时数：2 课时（100 分钟）。

3. 第 1 课时：外国并购与重组中的法律法规与监管体系。

4. 第 2 课时：中国并购与重组中的法律法规与监管体系。

（三）教学手段与方法

1. 知识讲解环节采取多种教学形式，灵活运用多媒体展示、视频展示、板书、引导性提问等方式开展教学，通过动态多媒体展示、案例导入和引导思考，吸引学生注意力，提高学生学习兴趣，尤其是将理论知识与现实世界相联系，在加深学生对抽象知识理解的同时，使学生对国内外并购重组中法律法规和监管体系有更加深刻的认识，增强学生分析现实问题的能力，提升学生对资本市场上重大事件的敏感度。

2. 案例教学法的灵活运用。并购价值评估课程中有大量理论性较强的内容，理论内容教学可以通过案例教学法的灵活运用来提高教学效率，教师引入现实案例，掌握教学进程，引导学生思考、组织讨论，进行总结、归纳，有助于学生理解抽象概念和理论知识，学生的学习反馈迅速，能够增强学习成就感和学习动力。

（四）教学过程

根据教学目标、教学内容和教学设计思路，对教学过程进行系统安排，如表 45 和表 46 所示。

表 45　　　　第 1 课时：外国并购与重组中的法律法规与监管体系

环节与时间分配	教学法	设计思路	教学内容
教学步骤一：举例讨论，思路启发，从直观案例入手理解抽象概念			
导入环节，5 分钟	讲授法、举例法	通过实际例子来创设问题情境，通过与学生的互动和讨论发生问题，引入外国政府出台并购重组法律法规和构建监管体系的原因，引发学生对课程的兴趣	第一步，以两个外国并购重组案例，引导对案例的思考 1. 监管机构叫停 AT&T 与 T 移动的交易 2. 美国政府否决快处方——麦德科合作 第二步，提出问题：外国政府出于什么目的去制定并购重组的法律法规？ 第三步，介绍外国政府出台并购重组法律法规和构建监管体系的原因
步骤二：核心内容，教师讲授			
讲授环节，40 分钟	讲授法、举例法、图示法	重点讲授美国、欧盟、英国、德国以及日本并购与重组中的法律法规与监管体系	第一步，美国并购与重组中的法律法规（本讲教学重点） 1. 美国反垄断法 2. 并购指南 3. 美国上市公司并购重组监管体系 第二步，欧盟并购与重组中的法律法规 1. 欧共体并购条例 2. 并购指南 3. 欧洲初审法院和欧洲沄院的有关判例 第三步，英国并购与重组中的法律法规 1. 公平贸易法 2. 竞争法 第四步，德国并购与重绐中的法律法规 1. 反对限制竞争法 2. 联邦德国股份公司法 3. 德国关于有限责任公司从公司资金中增加资本和合并的法律 第五步，日本并购与重组中的法律法规 1. 产业政策 2. 禁止垄断法
步骤三：小结			
总结环节，5 分钟	总结法	回顾本讲的主要内容，引导学生进行发散思考，同时导入下次课的内容框架，并安排预习任务	第一步，本讲主要内容回顾。包括：美国、欧盟、英国、德国以及日本并购与重组中的法律法规与监管体系 第二步，引导学生在本次课内容的基础上作发散思考 1. 美国、欧盟、英国、德国以及日本的并购与重组中的法律法规与监管体系有什么差异？ 2. 我国可以借鉴哪些法律法规和监管体系？

表 46　　　　　**第 2 课时：中国并购与重组中的法律法规与监管体系**

环节与时间分配	教学法	设计思路	教学内容
教学步骤一：举例讨论，思路启发，从直观案例入手理解抽象概念			
展示和讲授环节，5 分钟	案例法、讲授法	通过实际例子来创设问题情境，通过与学生的互动和讨论发生问题，引入中国政府出台并购重组法律法规和构建监管体系的原因，引发学生对课程的兴趣	第一步，以两个中国并购重组案例，引导对案例的思考 1. 安博凯收入思妍丽股权案 2. 辽宁港口集团收购大连港口集团和营口港务集团股权案 第二步，提出问题：中国政府出于什么目的去制定并购重组的法律法规？ 第三步，介绍中国政府出台并购重组法律法规和构建监管体系的原因
步骤二：核心内容，教师讲授			
讲授环节，30 分钟	讲授法、举例法、图示法	重点讲授中国并购与重组中的法律法规与监管体系	第一步，介绍中国并购监管法律体系框架 第二步，详细介绍中国并购监管法律体系 1. 证券法的出台与修订 2. 公司法的出台与修订 3. 上市公司监督管理条例的出台与修订 4. 收购管理办法、重大重组管理办法、财务顾问管理办法的出台与修订
步骤三：讨论与总结			
讨论法和总结环节，15 分钟	讨论法、总结法	回顾本讲的主要内容，提出问题，引导学生进行发散思考，并以五人一组进行讨论。总结学生的讨论结果，强调中国并购重组法律法规体系的重要性	提出问题： 1. 根据证券法、公司法、上市公司监督管理条例，收购方和标的企业各有哪些责任义务？ 2. 中国并购监管法律体系的优点是什么？缺点是什么？仍有哪些方面有待改进？ 讨论问题： 1. 学生以五人一组分别讨论问题，并总结出结论 2. 总结问题，并强调关注并购重组中的法律法规的重要性

四、教学效果分析

从课程思政的角度来看，该课程内容的思政元素引入主要体现在中国并购重组法律监管体系的讲授中，通过中国特色并购重组监管案例的导入，帮助学生更好地理解中国并购重组监管体系，进一步引导学生关注中国特有的并购监管事件，理解中国并购重组监管体系的作用，以及证券法、公司法和上市公司监督管理条例的出台和修改的原因。

第一，理解中国并购重组法律监管体系。虽然我国并购重组法律监管体系出台较晚，但是我国并购重组法律监管体系是基于我国特有资本市场和中国特色上市公司而提出，因此中国并购重组法律监管体系对我国并购重组的发展和并购价值评估具有重要的意义。通过对中国并购重组法律监管体系的讲解、中国特色并购监管案例分析和讨论，使学生对中国并购重组法律监管体系更深刻的认识和理解，引导学生对中国特有并购重组事件关注，帮助学生树立正确的价值观和人生观。

第二，理解中国并购重组监管法律出台和修订。纵观中国并购重组监管法律体系的发展历史，每部监管法律法规的出台和修订都标志我国资本市场的进步。《证券法》于 1988 年出台，进行了四次修订；《公司法》于 1993 年出台，进行了四次修订；《上市公司收购管理办法》于 2006 年出台，进行了四次修订；《上市公司重大资产重组管理办法》于 2008 年出台，进行了三次修订。课程中将详细地给学生讲授每部法律法规出台原因、修订原因以及每次修订的内容。通过讲解，学生可以了解中国并购重组监管体系的发展历程、每个时段并购重组的特点以及并购重组对资本市场的重要性，提升学生对中国并购重组监管法律法规的认知，提高学生对资本市场重大事件的关注度，提升学生的参与实践能力和专业职业素养。

综合来看，通过以上教学活动的实施，能够将思政元素融入专业课程，加入社会主义核心价值观和新时代中国特色社会主义理论的内容，用案例说明理论知识，启发学生思考，提升学生能力。

投资性房地产公允价值评估

张 亮

课程名称：《以财务报告为目的的评估》
课程性质：□公共课 ☑专业课
课程类别：☑理论课 □实践课 □理论实践一体课
课程所属学科及专业：应用经济学资产评估专业
授课教师：张亮
授课对象：资产评估专业本科生、财会专业本科生

一、课程简介

《以财务报告为目的的评估》课程是为资产评估专业学生开设的一门专业选修课程。本课程的学习，旨在使学生应用资产评估学科基本原理、方法，了解以财务报告为目的的评估领域，掌握以财务报告为目的所涉及的各类资产和负债的公允价值的评定和估算方法，为学生毕业后进一步的学习和工作奠定良好的专业知识基础。学习本课程，学生需了解以财务报告为目的的评估业务在资产评估服务领域的重要性；掌握以财务报告为目的所涉及资产和负债的公允价值、特定价值的评定、估算方法。

二、课程思政元素

元素 1：国情教育和爱国主义。

评估学科是实践性较强的学科，要求学生关注现实，了解国情，熟悉相关的法律法规、行政规范和行业准则。通过对《以财务报告为目的的评估》的学习，尤其是实务案例的引入，使得学生了解以财务报告为目的的

评估对提高资本市场信息披露质量的重要性，以及以财务报告为目的的评估相关准则的发展状况，培养学生对我国经济发展和改革成就的理性认同，激发学生热爱国家、经世济民的责任感和担当意识。

元素 2：社会主义核心价值观。

课程中，对公允价值的评估、对被评估资产的正确归类等的学习能够帮助学生树立正确的公平观、公正观、法治观，有助于加强学生的社会主义核心价值观教育，帮助学生加深对公平、民主、法制等要素的理解和认识。

元素 3：社会责任感。

作为未来的资产评估师或其他行业的从业者，学生应该建立起对国家、集体以及他人的社会责任感。在课堂上，引导学生坚持正确的道德主张和正义的实践原则，以及愿意为国家、集体和他人做出奉献。

元素 4：法治意识。

以财务报告为目的的评估课程内容中贯穿上市公司财务信息披露、国有资产并购披露、国有资产减值等一系列与法治教育息息相关的内容，学习资产评估法、各项资产评估准则以及证监会发布的相关政策文件，强化学生的法治意识是课程重要的思政元素。

元素 5：职业道德。

职业道德是社会道德体系的重要组成部分，资产评估职业道德准则中规定评估从业人员应当诚实守信，勤勉尽责，谨慎从业，坚持独立、客观、公正的原则，不得出具或者签署虚假资产评估报告或者有重大遗漏的资产评估报告。课程中，通过实务案例向学生强调遵循职业道德的重要性及实务工作中应如何体现职业道德。

元素 6：专业精神。

资产评估行业提供的是专业服务，从业人员需要体现出高水平的专业性。资产评估专业人员应当具备相应的评估专业知识和实践经验，能够胜任所执行的资产评估业务。课程中，牢牢把握专业知识与实践案例相结合的教学方法，培养学生的专业精神，为学生在未来的从业中体现专业精神打好基础。

三、教案设计

（一）教学目标

1. 了解投资性房地产及投资性房地产公允价值评估的概念。
2. 了解投资性房地产公允价值的评估对象。
3. 掌握投资性房地产公允价值评估基准日的确定。
4. 掌握投资性房地产公允价值评估的前提。
5. 掌握投资性房地产公允价值的评估方法与参数。

（二）教学内容

1. 授课内容：第 2 章投资性房地产公允价值评估第 1 节。
2. 授课时数：1 课时（50 分钟）。
3. 具体内容：投资性房地产及投资性房地产公允价值评估的概念、评估对象和评估基准日。

（三）教学手段与方法

1. 知识讲解环节采取多种教学形式，运用 PPT、板书、引导性提问等方式开展教学，通过 PPT 展示、案例导入和引导问题，吸引学生注意力，提高学生参与课堂程度，将理论知识与现实世界相联系，加深学生对理论知识的理解，并使学生能够理论联系实际，增强学生分析现实问题的能力。

2. 案例教学方法。以财务报告为目的的评估，在实践中为会计披露服务，实践性较强，通过引入现实案例，掌握教学进程，引导学生思考、组织讨论，进行总结、归纳，使得学习中所理解的理论知识可以用于解决现实问题，防止理论和现实脱节，增加学生的学习动力，并为以后的实务操作打下良好的基础。

（四）教学过程

根据教学目标、教学内容和教学设计思路，对教学过程进行系统安排，如表 47 所示。

表 47　　　　　　　　　　**投资性房地产公允价值评估**

环节与时间分配	教学方法	设计思路	教学内容
教学步骤一：回顾上节课的授课内容，了解本次课程内容在整章中的位置			
回顾环节，2 分钟	讲授法	帮助学生明确本章内容与课程其他部分内容的逻辑关系，以建立对课程内容的整体认识	第一步，回顾上课内容，引出本节课的主题 1. 回忆上节课学习的以财务报告为目的的评估概念及特点 2. 介绍以财务报告为目的的评估的主要评估对象 第二步，投资性房地产公允价值评估部分的内容框架和本堂课计解的内容
步骤二：互动提问，引发思考，从实际例子入手理解抽象概念			
导入环节，15 分钟	讲授法、举例法、图示法、提问法	通过与学生的互动和讨论导入本讲的核心概念：投资性房地产。并引导学生思考投资性房地产的会计计量方法，由此引出使用公允价值计量对于公司财务状况的影响。帮助学生理解较为抽象的经济学概念，理解对投资性房地产公允价值进行评估的重要性。并对公允价值计量模式的特点和优点进行分析总结	第一步，提出问题：企业中的房地产有哪些？引导学生思考分析企业持有的房地产的类型，由此引出这一讲的主题"投资性房地产"的基本概念 第二步，进一步提问：投资性房地产的后续计量方式有哪些？不同的计量方式会计处理上有何不同？ 第三步，教师组织学生思考，随机抽选学生回答问题，并通过板书形式，对比成本计量模式和公允计量模式的会计处理。使学生对于不同计量模式对于企业财务报告中资产、利润等的影响有直观的认识 第四步，通过图表展示中国房地产市场近 20 年来的价格变化，并试算举例，让学生对不同计量模式产生的影响有感性认识 第五步，总结公允计量模式相较于传统成本计量模式的优点，介绍会计准则对这两种模式使用和转换的规定，并引导学生思考实务中为何有些企业并未使用优点更多的公允计量模式 第六步，紧接前述思考，提问投资性房地产使用公允价值计量的条件有哪些？介绍使用公允价值计量模式的前提条件

环节与时间分配	教学方法	设计思路	教学内容
步骤三：图表展示，分析投资性房地产在上市公司中分布的特点，了解国情			
讲授环节，20分钟	讲授法、举例法、图示法、案例法、提问法	介绍投资性房地产在中国上市公司中的情况，分别展示从不同指标来看投资性房地产排序靠前的公司，并通过红星美凯龙的问询函案例进行具体的分析	第一步，介绍投资性房地产在中国上市公司中的总体情况 1. 介绍持有投资性房地产上市公司家数、持有金额，并通过提问我国股市上市总公司数和总市值，引导学生计算比例，从而得到投资性房地产在上市公司中分布广，金额大的特点 2. 介绍持有投资性房地产公司家数最多的行业，使学生对现实国情有所了解 第二步，展示从不同指标来看投资性房地产排序靠前的公司 1. 列示投资性房地产金额最多的20家公司，从行业性质分析美凯龙位列第一的原因，并引导学生思考从投资性房地产变动损益指标来分辨上市公司对于投资性房地产的计量模式。 2. 列示投资性房地产占比超过30%的公司，引导学生观察这些公司所属行业的特征 3. 列示投资性房地产对净利润影响最大的公司，分析计量模式的选择对公司财务利润的影响 第三步，引导学生思考投资性房地产公允价值模式选择到价值变化对上市公司财务报表乃至股价表现的影响，讨论作为评估师作到诚实守信、公平公正的重要性 第四步，展示上交所对美凯龙关于投资性房地产的问询函，以及上市公司的回复。问询函和回复均比较详细，是很好的案例材料，课堂上以此案例分析合理评估投资性房地产价值的重要性，需要关注的要点，以及评估的要点。引导学生思考评估执业中如何做到合法合规

环节与时间分配	教学方法	设计思路	教学内容
步骤四：理论讲授，理清评估对象，理解评估基准日的确定			
讲授环节，10分钟	讲授法、提问法	经过前面的引导和铺垫，在此部分介绍理论层面对于投资性房地产这个评估对象的识别和分类，并讨论以财务报告为目的的评估框架下，投资性房地产的评估在评估基准日上如何确定有何特点	第一步，总结投资性房地产公允价值评估对象的确定和分类 1. 强调自用房地产和作为存货的房地产不属于投资性房地产的范畴 2. 分析附属设施、附有租金的租赁等特别情况的评估对象 第三步，根据会计准则的要求合理确定评估基准日，可以是资产负债表日、投资性房地产转换日等
步骤四：小结			
总结环节，3分钟	总结法	回顾本讲的主要内容，引导学生进行发散思考，同时导入下次课的内容框架，并安排预习任务	第一步，本讲主要内容回顾。包括：投资性房地产的概念；投资性房地产评估对象的分类；投资性房地产的评估基准日等 第二步，引导学生在本次课内容的基础上作发散思考 1. 投资性房地产如何影响上市公司的利润？在观察上市公司时如何分辨主营业务的表现？ 2. 实务中遇到公司持有房地产，应如何确认是否为投资性房地产？

四、教学效果分析

从课程思政的角度来看，该课程内容的思政元素引入主要体现引导学生了解中国资本市场国情，建立爱国主义情怀；关注职业道德和专业精神；通过各项法律法规、行政规范以及行业准则如《投资性房地产评估指导意见》等使学生建立法律意识，从而将社会主义核心价值观教育、国情教育、法治教育和公共意识教育融入课程教学中。

综合来看，通过以上教学活动的实施，能够将思政元素融入专业课程，加入社会主义核心价值观和新时代中国特色社会主义理论的内容，用案例说明理论知识，启发学生思考，提升学生能力。

企业宏观环境分析

李　蕾

课程名称：《企业价值评估》

课程性质：□公共课 ☑专业课

课程类别：□理论课 □实践课 ☑理论实践一体课

课程所属学科及专业：应用经济学资产评估专业

授课教师：李蕾

授课对象：资产评估专业本科生

一、课程简介

《企业价值评估》是资产评估专业的核心课程，是研究企业价值评估的基本原理、各种价值评估方法及其应用的一门课程，通过教学使学生了解和掌握企业价值评估的基本方法和应用。《企业价值评估》以企业共同面临和需要解决的价值评估问题作为主要研究对象，全面介绍企业价值评估的基本理论和主要内容，并将其进一步系统化。《企业价值评估》课程通过课堂讲授、讨论及案例分析等形式，讲授企业价值的影响因素、企业价值评估的基本框架与体系、企业价值评估基本原理、主要价值评估方法、企业价值评估操作等学习内容。通过课堂教学及其他学习方式，引导学生在课堂上积极思考，增强其学习的主动性和自觉性，力图让学生系统地掌握企业价值评估的各方面知识，注重培养学生分析问题、解决问题的能力，尤其是增强学生解决企业价值评估实务的能力。

教学内容目标：（1）使学生了解企业价值评估的基本方法体系；（2）使学生了解企业价值评估的流程；（3）使学生了解不同行业企业价值评估的方法；（4）在教学过程中倡导社会主义核心价值观，引导学生将社会主义核心价值观内化为精神追求、外化为自觉行动，既要培育学生经世济民、诚信服务、德法兼修的职业素养，又要引导学生增强创新精神，提高解决问题的实践能力。

二、课程思政元素

元素 1：坚持立德树人。

国无德不兴，人无德不立，育人的根本在于立德。落实立德树人根本任务，是我国高等教育事业不断取得新发展的关键所在，也是实现高质量发展、建设教育强国的必然要求。课程思政是落实习近平总书记关于"使各类课程与思想政治理论课同向同行，形成协同效应"重要论述的重要举措，是全面落实立德树人根本任务的战略举措，也是全面提高人才培养质量的重要任务。作为高校教师，做好课程思政建设，因事而化、因时而进、因势而新，不断增强学生文明素养、社会责任意识、实践本领，为国家培养德智体美劳全面发展的社会主义建设者和接班人。

元素 2：弘扬社会主义核心价值观。

在企业价值评估课程中，评估人员的独立性原则、价值的公允性等内容的学习能够帮助学生树立正确的公平观、公正观、法治观，有助于加强学生的社会主义核心价值观教育，帮助学生加深对公平、民主、法制等要素的理解和认识。

元素 3：强化法治意识。

企业价值评估课程内容中既有企业所处的法律环境因素分析，又有企业上市等与评估目的相关的法律要求，2016 年 12 月 1 日起开始施行颁布的《中华人民共和国资产评估法》更是成为规范资产评估行为、保护资产评估当事人合法权益和公共利益、促进资产评估行业健康发展、维护社会主义市场经济秩序制定的法律。在课程中，强化学生的法治意识是企业价值评估课程重要的思政元素。

元素 4：强调职业道德。

企业价值评估作为资产评估的重要组成部分，同样强调从业人员的职业道德。从评估原则来看，独立性原则、客观公正原则、科学性原则等都对资产评估的职业道德提出了很高的要求。课程内容当中，也多次在不同章节强调评估人员在其中应恪守的原则和道德标准。

元素5：增进爱国主义教育。

企业价值评估课程的学习过程中需要分析企业所处的宏观环境，这就要求学生关注现实社会、了解我国的政治经济等方面的发展现状，尤其是发现现实问题和研究现实问题。在课程的学习过程中，有许多我国发展的案例，以及与其他国家联系与对比的案例，这些案例可以培养学生对我国经济发展和改革成就的理性认同，激发学生热爱国家、经世济民的责任感和担当意识，并且对政府在政治、经济、技术等各方面政策的出发点、政策实施的结果都有更加理性也更加深刻的认识和理解。

三、教案设计

（一）教学目标

通过对政治因素、法律因素、经济因素等宏观环境因素的学习，掌握宏观分析的关注点和基本思路，了解宏观影响因素对企业经济活动的影响方式、影响力度与意义所在。

（二）教学内容

1. 企业宏观环境之政治因素分析。
2. 企业宏观环境之法律因素分析。
3. 企业宏观环境之经济因素分析。

（三）教学手段与方法

1. 讲解环节采取多种教学形式，运用多媒体展示、启发式提问等方式开展教学，通过多媒体课件展示、案例导入和启发思考，吸引学生的注意力，提高学生的学习兴趣，尤其是将理论知识与我国现实国情以及经济现状相联系，使学生对我国政治与经济体制、国家在法律方面的建设完善以及技术进步等方面有更加深刻的认识，增强学生分析现实问题的能力。

2. 案例教学法的灵活运用。企业价值评估是一门实践性很强的课程，现实中有非常多的企业经营与并购案例，教学过程可以通过案例教学法来提高教学效率。教师在讲述过程引入现实国情与案例，启发学生对相关政策影响方式的思考并进行讨论，对相关内容有更深刻的理解和认识。

3. 课后的案例应用。除了课堂讲授，还对学生进行分组，组织学生选择不同的行业与企业，结合后续的行业分析和企业分析内容进行案例实操。在移动网络教学平台组织学生进行主题讨论，并建立微信群进行疑难问题解答。

（四）教学过程

根据教学目标、教学内容和教学设计思路，对教学过程进行系统安排，如表 48 所示。

表 48 企业宏观环境分析

环节与时间分配	教学法	设计思路	教学内容
回顾环节，3 分钟	讲授法	帮助学生明确授课内容与上一次课程内容的逻辑关系，建立对课程内容的整体认识	1. 回顾上节课的企业与企业价值认识的发展历程，明确企业的存在目的与价值依存基础 2. 引出企业与宏观环境的密切联系，一方面，环境是企业赖以生存的基础，环境给企业带来了机遇与威胁；另一方面，企业是一种具有活力的社会组织，在适应环境的同时也对环境产生影响，推动社会进步和经济繁荣。企业与环境之间的基本关系，是在局部与整体的基本架构之下的相互依存和互动的动态平衡关系
导入环节，5 分钟	启发提问法、举例法	提出问题、引发思考，帮助同学们意识到现实中企业的生存环境有哪些重要影响因素，引出本章节的主要内容：宏观环境分析	1. 提出问题：在我们生活中，企业会受到哪些因素的影响？它们会影响企业的哪些方面？它们是如何运作用的？在这些因素当中，哪些是内部因素，哪些是外部因素？外部因素中哪些偏宏观，哪些偏微观？ 2. 举例现实中新冠肺炎疫情对某些行业的影响以及对企业的影响，进一步确认宏观环境的影响力度
讲授环节，15 分钟	讲授法、举例法	首先阐述政治环境概念，进而分析政治环境的各个因素，引导学生回顾其他经济类基础课程中学习过的相关知识，	1. 政治环境因素分析 对企业的影响具有直接性、难于预测性、不可逆转性 2. 政治体制 （1）国家基本制度以及国家为有效运转

环节与时间分配	教学法	设计思路	教学内容
讲授环节，15 分钟	讲授法、举例法	积极应用到企业价值的分析当中。在讲授过程中多次使用案例，令学生易于掌握、加深印象，对政府行为有更深层次的认识和理解	而设立的一系列制度，决定了政府的行为和效率，制约宏观经济调控的方式和力度，也影响企业经营方式和战略选择的灵活度。如计划经济体制下企业是政府的附属机构，市场经济体制下，企业有自主权，政府只能运用间接手段对企业进行控制 （2）平稳过渡，在保护国有资产过程中，资产评估的作用与重要性 3. 政治的稳定性 政局与政策的稳定：举例，中国与某些国家对比，对国内经济环境的影响 4. 政府对企业的干预 （1）宏观干预手段：财政、金融、价格管制等 （2）微观干预手段：案例：约谈某企业 （3）行业政策：扶持朝阳行业，帮助夕阳行业转型国际政治格局和国际关系 （4）国际政治格局和对外友好关系影响着对外贸易的发展和参与国际竞争的程度，从而影响企业营销战略和跨国经营战略 （5）案例：中美贸易战对企业的巨大影响
讲授环节，5 分钟	启发提问法、讲授法	用提问的方式引导学生们思考与企业相关的法律和司法机关，强调法律对企业的制约和保障两个方面	1. 法律环境因素分析 （1）与企业相关的法律法规：《公司法》《合同法》《专利法》《商标法》《税法》《企业破产法》等 （2）与企业关系密切的国家司法执行机关：工商行政管理机关、税务机关、物价机关、计量管理机关、技术质量管理机关、专利机关、环境保护管理机关、政府审计机关等 2. 企业的法律意识 （1）法律意识、法治观念、法律知识、依法治理企业国际法律环境和目标国的国内法律环境 （2）管辖范围的变化，影响企业国际化发展

环节与时间分配	教学法	设计思路	教学内容
讲授环节，20分钟	讲授法、举例法	首先阐述经济因素的概念与构成，进而引导学生回顾在其他经济类基础课程中学习过的产业结构等相关知识，积极应用到企业价值的分析当中。在讲授过程中多次使用案例，尤其是中美贸易战等大家都熟悉并关心的内容，分析我国技术结构优化的重要性和必要性，令学生加深印象，同时对政府宏观经济政策的调控行为有更深层次的认识和理解	经济因素分析 1. 社会经济结构 （1）分析国民经济中产业结构、分配结构、交换结构、消费结构、技术结构对企业的影响，尤其是产业结构的影响 （2）我国产业结构的发展，与发达国家产业结构的对比分析 （3）技术结构的影响，我国技术结构的变化、用中美贸易战中的案例分析我国技术结构优化的重要性和必要性 2. 经济发展水平 （1）GDP/GNP总值、人均值和变化率等指标，是衡量经济可持续发展的指标 （2）科技在GDP/GNP中的贡献率，是衡量生产现代化水平的指标 3. 经济体制 经济体制的含义、构成及分类 4. 宏观经济政策 （1）我国：急则治标、缓则治本、标本兼治 （2）宏观经济政策目标：经济增长、充分就业、物价稳定、国际收支平衡四大目标以及它们之间的关系，举例说明我国政府在实现上述目标时采取了哪些政策 （3）宏观经济政策工具：需求管理、供给管理、国际经济政策，举例说明我国限制物价上涨的政策、完善劳动市场的政策，以及促进技术进步的政策 当前经济状况 （4）需要关注先行指标、同步指标、经济景气调查分析指标、区域经济运行指标等
复习与思考环节，2分钟	提问法	课堂习题，课后思考，可在超星学习通的班级论坛进行讨论	思考题： 1. 对企业价值产生影响的宏观环境因素主要有哪些？ 2. 宏观经济政策的四大目标是什么，如何理解它们之间的关系？ 3. 你从新闻中观察到哪些现象属于宏观环境对行业以及企业价值的影响？

四、教学效果分析

　　上述教学内容与设计思路，有利于帮助学生理解外部的、基本不可控的因素会影响企业的内部实力和经营活动，并对企业的发展产生持久、深远的影响。所以在对企业价值进行评估时，要充分考虑宏观环境对企业乃至整个行业产生的影响，这样才能保证评估结论的合理性。

　　从课程思政的角度来看，这一部分课程内容的思政元素引入主要体现在我国政治体制中政局与政策的稳定性、政府如何实施干预手段以期形成更加良性的竞争局面、国家法制的逐步健全化、国家推进经济可持续发展、技术结构优化、增强国家整体竞争力等方面，引导学生理解国家相关政策实施背后的逻辑和根本意图，将这些内容与中国经济与社会发展相联系，从企业的微观角度调整为国家民族的宏观角度，从而将社会主义核心价值观教育、国情教育、法治教育等融入课程教学中。

　　综合来看，在企业价值评估课程中适时融入思政元素，加入社会主义核心价值观和新时代中国特色社会主义理论的内容，注重举例说明相关逻辑推进和影响结果，能够启发学生思考，提升学生观察社会、解决现实问题的能力。

无形资产评估

张晓慧

课程名称：《无形资产评估》

课程性质：□公共课☑专业课

课程类别：☑理论课□实践课□理论实践一体课

课程所属学科及专业：应用经济学资产评估专业

授课教师：张晓慧

授课对象：资产评估专业三年级本科生

一、课程简介

《无形资产评估》是面向资产评估专业本科生开设的一门专业必修课程。随着市场经济的不断深入与社会知识产权的普及，无形资产的价值在经济活动中的作用日益凸显。对无形资产进行评估并将无形资产作为重要资产加以运营，已成为当今知识经济的发展主流。通过本课程的教学，使学生了解无形资产的评估理论前沿，无形资产与会计、金融、企业价值等之间的关系，无形资产的价值影响要素，以及评估各类无形资产的基本方法与模型等。教学过程中，要求学生明确无形资产的存在形式及其价值类型和价值前提，进一步学习多种评估方法的实际应用，为学生对无形资产评估及相关领域问题进行判断、分析和研究，以及提出相应对策和建议打下良好的基础。

二、课程思政元素

思政元素1：提高法治意识。

法治集中体现了社会主义的核心价值追求。党的十八届四中全会强调，依法治国，是坚持和发展中国特色社会主义的本质要求和重要保障，是实现国家治理体系和治理能力现代化的必然要求，事关我们党执政兴国、事关人民幸福安康、事关党和国家长治久安。全民守法，是法治中国建设的基础，是社会主义法治文化建设的核心。全民守法的根本任务是弘扬社会主义法治精神，推动全社会树立法治意识、增强法治观念，使全体人民都成为社会主义法治的忠实崇尚者、社会主义核心价值观的自觉践行者。在课程的学习中，希望学生能够在模拟轻资产企业运行过程中提高法治意识，设立企业和企业运行遵纪守法，形成企业发展的良性循环。

思政元素2：增强社会责任。

虽然市场经济是趋利的，但是企业发展得好不好，不仅取决于经营管理的能力高低，更重要的是取决于企业的价值观、经营宗旨是否正确，特别是取决于社会责任是否担当。实践证明，只有拥有崇高的社会责任感的企业才能走得稳。希望学生在学习的过程中能够深刻体会企业追求的目标不应当只放在高盈利上面，要注重企业需要承担的社会责任，不仅在模拟运行企业过程中要注意，也为学生未来参与到企业设立或运行过程中奠定思想基础。

思政元素3：鼓励创新精神。

《中共中央关于坚持和完善中国特色社会主义制度、推进国家治理体系和治理能力现代化若干重大问题的决定》中关于坚持和完善社会主义基本经济制度、推动经济高质量发展中有一项是完善科技创新体制机制，提到要弘扬科学精神和工匠精神，加快建设创新型国家。还有建立以企业为主题、市场为导向、产学研深度融合的技术创新体系。学生在学习过程中要充分意识到我国技术类的资产存在数量庞大但质量却不理想的状态，而且也无法对其进行合理的估值。创新的能力相对较低，同时技术成果的转化率也比较低。有些技术可能更多停留在试验层面，很难投入实际生产过程，无法真正创造效益，很多专利技术变成企业谈判的门面而没有实际意义，而技术创新需要各个方面条件和环境的配合，同时要落到实处。

思政元素4：遵守职业道德。

资产评估专业人员在资产评估执业过程中应当遵守国家法律、法规及资产评估行业相关制度准则，恪守职业道德，秉承客观公正原则，维护国家和社会公共利益。学生要在学习过程中深入了解到在无形资产评估过程中应当具备的职业能力，具有公正客观的态度，运用评估专业理论与方法，较好完成资产评估业务。

三、学情分析

（一）学生特点分析

1. 思维层面。网络时代的学生思维活跃，好奇心强，信息来源渠道众多，知识面非常广泛。但同时，由于信息来源渠道比较杂乱，获得的信息多为碎片化，对基础知识的掌握不够牢靠，主观判断较为普遍，学习上也比较被动。

2. 知识架构。学生按照教学计划已经学习了管理学、财务会计及评估学原理等课程的基础知识，具备了学习无形资产评估课程的基础。但是，在评估理论联系实践方面还存在比较大的欠缺。

（二）应对措施

1. 夯实理论基础。授课时注意深入浅出，将比较晦涩的理论的前因后果进行明晰的解释和论证，为无形资产评估实务操作分析打下牢固的理论基础。

2. 注重自主性学习和参与式能力的培养。注意关注社会热点问题并积极引导学生进行课堂讨论，激发学生主动学习的兴趣。通过多媒体演示及诱导性提问让学生更多参与互动交流，并在授课过程中引入思政元素。

四、教学设计

1. 教学目的：掌握无形资产的概念、特性与分类，并能根据实际情况做出正确的无形资产归属和类别的判断；对于无形资产评估的前提和意义有基本的理解和把握；培养学生对无形资产评估相关内容的学习兴趣。

2. 教学内容：模拟轻资产企业运行及无形资产评估报告的互动点评与讨论，并引入相应的思政元素。

3. 教学重点：轻资产企业运行需要注意的问题及无形资产评估方法参数的选择。

4. 教学难点：无形资产评估方法尤其是收益法参数的选取。

5. 教学方法：直观演示法、案例教学法、课堂讲授法、互动点评法、诱导式提问法。

6. 教学手段：在多媒体智慧教室利用一体转椅分成六个公司区域以便互动点评和讨论；将教师和模拟企业团队的内容使用分屏分开显示。教师引导学生进行公司团队演示并参与点评和互动讨论。

7. 教学特点：运用现代多媒体技术手段，以学生为主体，扩大课程容量，丰富学生视野，开创学生思维，促进学生的自主性学习和参与式学习。

五、教学流程

本讲教学按照问题引入—模拟公司团队演示（第一部分）—企业间互动点评和问答、教师与企业间进阶式互动点评和问答—模拟公司团队演示（第二部分）、企业间互动点评和问答—教师总结与思考的流程展开，并且按照教学设计合理安排时间（如图 3 所示）。

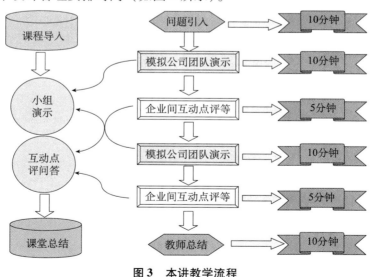

图 3　本讲教学流程

六、教学过程安排

根据教学目标、教学内容和教学设计思路，对教学进程进行系统安排，如表 49 所示。

表 49　　　　　　　　　　　　　无形资产评估

环节与时间分配	教学法	设计思路	教学内容
主要问题引入，10 分钟	诱导式提问法、讲授法	帮助学生明确授课内容与课程其他部分内容的逻辑关系，以建立对课程内容的整体认识	第一步，主要问题导入 1. 教师对本学期的教学安排进行回顾，通过对轻资产企业和无形资产的特征进行分析引出本课程的创新理念及双线教学模式 2. 教师对互动考评方式通过表格说明如何进行评分，引入模拟轻资产企业崇德教育公司 （本环节思政元素导入：提高法治意识） 第二步，教师提出问题引导学生进行思考，强调轻资产企业的设立和运行与法治的关系 1. 如何理解轻资产企业？ 2. 无形资产的法律属性对企业的重要性程度体现在哪些方面？ 3. 轻资产企业的设立与国家法律及相关制度的关系有哪些？它与其他类型的企业有什么区别？
小组演示分享，10 分钟	直接演示法	崇德教育公司模拟轻资产企业运行总结报告。通过实际例子来创设问题情境，通过与学生的互动和讨论发现问题和思维定向，帮助学生加深对概念实质的理解	崇德教育公司从市场概况、产品发展情况、运营状况和财务总结四个方面进行模拟轻资产企业运行总结报告。崇德教育公司在介绍模拟轻资产运行过程中除了对企业的经营、财务状况及风险等方面作深入分析之外，还要对企业如何承担社会责任进行详细说明。教育对国民水平的提升具有极其重要的意义，作为以教育为主营业务的轻资产企业，不能光考虑企业盈利最大化 （本环节思政元素导入：增强社会责任）

环节与时间分配	教学法	设计思路	教学内容
互动点评和问答，5分钟	互动点评法、诱导式和进阶式提问法	崇德公司随机抽取两个公司进行点评和提问，崇德公司进行回答和解释，教师同时参与互动。教师根据课堂演示和其他公司团队点评和提问的具体情况提出关于企业运营相关的问题如竞争对手及业务发展预期等启发性和进阶性问题，随机应变，随时调整	在其他公司团队点评和提问的互动中引导对于无形资产创新的看法，强调我国关于科技创新的一些设想。虽然我国的无形资产发展速度很快，一些专利技术在国际上也具有领先的地位。但是由于我国无形资产中尤其技术类资产目前数量与质量并不配比，创新程度还有待很大提高，一些技术还无法真正创造效益。同学们在模拟轻资产企业运行过程中要重视对创新的投入（本环节思政元素导入：鼓励创新精神）
小组演示分享，10分钟	直接演示法	崇德教育公司团队成员作无形资产评估报告	崇德公司从评估基本信息、评估方法、评估过程和评估结果四个方面进行无形资产评估报告的演示。重点是评估方法参数的选择，包括收益额、折现率和收益期限
互动点评和问答，5分钟	互动点评法、诱导式和进阶式提问法	崇德公司随机抽取两个公司进行点评和提问，崇德公司进行回答和解释，教师同时参与互动。教师要根据课堂演示和其他公司团队点评和提问的具体情况提出关于无形资产评估报告相关的问题如评估方法的选择、个别参数的选取等启发性和进阶性问题，随机应变，随时调整	无形资产评估报告是基于轻资产企业模拟运行产生的无形资产来进行的，可以采用多种方法进行评估。教师要引导学生在进行无形资产评估的时候要遵循的重要原则，强调资产评估专业人员职业道德的重要性，例如保持公正、客观的态度，在进行数据搜集和评估参数具体测算时要认真、谨慎，为待估无形资产提供合理的价值参考（本环节思政元素导入：遵守职业道德）
总结与思考，10分钟	讲授法、归纳法、诱导式和进阶式提问法	教师通过诱导式和进阶式提问并提示崇德公司的报告存在的问题	总结所有公司都要关注和思考的知识要点以及在线教育行业的特征

七、教学效果分析

1. 本讲的教学内容主要是模拟轻资产企业运行及无形资产评估报告的

互动点评与讨论，并引入相应的思政元素。教学的重点在于轻资产企业运行需要注意的问题及无形资产评估方法参数的选择。通过内容的层层递进及相互补充附加互动内容，使学生将条条框框的理论知识与实践相结合，对于教学内容有了更为直观的理解。

2. 本讲采用了多种教学方法例如直观演示法、案例教学法、课堂讲授法、互动点评法、诱导式提问法等。由于涉及多个模拟团队，本讲在多媒体智慧教室利用一体转椅分成六个公司区域以便互动点评和讨论，将教师和模拟企业团队的内容使用分屏分开显示，使学生之间模拟情境更为真实，体现更为充分的互动性，学生可以通过多个角度对轻资产企业的运行和无形资产评估过程具有更具象化的理解，留下深刻的印象，促进学生的自主性学习和参与式学习。

3. 本讲导入的思政元素环节与教学内容密切相关，对于教学内容进行了强有力的补充。一是在轻资产企业模拟运行部分，思政元素加入了关于法治意识、社会责任、创新意识等内容是十分重要的。因为轻资产企业种类很多，近些年的发展也非常迅速，但是在发展过程中也出现了很多问题。许多企业的业务属于新兴业务，在相关规范还不是很完善的情况下，容易越过法律的边界。由于本讲内容是通过学生模拟设立和运行轻资产企业，更应当加强树立法治意识。社会责任同样是现在企业运行过程中容易忽略的部分，通过强调企业承担社会责任，扭转学生对于企业只有盈利最大化的固有观念，对于轻资产企业如教育行业、游戏行业、科技行业等有了更为深入的了解。创新意识也是在教学中要特别强调的，因为无形资产评估中有相当一部分的评估对象为技术类资产如专利和专有技术，科技的创新对于我国国力增强具有十分重要的意义。在授课中，学生会通过案例及模拟实务操作各类无形资产的特征了解创新的重要性。二是在无形资产评估部分，评估过程及评估报告是思政元素导入的切入点。在无形资产评估中采用的方法及各项参数的测算过程中，学生会了解到在评估执业时需要严格遵守职业道德，包括保持客观公正的态度、敬业的精神等。职业道德要求与精湛的评估技术应当具有同等重要的地位。

教学改革探索

税收学一流本科专业的人才培养研究

何 辉

【摘要】随着经济全球化和我国市场经济的快速发展，社会对实践操作性人才的需求大大增加。税收学是一门应用性和实践性很强的学科，在经济迅速发展和社会需求不断增加的背景下，税收学专业人才的培养质量提高显得十分重要。税收学专业的人才培养应由理论型向应用型转变，提高学生的实践能力和综合素质水平，以适应我国人才市场的新要求。我国的税收学专业的教学模式与实现人才培养目标不匹配，应推进税收学专业的教学模式改革，通过转变传统的教学模式、完善实践教学，提高学生的实践能力，以实现人才培养的目标；加强师资队伍建设，课程体系应与人才培养相匹配。本文首先对税收学专业人才培养的目标进行定位，并针对目前我国高校税收学专业人才培养模式中存在的问题，提出促进税收学专业人才培养质量提高的对策建议。

【关键词】实践教学；课程体系；师资队伍

一、引言

随着经济社会发展，市场对税收学专业的人才需求也发生了相应的变化。税收学专业是应用性和综合性很强的专业，对税收学专业的人才培养应由理论型向应用型转变，提高学生的实践能力和综合素质水平，以适应我国市场的新要求。我国的税收学专业教育目前存在诸多问题，如教学模式以及课程体系设计不合理等，这些问题的存在使得新的教学目标难以实现，影响人才培养质量，所以应该对目前的教学加以改革，通过转变传统的教育模式、完善实践教学和完善课程体系来合理解决现在教育中存在的问题，从而促进税收学人才培养质量的提高。

二、税收学专业人才的需求现状

税收学是一个研究税务部门征税、企业依法纳税，以及介于二者之间的中介机构涉税服务的经济学科。我国在《国家中长期教育改革和发展规划纲要（2010—2020年)》中就提到要扩大人才培养的规模，做到人才的应用型、复合型、技术性培养。而基于人才就业市场的需求视角，需要具备高素养知识储备、高创新能力、高实践能力的综合性人才，才能够在之后的税务筹划、税务风险管理、税收征管、税务代理等方面从容地处理涉税问题。具体来讲，税务部门、司法部门、企事业单位和税务代理中介机构这三大类用人单位对于税务处理的专业能力要求越来越高，对于高水准的税收专业人才需求也越来越大。不论是税务部门还是企业，均需要熟悉国家税法、税收管理法规等涉税法规及办税程序等知识，不仅熟知书本知识，而且具有实践操作能力的人才。因此，目前针对税收专业人才的培养质量具有更高的要求。

1. 税务机关需要综合型人才

税务部门和司法部门等行政管理部门对于综合性的税务专业人才需求不断上升。作为税务管理者来说，一方面需要具备一定理论基础，另一方面要熟练掌握征税的过程。

首先，理论是实践的前提，只有拥有扎实的理论基础才能在实践中融会贯通。财政部、税务总局每年发布的税收政策文件高达上百份，同时面临日常大量的涉税活动，使得税务机关专业人才既需要拥有扎实的理论基础，又需要及时掌握最新的税收政策，依法践行税收制度，能够准确地分析和解读每一项税收政策。因此税收学专业人才必须要系统地掌握税收、财务管理、会计、金融及产业经济等方面的基础知识，熟悉财经税务等方面的法律法规和相关政策，财税理论水平要达到一个较高的层面。

其次，税收学专业人才还需要具备较强的实践能力，能够熟练地掌握征税、稽查等涉税流程。从税务部门的角度讲，税收学专业人才一方面要合理运用税收手段去促进各项经济政策的实现，另一方面在征税过程中要熟悉税收征管的一般流程，如税务登记、纳税、申报等，要严格遵守我国税法的相关规定，依法向不同纳税人征税，明晰不同的纳税人对应适用的税收征收条例及办法，征税时要履行的相关法律程序，能够运用合理的方法进行征税以提高征税效率降低税收成本。此外，还要根据法律的权威性与严肃性竭力遏制偷税漏税的情况发生，防范税收流失。伴随着"金税三期"的上线，通过税收的信息系统可以实施税收征管以及税收稽查，但这也需要税收专业人才首先具备良好的业务素质，能够熟练地应用税务系统软件。公检、法察等司法部门在处理涉税经济案件时，基于税收的专业化程度要求越来越高，就需要同时具备法律与税收双背景的高素养人才，有了这类人才的加入，才可以在审理案件时作出准确的判定从而维护国家经济的秩序。

2. 企业部门需要专业型人才

我国的经济发展逐渐由高速发展转变为高质量发展，这使得企业开始强调内部的健康发展。我国越来越多的企业意识到对税务人才的需求要专业化，并专门设置了税务专门职位用以降低财务风险和税收风险，依法纳税的同时合理合法地降低企业的税负，这也就需要税收专业人员拥有强大的纳税风险评估、防范、化解能力。税务与大数据逐渐融合的今天，纳税人通过网络就可以远程进行发票申领和纳税申报等事项，这也要求税务专业人员拥有熟练的操作能力，实现将专业能力与实践能力紧密结合。

首先，企业看重税收学专业人才的专业知识，要求求职者拥有很好的税收学专业知识背景，其税收学专业知识深厚。根据公司业务和国家税收相关政策法规运用所学的知识进行税务筹划，从而为企业最大限度地节省税收开支，准确、及时进行纳税申报。这就要求税务专业人员首先要具备深厚的税收学专业知识，要对国家政策能够精确地理解和实践，同时，对于公司的情况能够准确把握，拥有高水准的税务实践能力，在实践中能从容应对各种涉税事项。

其次，企业要求具备一定的税务实践能力。企业所需税务专业人才要有税收政策、税收筹划、税务代理及相关领域实际工作的基本技能，在实践中能胜任税收征管、税务稽查等工作。税收专业人员需要通过对经营、投资等过程进行细致的规划，同时根据公司情况以及国家税收相关的政策法规结合自身所学知识进行综合性的税务筹划。近年来，我国企业越来越多地意识到对税务人才的需求要专业化，并专门设置了税务职务，为企业的发展需要制定合理的税务筹划，税务人员需要帮助企业在符合税法的前提下，通过对经营、投资、理财活动的精密规划而获得节税收益，因此，企业在对税收学专业人才的需求方面也逐渐趋于实践性。

3. 涉税服务机构需要应用型人才

无论是具有大量业务的大企业还是税收业务量较小的中小企业，都具有通过中介机构来实现税务代理、电子报税等需求。当前，随着市场的专业化分工，事务所与财务公司都需要大量的税务专业人员。在选拔税务专业人员时更为注重税务专业人员是否拥有较强的实践能力与实践经验。由于税务专业人员需要在不同行业、不同公司进行涉税服务，基于工作性质，这也就要求税务专业人员对各个行业的税收状况充分了解，在为不同领域的客户提供服务时，能够准确地切换不同的涉税流程以及注意事项，以此来提高涉税服务的效率，避免错误。尽管中介机构更加看重税务专业人员的实践能力，但税务代理行业的发展要求社会中介机构需要大量的专业执业人员。另外，相关的税务专业人员本身也需要有优良的专业能力，才能够为纳税人提供优质的涉税服务，成为政府和企事业单位之间的稳固桥梁。

三、税收学专业人才培养目标定位

目前，我国税收学专业人才培养面临着新的形势和挑战。从我国当今教育现状来看，高等教育已经从精英教育过渡到大众教育，大学的录取率逐年上升，高校已将教学重点放在培养一般性应用型人才上，而非一味侧重高级精英人才的培养。从我国财税改革角度看，目前我国正处于全面深化改革的关键时期，税制改革是其中尤为重要的一个环节，我国现行的18个税种中仅有3个税种经过人大立法，其余的税种大都依靠国家税务总局和财政部颁布的政策性文件、通知和公告进行支撑和补充。我国税制的复杂性一方面给税务学专业学生提供了更广阔的就业空间，另一方面也给税收学专业教学带来了一定的困难。从社会需求来看，税务学专业学生毕业去向主要有三个，即公务员、企业和事务所。由于全国公务员体制改革，使得行政和事业单位对税收人才的需求逐年下降。相反，基于我国税制的复杂性，以市场为依托的企业和事务所则急需大量具有实际操作性的应用型税收人才，来进行税收筹划和税务风险防范等实务相关工作。面临上述的机遇和挑战，税收学专业人才培养目标急需进行重新定位：应以"操作性强，适应能力强，应用性广"作为培养税收学人才的根本目标。首先，税收学作为一门应用型经济学科，具有较强的实务性和操作性，加之社会对精于税收筹划和税务风险防范人才的需求不断增加，使得操作性强成为税收学专业人才应当具备的基本素质。其次，我国的税制是世界上最复杂的，每年有关部门都会颁布大量的政策性文件和公告，所以税收学人才应具备较强的适应能力和学习能力。同时，税收学专业人才要找到市场需求和自身专长的衔接点，结合税收学应用性强的特色，选择自己的最佳需求。

当今社会，随着经济全球化的发展、国内经济形势的变化、信息技术的发展以及市场对税收学专业人才的需求变化，我国对人才的培养模式与目标也将随之发生改变。就税收学专业而言，要求人才培养质量和规格、培养方向和能力、培养手段和内容等都必须作出相应的改变。要立足于社会发展需要，面对税务部门和其他财税系统以及企业的人才需求确定不同的培养方案，制定多元化的培养目标。在新的社会形势下，为适应不同的社会需求，税收学专业人才培养目标应该主要分为以下几种。

1. 复合型的税收学专业人才

复合型的专业人才也即为融通型的人才，即宽口径厚基础的知识复合型人才和能力复合型人才。其中，知识复合型是指税收学专业与管理学、经济学、法学、政治学等学科都紧密相连，因此税收学专业人才在精通本专业的相关理论知识与实践的同时也应该广泛涉猎，具备宽厚扎实的基础知识，以便在实际工作的过程中能够融会贯通。能力复合型是指学习能力、创新能力以及能够胜任一系列相关不同岗位的能力的复合，它与知识复合型相辅相成，宽厚的基础知识有利于税务人员以后的学习，大大增强了其学习能力和创新能力，在日常工作中能够将理论熟练地运用于实践并进行创造性的工作，同时，税收学专业人才在实际工作中也能够学习和巩固相关的基础理论知识和该领域的最新研究成果，能够与时俱进着眼于财税及经济和管理领域的未来发展状况，不断创新，从而在帮助企业或政府部门完成战略目标带来效益的过程中也能够提升自己，使自己逐渐成为综合型的人才。

2. 应用型的税收学专业人才

税收学专业是一个应用性很强专业。税收学专业旨在培养具有坚实的现代经济学理论基础和相关学科的理论，熟悉相关的政策法规，具有基本的税务执行能力的高级财税专业人才。税收学专业的应用型人才的培养要求所培养出来的人才应该切合企业及政府部门的实际需要，定向地输送人才。这些人才不仅能够满足某一工作岗位的需要或者在某一行业有胜任力，也要具备创新意识和较强学习能力；拥有较高的专业素养和丰富的专业知识；掌握前沿的税收及其他相关学科的理论；具有相应的税务行政伦理道德；能够胜任诸如研究机构、各类大中型企业及政府部门的相关经济管理等工作，兼具财务税务和会计等相关工作的能力。

近年来，随着中国经济的不断发展，整个社会税收学专业人才的需求呈现持续增长的态势，这也就要求对本科税收学专业人才的培养在讲授理论知识的同时也要注重实用性。为适应市场及社会需求，学校应该以培养高素质高技能的人才为目标。一方面，由于近几年各大高校的扩招使得就业压力加大、就业难度加强，为了提高学生的就业竞争力，学校必须要注重培养学生的实践能力，使得学生能够在日后很好很快地融入工作；另一方面，企业和税务部门对人才的需求也偏向于实践性，因此对税收学专业人才的培养应该注重实用性。

3. 开放型的税收学专业人才

自改革开放以来，中国一直与世界频繁互动，随着经济全球化的到来，21世纪的中国在世界上已占据重要的地位，尤其是中国对世界的经济具有非凡的影响力，因此新时期社会对人才的需求与世界对人才的需求紧密相连，对税收学专业的人才培养方面也就要求所培养的人才必须是面向社会面向世界的开放型人才，不仅要满足国内经济的发展要求，也要与世界要求接轨，适应新时期的经济发展方式，迎接新的挑战。开放性的人才不仅要能够胜任国内的相关工作也要能够胜任涉外工作，能够走出去开拓视野学习国外的相关先进理论，以国际领域为一个大平台进行工作学习，将所学理论知识在世界领域中得以应用，只有与世界同步跟上时代步伐，才能够在该领域中深入研究有所突破，从而使个人和集体都能够得到较大发展。

四、税收学本科人才培养存在的问题

1. 课程设置不合理

其一，税收学专业人才培养课程设置与培养目标不匹配。众多高校的课程设置注重培养税收学专业学生的创新能力与研究能力，忽视学生的实际应用能力。税收学专业应培养适应社会发展需要的，具备税务代理、税收稽查、税收策划等专业知识与实操能力的综合型人才。如今，高校税收学专业本科课程设置与培养目标脱节、理论课程与实践课程比例不协调，导致学生缺乏必要的应用能力课程训练。大部分高校税收学本科专业的课程体系分为公共基础课、学科基础课、专业课与实践课，其中，公共基础课比例为 35% ~40%、学科基础课比例为 15% ~20%、专业基础课比例为30% ~35%、实践课比例为 10% ~15%。公共基础课与学科基础课所占比例较大，且课程时长较长、设置学分较多，为学生的创新能力、研究能力打下基础，但专业课和实践课占比较低，为 40% ~50%，难以体现税收学专业人才培养目标的要求。课程设置的目标方面目前仍然偏重于传统的知识性传递，忽视了培养学生的应用技能和创新意识，重理论轻实践的现象依然很严重。现在的教学范式下知识的传递在教学目标中依然处于主导地位。所谓知识传递性的教学，即是老师根据课程特点事先设定好课程的培养目标，然后依据该目标实施教学，安排教学进度和考核方式，其特点是具体化且具有可操作性。然而，该课程目标偏重于课程的知识点讲解和理论知识的灌输，弱化了学生的实践能力和创新意识。然而，税收学专业本身就偏向于应用性，按照这种目标培养出来的人才肯定不能满足社会的需要，因此在课程目标的设定上应该多考虑应用性和融通性，从而设定合理的课程目标。

其二，课程的内容设置方面也有很大的缺陷，过分地依赖书本、依靠教材进行知识的传递，坚持以教材为中心，课程内容多以理论知识为主，不利于对学生的知识拓展和探究性的学习的培养。这些课程的特点是知识内容中立枯燥，缺乏能够引起师生思考互动的知识点，学生在学习这些知识点时缺乏明显的兴趣；知识体系化，各知识点的逻辑关系比较强，给学生留有较少的发挥个人想象的空间。整个课程内容比较封闭化、模式化和去情景化，没有动态性，缺乏鲜活性和开放性，不利于学生根据自身对知识的需求结构对知识内容进行创造性的重组。此外，课程的理论也很肤浅，深度不够，对理论知识的学习仅限于一些基本的财政政策理论、税收基本知识等的描述和解释，堆砌一些无理论依据的原则、性质和意义等，不能够从理论上对其进行高度概括和分析，也很少会涉及需要学生思考的知识点，学生要做的也就是记忆和理解，不能深入地思考和学习，学生普遍缺乏创新意识。对于税收学专业人才的培养应该注重综合式的培养。将税务和管理、经济、法律、会计及财务管理等专业进行综合，以培养更适合社会需要的宽口径人才，在课程的设置方面应该将这些相关的专业作为专业基础课来学习，目前很多高校不注重这些相关课程的开设或者是课程体系不健全，专业口径狭窄不利于税收学专业在新形势下的发展与建设。此外，有些高效课程设置也缺乏时效性，在 21 世纪这个信息化的时代各学科的理论发展都很迅速，知识理论的更新也非常快，这就使得各大高校在对专业课的设置方面应该与时俱进紧跟时代步伐。然而，有很多学校在专业课的设置方面却忽略了这一点，有些专业课的课程内容已经陈旧，明显跟不上时代却依然在用。税收学专业具有政策性，与国家出台的相关政策紧密相连，陈旧的专业内容淘汰不及时，更新速度慢，不能够及时反映国家出台的新的税收政策和法律法规以及新近的科学研究成果，学生所学到的一般都是已经被淘汰的知识，对学生的学习会存在一定的误导。

其三，课程的考核方式过于单一。课程考核的目的是检验学生学习效果，是对教师教学方法以及其他相关因素的反馈，因此课程考核也是教学的一个关键环节。一个好的课程考核对教学双方都有着至关重要的作用，学生可以通过课程考核检验自己的学习成果，找差补弱，使自己不断进步；教师可以通过考核所反馈的信息来不断调整自己的教学方法和方式。但是，现存的教育模式下课程考核方式并不能发挥它应有的效果，考核方式单一，多以命题考试为主，一般都是老师出题学生回答，以知识传递为目标，以教材为中心，重点是检测学生对知识点的掌握情况，于是出现考试"临时抱佛脚"和"裸考"现象严重的局面，甚至平时不学习的学生只要在考前将重点知识点加以背诵也能在考试时取得较好的成绩，使得考核失去其原本的意义。对于税收学专业而言，考核方式太过单一，学生对理论知识掌握不够牢固，且知识面较窄，而税务的综合性很强，因此不利于学生日后对税务实践的学习，不能将理论与实践相统一运用所学理论解决现实中存在的问题，亦不能在实践中融会贯通、开拓创新。目前，很多高校缺乏有效地对大学生实践能力的考核机制，不注重对学生实践能力的考核，没有将其细化作为大学生综合素质的一项指标，也没有完善的评估机制来衡量实践能力在大学生素质中所占的权重，这种重理论考核轻实践考核的方式使得学生不能够正确认识到实践能力的重要性，在以后的实践中将不利于其日后的发展。

其四，过分依赖书本进行实践教学。税收学作为一门具有实务性的学科，实践课程在税收学的教授过程中当然是必不可少的。然而，目前大多数高校在税收实践教学中似乎偏离了"实践"二字，只是单纯对书本上的知识点和案例进行讲解，书本之外的涉及甚少。部分学校虽设有实践基地，但由于课时少，课程安排紧张，也很难真正实现"走出去"进行实践。

其五，在实践教学中，侧重理论弱化实践。实践教学的目的在于应用税收学理论知识解决现实问题，若在实践教学中还是一味地强调税收学理论知识，而对实践内容只蜻蜓点水、一带而过地讲解，那么实践课程就失去了它最本质的意义，这与培养应用型税收人才的目标也是背道而驰的。

其六，尚未形成规范的管理实践教学体制。目前，我国税收实践教学经验主要借鉴于西方发达国家高校，并没有结合我国实际情况进行有效的创新，我国高校的实践教学大都也是自发的，处于探索阶段。

目前，教学内容与实践严重脱节已成为各大高校在人才培养方面所面临的普遍问题，各高校在针对大学生实践能力的培养方面缺乏针对性和实效性，学生的实践活动内容单一，组织形式不具多样性。校企结合的例子很少，与税务局或企业及税务师事务所不能够形成长期有效的沟通机制，学生接触涉税业务的机会较少，另外，学校在培养学生的实践能力方面投入不足使得相关的实践活动难以开展。首先，课程的设置缺乏实践性，虽然现在很多财经类院校均对税收学专业实践课程已经做出了相应的安排，但是有的形同虚设，有的实践教学方法及方式不足以培养学生的实践能力。其次，很多教师对实践性教学缺乏足够的认识，只会纸上谈兵泛泛而论，很少触及最新的实践，在课程设计方面对实践性的环节要求是得过且过，实践环节单一且没有针对性，主要以讲座和社会调研为主，综合创新环节薄弱。最后，专业的实践实验教材的缺乏使得课堂教学具有很大的随意性，主要以教师为主，学生缺乏自主性和主动性，而且学生课后的实践实验学习也得不到保障，再由于相应实习基金建设的缺乏，使得实践实验教学很难开展。

2. 实验课程教学不足

其一，实验教学课程设计不合理。税务实验教学也就是在税收专业实验室将书本上的税收理论知识通过案例分析、应用软件操作和仿真演习等方法进行的税务教学活动。其中，仿真演习是最能培养学生实践能力的，学生在演习中要模仿税务机关人员或企业的税务人员等相关角色，进行税务的稽查、管理、筹划等工作，但现实中仿真式实验教学匮乏。实验教学是实施税收实践教学的重要环节，但是在现存的教育模式下，不但实验教学缺乏其合理性，而且教学体系的设计不完善。比如，实验教学课程的实施主要以对象化的教学为主，这就意味着把学生当作被塑造的对象，学生作为受教育者，但其主动性多半不能够得以很好的体现，老师和学生之间也缺乏足够的协作性和互动性。课程是设计者意图的忠实反映，其着眼点不在于学生的创新和超越，而在于学生被动的接受与适应。教师的目的在于传授既定的实验课程知识，而不在意这种知识的传授方式与知识本身的内容是否合理，是不是学生所需求的。模拟实验实践的教学平台和相关软件依然缺乏，有些院校虽已配备相应的教学软件，但是其与实际业务相比仍相距甚远，教学内容更新不及时，不能与社会实际保持同步。

其二，税务实验软件相对较少，且过于陈旧。造成这种现象的原因归结于以下三点：一是税收学专业本身的特性所决定，由于税务相对于其他学科专业面较窄，所以针对税务开发的实验软件较少。二是软件开发商对软件的更新速度较慢，且维护不足，使得有些税务软件（如中国税收征管信息系统）不能正常使用。三是一些高校对实验教学的忽视，对实验教学的硬件资金投入不足，致使实验软件过于陈旧，影响实验教学效果。大多数高校的税收实验课程仅在计算机机房进行简单操作，若要建立一个规范的税收实验教学模式，显然只有计算机是远远不够的，配套的打印机和其他一些硬件设备必不可少。

3. 教学模式较为单一

目前，大多数高校课堂成为老师的"一言堂"，老师讲授占据绝对的主体地位，师生之间的互动极少。这种填鸭式的教学缺少了学生自主探索研究的环节，使得学生只能被动地接受知识。填鸭式教学，顾名思义也就是灌输式的教学方式，通常是指老师一本讲义一支粉笔式的传统授课模式，以老师讲为主，学生只负责听或者记，师生互动较少，授课方式单调乏味，课堂气氛沉闷，这种应试教育下的授课模式已不再适应现在的社会，也不符合学生的学习规律，这种模式下学生缺乏自主学习和自主思考的机会，不利于学生的专业技能提高。虽然课堂安装有多媒体，但并没有发挥其实际的功能，而只是成为展示 PPT 课件的工具。从学生的角度而言，只能被动地接受课程已经限定的知识内容和知识结构，再加上有些老师授课方式是"照本宣科"，这就使得学生缺乏主动学习的热情，创造性的学习更是纸上谈兵，这也是导致学生主体性价值的缺失和创新意识缺乏的原因。在知识的传授方面，仅限于书本知识既脱离实践也不能积极地结合专业相关的知识，学生知识面狭窄，不具备联系实践所应有的知识理论基础。教学仅限于课堂，实践课程不能够得到应有的重视，教师往往以课本知识为目标，任务就是在规定的时间内将书本的知识点向学生讲解，学生为了适应老师的授课方法而不得不花大量时间用于理解和记忆书本的知识点上，从而没有足够的时间去进行课外实践，学生对税收学专业知识的认识缺乏感性。课堂教学培养出来的学生缺乏实践性，不能够很好地应对实际中所遇到的问题，背离了应用型人才的培养目标。

4. 应用型师资力量欠缺

现阶段，培养应用型人才需要既擅长理论教学，又懂得税务实际操作的教师队伍作为保障。但很多高校税收学专业师资队伍多为研究型教师，缺少精通税务实际操作的教师。很多教师经历比较单一，从高校毕业后直接到高校从事教育教学工作，这些教师的理论知识较为丰富，但是缺乏在税务局、税务师事务所或大中型企业的工作经验，缺乏税务实践经验和实际操作能力。即使一些教师取得了税务师、注册会计师等证书，但是由于缺乏实际工作经验，在实践教学中，大多关注税收学理论的教学，忽略培养学生的实际应用能力，一些实操性、技术性较强的税收业务很难讲解清楚、分析到位。良好的师资队伍建设在税务学本科专业人才培养过程中发挥着重要作用，目前应用型师资力量有待进一步加强。

此外，现行的教师职称评选机制使得教师弱化实践的学习。现阶段，我国高校对税收学专业教师的知识结构和学历结构要求较为合理，但在教师职称评选机制方面存在一些问题。税收学不同于其他理论性较强的学科，它具备一定的实务性。如果论文发表依旧作为税收学教师职称评定过程中的关键因素或是唯一指标，那么无疑会导致税收学专业教师过于重视理论学习而忽视实践能力的培养。课程以理论为主，教师忽视对业务能力的培养。大部分教师的经历比较单一：从高校到高校。即在高校毕业的硕士、博士直接回到高校从事教学工作。这类教师的理论教学水平固然很高，但是这种单一经历也使他们相对缺乏一定的税务实践经验和操作能力。所以在实践教学过程中，一部分教师就难以将税收实务讲授得十分透彻，这对于应用型税收学专业人才的培养是非常不利的。

目前，税收学专业人才培养中存在的问题阻碍了税收学专业人才培养的质量，尤其是对新培养出来的税收学专业人才的综合素质和实践技能产生了较大的影响，不适应社会需求。这些问题足以引起我们教育工作者的重视，需更新教学观念、探索教学新思路，应结合实际改善现有的教学模式，要以社会对税收学专业人才的新需求为依据，改革税收学专业人才培养模式。

五、提升税收学人才培养质量的对策建议

1. 优化课程体系，培养综合人才

建设完善的课程体系是进行税收学专业教学范式改革的关键，要想做好改革工作，必须要转变观念，面向社会需求，设计科学完善的课程体系。我们应该在税收学科的发展趋势和社会主义现代化建设的基础上，以专业培养目标为依据，以强化基础、注重实践、开拓创新、提高综合素质为原则，结合本专业的特点，调整目前税收学专业课程体系中不合理的方面，以全新的观念和思路来设计科学规范的符合本专业特征的课程体系。具体而言有以下建议。

其一，设计理论与实践相结合的课程。调整基础理论课和实践专业课的比例结构，适当压缩基础理论课的课时和学分，相对增加一些应用性、实践性较强的课程，如企业所得税汇算清缴实务、土地增值税汇算清缴实务、企业税收风险分析等专业课程。学生可以根据自己以后的就业方向选修相关的专业课程，如此，不仅能有效地提高学生的实践能力，而且可以更好地适应社会对于税收学专业人才的需求。理论是实践的基础，学生必须通过理论课程的学习来掌握从事税务实际工作所需要的基本理论知识和技能，只有具备扎实的理论基础，才能胜任税务相关的工作，将理论应用于实践，因此理论课程的设计在整个课程体系中始终占有重要的地位，这也是教育教学的特点。税收学专业最突出的特性就是应用性和实践性，理论知识学习的最终目的就是应用，税收学专业的实践性是由其应用性所决定，通过实践也有助于理论知识的强化与发展，因此实践性课程也是课程体系中不可缺少的一个重要组成部分。当今社会对税收学专业人才的需求

越来越趋向于应用性，因此高校在人才培养方面应该高度重视理论与实践的有机结合，不能有失偏颇，这要求在课程体系设计方面也要注重理论课和实践课相结合，在合理调整理论课程的同时也要注重实验室建设和社会实践的安排，加强实践课程的规划。只有理论与实践相结合，才能培养出学生运用所学知识来分析问题、解决问题的能力。注意课程的衔接，合理安排课程的开课顺序。无论是基础理论课程还是实践专业课程，在课程设置的过程中都要严格遵循"先简后繁，先基础后强化，先微观后宏观"的开课顺序。只有这样层层递进的课程设计，才能达到"授业、解惑"的目标。

其二，强化专业课程理论的时效性。掌握必要的理论基础知识和相关的操作技能是税收学专业学生的首要任务，因此在课程设计方面必须要注重课程的时效性，及时更新教学内容，使学生能够及时了解税收学专业及其相关专业的前沿理论和最新的科研成果及发展趋势。税收学专业具有很强的政策性和时效性，其理论知识体系在很大程度上都与国家的财税政策有关，因此在课程体系的设计上必须要考虑国家的相关政策，注重理论性与政策性的结合，强化课程理论的时效性。

其三，课程设计要注重灵活性和综合性。税收学专业是国家为培养懂得税收理论具有税收实践操作能力而设置的学科，为实现税收学专业人才培养的目标，国家教育部对某些教材和课程设计具有统一的规定。统一规定的税收学专业核心课程能够保证学生理论知识的完整性，也有利于学生知识的拓展，促进了税收学专业人才宽口径厚基础的目标实现，提高毕业生的就业竞争力，增强了工作适应能力。但是，在具备统一性的同时也要注重课程设计的灵活性，要勇于打破统一性的课程体系的束缚，各高校在专业课程设计方面要充分发挥自主权，设计具有本校特色的灵活的课程体系，根据所面临的实际情况，依据培养目标，有目的地对课程体系加以调整，灵活地增加一些有利于培养目标实现的新课程。根据税收学专业最新的科研成果和新的财税政策，及时更新课程内容，取消不适用的课程内容，保持课程先进性，使得专业课程体系不断发展和完善。可适当增加法学类、管理类课程。虽然税收学属于经济学科大类，但不能将税收仅仅局限于经济学的小圈子。高校要适当引导税收学专业学生选修法学类和管理类课程，以更好地适应我国目前税收法治化的进程，同时也能够相应提高学生的综合能力。

其四，完善课程的考核制度。人才培养目标的调整以及教育模式由应试教育向素质教育的转变，使得对学生的考核方式也要做出相应的转变。以往课程考核方式是老师出题学生作答的模式，只能检验学生对知识点的记忆情况，并不能反映出学生的实际操作水平，不能适应现代化的教育模式，考核制度的改革应配套与其他环节的改革，在传统的闭卷式考核方式的基础上，重视对学生实践能力和综合素质水平的考察。设计合理的考核方式对教学双方作出全面的测评，使考核目标由记忆式转向综合式。考核是对教学效果的有效评估，因此在考核方面也应该加强考核后的评估反馈工作，为教学双方寻求高效的教学和学习方法提供依据，有利于双方进一步的学习。

2. 培养实践能力，强化创新意识

税收学本科应用型人才的标准也包括熟练的涉税实践能力，实训课程和企业实践可以有效提升税收专业学生的应用能力。专业实践课应结合实际，通过纳税主体、征税主体不同方面的实训设计流程，不仅提高学生对实际操作流程基础的掌握，而且深化对涉税服务的理解。具体而言有以下建议。

其一，建立以培养学生创新精神和实践能力为目标的教学体系。要想培养出学生的创新精神和实践能力，关键是要构建与税收学专业自身特点相适应的实践教学体系。首先，要建立实践教学体系的整体目标。在科技进步和社会不断发展的背景下，结合税收学专业学生的培养目标，并根据学生学习的发展规律和形成实践能力的不同阶段，来对实践教学体系的整体目标做一个设定，从而可以促进实践教学和理论教学的有效结合，实现实践教学的目标、方法、内容及管理机制的统一。其次，要建立科学的实践基地。要实现学生的知识能力以及综合素质的全面发展、突出学生的综合能力培养，就必须要建立适当的实践教学基地，通过建立室内教学和室外教学为一体的实践教学基地来推进教、学与做相统一的教学模式改革，使学生掌握相关的操作流程，培养学生的动手能力。最后，要及时更新实践教学内容，探索新的教育模式。实验和实践的教学内容及方法要符合现代社会的发展以及相关产业的最新调整和科技的发展要求。合理地设计各个教学环节，将现代技术运用于实践教学过程，更新教学内容。探索新的教学模式是实践教学必不可少的一步，随着时代的发展，旧的教育模式已不能适应新的要求。比如，建立产学结合的教育模式，使学生在学好理论知识的同时有机会接触实际，培养学生的动手能力。

其二，建立实践教学的质量保障体系。实践教学质量保障体系的构建有助于提高实践教学的水平，也是完善实践教学不可或缺的一个重要部分。首先，要加强师资队伍建设。进行实践教学就必须要有一批熟悉税收征管、税务稽查等实际操作能力的专兼职教师，他们通常要有过硬的技术，经常深入基地进行社会实践。因此，要鼓励并支持取得相关资格证书的教师多实践，学习最新的实际操作流程。此外，也可聘请有经验的税务工作人员定期来学校授课，使学生对税务相关的工作能有一个了解。其次，是要建立先进的实验室，对于财税实验室要及时增添先进的实验仪器和设备以及相应的软件，建设一个以现代化技术手段为依托、财务的审计和税收的征管相结合的优质的平台，使理论与实践紧密结合，有助于提高学生的创新能力和应用能力。

其三，加强实践教学的教材建设。实践教学的实施必须要有一套与之相配套的实践教材，在实践教材的选择上一定要以高质量的精品教材为准，目前市面上高质量的精品实践教材不多，可选择性不多，因此对于一些学校可以考虑自行编写设计符合实际特点的教材，要注意的是，教材的选取或编写一定要符合实验室相关配套设备。此外，还要加强实践教学的教学文件建设，教学文件主要包括实施实践教育所需要的教学大纲、计划、教案、近几年的实践教育模拟报告及历年的实习方案和实习笔记等一系列相关的文件，由于缺乏注重学生的实践能力培养，所以在实践教学方面的教学文件相比较于理论教学略显薄弱，为此在实行实践教学方面要努力建设好教学文件。例如，认真地制定教学大纲，并及时认真地修订和执行大纲；教学档案管理要规范；教学资料要完整等。建设一套好的教学文件是实践教学实施的保障，对实践教学具有一定的指导作用。

3. 创新教学模式，激发自主意识

教师应努力尝试互动式、讨论式教学模式，打破传统的"填鸭式"教学，注重培养学生的自主学习能力，即"授人以鱼不如授人以渔"。教师在教学过程中逐渐将主导权过渡到学生本身，给学生预留一定的选择权和发挥空间。例如，组织学生以小组模式，针对不同的教学重要知识点展开讨论和讲解，真正地调动学生的主观能动性和积极性；定期开展案例教学，使学生能够用理论知识解决实际问题。具体而言有以下建议。

其一，展开合作式教学模式。即一门课由多名教师进行讲授，"闻道有先后，术业有专攻"，这样教师就能够在自己所擅长的领域因材施教，达到百花齐放的效果，使教师资源配置达到最优化。

其二，展开互动式教学模式。互动式的教学方法主要是通过问与答的互动过程使老师和学生之间建立一种良性的互动式的教学氛围，老师连续地提出带有启发性的问题，指引学生不断地从多个角度来思考某个问题，促进学生的思维，培养学生的分析和解决问题的能力，在互动的过程中，老师可以通过与学生的交流来了解学生的需求，并不断调整自己的教学内容。互动式教学改变了传统教学方法中老师"满堂灌"教学模式，这种教学方法是教与学相融合的方法，可以激发学生的主动学习的热情，使学生积极地参与到教学的过程中来，从而提高学生的交流能力和决策能力。

其三，展开开放式教学模式。在利用好课堂传授知识的同时也应该注重专业教学的开放性，采用请进来和走出去的新的教学模式。其中，请进来是指请实际工作经验丰富的税收学专业工作人员，或者是在税务领域具有较高水平的理论研究者，以及有丰富教学经验的教师来给学生开讲座，讲述他们的科研成果和教学经验以及在工作过程中所积累的相关最新资料供学生学习。走出去一方面是指专业课老师定期地到外校或税务单位进行学习，并将学到的相关理论和先进的教学方法以及实践方法传授给学生，同时也提高了教师的水平；另一方面是指学生到相关的税务单位或企业税务部门进行实习，在一线工作人员指导下锻炼学生的动手能力、培养学生的实践能力，经过实践学习，使学生对税收学专业的理论知识能有一个感性认识。

4. 优化教师结构，保障教育质量

教学质量高、专业素质强的教师队伍是培养高质量的应用型税务人才的根本；提高教师的专业业务能力是提高应用型税务人才培养质量的基础。税收学专业教师不仅应该具备专业的税收知识，而且要掌握熟练的税收业务实际操作技能。总而言之，税收学教师队伍建设要培养理论水平与业务能力并重、学历与经验并重的教师团队。具体而言有以下建议。

其一，在教师选拔和职称评定过程中，更加重视税收学教师的实务能力。在精英教育转向大众教育的背景下，高校更应注重教师的实务能力，不能片面地通过论文对教师能力进行评定。建议高校在教师选拔和职称评定过程中，加入实务操作环节并赋予一定比重的分值，最终的结果在综合成绩上能够得到体现。

其二，加强在职教师税收相关业务的培训。实行"教师导师"制度，组织青年教师进班听课并参与课堂讨论，鼓励青年教师参与科研课题，积极组织青年教师进修学习，组织教师到企事业单位进行培训调研，熟悉企事业单位的税收征管流程等。同时，鼓励中青年教师参加税务师和注册会计师等级考试，及时获取税收实务的最新政策。建立校外导师制度，从税务机关、大中型企业、税务师事务所等单位聘请业务能力强的从事事务人员作为学生的校外导师，让人才培养不再有时间短板。在不耽误教学任务的前提下，允许一些有经验的教师在企业单位挂职进行锻炼和学习。鼓励教师加大与行业沟通的力度、参加税收行业协会组织的培训活动，从而提高自身的实践教学能力，提升师资队伍的整体水平，从而提高应用型税务人才培养质量。

六、结论

税收本科人才的培养应采用需求导向型税收人才培养模式。以社会对税收专业人才的需求为起点，倒推出税收人才供给结构如何改革，即税收学专业人才培养模式如何改革。将需求导向、就业导向和高校税收人才培养机制三者相结合。在了解企事业单位对于税收学专业人才需求的基础上，将这些需求细化，进而明确就业导向。高校根据不同的需求导向和就业方向，对税收学专业学生进行有针对性的培养，包括师资队伍建设、教学体系安排、成绩测评体系构建等。从抽象的经济学角度来思考，目前税收本科人才培养存在的问题是税收专业人才的供需不匹配。社会对税收人才需求不断发生变化，而税收人才的供给结构并没有相应改变。因此，税收专业人才急需进行"供给侧"改革。高校急需改变传统的税收人才培养模式，根据学生不同就业方向，相应对师资队伍、教学体系等环节作出调整，以适应社会对于税收人才的专业需求和时代需求。

参考文献

[1] 陈小安. 改进实践性教学，提高税务专业技能 [J]. 内蒙古财经

学院学报，2011（3）.

[2] 陈杨. 税收专业人才实践应用能力培养之研究 [J]. 东方企业文化，2015（3）.

[3] 董根泰，沈玉平，司言武. 税收学专业人才培养模式改革的思考与探索 [J]. 吉林广播电视大学学报，2019（1）.

[4] 樊慧霞. 本科教育中税收学应用性人才培养的思考 [J]. 内蒙古财经大学学报，2013（10）.

[5] 巩晖. 对河南省税务筹划人才需求的分析与人才培养建议 [J]. 商业经济，2014（20）.

[6] 谷彦芳，李林，曹佩琪. 需求导向型人才培养模式创新研究——以本科税收专业为例 [J]. 河北软件职业技术学院学报，2016（1）.

[7] 管治华，郑伟. 创新人才需求视角下的税务仿真实验室建设 [J]. 实验室研究与探索，2012（4）.

[8] 黄爱玲. 新建地方本科院校税收类课程实践教学改革研究 [J]. 吉林工商学院学报》，2010（9）.

[9] 蒋媛. 税收学本科专业实践教学与创新创业教育融合发展路径探析 [J]. 中外企业家，2018（20）.

[10] 李敏. 财经类本科税务专业实践教学体系的构建与实施 [J]. 吉林工商学院学报，2009（11）.

[11] 李永刚. 应用型税务人才培养课程体系优化策略——以上海立信会计金融学院税收学专业为例 [J]. 连云港师范高等专科学校学报，2017（4）.

[12] 李忠华，霍奕彤. 地方高校财政学专业需求导向型人才培养模式的构建 [J]. 中外企业家，2015（7）.

[13] 刘成龙. 新形势下提高税收学本科专业人才培养质量的思考 [J]. 经济研究导刊，2015（4）.

[14] 覃庆寅. 适应社会需求的税收专业人才培养研究 [J]. 经济与社会发展，2008（4）.

[15] 王旸. 税收学应用型本科人才培养方案制定的几点思考——以上海政法学院为例 [J]. 课程教育研究，2017（51）.

[16] 吴菊，武丽. "互联网＋"视域下税收学专业人才创新能力培养的教学模式研究 [J]. 黑龙江工业学院学报（综合版），2019（1）.

［17］杨晓妹 . 税务信息化视角下税务专业教学改革方向［J］. 湖北财经高等专科学校学报，2009（6）.

［18］杨杨 . 地方财经院校应用型本科税收专业人才培养课程体系优化研究［J］. 教育教学论坛，2013（4）.

［19］杨志银 . 财经类院校税务专业教学中的课程设置探讨［J］. 新西部，2012（11）.

［20］赵恒群 . 财经院校实验教学问题研究［J］. 东北财经大学学报，2008（3）.

［21］赵卓娅 . 新建本科院校税收学专业人才培养模式研究［J］. 河南教育学院学报（哲学社会科学版），2019（3）.

［22］左志刚，谢芳 . 税务信息化与税收专业教学改革［J］. 中国管理信息化，2007（4）.

浅析财税一体化人才培养的必要性及路径

张春平

【摘要】 在新商业模型日趋复杂的时代，不同学科知识相互交织、相互融合已成为常态，不同学科的深度融合及应用成为新的创新思路。与此同时，社会对于人才的要求则是能够纵跨多个学科门类，熟悉财务知识、税务知识、商业知识的一体化人才。在税制改革不断推进、企业会计准则多次调整的现实背景下，以涉税业务会计处理为核心内容的高校税务会计课程面临着创新教学改革的现实需求。本文以税会差异为切入点，提出税务会计立体化教学课程改革的创新方向以及可供探索实践的教学模式，对当下财税人才培养的问题、对培养税务和会计复合型人才的重要性及路径进行几点论述。

【关键词】 教学改革；复合型人才；财税一体化；税会结合

一、引言

当前，随着商业日益发展，财税领域也在进行着日新月异的变革。会计、税收制度设计在不断向国际政策接轨，同时不断适应、服务着崭新的商业环境，体现着我国特色商业模式的活力。然而在这个过程中，我们仍发现审计中造假事件频发、各类问题众多。在税收领域，纳税稽查重大案件越来越多，税务处罚案件不断曝光于公众视野。事实上，制造这些问题的，不是别人，正是我们一线工作的财税人员。一线工作的财税人员或职业操守、或职业技能、或处理问题能力、或政策理解出现了问题，才导致税务稽查等案件接连发生。同时，我们更应该注意到，这些一线工作的财税人员，大多数是由于我们这些财经类院校培养并供给给社会的。对于人才在走向工作岗位出现的种种问题，我们应有担责的心态，并反思：我们的人才培养思路、方法、目标是不是出现了问题？我们该为社会输送什么样的财税人才？

党的十九大报告指出，要实现高等教育内涵式发展。所谓内涵式发展，就是我们培养的人才要有质量、有内涵，能满足学术研究之需、满足企业实践之需、满足社会智库之需。这为我们新时期的教育目标指明了方向。那么，我们培养体系能否满足内涵式发展的要求？如何才能更好地培养符合社会需要的人才？作为财经类学科，在经济创新模式竞相发展、商业模型日趋复杂的时代，不同学科知识相互交织、相互融合已成为常态。在单一的、常规的商业模型创新之路越来越窄的时候，不同学科的深度融合及应用成为新的创新思路。与此同时，社会对于人才的要求必然不再是熟练掌握单个学科知识体系，而是能够纵跨多个学科门类，熟悉财务知识、税务知识、商业知识的一体化人才。在此背景下，财税一体化人才培养体系及培养方案呼之欲出。

财税一体化，不仅是财务、税务等学科知识点上的贯通，更是理念的更新和教学目标的与时俱进。财税一体化的培养思路，首先要求我们关注在培养中普遍面临的五个"脱离"的问题。

二、高度重视财税人才培养中五个"脱离"的问题

1. 教学目标脱离时代要求

随着科技与实体经济、财税领域越来越深入的融合，互联网、大数据、云计算、人工智能、区块链等新技术将对财税工作产生颠覆性的作用，财税专业人才的培养该何去何从？2017 年，德勤等多家机构推出财务人工智能，财税工作的会计核算、纳税申报等高频、重复、标准的工作将可能被财务人工智能大量替代。在科技的颠覆式创新和商业模式创新的双重影响下，CFO 职能在新时代发生了巨大变化，其所承担的角色也发生了根本性的变化。在企业具体运营过程中，CFO 不再只是一个从事会计核算、纳税申报等简单工作的"算账人"角色，而是转变为一个参与企业战略的战略者，一个参与企业创新的创新者。他们将不仅是参与企业预算管理、绩效管理、成本管理、运营管理等工作的管理者，更是参与企业的投融资决策、内部控制等活动的管理者。在内外部沟通中，他们不仅是一个沟通者，也可能是一个学习者、执行者、领导者、博弈者及参与国际竞争的竞争者。

作为"职业人"的 CFO，需要实现角色转变，同时作为个人，也需要从多方面提升自身的综合能力，以适应时代发展的变化，这是时代对于 CFO 等财税人士提出的新要求，也是对我们的教育目标提出的新要求。

然而，我们在教学中还是将学生作为基本的会计核算人员来培养，或者将学生培养为合格的报税人员。诚然，这个目标在短期内对学生快速融入工作实践有一定的帮助，但从长期来讲，不利于学生长远的发展并走向更高的工作岗位、承担更大的工作责任。除此之外，我们的商业模式发生了深刻的变化，共享经济方兴未艾，网络直播、租赁中介、P2P 等新的商业模式蓬勃发展，我们在教学生时忽视了学生学习的时代背景，忽视了新时代对学生更高的要求。学生对于新经济只是停留在概念上、印象上，缺乏对经济逻辑及商业本质的深刻理解，更不要说进行恰当的财务处理、税务处理了。这一方面是因为我们教学的观念停留在传统教学框架里，另一方面也是我们教职人员本身缺乏对于新商业模式的思考。从根本上讲，这并非我们教职人员能力不足的问题，而是我们的教育目标、教育意识缺乏对时代背景的考量，缺乏对时代要求的理解，缺乏对社会需求的深入调研。

2. 培养方式脱离理念创新

受传统应试教育理念影响，当前在不少高校从事财税专业教学的教师的教学理念相对刻板和落后，主要是围绕核算会计、会计准则、会计制度来设计，学生大量存在死记硬背的问题，缺乏创新意识。课堂教学仅重视理论知识教学，而忽视对学生学习积极性和探索精神的培养，特别是对于税务和会计内部的联系认真思考研究的学生较少。时代为我们的教育目标提出了新的要求，我们不能再沿用以往传统的培养方式。我们的培养方式需要同步跟进、坚持创新。

当前，我们的培养方式还是学生进行记忆并配合大量且重复的训练为主。不可否认，这在某种程度上会培养出优秀的核算人员，但当下社会并不需要这么多的核算人员。我们需要的是能解决实际问题，能在日常各种复杂场景下从容应对、解决问题的能力型人才。

我们的校友在返校招聘人才时就发现，很多学生对于一项简单的业务，只懂会计如何处理，对于税务上如何处理或语焉不详、或支支吾吾，同样，对于税务问题往往不知道在会计上如何处理，缺乏对这两方面综合的思考。我认为，这与其说是我们的学生缺乏对问题的联系和思考，不如说是我们的教学方式、培养方式影响了学生。同时，对于复杂的业务，更是缺乏相应的训练。当然，我们有非常优秀的学生，亦可以从容应对复杂业务的财税处理，但当面对更加贴近现实的财税问题时，我们的学生就显得手足无措。这说明我们在培养中，缺乏对学生解决问题能力的训练。许多学生为了熟记会计准则中的相关业务处理进行了大量的训练，但更应该训练的是，学生如何应对不断变化、不断完善的会计准则和税收制度。不管是查询政策还是咨询税务专业人员，我们缺乏一个方法上的判断。同时，我们只要求学生记忆书本上的税收条文、会计政策，但这些条文出自何处、工作中变化如何应对、工作中面临新的政策究竟以谁为准、工作中涉及对同一政策不同的理解如何解决等，这些问题需要我们对教学方式、对培养方式进行创新。

我们对学生学习的考核不应仅仅在于一个卷面能考多少分，会不会解决 CPA 教材、税务师教材中的习题，更应在于知道并能够熟练解决现实中面临的新问题、新争议。

3. 知识体系脱离现行政策

我们对 20 所 211 院校的财税课程、知识体系进行调研，发现普遍存在以下问题：税收学专业的传统课程如《政府预算管理》《税收筹划》《国际税收》《外国税制与比较税制》《财政学》等的开设率最高，其次是《中国税制》《中级财务会计》《审计学》《财税史》《税务会计》《会计学基础》《财税计量方法与应用》《财务管理》等课程，而对于现代社会应用程度日益广泛的知识如《成本与管理会计》《税务代理》《税务管理》《纳税检查》《财税热点问题》《税收管理》等课程的配置院校占比低于 50%，明显存在供应不足。在设置比率最低的课程中，与现实需求联系比较紧密的课程有《税收实务案例分析》《税收理论与实践》《税收与公司理财》《税收相关法律案例分析》《税收最新政策解读》《税收前沿问题》《生活中的税收》《税收征管流程》等，这些课程的缺失不仅造成了知识体系脱离现行政策，也在一定程度上造成了相应的人才的缺失。

我国的税收政策在不断完善，近些年随着各类新经济的蓬勃发展，税收政策变革呈加速态势。金税三期、营改增、环保税、消费税改革、关税变化、境外征管税制、新个人所得税制度等，我们在教学中需要及时跟上政策的变化发展，及时将新变化、新内容、新趋势加入教学计划当中，还要讲清楚为何如此变化、这些变化适应了哪些经济状况、填补了哪些政策空白等。同时，我们更要讲明白，我们如何应对这些变化以及还未到来的新变化。

举例而言，我们的新收入准则变化已久，将风险报酬模型改为控制权转移为核心的收入确认模型，这种变化我们就需要和学生作深入讲授。同时，我们也应请学生留意，在会计准则发生重大变化中，我们的税收制度并未同步进行变化。我们既要提醒学生关注这种不同步的现象或者说税会差异，也要让学生去思考这种不同步的原因、这种不同步的影响，以及我们在日常工作、研究中如何应对这种不同步或者说税会差异的现象。

再如我们在税收筹划的教学中，也缺乏对于政策的关注。我们讲授的绝大部分筹划案例都是不符合现行政策的，但是我们在教学中并未和学生指出这一点，还煞有介事地向学生介绍其如何精妙，这导致我们的毕业生在走向工作岗位时很难应对工作中实际的税收综合问题。目前，用人单位的财务人员、税务人员存在的问题大多表现为就事论事、隔靴搔痒，缺少全局观念并且难以落地。对于用人单位来说，不仅是工作效率低的问题，更是对复杂的财税问题处理的乏力，是对企业涉税风险管控思维的欠缺，是财税服务与新商业模式的脱节。这中间还存在两个方面的问题，一是培养的人才和用人单位实务工作脱节，二是财务人才队伍自身的知识储备和现实愈加复杂的财税风险及政策环境脱节。前者可以通过学生实习及用人单位的入职培训解决，后者则需要我们对整个财税理论培养体系的更新，需要我们去反思为社会输送什么样的财税人才。

4. 课程设置脱离学习规律

首先，分科目教学容易导致遗忘而降低学习效率。目前，"税法""税务会计"和"税收筹划""税收征管流程""纳税申报""税收热点政策"等一系列课程知识被分科目教学后，学生在建构知识体系时会遇到一些障碍。例如，很多学校将"税务会计"课程内容放到《中级财务会计》课程当中讲授，这个课程被安排在大二上学期或下学期，而《税法》课程则被安排在《中级财务会计》课程之后的学期讲授。这种知识的构建顺序，对于大多数被动接受专业知识的大学生来说，往往会造成欠缺税法理论的铺垫而只能应试地学习，并没有很好地掌握会计核算中的涉税点。而等到学习《税法》时，再去回顾和理解，可能会由于时间上的脱节造成很大程度上的遗忘。

其次，课程设置存在"过宽"而导致税务和会计知识构建出现"断层"现象。将"税务会计"放到《中级财务会计》中讲授的课程设置方式，往往不会单独开设《税务会计》课程，而"税务会计"内容在庞大的《中级财务会计》内容里只能算很小的部分，因此讲授的老师往往囿于课时等原因寄希望于让学生在学习《税法》时再去理解从而对此内容一带而过。讲授《税法》的老师也会由于税收法规的庞杂和自身对该领域的研究而更加深入地讲授各个税种法规和改革建议，而对于各税种的会计处理并不会过多的涉及，这就让学生在建构知识时出现"断层"障碍。

最后，课程设置存在"过窄"而没有落到实处。学生学习《税收筹划》时，往往在对具体税种筹划整体设计知识建构后，却由于缺乏实战经验，更多地只是停留在理论层面，而没有落到实处。在学生与老师教学探讨时，也因为理论知识的有限和单薄，对于知识的融合度欠缺。因此，学生毕业后很难成为既精通税务又掌握会计的"复合"知识型人才，往往需要等到学生毕业后在具体负责实际操作中再慢慢弥补和建构起来，这就在一定程度上造成了人才输出的缺陷。

5. 教学案例脱离商业实际

我们在日常教学中对于财税问题还是以举例为主，案例教学尚未形成一种风气。举例教学的优势显然是能让学生循序渐进或者较为直观地明白我们传授的知识点，但也会使学生更多地停留在浅层次的问题思考上。案例教学能够让学生直面复杂的财税环境，综合考虑多方面问题，亦有助于培养学生处理复杂事项的能力和思维。时代的发展如此迅速，环境的变化如此之快，传统的单纯的举例教学已经很难满足商业环境的需求。

在新兴商业模式层出不穷的时代下，共享单车、网络二手车市场、网络直播、互联网金融、消费金融、微商等商业形态逐渐渗透到我们生活的方方面面，其中涉及的财税问题复杂得多，也更加隐蔽。例如，共享单车的税务问题就可以包括以下方面：（1）收入方面：共享单车先充值后消费的收入确认时点问题；充值活动赠送红包如何处理；免费骑行活动视同销售问题。（2）费用方面：折旧计提问题；单车处理；研发费用加计扣除问题。（3）押金问题：收取的押金超过一年确认收入；押金的利息收入；收取的押金用于资管活动如何纳税。又如，对于大众越来越热衷的网络直播，它的个税问题如何理解？目前政策上没有统一标准，税务机关监管困难，财税人员往往看不透，理不清。

经济形势越复杂，越需要财税人员的深度参与，深度思考。我们对于案例的设计，需要更多地贴近现实，甚至用真实案例来对学生进行思维和知识的训练。当然，案例不在于复杂，我们生活中的经济案例也未必极为庞杂，但需要高度模拟现实商业环境，因为在这个环境下，更可以培养学生的风险意识、合规意识，培养学生的适应性。

三、培养财税一体化人才具有构建三座"桥梁"的意义

1. 构建人才素质与企业实践的桥梁

财税一体化人才培养将提升学生的实际问题解决能力。目前，同时具备财务和税务知识的人才在解决实际问题时，不是只看问题的一面，而是能够多方面、多维度思考问题；不是只在于如何应对眼前的个别问题，更在于能够深入思考，全方位考虑问题的缘由、现状、发展、走向，分析其对企业资产、利润、税收等多方面的影响。这是一种综合性解决问题的能力，绝非仅仅懂得财务或者税务知识的人才所能胜任。而财税一体化人才培养体系正是着眼于此，将不断提升学生解决实际问题的综合能力。

财税一体化人才培养将促进企业财税实践的长足发展。当企业面临新问题、新业务时，如果按照传统的思维，可能会对一笔会计业务进行类比、分析其业务类别等进行处理。在这个过程中，处理的结果或精妙、或普通、或错误，都难以推动企业财税实践的发展。一方面，可能是因为业务的偶发性，难以形成较大规模或者常见规律，另一方面，我们传统的业务有其相对规定的处理方式，同时也有其较为固定的税务处理及商业分析逻辑，但对新业务则缺乏这种相对应的税务处理。因此，如果我们看问题只看一面（财务或税务），就算能解决眼前的问题，也难以将问题普遍化、常规化。因此，财税一体化人才，就能够在分析问题的时候兼顾财务问题及税务影响，更能够体味其商业层面的影响，不仅能够解决问题，更能推动商业实践的发展。

财税一体化人才培养将营造学生在实践中不断进步的环境。财税一体

化人才培养，就是要求我们不能脱离税会结合的思维框架，而这个框架的建立，离不开现实环境中对财务和税务处理兼顾的政策体系要求，既要面对财务审计的严格监管，又要面对税务鉴证的规范要求，因此，财税一体化人才是在实践中达到的最佳解决思路。随着实践的不断发展，我国对财税人才的需求已经开始出现多元化的趋势，除了财政、税务、国有资产管理部门以外，非财税部门对财税人才的需求开始增加。一是社会中介机构，如会计师事务所、审计师事务所、律师事务所、税务师事务所、税务咨询事务所等社会咨询、监督机构，急需既懂财税理论又掌握会计专业知识的人才；二是各级法院、检察院以及公安机关等国家政法机构，为处理日益增多的民事经济纠纷和税务行政、逃税骗税案件，也需要配备精通财税业务的专门人才；三是金融部门和企事业单位，为了加强财务核算和税务筹划，以维护单位的经济利益，也需要财税专业人才，尤其是世界经济一体化趋势的加强，国外的金融部门、企业公司将会越来越多地进入中国市场，为了能够较快地抢占市场份额，外资企业、银行等用人单位对财税专业人才提出了更高的要求。在这种背景下，我们培养的人才既要习得这样一种解决问题的思路，又要快速融入实践，在实践中不断进步。财税一体化人才，让人才的能力素质和商业环境中综合的需求完美契合。

2. 构建知识体系与政策体系的桥梁

财税一体化是对知识体系的丰富。从知识层面来看，财税一体化是一门新的知识吗？可以说，既不是也是。说它不是一门新知识，因为财税一体化，就是财务知识，就是税务知识，就是各类相关的商业知识。如果分开来看，这确实就是传统课程中一门门的基础知识。说它是一门新知识，是因为财税一体化是在各门类传统知识基础上的融合。税会结合不仅仅是税务加会计，而是税务中有会计，会计中有税务，这与过往的传统知识体系有着根本的区别。我们在传统会计教学中往往是不考虑税务问题。因此，这当然是一门新知识，甚至是一种新的看问题方式。

财税一体化有助于加深对政策的理解。如果谈到一个基础性的问题，为何会有税会差异，我想不同的人有不同的回答。但是从根本上来讲，税会差异产生于税收与会计准则规范的不同步或者不配套。有时候税收政策走得快一点，有时候会计准则走得快一点，当两者对同一业务有着不同的理解时，税会差异便产生了。从最基本的固定资产折旧问题，到递延所得税问题、并购中一般处理及特殊处理问题等，不一而足。因此，税会差异问题，说到底是政策问题。我们进行财税一体化人才培养，正是能够帮助学生们更好地运用知识体系，理解政策体系。我们在帮助企业进行涉税服务时，也需要考虑诸多问题，譬如是否与税务机关对政策的理解有差异、是否具备合理商业目的、是否具备筹划条件、考虑筹划成本是否具有可操作性、是否考虑到整体税务负担。这些问题都要考虑到，没有具备多方面财税知识融会贯通是无法考虑全面的。

财税一体化有助于推动新政策的落实。在理解了政策之后，我们才能有效、高效地落实政策。如果对于统一政策人人都有不同的理解，人人都有自己的解读，那么政策可能寸步难行。财税一体化思维的确立，可以让人们对于会计准则有更加明确的预期，对于税收政策有更加清晰的认识。我们在实践中就不至于对新业务畏首畏尾，看不清一次会计业务在税收层面的影响。比如，新收入准则的落实，就需要我们牢固树立这样的思维。再如，新租赁准则及其税务影响，亦是如此。

财税一体化将推动政策体系快速内化为知识体系。有人说，政策出来不用着急想对策，而是要想如何紧跟政策。我们理解了财税一体化的问题就是旨在解决政策变化不同步的情形，自然要把紧跟政策、学习政策、理解政策作为一种习惯。在这种情况下，政策就不仅仅是政策，其为知识，更有力量。这也会深化我们对于现实不断发展的经济环境的理解，有助于我们知识体系的不断更新，有助于我们更好地应对宏观环境变化。

3. 构建学科之间相互贯通的桥梁

财税一体化有助于打通学科间的壁垒。会计、税收、财务等学科似乎是天然紧密相连却又逻辑上有区别的学科，其实这些学科之间的隔阂只是一层窗户纸，却始终无人捅破。我们可以说，财务问题、会计问题讲得再精彩，如果脱离了与税务结合，只是空中楼阁。比如我们研究企业估值的问题，很多人先假设不考虑所得税问题，我们的学生就会问，为何不考虑所得税问题？是因为所得税无关紧要吗？显然不是。不仅如此，除了所得税之外，我们也未见考虑增值税、消费税、土地增值税等诸多问题。究其原因，不是因为税务问题不重要，而是问题太过复杂，其与实际业务紧密相连，不仅需要对商业问题的深刻了解，还需要对税务体系的精确把握。但是，我们对待这个问题不能因为其困难就忽略对这个问题的探索，对这个问题的解决，不仅必要，而且紧迫，因此，培养税会一体化人才，正是解决这个问题、贯通学科体系的关键一招。

财税一体化有助于实现知识间相互迁移、融合创新。知识体系之间不仅要相互迁移，更重要的是在迁移之后进行有效、有深度的创新。缺乏创新的迁移实际上是加大思维的负担，是生搬硬套。财税一体化，就是创新式的迁移，是将不同门类知识相互融合，孕育出崭新花朵的迁移。

财税一体化最终实现业务贯通，服务好实体经济。我们进行知识的相互贯通，从根本上来讲，还是为了服务好实体经济，如果我们能进行税会结合，我们就能更精确地测算一笔业务在各种复杂的经济环境下对企业真实的影响，就能更精确地评估企业的价值。我们在进行产业并购、天使投资过程中，就不会一味地认为高估值就好，也会综合考虑高估值背后的税收负担及其对现金流、流动性等问题的影响。将知识进行多维贯通，有助于行业业务的混合，促进企业提供更高质量的服务。

四、坚持"破改立"，矢志培养财税一体化人才

1. 破除学科间的藩篱，融会贯通教学

现实中的税务会计人员需要对会计知识、税务知识，以及对财务报表和审计报告等都有深刻的理解，所以对税务和会计人才的建设还应提高教师的专业间的结合，避免出现会计教师无法正确理解税务政策，进而无法运用最新税法规定给学生讲解，也避免税务教师不了解会计报表、审计而无法融会贯通。

传统教学的优点在于能够由浅及深地掌握一门学科的理论基础，对于独立的知识点的理解比较透彻，但是存在的不足是知识点的联系运用不够，不能适应现实的需求，为此提出税务会计立体化教学课程改革的创新方向以及可供探索实践的教学模式。推进课程改革可以以税务和会计的差异作为切入点，通过剖析各自的理论体系以及应用的具体问题，然后构建出清晰的教学边界。税会差异从根本上说是税收制度与会计准则的差异，其基本问题体现在纳税义务认定及税款征收、企业会计核算的过程中关于收付实现制与权责发生制的差异化应用。

提高当前一线教师税会知识结合能力是当务之急。为实现人才培养目标，拥有理论水平高、实践经验丰富的师资队伍才是关键。为此，可以通

过以下途径来加强师资队伍建设：一是有计划地选拔优秀青年教师到各级税务部门、税务师事务所、会计师事务所、企事业单位等校外实践基地脱产实习或挂职锻炼，提高教师的业务能力，教师通过实践更能了解企业需要的财税人才是怎样以及当前在校学生缺乏的能力，将两者平衡衔接起来；二是从校外实践基地聘请实务经验丰富且理论水平高的业务骨干作为兼职教师，以改善师资结构，提高当前教师队伍的综合素质、实践能力。

培养复合型人才教学的核心，是创新税务会计课程教学改革的可行思路。基于税会差异研究的视角讲授税务会计课程，有助于加深学生对税法与会计准则的理解，激发学生的学习兴趣，培养其研究应用的能力。在税务会计课程教学过程中，对税会差异的研究，需要从基本问题与具体问题两个层面构建立体化教学思维，并基于此创新改革课程教学内容。教师不断提高自身专业水平，将学科之间融会贯通方能更好地培育财税复合人才。

2. 改革传统教授方式，与时俱进教学

现代课程教学中的案例介绍往往只是对课程中某个章节的知识点进行举例讲解，但是现实的商业案例中通常牵涉的知识面非常广，不仅仅是"静态"的表达观点，更需要持续的跟进，实现知识的"动态"有机组合。培养复合型人才，我们的教学应该与时俱进，改革传统的教授方式。

（1）本科生阶段教授方式。在本科生阶段，相对于研究生阶段而言，由于没有前期基础理论作铺垫，所以应该注重培养学生对专业知识的"共识"，以教材为出发点，运用网易云课堂、慕课等新型的教学方式来提高教学的效果，并且通过校外实习基地的训练，将课堂零散的知识点创造一个应用背景，从而模块化、系统化。

要充分利用现代信息技术和各种教学软件，实现教学手段的现代化。课堂教学采用案例教学，引导学生参与案例、积极讨论、分析问题并解决问题，不仅可以充分调动学生学习的积极性和主动性，而且可以培养学生的实践能力。

加强校外实践基地建设。校外实践基地建设的目的是为学生提供实习机会，为学生提前参与社会活动提供良好的条件。财税管理专业尤其应该加强与各级税务局、税务师事务所、会计师事务所的合作，签订实习基地建设协议，定期派学生到实习基地去实习。这些实习基地得天独厚的实践环境，可以拓宽实践教学领域、丰富实践教学内容、提高实践教学的档次，为实践能力和职业素质的培养提供良好的物质条件。

目前社会对财税复合人才需求量较大，仅仅通过大学的教学是不够的，还应将社会上已有的会计税务人才通过补充专业知识提高人才素质转化成符合社会需要的财税复合型人才。可以将大学课程录制放到如网易公开课等网络课堂供学生及财税从业人员学习，从而低成本高效率地完成人才培养，查缺补漏，同时也减少了资源的浪费。

（2）研究生阶段教授方式。国家对人才的培养方式归根结底是学校对学生的培养方式，在现代化的今天，研究生的培养方式应该注重突出个性，反映时代的脉搏，摆脱课本的约束，并且注重个体差异，培养学生向多元化方向发展，让学生根据自己的兴趣爱好和专长的领域来选择课题，并且不局限于所学专业，而是更为注重学生的实践能力以及个性化发展，这样培养出来的人才更符合社会发展需求。目前，研究生教学还存在以下问题。

课程模块之间比例不协调、专业课程内部结构不够合理。课程体系中必修课与选修课的比例不太协调，选修课所占比重较少，专业选修课虽然在培养计划中罗列了不少，但是每年开设的就是固定的几门，实际上是将选修课变成了必修课。选修科目较乱，质量没有得到有效保证。在专业课程内部结构方面，由于课程门数过多，过分强调单项课程结构完整，导致在不同课程名义下讲授相近的内容，内容交叉重复，知识容量狭小。如《中国税制》《税务管理》《税务稽查》《国际税收》《税务会计》等课程相互之间都存在着比较严重的直接重复，极大地降低了教学效率。研究生在这种必修课占比较多的情况下不利于其个性化发展。课程设置应体现发展学生个性的要求。应加大选修课的比重，根据专业方向设置不同的选修模块，学生可根据自己的兴趣和社会的需求选择适合于自己专长发挥的课程，大力促进学生个性的发展。

重视知识传授类课程，忽视信息类、方法类课程。现有课程设置注重对学生知识的传授，而忽视对学生获取知识方法与能力的培养。随着社会对财税人才需求的多样化及科学技术、信息技术不断更新，对学生自主学习能力与研究能力、选择信息及处理信息的能力培养显得更加重要。应提高学生的综合素质、增强其适应社会发展的能力与发展后劲，在教学中做到"授人以渔"，加大方法类课程与信息类课程的设置，减少纯讲述性知识的传授，提高学生的自主学习及科研能力。

建议税务会计课程引入研讨式教学模式。学生以小组为单位，围绕税会差异领域的某一具体问题进行深入自主研究，并在课堂上进行小组研究成果展示。通过研讨式教学，督促学生利用课后时间发现感兴趣的课程问题，充分发挥其团队合作研究精神，锻炼学生的思考与钻研能力，引导学生进入立体化的知识学习过程。

3. 立足商业现实案例，创新引领教学

我们的学生需要在大量的商业案例中浸润才能更好更快地成长。而传统教学中，商业案例要么稀缺，即以举例教学为主，要么脱离实际，或纸上谈兵，或空中楼阁。我们需要发现、提炼优质的商业案例，让学生在商业案例中不断训练，培养其解决实际的问题的能力。同时，真实商业案例天然需要与最新政策不断碰撞、不断交融。因此，真实优质的商业案例可以帮助我们的学生更好地掌握政策体系、更快地将政策体系纳入知识体系。

我们在教学中，一是要注重案例库的建设，将精华的、优质的案例不断总结、提炼，纳入案例库。还要注重案例库的维护，将过时的、不符合现行政策的案例剔除出去，做到与时俱进。同时，我们要更加注重在日常教学中对学生实践能力的培养。学生的实习并非一定要安排在毕业季，在日常学习中及时与企业联系，让学生参与真实的、有挑战性的项目，既能帮助企业提供新的观点，也是帮助我们学生更快地成长。

创新税务会计课程教学改革，需要打破原来分离式的知识体系和扁平化的教学模式。一方面，从制度设计理念与原则出发分析税会之间的差异，帮助学生从本质上了解税会差异的现象与实际影响；另一方面，创新课程教学方式，立足商业现实案例，提高学生的自主研讨参与度，充分引导学生站在会计的角度看税法、同时站在税法的角度看会计，促进学生对这两个交叉学科的融合理解，帮助学生形成立体化的税务会计认知。

五、结论

综上所述，由于宏观上存在供需脱节、微观上改革的范围较窄，以及教学本身对于税务会计知识的结合钻研力度不够深，因此应当分层级推荐改革，凸显教学改革的重要性，才能真正为社会培养出适应岗位需求的财税一体化人才。

参考文献

［1］江燕．应用型人才培养模式下课程改革探究——以税务会计课程为例［J］．商业会计，2018（22）：117－118．

［2］金双凤．财务会计与税务会计的关系及其协调性［J］．经贸实践，2017（21）：251－251．

［3］宋沂轩．企业改组改制中的税务处理与会计处理比较［J］．商业经济，2017（12）：143－145．

［4］蒋媛．我国绿色税务会计体系构建问题探析［J］．现代商业，2017（34）：123－124．

［5］臧桐桐．浅析我国税务会计与财务会计分离问题［J］．现代商业，2017（33）：152－153．

［6］王素平．为税务师行业筑起"黄金台"——税务师职业人才培养与高校财税人才教育发展论坛述要［J］．中国税务，2016（7）：58－59．

［7］沈娟．浅析企业会计与税务法规政策调整的关系［J］．中国商论，2018（20）：114－115．

［8］解志鸿．企业所得税汇算清缴中的税会差异案例分析［J］．中国注册会计师，2018（7）：121－122．

［9］高金平．长期股权投资初始计量的税会差异［J］．中国税务，2018（5）：49－52．

［10］李在杰．并购重组中的会计与税务问题处理实务［J］．中国商论，2018（20）：111－112．

［11］黄春梅．以实践为导向的税务会计教学改革的探讨［J］．现代商贸工业2018，39（36）：172－173．

［12］金成，黄文翠．财税管理应用型人才培养新模式方案设计——以无锡太湖学院为例［J］．中国校外教育，2017（30）：65－66．

以培养学生自主学习能力为导向的金融资产评估课程建设

赵　琼

【摘要】在知识日新月异的当今，终身学习已成为一种生活方式，个体自主学习的能力的差异决定了个人成长与发展的高度。作为我国高级人才培养摇篮，高校也将培养学生自主学习能力作为一项重要任务和目标。本文在分析自主学习能力内涵的基础上，对国内外高校自主学习能力培养路径和经验进行了详细的梳理，结合资产评估专业特点和《金融资产评估》课程特色，提出培养学生自主学习方式的对策建议。

【关键词】自主学习；人才培养

一、引言

创新已成为 21 世纪世界经济发展的引擎，而各国核心竞争力、创新能力均可归结为人才的竞争。据德科集团和总部英士国际商学院发布的 2017 版《全球人才竞争力报告》数据，在被统计的 118 个国家中，中国位列人才竞争力指数的第 54 位，与我国经济大国的地位极不相称。同时报告显示，大学排名与人才竞争力关联度较高，即大学排名靠前的国家更有可能培养和吸引顶尖人才。在第 11 届罗马尼亚数学大师赛中，中国队无缘金牌，总成绩排名第六。纵观近几年的奥数赛事，我们会发现中国已失去了往昔奥数霸主的地位，中国队频频失利，进而引发对全国教育的大讨论。著名学者钱学森曾困惑于"为什么我们的学校总是培养不出杰出的人才"？"钱学森之问"直击我国教育的痛处，人才培养方面的短板制约着中国经济发展的未来。为了更好地应对全球知识经济的到来、提高我国经济的核心竞争力，我国教育特别是高等教育应对人才培养模式进行深刻反思，以期全面提升人才培养的能力和水平。

当今我们正处于一个急速变动、永不停歇的世界，新问题层出不穷、新技术不断发展是这个时代的重要特征。元代著名学者许名奎的《劝忍百箴》曾提出"立身百行，以学为基"。基，基础也。在安身立命的诸多本领中，学习是最为基本的。想要成为一名行业中的佼佼者，仅仅会背书、记概念、能考试是远远不够的，必须善于自我学习、终身学习，并且需要和同行不断交流，随时了解行业发展的最新情况。而对于一个高智力新兴行业而言，人才是资产评估行业成长的第一资源，资产评估师的学习和创新能力决定了资产评估行业发展的前景与未来。因此，在资产评估人才培养过程中，学校应把培养学生自主学习能力作为智力教育的要义。

二、自主学习能力的内涵

学习，是指通过阅读、听讲、思考、研究、实践等途径获得知识或技能的过程。自主学习即是以学生作为学习的主体，学生自己做主，不受别人支配，不受外界干扰，通过阅读、听讲、研究、观察、实践等手段使个体可以得到持续变化的行为方式，是一种与传统的接受学习相对应的学习方式。

哈佛大学心理学家罗伯特·凯根对自主学习的功能进行了很好的阐释，他认为，从出生开始，我们便踏上持续学习和成长的旅程，这两股力量往往交织在一起，但又不尽相同。仅仅是知识储存量聚集并非真正的学习，更谈不上成长。可见，学习即是学会学习的能力，成长则具有丰富的内涵，既包含身体的发育，也可以是认知结构、心智的改变。有效的学习可以带来学习者思维模式的改变，相比于传统的接受学习，自主学习可以帮助学习者更好、更高效地成长，进而完成自我价值的实现和升华。

（一）博耶报告的启示

博耶报告是 1998 年是由博耶任主席的美国研究性大学本科教育全国委员会发表的一份研究报告，全名为《重建本科教育，美国研究型大学发展蓝图》，研究的初衷是发现研究型大学发展的问题，为美国研究性大学的改革发展之路指点迷津。博耶报告共提出 10 条富有操作性、建设性的建议，具体包括：第一条确立以研究为基础的学习；第二条和第三条对大学一年级新生教育提出构建以询问导向为基础的教学理念，促进学生研究能力和创新精神的形成建议；第四条建议清除各学科分割的障碍，增强各学科间的交叉渗透；第五条强调学生的写作、语言沟通等交流能力的训练；第六条提出充分利用信息技术成果；第七条建议高年级课程设置要体现学术的深度、广度，将专业知识进行有机的融合；第八条提出培养研究生和教师的合作关系；第九条建议大学应重视教师的教学科研评价体系；第十条提出大学应培养学生的社会责任感，提高学生与社会的融合度。博耶报告掀起了美国大学的教育教学改革的浪潮，对强化美国教育强国的地位起到很好的推动作用。总体来看，10 条建议紧紧围绕大学人才培养核心问题，即如何通过大学教育促进学生各项能力的提高，实现完美的教育体验，其中若干条对于高校培养学生自主学习能力具有很好的借鉴意义。如建议中的第一条倡议确立以研究为基础的学习。报告强调，学习是基于导师指导下的发现而不是信息的传递，这与我国古代道家提倡的"授之以鱼不如授之以渔"有异曲同工之效。报告提示我们，大学教育应以学生为主，学生应成为发现者，教师在教学中应充分发挥学生的主观能动性。

（二）国外高校的经验与启示

1. 倡导研讨式教学法，提高学生的课程参与度

美国大学一贯倡导为学生提供综合性的、跨学科的和有深度的大学学习体验，致力于培养学生的自主学习能力，而研讨式教学法已证明是实现这一目标的有效途径，目前已在美国大学普遍得到应用。例如，美国斯坦福大学为一年级新生设置了研讨课，课程的主题通常由教师从自己现有研究中或者自己的兴趣中选取，通过交流鼓励学生对问题进行讨论并提出新想法，有的课程会带学生参加一些非正式社会活动、户外考察等。目前，斯坦福开设研讨课 200 多门，其中适用于大一新生的课程有 130 门。新生研讨课在春秋冬三季均有开设；新生研讨课采用小班教学，每个班级不超过16 人。同时，学校对课时进行规定，每周不少于两次课程讨论，每次保证 2 个小时的讨论时间。

2. 创造学生科研环境，促进自主学习能力形成

学生参与科研不仅对学生能力的培养和自我发展很重要，对科学发展

也很重要。斯坦福大学校长杰拉德·卡斯帕尔非常重视学生参与科研。他在北京中外大学校长论坛上说："我不知道应该再如何强调这一点的重要性。从长远来看，任何领域的学术和科学如果没有学生尽早的积极的参与都不可能繁荣。"20世纪90年代以来，美国研究型大学支持本科生参与科学研究的项目越来越多。伯克利大学设立了"本科生科研学徒计划"。在伯克利大学，本科毕业学分要求为120分，其中学生可以用20分以上的学分来进行研究性工作，占总学分要求的1/6以上。加利福尼亚大学、哥伦比亚大学、哈佛大学和耶鲁大学相继提出了增加本科生科研机会、构建以研究为基础的学习模式的改革建议。

3. 多渠道搭建自主学习的平台

如麻省理工学院开发了一个大规模的计算机代理服务器，提供在线辅助教学程序回答学生询问，通过有线电视网播出课程。不仅如此，学生还可以利用各种软件工具来分析、设计、解决问题和制作报告，进而从事更为复杂和深奥的学习任务。

（三）国内高校的经验与启示

北京大学一直是我国教育界的执牛耳者，也是高校教育改革的先锋，本科教育秉承"加强基础，尊重选择，促进交叉，卓越教学"的方针，逐渐形成"中国特色、北大风格"的教育体系。在人才培养方面，学校倡导改变传统教学理念，将对受教育者的定位从"学生"转变为资历尚浅的"学者"，使之由被动接受知识或"知识容器"转变为参与发现、创造或解释知识以及形成新思想的人；开放本科生提前进入实验室科研通道，吸纳优秀的本科生进入科研组，在导师的指导下进行科研攻关。建立全球课堂，将本学科的前沿知识引入课堂，激发学生的创新意识；因材施教。学习超前的学生，可以申请在学期初参加免修考试；想先打好基础的学生，可以按部就班学习好专业知识。

在国内高校中，浙江大学是一颗冉冉升起的新星，近几年保持了迅猛的发展势头，其强劲的科研实力更是领跑全国。浙江大学非常重视自主学习能力的培养。吴朝晖校长在浙江大学2018级本科新生开学典礼上的讲话激励进入大学后寻找内心的学习激情与创造活力，摆脱传统学习路径的依赖，从"被动性学习"转向"自主性学习"，成为一个爱学习、会学习、能学习的大学生。浙江大学提倡"知识—能力—素质—人格"四位一体的教学理念，探索四课堂的协作机制，即在第一课堂聆听名师授课，在第二课堂从事科研创新，在第三课堂投身社会实践，在第四课堂参与国际交流。学校积极在课堂教育、慕课教学、移动学习、网络平台创新互动，使学生能够自主确认专业方向、自主选择研修课程、自主把握学习进度。在校内启动人才教育大讨论，统一教师的认识，强化教师的责任。此外，学校在顶级科研平台上实现了全面突破，之江实验室、国家重大科技基础设施、人工智能科研平台是确保浙江大学未来在学科建设、尖端成果产出方面保持高速增长的新动力。

三、资产评估专业推行自主学习的 SWOT 分析

1. 学生自主学习的优势

终身式、增量式的学习能力是人类最重要的能力之一，学习是推动人类进步的强大动力。对于正处于人生黄金期的大学生而言，思维活跃，求知欲强，正值提升自我学习的大好时光。随着科学技术的发展和计算机网络的普及，互联网带来了新的学习观，现在的大学生接受新生事物的能力较强，网络运用能力较强，当遇到新问题时，大学生已经习惯了在互联网上查找信息、获得知识，逐渐形成自己动手解决问题的思维，产生自主学习的需求和学习风格。此外，近年来在国家和教育部大力倡导和推动下，素质教育已经深入人心，一些中小学在教育理念、教育实践中已经进行了有益的探索，中小学一些课程已采用了自主学习的形式，部分学生已对自主学习有一定的认知和接受度，为大学阶段推行自主学习模式创造了有利的条件。

2. 学生自主学习的劣势

中国传统的教育采用老师讲授、学生接受的知识单向流动的方式，学生已经形成被动接受知识的学习习惯。大学生入学前接受的义务教育是强制性、计划性的，缺乏明确的学习目标和有效的学习方法，对教师依赖性很强。当进入大学之后，大学生时间自由度增大且学习环境宽松，因此大学生的自主意识薄弱，普遍缺乏自主学习的目标与动力。当推行自主学习这一新型的教学模式时，有的大学生一时难以适应，甚至开始时会产生一

种排斥的心理，也有的大学生有自主学习的需求，但自主学习的目标不明确，缺乏引导性的学习规划和沟通渠道，学习的技巧和方法不足，可能导致事倍功半的效果。因此，大学生在形成自主学习意识与掌握方法方面可能会面临诸多障碍，学习习惯的转化期可能较长。

3. 外部机会

随着信息技术的不断进步，信息化在教育中得到了广泛的推广，带来了学习方式、知识传承、创造和运用的改变。电子资料、网络学习成为新一代年轻人获取知识的重要途径。据第十五次全国国民阅读调查报告发布的数据，2017 年我国成年国民人均纸质图书阅读量为 4.66 本，人均电子书阅读量为 3.12 本，手机和互联网成为我国成年国民每天接触媒介的主体。为应对信息化、知识化时代的挑战，近年来教育部和各高校致力于教育信息化普及，微课、慕课不断推出，打破了学校间教育差异的壁垒，延伸课堂教学，消除学习的时空限制，从而为学生提升自主学习能力创设了有利的条件。此外，一些单位在人才招聘中强化了应聘者综合素质的考核，多采用合作式、无领导小组讨论形式，此类开放式问题没有唯一或统一的答案，唯有综合素质高的应聘者才会在此环节中脱颖而出。这种人才选拔方式的改革间接给予学生一定的心理暗示，即如果希望在未来的工作中得心应手，必须不断地通过自主学习充实自己。

4. 外部挑战

信息化社会既给自主学习提供了有益的平台，同时也存在着一些负面影响。比如，网络信息量大，来源广泛，但是掺杂着不少无效信息，需要学习者花大量的时间甄别；网络信息都为碎片化，数量巨大但内容趋向分散，缺乏一定的深度，特别是一些技术性强的专业知识更是凤毛麟角。同时，网络环境对学生的系统性学习会带来一定的干扰，易造成学生的注意力发生转移，自控力差的学生甚至可能会沉迷于网络，荒废学业，与学习的初始目标相背离。

四、资产评估专业推行自主学习方式的对策建议

1. 改变学生学习的理念，激发学生自主学习的动力

资产评估行业是一个新兴行业，随着我国经济改革的不断深入，市场

对资产评估业务的需求不断增加，同时新业务、新领域不断出现，行业的发展对资产评估师提出了更高的要求，资产评估师应具备在工作中不断挑战自我、探索新思路和新方法的能力。对于培养资产评估师的高校而言，自主学习能力应是资产评估学科重要的核心素养。在资产评估专业教育中，学校应强化学生作为自主学习的主体意识，督促学生养成自主学习的习惯并不断完善。日本古川武士在其著作《坚持，一种可以养成的习惯》中指出，人的思考习惯的形成（如逻辑思维能力、创意能力、正面思考能力）至少需要六个月时间，而学习能力是一种高层次能力，它需要综合提高学习者的专注力、学习成就感、自信心、思维灵活度、独立性和反思力。由此可见，学生自主学习能力的形成是一个漫长的过程，并非一蹴而就，需要有足够动力作支撑、日积月累的坚持，还需要清晰的路径与方向。

2. 学校为推动自主学习营造良好的外部环境

从国内外高校培养学生自主学习能力的经验来看，学校在推动自主学习方式的过程中具有举足轻重的作用。作为教育的主要实施者，高校应进一步推动教育信息化进程，采用多种方式、多渠道地有效利用现有技术，通过技术来丰富教学。开发更多的资源丰富的智能服务型学习平台，支持学习者的个性化和有效学习（如学习进程记录、学习基础诊断、学习效果评测、资源个性化推送、在线答疑解惑等）；加强微课、慕课的制作质量，将更先进的教育理念、更创新的教学设计植入其中；倡导移动学习、翻转课堂、混合学习等新型学习方式，延伸学习的广度与深度。

3. 充分发挥教师在推动自主学习过程中的引导、助推作用

自主学习虽然强调学生的主观能动性，但对于已习惯多年传统学习方法的学生而言，学习习惯的改变并非易事。从现有的教学情况来看，当前资产评估专业学生自主学习的能力普遍比较薄弱。在自主学习过程中往往没有合理的学习目标，也不制定相应的学习计划，不能灵活使用各种学习策略，也不具备自我监督、自我计划、自我反思的能力，因此需要强化教师的引导与助推作用。有学者曾形象地将教学工作中教育者的作用比喻为往水塘里扔一个石子，石子扔得到位扔得准确，学生就开始对自己提出了一个又一个的问题，激发了一串串的自我涟漪。由此可见，在学生自主学习、自我探究过程中，教师扮演着向导和催化剂的角色，教师应参与到学生自主学习的过程中，及时发现问题并给予持续的协助和支持，进而减少

学生学习的盲目性，助其快速掌握自主学习的技巧，提高自主学习的效率。教师可以重点关注以下几个环节：第一，协助学生按其接受能力设定短期、中期、长期学习目标，对构成学习能力的各种要素进行训练。对于资产评估专业而言，在推进自主学习前期，教师可以帮助学生进行信息收集、分析、整理，助其迅速地获取有效信息，提高学习的效率。第二，课堂教学是培养学生自主学习能力的重要载体，教师应精心组织课堂教学活动，积极采取研讨式教学法，要求学生提前阅读老师所给的主题材料，课堂中增加提问互动环节，促进学生独立思考、积极提问，并在此基础上形成自己的观点和见解，激发学生自主学习的热情。第三，吸纳学习能力强的学生加入教师的科研团队，并鼓励他们直接参与教师的科研活动，甚至与导师一起撰写科研论文，以帮助他们熟悉基本的科研方法，激发学生的创新意识。同时，鼓励低年级学生从事社会实践与科研活动，开拓视野，增长见识，提高社会认知能力。

4. 对学生的自我学习能力形成合理的评价体系

长期以来，我国高校一直采取严进宽出的评价体系，"玩命的中学、快乐的大学"现象导致我国高等教育严重质量下滑，近年来，"中国高校袋口应扎得更紧些"成为高校和教育部门的共识。为此，各高校逐渐对大学生合理"增负"，实行严出培养模式。为综合反映人才培养的成效，学校在评价指标体系中可以将学生自主学习能力纳入测评范围。如在人才培养方案中适当提高研修性课程的比重和学分，加大研修课平时成绩在学期成绩评定中所占考核比重，实施多样化的考试形式，如论文、项目、演讲、辩论等形式；鼓励学生参与社会实践活动，使最终成绩评定与自身的学习态度和努力正相关。

5. 《金融资产评估》课程推行自主学习方式的路径

随着我国资本市场的不断发展与完善，企业金融资产的保有量迅速提升，金融资产评估的市场需求与日俱增。作为资产评估专业的必修课之一，金融资产评估课程具有研究性、前沿性和开放性的特点，为了更好地提升教学效果，本课程在教学中应着眼于重点培养和训练发现问题、分析问题、解决问题的自主学习能力。

结合近几年《金融资产评估》课程的教学实践，我们认为本课程自学学习方式的推行应重点关注以下几个方面：第一，教师在学生自主学习能力的培养过程中起引领作用。教师应综合考虑社会对卓越评估师执业能力的要求和评估师应具备的执业知识体系，结合学生的学习需求，围绕学习目标，精心选择和组织自主学习的内容。第二，组织多种行之有效的教学方式促进学生自主学习的积极性。如采用讨论教学、情境教学的方式使学生自觉参与到学习当中，增强学生对学习过程、所学内容的领会与理解。第三，将自主学习的评价纳入课程考核体系之中。自主学习能力的培养需经历"不自觉—自觉—自动化"的变化过程，加强自主学习能力的监测与评价可以促进学生自主学习习惯的形成，有效地帮助学生及时总结自主学习的经验，进一步提升自主学习的效果。

参考文献

［1］温伟力．"博耶报告"影响下的美国研究型大学本科教育改革［J］．外国教育研究，2010（9）．

［2］宋妍．美国大学研讨式教学方法：内涵、特点及启示［J］．教师教育论坛，2017（7）．

［3］毛捷．世界一流大学本科人才培养模式研究——以斯坦福大学为例［D］．西安外国语大学硕士论文，2017．

［4］王牧华，全晓洁．美国研究型大学本科拔尖创新人才培养及启示［J］．教育研究，2014（12）．

［5］李怡然，李梦茹，孔祥国．基于 PBL 的《中西方文化比较》本科生选修课教学模式初探［J］．教育教学论坛，2019（2）．

［6］庞维国．论学生的自主学习［J］．华东师范大学学报（教育科学版），2001（2）．

［7］刘根平，刘道溶．目前国外关于学生自主学习的研究动态［J］．外国教育研究，1990（2）．

［8］庞维国．自主学习［M］．上海：华东师范大学出版社，2003．

［9］［美］BarryJ Zimmerman 等．自我调节学习［M］．北京：中国轻工业出版社，2001．

财政专业课程体系和人才培养目标匹配度研究

【摘要】党的十八届三中全会提出财政是"国家治理的基础和重要支柱"。如何适应国家建立现代财政制度需要，培养满足国家治理的财政专业人才，是我国高校财政专业发展要面对的重要课题。首都经济贸易大学财政学科是北京市重点学科，2020 年获批国家级一流本科专业建设点。对标世界一流财政学科，对于首都经济贸易大学建设一流财政学科、培养合格的财政专业人才有着重要的意义。本文创建财政专业课程体系和人才培养目标匹配度指标体系，对标世界一流财政学科的培养机构——美国加州大学伯克利分校和印第安纳大学伯明顿分校的财政专业方向的课程设置和培养计划，对这两个机构与首都经济贸易大学财政专业课程体系和人才培养目标匹配度进行比较研究。在评估首都经济贸易大学财政学科建设现状之后，针对首都经济贸易大学财政学专业有待改进的地方，提出以下意见和建议：第一，培养方向上基于师资和学生知识基础突出首都经济贸易大学财政学科特色；第二，借鉴印第安纳大学伯明顿分校的课程设置来加强首都经济贸易大学财政专业在公共管理类课程上的投入；第三，优化教师结构；第四，进一步丰富和完善教学方法体系。

【关键词】财政学；世界一流学科；匹配度；培养计划；教学改革

一、绪论

（一）研究背景

在高等教育中，对标专业人才培养目标，不断优化设置专业课程体系，是高等学校专业建设最为核心的内容，也是支撑高等学校学科发展的基础性工作。教育部、财政部等部委发布的《关于高等学校加快"双一流"建设的指导意见》指出了高等学校加快专业建设、推动建设一流学科的路径："大力推进高水平实质性国际合作交流，成为世界高等教育改革的参与者、推动者和引领者。加强与国外高水平大学、顶尖科研机构的实质性学术交流与科研合作……"。在近年来与国外（尤其是美国）高校财政学专业教师的学术交流中，我们发现，与世界一流财政学科所在高校相比，首都经济贸易大学财政学的专业课程内容体系与人才培养目标在匹配度方面有着不小的差距。具体来讲，在我国，财政学科属于经济学科，学生毕业时授予经济学学位，但是我们的课程体系却服务于"三师一体"的实用性人才培养目标，课程内容体系中经济学内容偏少、偏弱，开设了大量的管理学课程，如会计学、资产评估等。对标世界一流财政学科所在的名校，可以看到，首都经济贸易大学财政学专业课程体系更接近于这些一流高校公共管理学科的"财政管理"专业课程内容体系和公共管理类实用型人才的培养目标，并没有很好地体现出经济学科的特点和要求。这也是首都经济贸易大学财政学作为应用经济学不能为学校经济学科发展提供有力支撑的重要原因。世界一流财政学科和财政相关的专业分别体现在公共管理学科中的"财政管理"和经济学科中的"公共经济学"两个方向上，二者有着不同的人才培养目标和课程内容体系。因此，对标世界一流学科经济学和公共管理的财政专业人才培养目标及其课程内容体系，从人才培养的角度考察其专业课程体系内容和考核要求，总结首都经济贸易大学财政学专业人才培养目标的定位，以及专业课程体系的设置，发现差距，对明确财政学类专业的培养目标、优化课程体系的设置、强化二者的匹配度、不断提升我校财政学专业的办学水平、更好对接世界高水平院校的合作和交流、培养高水平的财政学人才、尽快建成"国内一流、世界知名"的财经类大学，做出力所能及的贡献。

本文的合作研究者之一——美国旧金山州立大学的王倩副教授毕业于美国公共财政和预算排名第一的印第安纳大学伯明顿分校，长期从事财政管理专业的教学和研究，熟知世界一流财政学科的课程设置以及培养目标，为本文获取一手资料和数据提供了便利条件。

（二）研究意义

1. 研究的理论意义

2018 年 9 月，教育部《关于加快建设高水平本科教育全面提高人才培养能力的意见》指出，要"健全培养目标协同机制……完善人才培养方案……培养真正适应经济社会发展需要的高素质专门人才"。同时，文件提出了实施的基本路径，要"大力推进一流专业建设""建设面向未来、适应需求、引领发展、理念先进、保障有力的一流专业"，强调要"适应新时代对人才的多样化需求，推动高校及时调整专业人才培养方案，定期更新教学大纲，适时修订专业教材，科学构建课程体系"。因此，如何提高高校专业课程体系与人才培养目标的匹配度，是我国新一轮高等教育改革的核心内容，也是其服务国家社会经济发展大局、提升教育绩效的关键与核心环节。

世界一流学科和专业建设及发展历程为我国建设一流专业提供了可资借鉴的宝贵经验。2018 年 8 月，教育部、财政部和国家发展改革委印发《关于高等学校加快"双一流"建设的指导意见》的通知，指出"把一流本科教育建设作为'双一流'建设的基础任务，建成一批一流本科专业……推进课程改革，加强不同培养阶段课程和教学的一体化设计，坚持因材施教、循序渐进、教学相长，将创新创业能力和实践能力培养融入课程体系"。通知要求高等学校要"大力推进高水平实质性国际合作交流，成为世界高等教育改革的参与者、推动者和引领者。加强与国外高水平大学、顶尖科研机构的实质性学术交流与科研合作……"。

教育部的这两份指导性文件，为我国包括财经类高校在内的所有高校指明了道路，即通过借鉴世界一流财经学科和专业的建设经验，立足人才培养，优化我国专业课程体系，实现人才培养能力的大幅提升和快速进步。因此，对标并研究总结世界一流财经学科和专业建设经验，借鉴其课程体系，构建财经类专业课程体系与人才培养匹配度指标体系，对于全面提高财经类大学人才培养能力具有重要的理论意义。

2. 对教改的应用价值

根据 2018 年本科教学工作审核评估反馈结果，评估专家普遍反映专业和课程体系设置不够合理、与人才培养目标不能有效匹配，以及国际化水平与其地处首都的地位不相称，是首都经济贸易大学本科教学工作面临的主要问题。作为学校的一门传统专业，首都经济贸易大学的财政学人才培养同样存在着这样的问题。我们在日常教学工作中也发现，财政学专业存在管理类课程偏多、经济学课程偏少、与财税学院其他专业课程设置区分度不高的现象。虽然这一课程设置是出于扩大学生就业面来考虑，但是也造成了学生学习课程杂多但不够精深、课业负担虽重但基本功不够扎实、学生能力偏弱等突出问题，这是导致学生毕业论文水平低，乃至就业之后发展后劲不足的主要原因。随着党的十八届三中全会把财政提升至"国家治理的基础和重要支柱"这一高度，如何适应国家建立现代财政制度需要、培养满足国家治理的财政专业人才，是首都经济贸易大学未来财政专业发展面临的首要问题。因此，以人才培养目标为导向，借鉴世界一流大学财政学科的培养计划和课程设置，对于明确首都经济贸易大学财政学实验班的科学定位、完善学生选拔和培养机制、提升财政专业人才培养能力和质量具有重要的意义。本文将针对财政学发展的现实需求，结合国外一流财政学科和专业对于财政学人才的培养计划、培养目标、课程设置、教学团队、教学方法及教学评估等一系列先进经验，试图探索出一条既有国际化内容又具有中国特色的财政学人才培养体系，这对于首都经济贸易大学财政学的教学改革和人才培养都具有很强的现实意义。本文将对首都经济贸易大学财政学人才的培养目标和课程设计进行优化，提高二者之间的匹配程度，为教学改革和升级提出相关的建议。

（三）文献综述

在公共管理和财政学相融合的问题上，高培勇（2003）分析了在管理学和经济学相分离的背景下，公共管理学科和财政学应依据形势变化，走学科之间互相融合或综合建设发展道路。张少栋（2004）介绍了美国公共管理专业的本科教育体系，分析了美国专业设置中的多学科融合趋势，提出本科阶段应该注重基础教育和通才教育，培养学生的实践能力。雷强（2005）分析了美国公共管理专业的设置情况，在 MPA 项目的介绍中分析了美国公共管理专业的财政学课程设置，提出应该创新人才培养的模式。欧阳华生（2006）分析了本科层次财政学专业课程设置存在的问题，并提出了改进建议。张晋武（2008）认为，财政学专业要对课程体系和教学内容及时进行更新和改进，使培养出的人才具有更强的创新能力、适应能力、实践能力和竞争能力，成为通晓专业理论与实务的复合型人才。徐亿军（2010）提出，要打破传统的"链式结构"模式，构建以能力培养为重心的"基础平台＋课程模块＋能力本位课程模式"的课程体系。徐博（2010）从财政学专业发展的自我完善角度，提出了创业型经济发展条件下财政学专业的发展路径。王为一（2011）提出传统的人才培养模式存在的主要问题是：培养目标与培养路径匹配度不高、学业评价与培养目标匹配度不高、单门课程与课程总体匹配度不高、教学方式方法与培养方案匹配度不高，并指出人才培养模式改革应从领会人才培养模式的内涵、突破传统思想观念的束缚、明晰应用型人才培养特征、科学制定人才培养方案、把实践教学课程纳入专业核心课程、重视教师实践应用能力的提升、改进教学质量评价七个方面入手。欧阳华生和裴育（2011）根据国内20所高校的财政学专业人才培养情况，从招生规模、课程建设、专业建设、师资结构和人才培养特色五个方面进行比较分析，认为各院校需要结合学校的实际进行专业定位，构建与学校类型相适应的财政学专业人才培养模式，加大财政学学科与其他学科交叉的力度，进一步凸显人才培养特色，围绕特色专业优化课程体系，加强特色课程的开发和建设。肖育才和谢芬（2012）提出，社会经济的发展对专业人才提出了更高更多的要求，必须对财政学专业人才培养目标进行重新定位，对财政学专业课程体系进行优化，改进教学方式，为培养新形势下的财政学专业人才打下坚实的基础。邓征（2013）介绍了美国公共财政与预算在公共管理中的课程设置，提出中国财政预算体系的改革需要更广泛的财政学教育。

教育部财政学类专业教学指导委员会自2014年开始围绕财政专业教学质量国家标准的制定，对国内高校财政学类专业建设的情况开展了一系列相关调查与研究。宋健敏和温娇秀（2014）从美国和日本的财政学学科发展轨迹分析与比较了两国对财政学类专业人才需求的变化，研究发现，美、日两国的财政学学科发展与社会对财政学类专业人才需求的变化呈现高度的一致性和两国间的趋同性。储德银（2014）以安徽财经大学为例，在全面回顾财政学专业发展历程的基础上，系统分析了财政学专业在市场化改革进程中的专业优势与劣势，认为地方高校财政学专业应为地方经济社会发展培养"宽口径、厚基础、重能力"，且具备创新思维和创新意识、主要从事财税管理和涉税事务的复合型和应用型人才。张锦华和郑春荣（2014）根据财政学类教指委对全国举办财政学类专业的高校和部分用人单位进行的问卷调查，发现我国财政学类本科专业的人才培养目标呈现良好适应性、课程体系较为完备、师资队伍整体水平较高、质量评估与监控制度基本形成，财税专业的建设和发展成效显著，但同时也存在总学分偏高、课程设置重复、实践教学不足等一些问题，提出了适当降低总学分、优化课程设置、强化实践育人、加强师资队伍建设、严格把关教材建设与选用等相关建议。财政学类教指委课题组（2014）通过对国内开设财政学类专业的高等学校实践教学情况的调查，深入探讨了当前财政学类专业实践教学存在的主要问题，并提出具体的完善措施。财政学类教指委课题组（2015）发现，地方财经院校财政学类专业本科实践教学虽有成效但仍存问题，要提高地方财经院校财政类专业本科实践教学水平，构建一个完整的实践教学体系。财政学类教指委课题组（2016）对财政学类专业教材建设与选用的现状与问题进行了分析，建议地方财经类院校财政学类专业尽快启动学科基础课"财政学"大纲的编写工作，构建自编教材管理与质量评价跟踪机制，提高自编教材质量；在科学确定课程体系基础上，进一步规范专业教材体系，建立财政学类专业教材信息库。财政学类教指委课题组（2016）对财政学类专业建设与就业需求的关系进行分析，发现政府、市场和社会所需要素供给不足是影响大学生就业的关键要素，提出了财政学类专业课程设置实现强支撑就业的对策。

通过分析相关文献，我们发现在当前的研究中，分析财政学课程体系和人才培养方案的文章很多，但把二者相结合进行匹配度分析的文章并不多见。此外，基于"双一流"建设的背景，对世界一流大学中的财政专业进行教学案例分析的综合性研究也不多见。本文希望能够在这两个方面进行一些力所能及的探索，区分公共管理和公共经济学两个专业中的财政学人才培养的差别，找出最适合学校的培养方向和课程体系，提高二者的匹配度，提升财政学的教育教学水平。

（四）研究目标和需要解决的关键问题

1. 研究目标

本文围绕财政专业课程体系和人才培养目标的匹配度这一核心问题，分别从公共管理学科中的"财政管理"和经济学科中的"公共经济学"两个方向，考察世界一流财政学科所在高校和学院对于财政人才培养的目标定位和课程体系设置；总结首都经济贸易大学财政学专业人才培养目标的定位，以及专业课程体系设置中存在的问题，明确财政学专业的人才培养目标定位，优化课程体系的设置，提高二者的匹配度，不断提升财政学专业的办学水平，更好对接世界高水平院校的合作和交流，培养高水平的财政专业人才，并通过对人才培养方案、课程结构设置、教学内容、教学方法、教学手段和教学管理等方面进行全方位规划、研究与创新设计来实现培养目标的路径。

2. 需要解决的关键问题

本文将致力于解决以下三个问题：（1）构建财政专业课程体系和人才培养目标的匹配度指标体系。本文将通过对世界一流财政学科的财政专业课程体系和人才培养目标之间关系进行比较研究，构建匹配度指标体系，从而为后面的实证分析提供分析框架和理论基础。（2）对世界一流经济学科中的公共经济学专业课程体系以及人才培养目标进行匹配度分析，据此对照分析首都经济贸易大学以经济学科属性为导向的财政人才培养目标和课程体系之间的匹配度。（3）对世界一流公共管理学科中的财政管理专业课程体系以及人才培养目标进行匹配度分析，据此对照分析首都经济贸易大学以公共管理学科属性为导向的财政人才培养目标和课程体系的匹配度。（4）基于上述研究结果，针对如何进一步优化首都经济贸易大学财政专业的人才培养目标和专业课程体系之间的匹配度，提出相关建议和对策。

（五）研究方案

1. 研究思路

本文将进行文献的搜集和整理，从既有文献中获得理论支持，并利用世界一流大学的官方网站和内部资料进行一手资料的整理和数据分析，以此进行案例分析和国际比较。在案例分析和比较中，本文注重区分经济学和管理学两个学科中的财政学人才培养的区别，通过归纳整理，明确首都经济贸易大学财政学类专业的培养目标、优化课程体系的设置、强化二者的匹配度，不断提升财政学专业的办学水平，更好对接世界高水平院校的合作和交流，培养高水平的财政学人才。

2. 研究方法

本文的研究方法包括文献分析法和案例分析法。

　　文献分析法是指通过对收集到的某方面的文献资料进行研究，以探明研究对象的性质和状况。本文通过既有文献的梳理，对当前财政学人才培养改革的研究情况进行汇总，从中提炼出多方观点，再结合本文的最新探索，为财政学科的教学改革提出相关的建议。

　　本文主要针对世界一流大学中公共管理的财政管理和公共经济学两个专业方向中各排名第一的学校进行案例分析，从专业的培养目标、培养计划、课程设置、教学团队、就业方向等方面进行全面的分析和对比，吸取世界一流大学先进的办学理念和学科经验，探索适合首都经济贸易大学的财政学办学方向。本文研究的技术路线如图1所示。

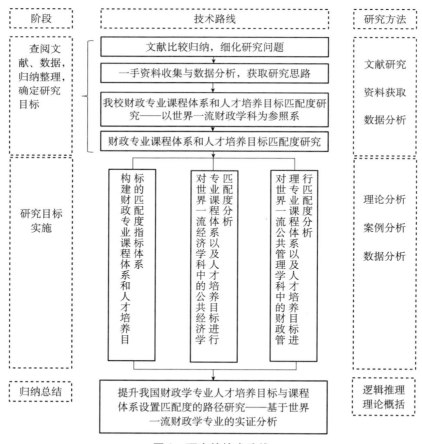

图1　研究的技术路线

二、以印第安纳大学伯明顿分校为代表的公共管理学科的财政学人才培养体系研究

(一) 培养计划与课程设置

1. 印第安纳大学伯明顿分校基本情况

印第安纳大学伯明顿分校（Indiana University Bloomington）建于 1820 年，是美国中西部地区的一所著名的公立研究型大学。作为美国 30 所公立常春藤之一的高校，印第安纳大学伯明顿分校（以下简称伯明顿分校）拥有较为完善的财政学专业课程体系设置和人才培养目标。伯明顿分校的财政课程开设在公共环境事务学院（SPEA），核心课程为公共财政管理。

表 1 列举了印第安纳大学伯明顿分校从本科到研究生财政学人才培养的核心课程分布。下文将根据这些课程分布情况，对不同阶段的培养重点和各阶段之间的教学衔接做出分析。

表 1 　　　　　　　　　　　　　　本硕博核心课程分布

课程类型	本科阶段	研究生阶段	博士阶段
通识课	11	×	1
理论基础课	18	×	4
方法论课程	3	2	3
研讨会课程	×	3	2
实践课程	×	×	×

2. 印第安纳大学伯明顿分校公共财政管理本科阶段培养方向与课程设置

由于公共财政管理所面临的问题涉及经济、社会、政治等领域，因此对于学生的培养也呈多学科交叉的趋势，课程的设置呈多学科融合的趋势。公共财政管理方向的本科生也将学习商业金融课程中的相关知识，但重点关注的对象是公共部门和政府部门（从地方到联邦）。

公共财政管理专业的学生通过课程的学习将掌握平衡财政预算的能力，这是在私营和公共部门所需要的必备工作技能，毕业后将被授予公共事务理学学士学位（BSPA）。除了 BSPA 的核心课程之外，学生还需要进行专业方向课程的学习，通过核心课程和专业课程的组合完成毕业需要的学分。BSPA 的核心课程不仅注重学生基础理论知识的学习，还增加了计算机实操

以及公共口语交流、讲话方式等课程。在核心课程中还融入了体验式教学，开设了有关职业发展与规划的课程，使学生对未来职业发展有更清晰的认识，尽早找到感兴趣的工作方向，并为此做好相关技能和理论知识的积累。对于专业方向课程设置，更加贴近学生未来职业发展的方向，注重财务分析能力的培养，为学生夯实财务管理的基础。公共财政管理专业的选修课需要和学术顾问会面讨论选修课的安排，这充分考虑了每个学生个性化发展的需要，尊重学生对未来发展的想法。

3. 印第安纳伯明顿分校公共财政管理研究生阶段培养方向与课程设置

该校公共环境与事务学院（Schoolof Publicand Environmental Affairs）开设的公共管理硕士（Masterof Public Affairs，MPA）涉及公共服务、非营利部门以及企业发展等相关课程。独特的课程设计致力于从多个角度解决复杂的现实问题。通过选择 12 个 MPA 专业分支中的一个或多个，学生可以把自己的兴趣领域与专业方向相结合。指导教师会和学生一起进行专业课的学习，甚至为学生量身定做属于自己的专属课程，满足学生个性化的发展。MPA 项目的财政课程主要体现在公共财政管理（Public Financial Administration，PFA）这个方向上。在公共财政管理方向中，学生将对如何提高公共收入、通过预算分配资源、管理公共资产和其他财政资源的理论和实践展开学习。

相比本科生开设的课程，研究生阶段的财政学人才培养更加注重学生的分析能力，开设的课程很多都采用研讨会的形式，在学生和老师、学生与学生之间就某个现实问题展开分析与讨论，这会帮助学生们提高分析能力、表达能力、团队能力。在教学中，学生和老师共同学习，共同进步，教学相长。

另外，印第安纳大学伯明顿分校将 MPA 学位和 IU 研究生学位结合起来，学生可以利用较短的时间获得 MPA-MSES 双学位或 MPA-MAAA 双学位。印第安纳大学以跨学科教育著称，这种兼收并蓄的合作精神促使印第安纳大学在院系间展开合作，为学生们提供创新双学位项目。双学位项目的教学很好地建立了两个学位之间的联系，培养复合型人才也符合当今社会众多领域相互交叉重叠的现实。

4. 印第安纳大学伯明顿分校公共财政管理博士阶段培养方向与课程设置

博士阶段的目标是培养公共管理技能和针对公共事务中的现实政策问

题的分析解决能力，其课程的开展坚定地以社会科学为基础，紧贴现实世界的公共事务和政策问题。博士阶段的课程使博士生能够在公共管理、公共财政、公共政策分析和环境政策等领域为公共和非营利部门提供解决问题的方案。这相比硕士阶段又提高了对学生的要求。在开展专业方向学习之前，对于博士生综合能力的培养被放在了第一位，在博士学位第一年的课程中，开展了理论基础课程、实证方法课程、研究设计课程、专业发展课程等，这些课程为学生走向更专业的分支领域打下了很好的研究基础，引导学生建立专业领域的学术兴趣，提高学生独立分析问题和解决问题的能力。

　　这里的博士生需要选择两个研究领域，大多数公共财政领域的博士生会再选择政策分析的研究领域，在修完两个领域的课程后，通过资格考试，才可以进行博士论文的开题和写作。公共财政方向博士阶段的学习包括财政管理的理论和实践、公共预算、税收管理和财务管理、考虑政府在经济中的作用以及政府是如何影响资源分配的。博士阶段研究的主题主要为三个：政府如何通过税收和借款以及政府如何支付这些资金来增加收入；政府如何通过预算和会计以及所有这些职能的设计和管理计划、控制和说明此类活动；公共部门活动对个人、公司、非营利组织和市场的经济行为以及经济效率的影响。

（二）教学团队、教学方法与教学评估

1. 教学团队

　　教师队伍的质量和教学质量有着直接的关系，师资水平很大程度上决定着一个学校的教学质量。美国大学的教师队伍建设有着良好的聘用机制、竞争机制、淘汰机制，还有激励机制、终身制等，这保证了教师队伍既充满竞争力又充满活力。印第安纳大学伯明顿分校的公共环境与事务学院目前共有教师 190 人，教师队伍中拥有公共财政管理方向的高质量教学人才，其中大多数教师拥有 MPA 学位或者经济学学位。任课教师由在研究、教学和行政中做出突出成绩的人担任。除了学术出身的教授外，部分骨干教师也有在政府或公共部门的工作经历，师资队伍中甚至包括高级的 D. C. 官员和政策制定者。这使得教师不仅对于公共财政管理理论有着深刻的认识，同时也拥有公共财政管理的实践经验，教师得以将实践经验与研究理论相

结合，提供优秀的教学方案，为学生的课程学习做好教学准备，为学生的专业发展做出贡献。

2. 教学方法

在教学中，教师不仅进行系统性的理论知识讲授，也注重学生学习能力和分析能力的培养，比较典型的教学方法有案例教学、情景模拟教学、计算机教学、实践教学。教学内容和进度严格依据课程大纲，在课堂上围绕教材的内容或者针对某个现实问题进行讨论。学生要用大量的课余时间阅读并准备课堂讨论中的内容，做好相关的课前准备，才能跟上老师在课堂上的教学进度。在课堂中，教师重视营造自由、宽松、活跃的教学气氛，重视学生个性和主动性的培养，鼓励学生进行独立的思考，对问题进行质疑和争辩，提出自己独特的看法和见解。

在公共管理项目中开设的财政课程注重实用性，对经济模型和计量方法的要求较低，注重培养学生对现实政策问题的分析和理解能力，主要培养的对象是政府决策和管理人员。教师的研究方向也大多数紧贴现实问题，如所得税系统如何影响个人、家庭和企业的行为、公共预算、行政改革和能力建设等。开设的课程包括财务和成本效益分析、公共政策的微观经济学、财务管理及预算、公共财政和预算编制、政府预算/计划分析研讨会、政府会计与财务报告等贴近现实并注重实用性的课程。

3. 教学评估

美国的顶尖大学非常重视教学质量的评估，评估的方式也与国内有所不同。像印第安纳大学伯明顿分校这样的美国顶尖大学，采取的是由利益相关者进行的全覆盖式评价，其中包括同行之间的评估、学生对教师进行评估、高级教师对低级职员进行评估等方式。教学评估的目的是定期有效地评估教学计划是否达到预期效果，评估中包括教学目标、公共服务价值、学生的学习能力和学习成果等方面。教学评估多采用无记名调查问卷的方式，每位参评者可以真正地从自己的职业道德出发，负责任地表达自己的观点。评估的结果会和教师的收入、岗位甚至去留挂钩，对教师产生直接的影响。这样的教学评估方式对教师本身就是一种激励，促使他们把心思放在教学上，不断地提高教学质量。教学评估中还引入了绩效考核的方式，从投入产出的角度对教学质量作出分析和度量。

（三）就业方向

1. 实习计划和就业指导

在公共与环境事务学院（SPEA），实习计划作为专业课程学分的一部分是学生必须完成的。学生不仅可以向 SPEA 中的一些最优秀的教师学习，还可以在实习计划中真正利用所学的知识。实习必须在同一个组织中工作 120 小时以上，每周不允许超过 40 小时。学生可以在 SPEA Careers 上找到实习所需的实习注册表以及其他表格，申请实习需要在规定的时间内进行。如果学生在非营利、公共或私人部门的无薪暑期实习中表现出色，并获得了相关的工作经验，SPEA 实行基金（SPEA Greater Good Internship Fund）会对学生的实习计划进行一些资助。

在就业问题上，公共与环境事务学院（SPEA）职业中心会为学生提供以下全面的就业服务：个性化的职业建议；专业简历和求职信的修改；模拟面试；使用 SPEA Careers（需要登录）的校友账户来访问职位信息和其他资源；工作咨询；创建和审查你的 LinkedIn 资料；组织校友见面会；校园面试；雇主信息会议；会面和其他社交机会；在线招聘。就业中心建立伙伴关系与就业网络，并为学生提供职业发展和就业方面的建议，让学生更好地适应竞争激烈的就业环境。学生可以利用 SPEA 校友网络的力量——就业中心和校友建立合作关系，接触到专业领域内有经验的同行；可以在 Linked In 上加入专业社交社区，也可以访问印第安纳大学校友会的独家职业工具和校友会名录，这些目录涵盖了美国和世界各大行业的 60 万 IU 校友。已经毕业成为校友的学生成为学院就业方面的支持者和帮助者，形成就业问题上的良性帮扶。

2. 就业去向

公共财政管理专业的本科生通过本科阶段专业课程的学习，就业的公司包括：亚马逊；Cerner 公司；CroweHorwath；德勤；印第安纳社区经济发展协会等。硕士以及博士毕业生的雇主和职位头衔包括：aces－卓越能源的外部事务专家；伊利诺伊州美国公民自由联盟的发展伙伴；文教理事会的市场经理；BCS 公司的研究员；BLS&Co 的顾问；威斯康星州阿尔图纳市的管理分析师；布卢明顿市的公关总监；布卢明顿市的预算实习生；弗里蒙特 ICMA 城市的管理研究员；印第安纳波利斯市的项目经理；印第安纳波利斯市——教育创新市长办公室的战略和运营助理；塔尔萨市的管理分析师/ICMA 研究员；塔尔萨市的管理分析师；证券公司的公共财政专家；均富的全球公共部门合伙人；路易斯维尔市政府的行政协调员；土耳其共和国财政部副秘书处的财政部专家；土耳其财政部的高级财政部审计员；美国国务院的外交事务官员；美国国务院的政治经济部门实习生；得克萨斯州卫生和公共服务委员会的社区资源协调小组项目实习生。

从就业的分布上，硕士和博士生的就业方向更加贴近于公共财政管理的专业方向，这得益于硕士和博士阶段更加深化和系统的专业培养，使学生在本科阶段获得的财务能力与现实问题相结合，针对现实中的财政管理问题进行思考和分析，并找寻解决问题的方案。这些课堂上的实践都是在锻炼学生未来就业中所需要的各种工作能力，为学生做好课堂和就业之间的衔接，使学生毕业后能更快地进入自己的工作领域中。

三、以加州大学伯克利分校为代表的经济学科的财政学人才培养体系研究

（一）培养计划与课程设置

1. 加州大学伯克利分校基本情况

加州大学伯克利分校（University of California，Berkeley）是世界最顶尖的公立研究型大学之一，位列 2020 年 U. S. News 世界大学排名第四名，在经济学学术领域常年位居世界前十。

2. 加州大学伯克利分校经济学本科阶段培养方向与课程设置

经济学研究的是人们在资源有限的条件下如何做出选择以及这些选择为社会带来的结果。有限的资源使消费者、企业和国家之间必须进行权衡。经济对于研究政府政策的影响非常重要，从单个市场的监管活动到稳定和控制整个经济的一般措施。

本科毕业于加州大学伯克利分校的经济学专业的学生除了对经济学原理有所了解，还应具备批判性思维能力、定量推理技巧、沟通技巧等应用知识的技能，毕业后将被授予文学学士学位（Bachelor of Arts）。

经济学专业本科核心课程包括微观经济学理论、宏观经济学理论和计量经济学。微观经济学研究消费者如何在利用时间和消费中做出选择，以

及企业如何在生产和销售商品与服务中做出选择；宏观经济学研究国民收入的确定以及在整个经济周期中国民收入如何偏离其潜力（充分就业）；计量经济学基于经济理论和现实数据，综合运用数学、统计学方法与计算机技术，分析经济活动和经济规律。

经济学关注收入及其分配方式、就业、通货膨胀、经济增长以及金融市场和国际贸易的运作状况，经济学专业开设的丰富的选修误程将满足学生研究这些社会经济问题的需要。

3. 加州大学伯克利分校经济学研究生阶段培养方向与课程设置

在与经济学相关的 6 个硕士项目（发展实践、金融工程、信息与数据科学、数学、公共事务、统计学）中，公共事务硕士（Master of Public Affairs，MPA）与财政学关系较为密切。

公共事务硕士项目由高盛公共政策学院（Goldman School of Public Affairs）开设，是一个学制一年、30 个学分的硕士学位项目，重点是公共、私营和非营利部门的政策分析，以及组织领导力和道德、创新、经济分析和战略等问题的深入结合。学生进行个人和小组作业，通过 MPA 课程中研究的跨学科方法和观点对组织面临的主要政策问题进行全面分析，重点是短期周转分析和对政策问题的深入研究，并且与真实的客户完成一个 Capstone 项目。

MPA 学生必须连续三个或四个学期（包括夏季）完成至少 30 学分，可分解为 19 学分的核心课程和至少 11 学分的选修课。MPA 项目的核心是夏季核心课程，学生将学习必修课程：公共政策框架、公共政策制定者的经济学、政策沟通、政策制定者的研究方法、决策者的推断统计、财务管理和预算编制、领导人员和组织、政策负责人的道德问题、公共组织的战略、创新和领导力。春季学期的核心课程为 Capstone 项目，要求每位学生运用在 MPA 核心课程中学习的跨学科方法和观点，对现实世界组织面临的主要政策问题进行全面分析。

MPA 允许学生选择最适合其学术和职业目标的选修课，学生可以自由选择线下或线上选修课，包括收益成本分析、绩效管理、计划评估、谈判、数据科学、法律政策，以及各种公共卫生课程。

4. 加州大学伯克利分校经济学博士阶段培养方向与课程设置

伯克利大学的博士项目是为那些对继续深造和进行经济学原创研究感

兴趣的学生设计的。授予博士学位是为了表彰获奖者作为一般经济学家的资格以及在专业领域做出学术贡献的能力。

在攻读博士学位的过程中，学生要经历以下两个主要阶段。

（1）候选人资格的准备，通常需要 2~3 年的时间。在前两个学期中，学生将学习计量经济学方法、经济史方法和微观经济与宏观经济理论基础。在接下来的两年里，学生要准备他们选择的两个专业领域的考试，准备论文大纲，并参加口试。当这些步骤完成后，学生就可以进入候选阶段了。

（2）在获得候选资格后，完成论文通常需要 1~2 年的时间。论文必须以原创研究为基础，对经济知识体系做出重大贡献。论文完成并经学位论文评审委员会审查通过后，授予博士学位。整个过程大约需要 5~6 年的时间。

（二）教学团队、教学方法与教学评估

1. 教学团队

公共财政方向杰出教师的教育背景以及开设的课程如表 2 所示。

表 2　　　　公共财政方向杰出教师的教育背景及其开设课程

教师	教育背景	课程
Alan J. Auerbach（Professor of Economics）	耶鲁大学（经济学和数学）学士优等生（1974 年）	公共政策 公共财政
	哈佛大学经济学博士（1978 年）	
Aaron Edlin（Richard Jennings Endowed Chair，Professor of Economics）	普林斯顿大学物理与经济学士（1984 年）	产业组织 法律经济学 公共经济学
	斯坦福大学经济学、法学博士（1988 年）	
Jesse Rothstein（Professor）	哈佛大学数学学士（1991~1995 年）	劳动经济学 公共经济学
	加州大学伯克利分校公共政策专业硕士（1998~2003 年）	
	加州大学伯克利分校经济学博士（1998~2003 年）	
Emmanuel Saez（Chancellor's Professorship）	高等师范学校高等数学学士（1994 年）	公共经济学
	法国巴黎三角洲经济硕士（1996 年）	
	麻省理工学院经济学博士（1999 年）	
Dmitry Taubinsky（Assistant Professor）		心理学与经济学（行为经济学） 公共经济学

教师	教育背景	课程
Danny Yagan（Assistant Professor）	哈佛大学经济学学士优等生（2002～2006年）	公共部门经济学 本科公共部门经济学
	哈佛大学经济学博士（2007～2012年）	
	加州大学伯克利分校博士后（就业前市场）（2012～2014年）	
Gabriel Zucman（Assistant Professor）	巴黎萨克利高等师范学院（2005～2010年）	公共经济学 全球不平等与增长
	巴黎经济学院"经济政策分析"理学硕士（2008年）	
	巴黎经济学院经济学博士（2009～2013年）	

资料来源：http://guide.berkeley.edu/undergraduate/degree-programs/economics/#faculty.

2. 教学方法

本科阶段主要是将学习目标映射到课程。为了让经济系本科毕业生对经济学原理有所了解，并具备批判性思维能力、定量推理技巧、解决问题的能力、专业知识与技能运用、沟通技巧、终身学习技巧的能力和技能，每学期的本科课程讲师都会在课程提纲中说明学生在课程中制定的最重要的学习目标。该系收集课程大纲，并每学期更新学习目标矩阵。本科委员会每年审查课程的学习目标，以确保课程的一致性，并评估课程为本科生提供足够的机会，使其在毕业前掌握所有学习目标的机会。

研究生阶段由学生自主选择继续深造的专业领域，导师给予指导。

3. 教学评估

教学中心为教师提供咨询，主要方式有专家伙伴咨询、课堂教学观察、开放课堂等，使教师在追求和持续实践教学的任何方面受益——从课程重新设计到创新教学方法。

教学中心为学生提供咨询，包括课程相关问题、课程计划制定、效果评估等，并通过调整学习目标、协调学习和教学，从学生那里获得课程和学习经历的反馈，评估课程改革的成效。

（三）就业方向

1. 实习计划和就业指导

实习计划作为专业课程学分的一部分是学生必须完成的。加州大学伯克利分校就业中心提供各种各样的项目和资源，帮助所有学生明确职业方向、提升职业竞争力、加强职业联系、提供求职工具、展开职业咨询、解答实习问题、引导职业探索并安排相关活动和研讨会、人才招聘会和雇主信息交流会等。

2. 就业去向

每年就业中心都会调查应届毕业生的毕业后计划，以便更好地了解毕业生的职业结果，包括职业领域、职位、特定雇主、入门工资和毕业/职业学校目的地。

正如预期的那样，大学专业并不限制加州大学学生的就业或研究生院的选择。通过详细的计划，学生可以发展与职业相关的技能和经验，为学生几乎任何工作或研究生院领域做好准备。

经济学专业的学生继续追求各种各样的职业选择，比如经济学方面的数据收集、研究分析、预测、规划、咨询和政策建议在许多行业的作用，包括私营咨询和研究公司、零售、保险、交通、医疗、联邦、州和地方政府机构、公共事业或工会；银行与金融方面的金融分析、商业银行、抵押贷款与贷款服务、信用分析、分行管理、证券销售与研究；管理方面的商业和工业，包括银行、零售商店、餐馆、酒店、医疗保健、制造业、政府和非营利组织；保险方面的索赔、核保、风险管理、销售、损失控制和精算；销售方面的工业销售、消费品销售、金融服务销售、广告销售、电子商务、高科技形态、媒体；教育方面的高等院校和中学的教学、研究和行政工作；等等。

四、财政专业课程体系和人才培养目标匹配度指标构建

（一）构建财政专业课程体系和人才培养目标匹配度指标体系

1. 指标一（50%）：专业教师最高学历为经济学/公共管理或公共政策专业的人数占全部专业教师人数的比重

教师作为教授课程、学生学习专业课程的直接指导来源，教师队伍的质量和教学质量有着直接关系。教师的首要任务就是教书育人，拥有专业过硬的技术知识在高校教学中起着关键的作用，师资水平很大程度上决定

着一个学校的教学质量。因此，在构建专业课程体系和人才培养目标匹配度指标体系时，专业教师的最高学历应放在重要位置。专业教师最高学历为经济学/公共管理或公共政策专业的人数占全部专业教师人数的比重，可以间接反映出财政专业的教育目标及人才培养方向。

2. 指标二（50%）：经济学/管理学专业课程学分占专业课程总学分的比重

课程体系是人才培养的关键，决定着一个专业的发展方向。中国高等教育长期以来都面临"大而不强、多而不精，工程教育普遍缺乏创新性和实践性"[①] 的问题，因此，要想缩小学生同培养目标间的差距，需要设置适合于学校专业的培养方案。

财政学主要研究财政理论和政策、税收理论、国债与社会保障等问题，为政府宏观经济决策部门、管理部门及各大公司培养高级管理人才。经济学和管理学课程在财政专业教育中是必不可少的科目，构建财政专业课程体系和人才培养目标匹配度指标体系时必须将这两类课程纳入考虑范围。

（二）世界一流财政学专业匹配度指标分析

1. 印第安纳大学伯明顿分校财政专业匹配度指标

从指标一来看，专业教师最高学历为经济学专业的人数共 2 人，占全部专业教师人数的比重为 20%。专业教师最高学历为公共管理或公共政策专业的人数共 8 人，占全部专业教师人数的比重为 80%。

从指标二来看，印第安纳大学伯明顿分校公共管理专业本科总学分一共 169 学分。其中，必修核心课程 18 学分、其他要求课程 46 学分、实践学习 3 学分、公共管理专业课程 102 学分。经济学专业课程共 12 学分，占专业课程总学分的比重为 7.1%。管理学专业课程共 105 学分，占专业课程总学分的比重为 62.1%。数学类课程共 3 学分，占专业课程总学分比重为 1.8%。

因为印第安纳大学伯明顿分校的财政学专业体现在公共管理学科中

---

① 谢布和. 美国一流研究型大学工程人才培养方案比较研究——以麻省理工学院、斯坦福大学、伯克利分校为例［D］. 天津：天津大学，2015.

的公共财政管理方向，大部分专业教师的最高学历为公共管理或公共政策专业，教授的课程也多偏向于公共管理。在专业课程设置中，管理学专业课程比重超过 60%，显著高于经济学课程，课程深度和难度也较高。数学类课程设置较少，仅有一门统计技术。除了核心课程，印第安纳大学伯明顿分校公共环境事务学院也注重培养学生人际交流和计算机使用的能力和口语交际能力，口语交际类开设多达 7 门注重实际口语对话的课程。

2. 加州大学伯克利分校财政专业匹配度指标

从指标一来看，专业教师最高学历为经济学专业的人数占全部专业教师人数的比重为 100%。

从指标二来看，加州大学伯克利分校经济学专业本科学习计划包含总共 127 学分的课程。其中，经济学专业课程（不含选修课）51 学分、选修课程共 20 学分。加州大学伯克利分校批准的选修课共 69 门，其中，经济学专业选修课 61 门，占选修课程总数的 88.4%，公共管理或公共政策选修课 5 门，占选修课程总数的 7.2%。

经济学专业课程学分（含选修课）占专业课程总学分的比重为（51 + 20×88.4%）/127 = 54.1%。管理学专业课程学分占专业课程总学分的比重为（20×7.2%）/127 = 1.1%。数学课程学分占总学分的比重为 16/127 = 12.6%。阅读与写作课程学分占总学分的比重为 8/127 = 6.3%。

加州大学伯克利分校与财政相关的专业体现在经济学科中的"公共经济学"方向。经济学专业的教师均拥有世界一流名校的经济学专业的博士学位，在其教授课程中也多偏向于公共经济学方向。在专业课程设置中，经济学专业课程比重超过 50%，而管理学专业课程占比很少。

经济学专业本科核心课程包括微观经济学理论、宏观经济学理论和计量经济学等，大部分集中于经济学的基础理论与发展。数学课程在经济学专业课程中占有重要地位，为培养学生的定量推理能力打下了良好的基础。除了学习本专业基础课之外，加州伯克利大学经济学专业还开设有丰富的选修课以满足学生研究这些社会经济问题的需要。此外，培养方案还体现出对学生阅读和写作能力的重视，阅读与写作课程占不小的比重，有助于培养学生的批判性思维能力及沟通技巧。

（三）首都经济贸易大学财政专业匹配度分析

1. 指标一：专业教师最高学历为经济学/公共管理或公共政策专业的人数占全部专业教师人数的比重

表3　　　　　　　首都经济贸易大学财税学院财政系教师团队

教师	教育背景（最高学历）	主讲课程
李红霞	经济学博士（首都经济贸易大学）	财政学、政府预算、财政与金融、财政收支理论与实践等
姚东旭	经济学博士（首都经济贸易大学）	宏观调控政策研究、国际经济学、财政学等
蔡秀云	经济学博士（财政部财政科学研究所）	财政学、公共经济学、西方财政学、财政专业英语、国际税收、政府经济学、公共财政理论与政策研究、国有资产管理研究等
杨全社	经济学博士（南开大学）	财政学、西方税制
郎大鹏	经济学博士（首都经济贸易大学）	财政学、外国财政等
张立彦	经济学博士（财科所研究生部）	财政学、外国财政、专业英语等
何晴	管理学博士（清华大学）	财政学、公共项目评估等
刘辉	经济学博士（南开大学）	财政学、政府预算、税务模型与计量分析、公共支出管理等
史兴旺	经济学博士（财政部财政科学研究所）	财政学、西方财政思想史
黄芳娜	经济学博士（财政部财政科学研究所）	财政学、国有资产管理、中国财政史、公债与财政投融资
王海南	经济学博士（中央财经大学）	财政学、公共支出管理、专业英语等
李林君	经济学博士（厦门大学）	财政学、国有资产管理等
刘翔	经济学博士（中国人民大学）	财政学、公共项目评估等
王子林	经济学博士（吉林大学）	公共财政与社会保障
茹玉	经济学博士（中国农业大学）	财政学
孙萌	经济学博士（北京大学）	
张晓颖	经济学博士（中国人民大学）	财政学

注：数据采集时间截至2021年1月30日。

资料来源：https：//cz.cueb.edu.cn/szdw/czx/index.htm.

如表3所示，我校专业教师最高学历为经济学专业的人数占全部专业教师人数的比重为 100%。

2. 指标二：经济学/管理学专业课程学分占专业课程总学分的比重

首都经济贸易大学财政学专业（实验班）课程设置分为通识教育、专业教育和个性化教育三个部分，本科教学计划共包含课程 153 学分。

通识教育包含必修课和选修课两部分。通识教育必修课（共 51 学分）主要包含思想政治、英语、数学、计算机和写作等公共基础课程。通识教育选修课（≥14 学分）包括创业创新与就业类、语言与跨文化交流类、国学与历史类、健康与艺术类、哲学与伦理类、数学与科技类、法律与公民修养类、校际选修类八大种类课程。

专业教育包含学科基础课、专业必修课和专业选修课三部分。学科基础课主要包括经济学和管理学主干课程，旨在培养学生扎实的基础知识。专业必修课和专业选修课则包含各种具体的财政学专业课程，重视培养学生财政税务及相关领域的理论基础和专业技能。

个性化课程（≥6 学分）可在本专业培养方案以外的专业课程（含专业必修课和专业选修课）中选择，与本专业教学计划所列课程相似的课程不得选修，旨在拓宽学生的知识面，加强各学科知识的融汇与贯通，提高综合素质。

经济学专业课程学分占专业课程总学分比重（不含选修课）为 19/153 = 12.4%。管理学专业课程学分占专业课程总学分比重为 60/153 = 39.2%。数学课程学分占总学分比重为 18/153 = 11.8%。阅读与写作类课程占总学分比重 2/153 = 1.3%。

（四）与世界一流财政学科比较分析

与印第安纳大学伯明顿分校和加州大学伯克利分校的财政学专业相比，首都经济贸易大学财政学在教师团队上已经有优秀人才，但课程体系仍然需要进一步完善。

在我国，财政学科属于经济学科，学生毕业时授予经济学学位，但是我们的课程体系却服务于"三师一体"的实用性人才培养目标，课程内容体系中经济学的内容偏少、偏弱，开设了大量的管理学课程，如会计学、资产评估等，且与财税学院其他专业课程设置区分度不高。数学课程仅开设一门统计学，不足以培养经济学科专业所需的计算与定量推理能力。对标世界一流财政学科所在的名校，首都经济贸易大学财政学专业课程体系更接近于这些一流高校公共管理学科的"财政管理"专业课程内容体系，其更符合公共管理类实用型人才的培养目标，并没有很好地体现出经济学科的特点和要求，这也是首都经济贸易大学财政学作为应用经济学不能为学校经济学科发展提供有力支撑的重要原因（见表4）。

表4　　　　　　　首都经济贸易大学教师和课程专业匹配度比较

指标		印第安纳大学伯明顿分校	加州大学伯克利分校	首都经济贸易大学
经济学专业教师和课程学分比重	经济学专业教师比重	20%	100%	100%
	经济学课程学分比重	7.1%	54.1%。	12.4%
管理学专业教师和课程学分比重	管理学专业教师比重	80%	0%	0%
	管理学课程学分比重	62.1%	1.1%	39.2%
数学课程学分所占比重		1.8%	12.6%	11.8%
阅读与写作类课程所占比重		0%	6.3%	1.3%

五、对标世界一流学科推动首都经济贸易大学财政学科建设

1. 强化培养特色，提高专业课程比重

将首都经济贸易大学的培养方案同印第安纳大学伯明顿分校和加州大学伯克利分校相比可以看出，经济类或管理类课程学分占比较低，学生在学习过程中，缺少对于财政专业课程的深入了解，只停留在较为浅层的理论知识。财政历史类课程偏多，占据过多的课时。应将财政学课程精细划分，推进理论学习的深入和钻研，突出培养特色。

2. 夯实学生经济学基础理论

研究世界一流名校的财政相关专业培养方案可以发现，经济类专业基础课程占比幅度较大，而首都经济贸易大学财政专业中管理类课程更多。作为研究财政理论和政策、税收理论等问题的学科，经济学在财政专业教育中有着夯实理论基础的作用，分析各类财政问题都需要应用到经济学知识。

3. 提高国际化水平

当今世界需要具有广阔国际视野的人才，加强与国外学校的交流与合作，进一步提升人才培养的国际化水平，才能更好地体现首都经济贸易大学地处首都的优势，从而实现"立足北京、服务首都、面向全国、走向世界"的愿景。

4. 多样化教学组织方式

除了核心课程，印第安纳大学伯明顿分校公共环境事务学院注重培养学生人际交流和计算机使用的能力，加州大学伯克利分校则更侧重于发展学生的阅读和写作能力，这都对学生未来的工作或研究有帮助。而首都经济贸易大学主要还是推动培养学生的理论知识，对于实用性的基础技能培养较少。

5. 加强理论与实践的联系

加州大学伯克利分校经济学专业课程中设置了研讨会、指导小组学习、案例研究、现场研究和监督自主学习研究等内容，通过分析和研究社会实际问题，充分调动学生学习的积极性与主动性，发挥学生的自主学习能力，培养学生对理论知识的实际运用能力。对比首都经济贸易大学，实践内容和专业知识脱离，学生难以真正将知识运用到实际中去。

六、结论

本文围绕财政专业课程体系和人才培养目标这一核心问题，通过对世界一流大学在财政管理和公共经济学两个方向上课程体系设置与人才培养的考察，对中国财政学教学改革做出了思考。相比印第安纳大学伯明顿分校和加州大学伯克利分校这样的世界一流院校，首都经济贸易大学在财政学人才的培养上还存在很多有待改进的地方。"专才型"培养目标与当前财经类专业人才"通才型"和"应用型"的培养目标相差甚远。第一，在人才培养上培养特色不够鲜明。第二，财政学人才培养目标和课程设置上匹配度还不够合理。第三，在教学上案例辅助教学分量不够。第四，课堂讨论类课程数量不多。第五，选课范围限制过多，影响教师与学生积极性。接下来，通过具体的指标对比三校的经济学、管理学教师与专业课程所占比重，发现首都经济贸易大学为本科毕业生颁发经济学学位，并且教师都是经济学专业的,但是在课程设置上更偏向公共管理专业课程的设置。因此,需要加强专业教育、提高专业课程比重,加设经济学专业课程、夯实学生基础理论,提高国际化水平、增加多样化教学组织方式,加强理论与实践的联系。

本文创新之处在于把研究财政学课程体系和人才培养方案相结合,创建了匹配度指标。在"双一流"建设的背景下,对标世界一流财政学专业进行案例分析,聚焦区分公共管理和公共经济学专业中的财政学人才培养差别,以此探索首都经济贸易大学财政学专业的培养方向。从世界一流财政专业的办学经验中总结出首都经济贸易大学财政学课程体系和人才培养方案与世界一流财政专业之间的差距,并针对其中的不足之处提出相关的教学改革建议,优化课程体系的设置,强化二者的匹配度,不断提升学校财政学专业的办学水平。

参考文献

[1] 安体富. 关于财政学的学科属性与定位问题 [J]. 财贸经济,2016 (12): 17 - 27.

[2] 储德银. 市场化进程中财政学专业改革与人才培养目标重新定位探究 [J]. 铜陵学院学报,2014,13 (5): 114 - 116.

[3] 邓征. 从课程设置看美国 MPA 教育模式的启示 [J]. 理论月刊,2004 (6).

[4] 樊丽明. 研制财政学类专业教学质量国家标准的实践及思考 [J]. 中国大学教学,2014 (7): 21 - 25.

[5] 冯晓英,路广欣. 能力为本的专业培养方案暨课程体系开发模式分析 [J]. 现代远程教育研究. 2013 (4): 54 - 60.

[6] 高培勇. 论公共管理学科和财政学科的融合 [J]. 中国高教研究,2003 (2): 84 - 85.

[7] 韩健. "双一流"建设背景下优化财政学人才培养方案的路径研究 [J]. 金融理论与教学,2019 (4): 87 - 90.

[8] 何齐宗. 我国高校教师胜任力研究:进展与思考 [J]. 高等教育研究,2014 (10): 38 - 45.

［9］江颖. 高校人才培养模式优化研究——以就业为视角［D］. 南昌：江西财经大学，2012.

［10］雷强. 美国公共管理人才的培养模式及其特点［J］. 国际问题研究，2005（19）.

［11］刘德成. 进一步完善财政学专业课程体系的探讨——基于我国12所高校财政学专业的比较分析［J］. 邢台学院学报，2014（2）：152－154.

［12］欧阳华生. 基于本科层次的财政学学科课程建设探讨［J］. 产业与科技论坛，2006（10）：104－105.

［13］欧阳华生，裴育. 财政学专业人才特色培养探讨——基于我国20所高校财政专业的比较分析［J］. 高等财经教育研究，2011，14（3）：35－40.

［14］宋健敏，温娇秀. 专业学科建设与社会需求变化间关系的思考——以美国和日本财政学学科的发展轨迹为例［J］. 中国大学教育，2014（7）.

［15］汤长安. 中美大学经济学本科课程教学比较——以美国弗罗斯特堡州立大学为例［J］. 高教论坛，2019（1）：38－42.

［16］王为一. 人才培养模式及其改革的要义［J］. 襄樊学院学报，2011，32（4）：5－7.

［17］肖育才，谢芬. 关于财政学专业人才培养与课程体系、教学方式改进的思考［J］. 金融教育研究，2012，25（4）：65－69.

［18］谢布和. 美国一流研究型大学工程人才培养方案比较研究——以麻省理工学院、斯坦福大学、伯克利分校为例［D］. 天津：天津大学，2015.

［19］徐博. 深入推进地方财经类本科高校产学研结合的探讨［J］. 内蒙古财经学院学报（综合版），2010，8（5）：31－34.

［20］徐亿军. 新建地方本科院校财经专业应用型创新人才培养模式研究［J］. 商业经济，2010（2）：126－127.

［21］叶文振. 美国大学经济学专业本科教学的现状及其借鉴意义［J］. 福州大学学报，2002（1）：73－77.

［22］张锦华，郑春荣. 我国财政学类本科专业建设状况分析报告——基于56个专业点的问卷调查［J］. 中国大学教育，2014（7）：26－31.

［23］张晋武. 财政资源配置理论研究的创新之作［N］. 河北日报，2008－04－15（006）.

［24］张少栋. 美国公共管理本科教育特点及其启示［J］. 江苏大学学报（高教研究版），2004（4）.

［25］赵志荣. 公共预算与财政在公共管理中的课程设置［J］. 公共管理与政策评论，2013（2）.

［26］加州大学伯克利分校官网［EB/OL］. https：//www. berkeley. edu/.

［27］印第安纳大学伯明顿分校官网［EB/OL］. https：//www. indiana. edu.

研究型教学模式在《国际税收》教学中的应用

曹静韬

【摘要】 由于《国际税收》课程的开放性特点，研究型教学模式非常适宜运用于该课程的教学过程。为此，需要结合该课程的特点与大学生学习的诉求，明确研究型教学活动的目标，精心设计研究型教学活动的形式，合理安排研究型教学活动的程序，以充分发挥这一教学模式在《国际税收》教学中的作用。

【关键词】 研究型教学；国际税收；教学

一、在《国际税收》教学中运用研究型教学的必要性与可行性

随着信息化时代的到来，大学生在专业学习中越来越呈现知识来源多元化、思维多元化等特点。这些特点不仅要求高校专业课教师对教学内容、教学方法进行深刻的思考，而且要求专业课教学过程突破传统的框架，不断深化改革，以适应信息化时代大学生学习的特点。对于社会科学领域的许多专业课程而言，研究型教学模式是一种适应新时代大学生专业学习特点、符合大学生专业学习诉求的良好模式。研究型教学模式最主要的特点就是探究性，即通过开放性问题的设置、灵活的教学方式、理论与实践相结合的教学内容，激发学生自主学习、主动探究的精神。由于这一特点，研究型教学模式非常适合运用于高校专业课程的教学过程中，特别是教学内容具有较高开放性特点的专业课教学中。《国际税收》就是一门非常适合采用研究型教学模式的专业课程。

一方面，研究型教学模式可以较好地克服《国际税收》传统教学模式的弊端，更好地满足大学生的学习诉求。一直以来，国内大部分学校的

《国际税收》课程教学都采用传统的课堂讲授法开展教学活动。但是，随着信息化时代的到来，这种传统的教学方法已经难以满足学生的学习诉求：这一课程的相当一部分知识学生要么已经在之前的《税收学》《财政学》等课程中学习过——《国际税收》与上述课程具有很强的关联性，要么可以在很容易在网络上获得——传统的教学模式只局限于简单的知识和政策介绍，很少涉及更深层次的原理和应用。这显然难以充分满足学生对这一课程学习的诉求。特别是，由于不同高校、不同教材、不同教师对《国际税收》知识体系认知的不一致，传统的教学模式往往给学生的印象是"一堆零散的知识点"而难以形成完整的知识框架。而研究型教学模式通过内容丰富、形式多样的探究性活动，既可以满足大学生学习《国际税收》的更深、更多的诉求，又可以给学生形成完整的知识体系。

另一方面，《国际税收》的知识体系要求其教学过程具有较高的探究性。由于该课程与国际税收规则和国内政策紧密相关，而在近十年中，无论是国际税收规则还是国内政策，都处于巨大变革的时代。特别是我国的国际税收政策体系形成较晚，当前仍处于不断完善之中。这就决定了《国际税收》课程不仅需要对其知识体系进行重新梳理和内容更新，更存在众多理论问题和实践问题需要在课程中进行分析和讨论。这意味着，《国际税收》的教学需要更多的开放性，其内容也更容易引发学生对专业知识的更多思考。而研究型教学模式由于其开放性、引导学生主动思考主动探究等特点，更适合应用于《国际税收》课程的教学中。

但是，要在《国际税收》教学中运用研究型教学模式，至少需要解决两个问题：一是如何将研究型教学模式与大学生学习的特点结合起来。研究型教学模式本质上是与新形势下大学生学习的特点相适应的，但是，采用什么样的研究型教学活动形式、如何组织研究型教学活动、通过什么纽带将课堂教学和课外探究衔接在一起，却需要充分考虑授课班级和课程的特点。二是如何将研究型教学模式与《国际税收》课程的特点结合起来。《国际税收》课程具有明显的综合性特点：融合了多门专业课程的知识，且理论与实践并重。要解决上述问题，需要对《国际税收》课程研究型教学的目标、形式进行精心的设计。

二、在《国际税收》教学中运用研究型教学模式的主要目标

《国际税收》是税收专业知识体系中不可或缺的一部分，因而也是国内大部分高校税收专业培养方案中的核心课程。因此，这一课程的教学目标必然服务于税收专业人才培养的整体目标。但是，结合研究型教学模式的内涵、《国际税收》课程的特点与大学生专业学习的特点，在这一课程中运用研究型教学模式还有着更为具体的目标。

首先，通过研究型教学活动，使学生形成完整的国际税收知识体系，在与其他相关专业课程知识融会贯通的基础上，夯实学生的专业基础，提升学生的专业素质。如前所述，目前国内高校对《国际税收》课程的知识体系认识并不完全一致，很多教材难以形成完整而富有逻辑性的知识脉络，从而极易给学生带来"知识点零散、理解原理和政策困难"等印象。通过研究型教学活动，可以使学生深刻地理解该课程紧紧围绕"跨境交易的税收问题"这一主题展开，并由此延伸出"消除重复征税"和"解决双重不征税"这两条主线，从而将相关原理、政策、实务等知识点紧密联系起来。通过研究型教学活动的层层递进与开展，学生对《国际税收》这一知识体系的理解会更加深刻，从而改变传统教学模式的不足。同时，《国际税收》是一门综合性极强的课程，与《中国税制》《税收管理》《税收筹划》等多门专业课程都有着紧密的联系。在传统的教学模式下，学生往往很难在这些课程的知识之间建立起清晰的联系，使得这些课程的知识相对隔绝，很难形成完整的税收专业知识体系，也使得《国际税收》课程极易形成"知识孤岛"。而研究型教学模式则可以有效弥补这一缺陷：探究性教学活动往往需要多门课程知识的相互配合、融会贯通，因此其更容易使学生形成完整的专业知识体系，从而打下坚实的专业基础。

其次，通过以任务为导向的研究活动，提升大学生对国际税收知识的自主学习能力、主动研究能力和创新能力。新形势下，大学生的求知欲比以往更强，很多学生对《国际税收》课程也有着浓厚的兴趣。而信息时代也为大学生的专业信息提供了更多、更为便捷的学习和信息资源获取渠道。但是，在包括《国际税收》课程在内的许多课程教学中，学生对专业的兴

趣不仅未能得到充分激发，而且也缺乏正确的引导，因此其自主学习、积极创新能力在很大程度上未能充分实现。而研究型教学模式以任务为导向开展的研究活动，不仅可以激发学生对专业的兴趣，而且通过教师的指导和探究性活动的精心设计，引导学生向正确的方向思考问题。在《国际税收》教学中，实施以任务为导向的研究性活动，通过问题设置、方法指导、小组任务等形式，将国际税收领域的热点问题与难点问题以团队任务的形式引向研究活动，同时对文献搜集、小组讨论、报告撰写、课堂呈现等活动环节和方法进行适当的指导，可以激发学生自主学习、主动探究的兴趣。这是提升学生研究能力和创新能力的重要途径。

最后，通过多种形式的研究型教学活动，培养国际税收领域的研究型人才和应用化人才。《国际税收》是一门理论性与实践性都很强的课程，而且与国际税收规则紧密相关，因此其教学内容不仅具有明显的开放性特点，可以很好地开拓学生的国际视野，而且可以提升学生的思辨能力和实践能力。但是，《国际税收》的上述特点需要通过研究型教学模式的应用才可以充分发挥出来：围绕这一课程开展的教学活动，既要用原理分析国际规则和国内政策，又要将政策结合实务，因而可以将国际税收的理论与实践完美结合起来。这对于当前经济全球化背景下复合型人才的培养大有裨益。

三、在《国际税收》教学中运用研究型教学模式的基本形式

在《国际税收》教学中运用研究型教学模式，需要根据教学内容的不同，采用不同的探究性方法。这些方法虽然各有不同，但"万变不离其宗"，其中包含一些基本的形式——无论研究型教学活动以何种具体的方法开展，都离不开这些基本形式的支持。

1. "问题导向 + 任务驱动"

"问题"是研究型教学的出发点，而"解决问题"则是研究型教学的主体内容，因此研究型教学活动的核心就是引导学生思考"如何解决问题"。这就是"任务驱动"。这种以"解决问题"为核心的任务驱动教学方法是强化学生学习主体地位的一个重要途径，也是研究型教学的核心要义与内在要求。在《国际税收》的教学中，研究型教学活动需要首先设置任务——

对学生提出问题，然后以此为基础，引导学生用国际税收的理论或政策一步步解决问题。在这一过程中，学生在教师的帮助下，紧紧围绕一个共同的任务活动中心——要解决的核心问题，通过对学习资源的积极主动应用，进行自主探索和互动协作的学习。这是一个学生对知识的认知不断提升、不断加深的过程，也是一个不断解决问题的过程。通过这一过程，学生会不断地获得成就感，从而可以更大地激发自身的求知欲望，逐步形成一个感知心智活动的良性循环，从而培养出独立探索、勇于开拓进取的自学能力。

2. "开放问题 + 讨论式教学"

在任务导向的研究型教学活动中，"问题"的设置至关重要。与其他的教学模式不同，研究型教学模式中的"问题"需要具有较高的开放性。这一方面是因为，开放性的"问题"更易引发学生主动探究的兴趣；另一方面，这也可以减少甚至完全避免学生试图从各种信息渠道获取"标准答案"的动机——因为开放性的"问题"往往没有"标准答案"。正因如此，这类开放性的"问题"更能引导学生积极思考并亲自动手进行探究、验证。《国际税收》课程的特点，决定了其设置开放性"问题"的便利性：由于国际税收领域很多问题（包括理论问题与实践问题）仍处在探索阶段，很多国际税收规则与国内政策也处于较大变革阶段，因此仍有很多"悬而未决"的问题，而且这些问题往往是当前的热点问题。这些问题的存在，"天然地"为该课程教学提供了设置开放性"问题"的便利条件，也更容易引发学生探究的兴趣。在此基础上，对于提出的开放性"问题"，还应采用灵活多样的"讨论式教学"方法——学生之间、小组之间、师生之间多种形式的讨论——将讨论过程及讨论中的焦点问题进行鲜活的呈现，使得参与课程的所有学生都从中获得知识并进行相应的思考。在这一过程中，教师除了承担探究和讨论的组织、引导任务外，也亲自参与研究和讨论，将自己视为研究团队中的一员。从这个角度看，师生的地位是平等的。

3. "课堂教学 + 课外探究"

在研究型教学模式中，课堂教学仍然是教学活动的主体，但是研究型教学模式的"探究性"特点决定了其不可能仅仅通过课堂教学就可以完成。在学生努力"解决问题""完成任务"的过程中，有很多工作需要在课堂外完成：资料和数据的搜集、小组讨论、研究方法的学习、实地调研和咨询等工作往往需要在课外进行；而课堂教学的主要任务是基础知识、方法指导、公开讨论和课堂呈现。特别是《国际税收》课程中众多争议性问题、各类观点的存在，使得"完成任务"的很多工作都需要在课堂外完成。但是，在该课程的研究型教学活动中，课堂教学的作用同样不容忽视。无论是课堂教学还是课外的研究活动，都应紧紧围绕"问题"展开，并以"问题"涉及的研究主题为纽带，将课堂教学和课外探究有效衔接起来。这就将教学活动拓展到了课堂之外，并通过对各类教学资源和研究资源的充分利用，极大地拓展教学活动的开放性。

4. "理论分析 + 实际运用"

《国际税收》课程的一个重要特点是理论与实践结合的紧密性：该课程的大部分知识点都是"一线牵两头"——一头是理论，一头是实务。因此，在该课程的研究型教学活动中，应将相关的理论、思想与方法、案例结合在一起，二者并重：以理论解释政策、以政策指导实务操作。为此，需要将国际税收的理论和思想融入研究的主题中，并以方法和案例的形式加以分析并进行呈现，这样在研究活动的成果中，既可以由理论延伸到各类实践，进行实际案例和应用方法的分析，也可以对案例和方法进行理论分析，"知其然，也知其所以然"，从而使得学生的研究能力和实践能力获得全面发展。例如，对"境外企业在境内网站销售货物是否应征收所得税"等目前仍存争议的问题，既要以国内政策的意图和国际税收规则的精神指导学生实务操作，更要引导学生从公平和效率等理论角度分析征税与不征税的合理性。

5. "过程管理 + 教学评价"

在《国际税收》课程融入研究型教学模式，还需要在课程大纲和教学计划中完善过程管理与教学评价方法，以保障这一教学模式作用的充分发挥。过程管理主要关注学生在研究型教学活动中的表现，保证学生的充分参与，了解学生在探究性活动中的困惑与挑战、兴趣度与表现情况，以备随时施加激励、激发动力。同时，作为《国际税收》教学的重要内容，研究型教学模式的结果应该成为教学评价的重要内容。学生在研究型教学活动中的表现如何，是其学习成果的重要组成部分，因此随着研究型教学模式的引入，《国际税收》的教学评价体系也应该体现发展性。为此，需要合理设置相应的评价指标，完善《国际税收》的教学评价体系。

四、在《国际税收》教学中运用研究型教学的关键程序

在《国际税收》教学中，研究型教学活动的组织一般需要遵循设置问题、组织研究活动、课堂交流、研究成果汇报、总结与应用等程序。

1. 设置问题

设置问题是研究型教学的第一步。为此，需要根据《国际税收》课程的知识体系和内容特点，确定适宜学生探究的开放性的主题，并根据这一主题创设问题的情境，最终提出要解决的"问题"。同时，为使学生的探究活动沿着正确的方向开展下去，教师需要对思考问题的路径、获取资料和数据的可能的途径、解决问题的原则以及完成研究过程的主要步骤等关键问题，制定合理的计划。在这一程序中，设置合理的问题是核心。

2. 组织研究活动

在明确问题、制定计划的基础上，教师开始组织学生开展探究活动，这些活动主要包括：确定研究框架、搜集整理文献和数据、实地调研、形成初步研究结论并完成研究报告初稿。在研究活动中，可以将学生分为若干小组，对同一主题进行研究。同时，根据研究需要，各小组内部、各小组与教师之间可以进行多次沟通与交流，教师主要关注研究的进展，并及时对研究过程中的困难进行指导。这一程序的主要目标是：形成初步研究结论。

3. 课堂交流

针对学生形成的初步研究结论，让学生通过课堂报告、现场讨论等形式，将该结论与全体同学进行充分的交流。这样的交流不仅可以使学生能够充分分享各小组的研究成果，而且通过提问、答辩、辩论、建议等灵活多样的交流形式，对各组的初步研究结论提出质疑与修改意见。在这一过程中，教师既是交流的组织者，也是平等的参与者。这一程序最终形成对初步研究结论的修改意见。

4. 研究成果汇报

在充分交流的基础上，根据收到的意见与建议，学生对研究内容、相关资料和研究方法进行必要的补充，并进一步对研究结论进行修正和完善，最终形成较为完整的研究报告。教师需要对该研究报告的完成提供必要的

指导（而非替代学生完成报告），并且组织研究成果汇报活动，使学生分享研究成果与研究过程。

5. 总结与应用

在一次研究型教学活动完成之后，教师需要对本次活动进行简要的总结，对学生的积极表现进行表扬和鼓励，同时指出其中待改进之处，以为下一次的研究型教学活动提供借鉴。同时，对于学生完成的研究报告，教师可以择优推荐其参与学校、学院组织的大学生创新项目，特别优秀的，也可以推荐到相关学术期刊发表。

五、结论与展望

研究型教学模式非常适宜应用于《国际税收》课程的教学过程。通过设置开放性的问题、组织研究型教学活动的开展、充分的讨论与交流、研究结论和研究报告的最终形成与应用，可以将《国际税收》知识体系的特点、大学生学习的特点较好地融合在一起，从而不仅使学生更为全面、更为牢固地掌握该课程的知识框架，而且在更大程度上激发学生学习专业知识的主动性，提高学生的主动探究能力、自主学习能力和科研创新能力。可以说，研究型教学模式在《国际税收》课程的教学中拥有更大的应用空间和更好的应用前景。

但是，研究型教学活动往往需要一个"时间跨度"，需要课堂教学与课外探究的结合，这就对《国际税收》课程的整体教学进度、教学设计提出了更高的要求——无论对学生的研究活动来说，还是对教师组织教学活动来说，研究型教学活动都是一个不小的挑战。这需要教师对这门课程的整体教学方案和研究型教学活动安排进行精心的设计。

参考文献

［1］张筱松，李菲，陈振斌，刘进一，邱娜. 研究型教学模式的特点和实施策略［J］. 课程教育研究，2018（48）：4－5.

［2］张栋. 高校本科生教育中研究型教学模式解析［J］. 智库时代，2019（48）：185－186.

资产评估专业课程微视频案例教学
及案例库建设研究 *

陈　蕾

【摘要】微视频案例教学作为一种较为新颖的实践教学方法，成为提升高等院校资产评估专业课程教学质量的新兴手段。本文以文献研究为基础，归纳资产评估微视频案例教学的意义、现状和瓶颈，并以初步尝试开展微视频案例教学的成效与反馈为核心，对首都经济贸易大学资产评估专业试点课程的微视频案例教学情况进行问卷调查和统计分析。在此基础上，探索将资产评估案例的视频化与微型化应用于专业课程实践教学的有效路径，并进一步提出资产评估专业课程微视频案例教学及案例库建设的操作方案与对策建议。

【关键词】资产评估；微视频案例；实践教学；案例教学；案例库

一、引言

随着资产市场不断发展，社会亟需大量综合型评估人才。资产评估专业课程具有涉及范围广泛、综合性强、评估方法多样、应用性和实践性强等特点，又一定程度上面临教学模式单一、素材有限、考评困难等问题。而高等教育中的实践教学，有利于提高学生解决实际问题的水平和自身实践的能力，是一种较为新颖、有效的教学方法。与此同时，当前高速发展的数字视频技术，不仅能够展现更为客观的问题情境，也能容纳更大的信

---

*　课题组现已初步完成对《评估学原理（双语）》《国际评估准则（双语）》《无形资产评估》三门课程微视频案例库的整理和组建工作，入库案例的数量分别达到 60 余项、80 余项、80 余项，合计数量超过 220 项。下一步将继续对资产评估专业课程的微视频案例库进行精细化修改完善和动态化补充更新。

息量，从而极大地降低了教学案例开发的难度与成本，使教师甚至学生都有可能参与到案例开发中。这也为资产评估专业课程实践教学的应用提供了一种创新思路。特别是微视频案例教学作为一种较为新颖的实践教学方法，受到国内众多学校课堂的推广与应用，在高校课堂建设中逐步得到支持，也逐渐成为提升高等院校资产评估专业课程教学质量的新兴手段。鉴于此，本文拟在前期研究的基础上，以目前开展课堂实践教学的成效与反馈为核心，通过开展有关资产评估课堂实践教学的调查和统计分析，探索将案例的视频化与微型化用于改进和完善实践教学的操作方案，并在实际教学中开展基于微视频案例的研究训练活动，以此作为"副产品"，形成可观的、来自师生自身教学实践的案例库，进而提出微视频案例库建设的对策与建议，希冀对资产评估专业课程实践教学起到积极的推动作用。

二、微视频案例教学的意义、现状和瓶颈

（一）微视频案例库教学的意义与现状

随着信息技术的发展，海量的学习资源大量涌现，为学生提供丰富学习资源的同时，也加大了对知识理解和运用的难度。网络技术的快速增长，使网络资源呈现"碎片化"发展，其本质是学习时间的不连续性和知识点的零散性。金姆（Kim，1998）在研究个体与组织的学习机制时提出："当个人心智模式与共享心智模式出现断裂时，就会产生碎片化学习。"可以预见，碎片化时代将给学习方式带来巨大改变，微视频案例教学由于具有开放性、多元性、自主性等特点，能够为学习者减轻过多知识点冲击带来的学习压力，适应时代发展。例如，MOOC、可汗学院、哈佛公开课等都已经获得了广泛的用户且影响力巨大，微视频教学因而被视为是开放教育运用网络进行传播的产物。

美国教授麦克格鲁（McGrew，1993）创办"一分钟有机化学"微视频课，在鸡尾酒会和其他场合为人们讲解简短的化学知识，取得良好成效并开启了微视频课的先河。美国远程学习协会会长约翰·弗洛雷斯（John G Flores）通过对大量实验研究分析得出，相比于50分钟的视频，时间短、知识点零散的微视频更有利于学习者接受和掌握。微视频案例教学可以不受时间、空间、学习对象的限制，可以通过某一特定的知识点或问题将教师

与学生相联系，在版权允许的情况下，学习者可以实现随时随地学习。随着国外微课的兴起，国内也逐渐引入微视频教学方法。我国学者王竹立（2013）提出，微课虽不能代替传统课程，但是可以被传统课程很好地利用，且在今后互联网教育与非正式学习领域，微课具有广泛的发展前景。刘为军（2016）将微视频案例教学应用于经管类课程教学中，认为这有助于提升同学上课的专注度和参与互动的比例。吴红静等（2018）将微视频案例教学应用于生物化学课程教学中，认为该方式能明显提高学生对课堂知识的理解，使其笔试成绩、长时记忆和理解力都有所增强，对学生主观学习有明显的促进作用。对比传统的内容冗长、缺乏趣味性的经典课程而言，这种以教育理念为指导、依托信息技术为载体的开放性、自组织式的微视频课程更容易被学习者所接受。

但也要看到，随着微视频案例教学的广泛应用和快速发展，其本身存在或潜在的弊端也逐渐被提出。汪琼（2016）认为，利用碎片时间学习不利于同学们将零碎的知识点加以总结归纳；微视频案例教学的选题与指导需要具备高质量的师资条件，在具体应用方面也欠缺合理的实现路径。谢永鹏、徐岩（2015）认为，微视频课程知识点的碎片化不利于学生对知识的整体把握；所制作的微视频往往是模仿为主，在创新性方面突破不足，且在制作过程中耗费大量精力与时间。

（二）微视频案例教学的瓶颈

如前所述，微视频案例教学对学生的学习参与度、团队合作、主动学习、理解和掌握知识等方面都具有相应的成效，但零碎知识点难以串联、制作过程时间成本较高、难以体现创新性等"瓶颈"也制约着微视频案例教学的推广应用和作用发挥。究其原因，与微视频案例库的缺失或不完善不无关系，这也进一步凸显出建设和完善专业课程微视频案例库的重要性。

其一，案例教学是将具有矛盾冲突的真实问题以案例形式、语言和各种视听手段描述的特定情景带到课堂，以便学习者能够站在当事人的角度，对相关教育问题进行分析和讨论，并提出相应的解决方案。知识来源上，主要产生于生生、师生间的分析与讨论，一般30%来源于教师、70%来源于学生；知识性质上，案例教学是一种无结论的课堂，训练的是思考与解决问题的方法；形式上，课前要求学生研读案例，课中分组讨论，教师负责组织与引导。

其二，案例教学的开展有赖于高质量案例库的支撑。首先在案例选材上，要求事件真实，事件中存在不可避免的矛盾冲突，冲突所反映的问题也要具有一定的普遍性。其次在案例撰写上，这被认为是一个超出常规的难题，不仅在于撰写人的专业水平与文字功底，而且在于案例的制作成本高、质量要求高、需求总量大，以及随着时间推移，还存在案例时效性丧失的问题，因此需要不断更新。

其三，案例库建设的困难阻碍了案例教学在教学中的应用，但数字视频技术的运用一定程度上减少了对案例撰写人专业水准的依赖，因为视频以镜头而非撰写人"眼睛"表述问题，相对更接近于客观，而将分析问题的视角交还给使用者。因此视频不仅能展现更为客观的问题情境，也能容纳更大的信息量。因此，视频极大地减小了案例开发的难度与成本，使教师甚至学生都有可能参与到案例开发中。此外，相对于复杂的综合案例，微型化的案例通常只包含单个问题，内容短小但结构完整，精简的体量供学生在有限的时间内完成学习，且因为强调集中思考一个问题，有利于案例分析的深入。

三、关于资产评估微视频案例教学情况的问卷调查分析

（一）调查方法和调查样本

在对相关文献进行梳理分析的基础上，笔者设计了关于资产评估微视频案例教学的调查问卷，包括 11 道选择题（单项或不定项选择）和 1 道主观表述题，拟通过问卷反馈信息来分析微视频案例教学模式在资产评估专业课程中的试点应用效果与未来改进方向。

本次问卷调查的对象是首都经济贸易大学资产评估专业的四个班级的本科生和硕士研究生，其在学习期间均参与体验过微视频制作、微视频演示、微视频讨论等不同形式的资产评估微视频教学环节。

经筛选统计，本次问卷调查合计收集到 235 份有效问卷。下面对问卷的反馈信息进行分类汇总分析并加以整理说明。问卷答案可量化，故以数字和表格形式反映。

（二）问卷调查结果分析

1. 调查样本结构

经统计，有效问卷的调查对象涵盖了首都经济贸易大学 125 名本科生和 110 名硕士研究生，分别占比 53.19% 和 46.81%；其均处于资产评估基础课程的学习后期或者学习完毕阶段。可见，本次调查样本既具有一定的全面性，又具有较好的代表性，能够较为真实地反映学生意愿和较为精准地定位学生诉求。

2. 所学习的资产评估专业课程名称

为调查学生所学的资产评估专业课程名称，问卷中设置了"评估学原理（双语）""国际评估准则（双语）""资产评估理论与方法""无形资产评估"四个选项供调查对象选择其一。统计结果如表 1 所示。

表 1　　　　　　　被调查对象所学资产评估专业课程调查结果

选项内容 （单项选择）	本科生		研究生		合计	
	人数（人）	比例（%）	人数（人）	比例（%）	人数（人）	比例（%）
A. 评估学原理（双语）	68	54.40	0	0	68	28.94
B. 国际评估准则（双语）	57	45.60	0	0	57	24.26
C. 资产评估理论与方法	0	0	61	55.45	61	25.96
D. 无形资产评估	0	0	49	44.55	49	20.85

由表 1 可知，参与调查的学生所学资产评估专业课程构成中，本科生学习"评估学原理（双语）"和"国际评估准则（双语）"的比例接近，分别为 54.40% 和 45.60%，参与调查的研究生学习"无形资产评估"课程与"资产评估理论与方法"的比例接近，分别为 55.45% 和 44.55%。由此可以得出，参与调查的学生学习资产评估专业课程的结构合理，为后续调查结果的准确性与应用的广泛性提供了基础。

3. 是否参加过资产评估专业课程的微视频教学

本次问卷调查意在考量微视频教学模式的应用效果与改进方向，故调查范围全部集中于在资产评估专业课程学习期间曾参与体验过微视频教学环节的学生。这一点也得到了统计结果的验证，如表 2 所示。这从另一个侧面说明微视频教学手段已经得到了一定程度的推广，从应用广度上已经取得了初步成效。

表 2   对是否参加过资产评估专业课程的微视频教学的调查结果

选项内容 （单项选择）	本科生		研究生		合计	
	人数（人）	比例（%）	人数（人）	比例（%）	人数（人）	比例（%）
A. 是	125	100	110	100	235	100
B. 否	0	0	0	0	0	0

4. 参加资产评估专业课程的微视频案例教学的形式

结合调查对象曾参与体验过的微视频教学方式，问卷设置了"教师结合理论知识配套演示资产评估微视频案例""学生结合资产评估微视频案例进行问题讨论或辨析""学生自拟主题，模拟制作并演示资产评估微视频案例""学生对于资产评估微视频案例进行课后学习和问题分析"和"其他"五个选项供调查对象不定项选择其最为青睐的微视频案例教学方式。统计结果如表 3 所示。

表 3   关于资产评估微视频教学方式的调查结果

选项内容 （不定项选择）	本科生		研究生		合计	
	人数（人）	比例（%）	人数（人）	比例（%）	人数（人）	比例（%）
A. 教师结合理论知识配套演示资产评估微视频案例	108	86.40	90	81.82	193	84.26
B. 学生结合资产评估微视频案例进行问题讨论或辨析	81	64.80	58	52.73	139	59.15
C. 学生自拟主题，模拟制作并演示资产评估微视频案例	98	78.40	86	78.18	184	78.30
D. 学生对于资产评估微视频案例进行课后学习和问题分析	76	60.80	52	47.27	128	54.47
E. 其他	1	0.80	0	0	1	0.43

由表 3 可知，前四种具体的教学方式都得到了学生的普遍赞同，值得作为资产评估课堂实践教学的主流方式。其中，选择"教师结合理论知识配套演示资产评估微视频案例"这一选项的学生最多，达到 84.26%；其次是 78.30% 的学生选择"学生自拟主题，模拟制作并演示资产评估微视频案

例"；另外两种教学方式次之，但也分别达到了 59.15% 和 54.47% 的高选择率。此外，有一名本科生提出希望老师能够讲解同学的微视频，即 C 与 A 相结合的方式。

5. 参加资产评估专业课程微视频案例教学对专业学习的提升效果

为考查调查对象参与资产评估课堂微视频教学后的学习效果，问卷中设置了"效果很好，微视频案例教学设计已经比较成熟""效果较好，微视频案例教学设计还可以进一步完善""效果一般，微视频案例教学设计还存有较大的完善空间""效果不好，微视频案例教学设计不利于资产评估专业学习"和"其他"五个选项供调查对象选择其一。统计结果如表 4 所示。

表 4　关于参与资产评估课堂微视频教学的学习收获的调查结果

选项内容（单项选择）	本科生		研究生		合计	
	人数（人）	比例（%）	人数（人）	比例（%）	人数（人）	比例（%）
A. 效果很好，微视频案例教学设计已经比较成熟	83	66.40	67	60.91	150	63.84
B. 效果较好，微视频案例教学设计还可以进一步完善	42	33.60	39	35.45	81	34.47
C. 效果一般，微视频案例教学设计还存有较大的完善空间	0	0	4	3.63	4	1.70
D. 效果不好，微视频案例教学设计不利于资产评估专业学习	0	0	0	0	0	0
E. 其他	0	0	0	0	0	0

由表 4 可知，占全部调查对象 63.84% 的学生认为参与资产评估微视频教学的效果很好，微视频案例教学设计已经比较成熟；只有极少数学生认为效果一般，微视频案例教学设计还存有较大的完善空间；没有学生认为效果不好。这说明恰当运用微视频教学手段的确能够对学生的资产评估专业课程学习起到良好促进作用，也侧面凸显了资产评估微视频案例教学的必要性。

6. 微视频案例教学相比传统教学方式的优点

为进一步了解相比于传统的资产评估实践教学方式，微视频案例教学所能表现出的优点，问卷设置了"形式新颖活泼，具有较强的灵活性""聚焦学习内容，有利于提高学习兴趣""与理论知识联系紧密，有利于实现知行合一""对理论知识进行强化，更加直观、易懂且便于课后复习""与同学进行成果互评和分享交流，有利于取长补短、共同进步"和"其他"六个选项供问卷调查者进行多项选择。统计结果如表 5 所示。

表 5　　　　关于微视频案例教学相比传统教学方式的优点的调查结果

选项内容 （不定项选择）	本科生		研究生		合计	
	人数（人）	比例（%）	人数（人）	比例（%）	人数（人）	比例（%）
A. 形式新颖活泼，具有较强的灵活性	109	87.20	103	93.64	212	90.21
B. 聚焦学习内容，有利于提高学习兴趣	93	74.40	75	68.18	168	71.49
C. 与理论知识联系紧密，有利于实现知行合一	84	67.20	66	60.00	150	63.83
D. 对理论知识进行强化，更加直观、易懂且便于课后复习	81	64.80	57	51.82	138	58.72
E. 与同学进行成果互评和分享交流，有利于取长补短、共同进步	74	59.20	66	60.00	140	59.57
F. 其他	2	1.60	1	0.91	3	1.28

由表 5 可知，90.21% 的学生认为与传统的教学方式相比，微视频案例教学"形式新颖活泼，具有较强的灵活性"，71.49% 的学生表示微视频案例教学"聚焦学习内容，有利于提高学习兴趣"，过半数学生认为该方式"与理论知识联系紧密，有利于实现知行合一""对理论知识进行强化，更加直观、易懂且便于课后复习""与同学进行成果互评和分享交流，有利于取长补短、共同进步"。可见，学生对微视频案例教学的应用接受态度积极，同时表明微视频案例教学得到学生的认可。

7. 在参加资产评估专业课程的微视频案例教学过程中所遇到的困难

资产评估专业课程具有综合性、应用性和实践性的特点，在评估对象的确定与评估方法的选择方面具有广泛性，因而对于微视频教学方式的合理应用存在特殊要求。为调查学生对资产评估专业课程的掌握程度和微视频教学参与过程中遇到的困难、了解他们真实的学习看法和体会，问卷中设置了学生学习中可能出现的几种常见情形供调查对象进行不定项选择。统计结果如表6所示。

表6   参加微视频案例教学过程中所遇到的困难的调查结果

选项内容 （不定项选择）	本科生		研究生		合计	
	人数（人）	比例（%）	人数（人）	比例（%）	人数（人）	比例（%）
A. 对资产评估理论知识的掌握程度具有较高要求	66	52.80	54	49.09	120	51.06
B. 对资产评估知识的综合运用能力具有较高要求	76	60.80	80	72.73	156	66.38
C. 微视频制作耗时较长，需要付出较高的时间成本	75	60.00	54	49.09	129	54.89
D. 微视频制作难度较大，需要具备较强的视频剪辑技能	59	47.20	40	36.36	99	42.13
E. 微视频形式过于新颖，暂时不愿意尝试或接触新鲜事物	5	4.00	3	2.72	8	3.40
F. 其他	1	0.80	0	0	1	0.43

由表6可知，51.06%的学生认为"微视频案例教学对资产评估理论知识的掌握程度具有较高要求"；约60%的学生认为"微视频案例教学对资产评估知识的综合运用能力具有较高要求"，并且"制作微视频耗时较长，需要付出较高的时间成本"；42.13%的学生认为微视频制作难度较大，需要具备较强的视频剪辑技能。由此可以看出，微视频案例教学的应用前提是，学生在制作并完成相应的微视频之前能够做到对知识的熟练掌握并灵活应用，以及具备一定的视频剪辑技能。

8. 有关资产评估微视频案例的具体选题

资产评估课堂微视频案例教学手段的合理运用，需要恰当选取微视频案例具体选题，以实现二者的有机结合，为此问卷设置了"演示和辨析真实、公开的资产评估实务案例""教师结合理论知识，指定资产评估案例选题""学生结合兴趣爱好，自拟资产评估案例选题"和"其他"四个不定项选项。统计结果如表7所示。

表7 有关资产评估微视频案例具体选题的调查结果

选项内容 （不定项选择）	本科生		研究生		合计	
	人数（人）	比例（%）	人数（人）	比例（%）	人数（人）	比例（%）
A. 演示和辨析真实、公开的资产评估实务案例	95	76.00	72	65.45	167	71.06
B. 教师结合理论知识，指定资产评估案例选题	67	53.60	62	56.36	129	54.89
C. 学生结合兴趣爱好，自拟资产评估案例选题	79	63.20	69	62.73	148	62.98
D. 其他	0	0	0	0	0	0

由表7可知，在微视频案例具体选题方面，本科生与研究生所持观点具有一致性。首先，总体来看"演示和辨析真实、公开的资产评估实务案例"获得了高度的赞同，超过七成学生认为此选项为一个合理选题；其次，"学生结合兴趣爱好，自拟资产评估案例选题"在本科生与研究生中所受到的赞成度几乎趋同，分别为63.20%和62.73%；最后，近半数学生认为"教师结合理论知识，指定资产评估案例选题"是一个好的选题方向。由此得出，学生在确定选题时对具体案例和个人兴趣的倾向较大，教师指定选题也受到学生的青睐。

9. 优秀的资产评估微视频案例应具备的特点

为了进一步了解学生认为优秀的资产评估微视频案例应具备的特点，问卷中设置了"严谨性""实用性""真实性""新颖性""学术性""趣味性""互动性"和"其他"八个不定项选项供被调查者选择。统计结果如表8所示。

表8 参有关优秀的资产评估微视频案例应具备的特点的调查结果

选项内容 （不定项选择）	本科生		研究生		合计	
	人数（人）	比例（%）	人数（人）	比例（%）	人数（人）	比例（%）
A. 严谨性	104	83.20	83	75.45	187	79.57
B. 实用性	96	76.80	84	76.36	180	76.60
C. 真实性	75	60.00	63	57.27	138	58.72
D. 新颖性	41	32.80	70	63.63	111	47.23
E. 学术性	78	62.40	65	59.09	143	60.85

选项内容 （不定项选择）	本科生		研究生		合计	
	人数（人）	比例（%）	人数（人）	比例（%）	人数（人）	比例（%）
F. 趣味性	84	67.20	76	69.09	160	68.09
G. 互动性	58	46.40	51	46.37	109	46.38
H. 其他	0	0	1	0.90	1	0.43

由表 8 可知，过半数的学生认为优秀的资产评估微视频案例应该具有"严谨性""实用性""真实性""新颖性""学术性""趣味性"等特点，不足半数的学生认为优秀的资产评估微视频案例需要具有"互动性"。由此可见，学生对于优秀的资产评估微视频案例要求较高，同时能够体现出他们对于优秀微视频案例教学的需求。

10. 对于 32 学时的资产评估专业课程合理的微视频案例数量

在学生参与过 32 学时的资产评估专业课程的基础上，问卷调查了学生认为合理的微视频案例数量，分别设置"16""12""8""6""4"和"其他"六个选项。具体统计结果如表 9 所示。

表9　有关32学时的资产评估专业课程合理的微视频案例数量的调查结果

选项内容 （单项选择）	本科生		研究生		合计	
	人数（人）	比例（%）	人数（人）	比例（%）	人数（人）	比例（%）
A. 16	13	10.40	7	6.36	20	8.51
B. 12	18	14.40	17	15.45	35	14.89
C. 8	54	43.20	36	32.73	90	38.30
D. 6	19	15.20	29	26.36	48	20.43
E. 4	19	15.20	19	17.27	38	16.17
F. 其他	2	1.60	2	1.81	4	1.70

由表 9 可知，大部分学生认为 8 个微视频案例是最合理的案例数量，其占比为 38.30%，本科生和研究生对此案例数量持赞同看法的比例分别为43.20% 和 32.73%；其他微视频案例数量选择的人数远不及此选项。

11. 对于 48 学时的资产评估专业课程合理的微视频案例数量

在学生参与过 48 学时的资产评估专业课程的基础上，问卷调查了学生认为合理的微视频案例数量，分别设置"24""18""12""9""6"和"其他"六个选项。具体统计结果如表 10 所示。

表 10　　有关 48 学时的资产评估专业课程合理微视频案例数量的调查结果

选项内容 （单项选择）	本科生		研究生		合计	
	人数（人）	比例（%）	人数（人）	比例（%）	人数（人）	比例（%）
A. 24	16	12.80	5	4.55	21	8.94
B. 18	21	16.80	21	19.09	42	17.87
C. 12	52	41.60	40	36.36	92	39.15
D. 9	19	15.20	20	18.18	39	16.60
E. 6	15	12.00	22	20.00	37	15.74
F. 其他	2	1.60	2	1.81	4	1.70

由表 10 可知，大部分学生认为 12 个微视频案例是最合理的案例数量，其占比为 39.15%，本科生和研究生对此案例数量持赞同看法的比例分别为 41.60% 和 36.36%；其他微视频案例数量选择的人数不及此选项一半。对比 32 学时的资产评估专业课程来看，48 课时的资产评估专业课程微视频案例合理数量多的原因可能是课时数的增加。

12. 关于资产评估专业课程的微视频案例教学设计的改进建议

问卷最后设置了一道主观表述题，希望调查对象围绕上述调查内容或其他相关问题，结合其学习资产评估专业课程和体验微视频案例教学的真实感受，进一步提出完善资产评估课堂微视频案例教学的具体建议，以此作为完善和改进微视频案例教学模式的依据。经分类和归纳，按占比顺序，具有代表性的前五类建议的统计结果整理如表 11 所示。

表 11　　　　　　对资产评估微视频教学的建议调查结果统计

建议类别	建议内容	所占比例
第一类建议	部分微视频案例是由单一制作者完成后与其他同学进行交流，希望老师能够增强以分组的形式鼓励学生合作设计微视频，同时增加讨论与互评环节的时间占比，提高观看者对视频的理解	13.19%
第二类建议	微视频作为资产评估案例教学一种新的方式，在案例选择方面希望更多地选择社会上真实存在的近期案例，增加课堂的趣味性和选择的多样性	11.91%

建议类别	建议内容	所占比例
第三类建议	在微视频制作之前，希望对专业知识进行熟练掌握并学会运用，在观看视频前希望制作者进行简单讲解，带着问题观看视频，增强对知识的掌握	10.21%
第四类建议	微视频的质量与形式需要一个评判标准，希望复杂的理论知识能够通过微视频的方式得到很好的讲解与传播，方便学生对于疑难知识点的理解，增强微视频在教学方面的实用性	8.09%
第五类建议	针对微视频制作方面的问题，希望增加与往届学生或制作过微视频的学生之间的沟通，在课堂中穿插一些制作微视频的技巧与方法	2.55%

上述建议反映了学生在体验过微视频案例教学后直接的感受与希望得到改进的方面。其中，第一类和第五类是学生从微视频的制作与分享的角度提出，希望能够增加微视频的互动性与制作的技巧性；第二类和第四类建议是根据已体会过的微视频案例方式，从微视频的内容和案例来源选择方面提出的改进思路；第三类则从对资产评估专业知识的掌握与运用方面，希望能通过微视频的方式将专业知识得以更直观的理解与应用。

四、推进和完善资产评估微视频案例教学的对策与建议

通过对参与过资产评估微视频案例教学试点的学生进行问卷调查可知，63.84%的学生认为参与资产评估微视频教学的效果很好，34.47%的学生认为其效果较好。可见，微视频案例教学模式能够在很大程度上促进学生对知识点的理解和掌握，同时有助于提升资产评估专业课程的实践教学质量。但是，微视频案例教学设计也存在进一步完善的空间。对此，下文将尝试探索将资产评估案例的视频化与微型化应用于专业课程实践教学的有效路径，并进一步提出资产评估专业课程微视频案例教学及案例库建设的操作方案与对策建议。

（一）资产评估案例视频化与微型化的教学路径探索

借鉴已有研究，结合课题组的资产评估微视频案例教学试点及其反馈

情况，设计资产评估案例视频化与微型化的教学路径如图 1 所示。

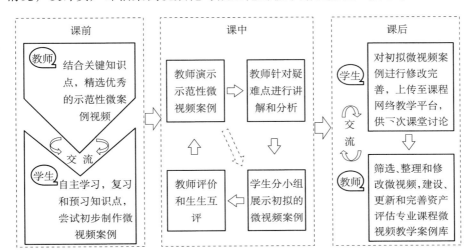

图1　资产评估案例视频化与微型化的教学路径

1. 资产评估微视频案例教学的课前准备

在资产评估微视频课开展之前，教师应根据资产评估教学内容与学习者基础，结合关键知识点，精选优秀的示范性微案例视频，通过蓝墨云班课或微信学习群等方式分享给学习者。学习者根据教师发放的学习资料进行课前预习，以小组形式自主学习，复习和预习知识点，尝试初步制作微视频案例。在此过程中，学生可以通过线上交流、线下讨论等多种方式与同学和老师交流，进行微视频录制。

2. 资产评估微视频案例教学的课中实施

在资产评估微视频案例课上，首先，教师演示示范性微视频案例，并针对疑难点进行讲解和分析，完成设置的特定学习目标；其次，学生分小组展示初拟的微视频案例，微视频制作者可以利用课堂机会与其他同学交流在自主学习和制作微视频过程中遇到的问题，表达自己的想法和观点，对于疑难问题，可请求教师进行指导和解答；最后，完成微视频的观看和讨论之后，进行教师评价和生生互评。

3. 资产评估微视频案例教学的课后总结

学生在资产评估微视频案例课后，对初拟微视频案例进行修改完善，上传至课程网络教学平台，供下次课堂讨论，并对视频知识点所对应内容进行课后练习与巩固，使得课堂上学习知识得以掌握并运用。教师筛选、整理和修改微视频，建设、更新和完善资产评估专业课程微视频教学案例库，为后续教学或师生之间的交流积累素材。

微视频案例教学不仅能够提升课堂教学的效果，也能够通过电子存档的方式供后续教学使用，提升案例教学的质量和效果。随着视频案例库的不断累积，高年级段学生可将自制视频案例供低年级学生进行交流学习，不断丰富视频案例库的建设，充分发挥视频案例教学的优势，让视频案例教学进行延续，全面提升教学质量。此外，在发生突发事件导致正常课堂教学无法如期实现时，视频案例教学也能够达到一定教学效果，保障基本教学质量。

（二）资产评估专业课程微视频案例库建设方案探索

根据资产评估案例视频化与微型化的教学路径，进一步提出以下资产评估专业课程的微视频案例库建设方案。

1. 着眼教学需要，精选合适的资产评估微视频案例

资产评估专业课程微视频案例库的建设，首先需要紧密贴合教学目标，其次需要基于教学实践过程不断收集和完善高质量的微视频案例。具体方式可以通过精选实践教学已有案例或公开市场真实案例并予以改造，获取微视频案例用于教学；也可以通过创新实践教学过程，激励学生自主创新制作新的微视频案例并贯穿于教学之中，以此尝试编制资产评估专业课程微视频案例库。微视频案例库应随实践教学不断修删调整，剔除老旧、不适宜的案例，同时更新新近真实案例和示范性强的模拟案例，保障案例库的时效性。

2. 加强平台建设，推进资产评估微视频案例分享与交流

微视频案例库需要构建专业平台进行数据的妥善保存和管理。加强网络案例库平台建设，不仅能够为资源存储与案例提取提供支持，也能保障实践环节的教学实施，提升课堂效率和教学质量，还可发挥平台连接效应，搭建师生交流平台，方便快捷地对相关专业问题进行研究和探讨。网络案例库平台的建设，能够加强师生间、生生间的互助性交流，保障案例素材有效收集、与时俱进，满足资产评估日常教学的需要，更好实现教学目标。

3. 以问题为中心，完善资产评估微视频案例教学模式

传统教学模式中，学生仅为知识的倾听者，课堂参与度不高，专业知识的思考深度不足，课堂交流易陷入同多异少的形式化、流程化。而基于视频案例调整课程教学模式，能够变"课堂中心"为"问题中心"，学生可自主选取资产评估专业中的感兴趣点或疑难问题，以此为主题进行案例深入分析。学生预先编制的微视频案例以视频为主要媒介，长度通常为 15 分以内，"问题中心"的微型案例教学模式，可精准聚焦问题，缩短案例阅读时间，剩余时间供师生、生生进行充分交流、思考与讨论。同时，案例编制过程本身更是一种"高级学习"，能有效促进自我反思，增进学生撰写和表达能力的提升，锻炼分析问题、解决问题的能力。

由此，在专业课程教学中，形成了学生编制、教师筛选和审核的微视频案例编写机制，在充分提升课堂教学质量的同时，也能最大限度地降低案例的制作成本，对微视频案例进行补充，促进微视频案例库建设的良性循环。

4. 注重教学反馈，加强微视频案例教学的考评与指导

在微视频案例教学课程中，教师是全过程的引导者与支撑主线，应适当加强监督与指导。课前学习时，教师应对关键知识点的选取、范围进行把控，对微视频制作的内容进行约束，并通过线上社交软件对学生进行指导，以促进微视频制作者学习的积极性和主动性。在课中学习时，学生通过观看不同知识点对应的微视频，对相关知识点进行学习与掌握；视频展示后，微视频制作者分享制作和学过程中遇到的难点与疑问，并就此展开讨论；随后通过小组互评和老师打分的方式对微视频质量进行考核，教师可以使课堂学习过程有序高效。在课后总结过程中，学生对与微视频有关的知识点进行课后习题巩固，教师对教学中存在的问题进行解答，以便于学生熟练掌握和运用所学知识点，更好地完成学习目标。

参考文献

［1］爱德加·戴尔. 视听教学法［M］. 杜维涛，译. 北京：中华书局，1949：28 – 29.

［2］陈蕾，王敬琦. 资产评估课堂实践教学模式的应用研究——基于

问卷调查的实证分析 [J]. 中国资产评估, 2014 (12): 21 – 26.

[3] 陈蕾, 王敬琦, 朱宁洁. 资产评估课堂实践教学的差异化探索: 资产评估基础课程的例证 [J]. 中国资产评估, 2015 (8): 24 – 28.

[4] 陈艳, 朱冬元. 资产评估专业硕士案例教学研究——基于人才培养供给侧的思考 [J]. 中国资产评估, 2019 (1): 29 – 33.

[5] 戴维·梅瑞尔, 顾凤佳, 倪小鹏. 教育技术的创新应用: 反思与展望 [J]. 开放教育研究, 2016, 22 (1): 4 – 17.

[6] 刘为军. 资讯微视频案例对经管类课程教学效果的影响研究 [J]. 科教文汇 (上旬刊), 2016 (12): 82 – 83.

[7] 吕林根. 资产评估案例教学方法研究 [J]. 财会通讯, 2011 (15): 143 – 145.

[8] 皮亚杰. 发生认识论 [M]. 王宪锢, 译. 北京: 商务印书馆, 2009: 3 – 6.

[9] 石春红, 于翠芳. 论项目化教学模式在《资产评估》课程中的应用研究 [J]. 经济师, 2014 (2): 229 – 230.

[10] 唐贞, 封室伊, 张莹. 资产评估教学案例存在的疑点问题分析与探讨 [J]. 会计师, 2020 (23): 70 – 71.

[11] 王竹立. 微课热是暂时的, 微课是长期的 [J]. 中小学信息技术教育, 2013 (9): 79.

[12] 吴红静, 王莉, 赖劼修, 涂追. 微视频案例教学在生物化学课程中的实践 [J]. 应用型高等教育研究, 2018 (1): 90 – 95.

[13] 谢永朋, 徐岩. 微课支持下的高职院校翻转课堂教学模式 [J]. 现代教育技术, 2015, 25 (7): 63 – 67.

[14] 徐爱农. 资产评估专业本科实践教学的探索 [J]. 教育教学论坛, 2014 (9): 207 – 208.

[15] 杨振宁. 杨振宁文集 [M]. 上海: 华东师范大学出版社, 1998: 311 – 312.

[16] 赵剑锋. 案例教学模式在资产评估课程中的实施与探索 [J]. 内蒙古财经大学学报, 2013 (4): 58 – 61.

[17] Kim D H. The Link between Individual and Organizational Learning [J]. The Strategic Management of Intellectual Capital, 1998, 41: 62.

［18］McGrew L R A. A 60-second Course in Organic Chemistry ［J］. Journal of Chemical Education，1993，70（7）：543.

［19］Young J R. Short and Sweet：Technology Shrinks the Lecture ［J］. Chronicle of Higher Education，2008，54（41）：A9.

"三位一体"教学法促进通识课程教学相长的路径研究

——以《企业税收常识》为例

陈远燕

【摘要】《企业税收常识》是一门为激发学生学习税收知识的兴趣以及提高学生的纳税遵从意识和树立正确纳税观而开设的一门通识选修课，研究案例教学、启发式教学和实物教学"三位一体"的教学方法在这门课程中的运用具有重要意义。本文以提升学生税收基本理论和实践综合素质为主要目的，以《企业税收常识》课程教学效果提升问题为研究对象，旨在尝试厘清《企业税收常识》课程建设目标，让学生善于发现并且主动去探索和解决生活中的税收问题，并形成习惯和相应理念。通过调查学生对通识通选课和企业税收常识课程的看法和需求情况，通过优化教学内容、丰富课堂互动多样性、改进教学形式、提供习题库和课外读物等以满足学生的需求，以期提高教学质量。此外，为了更有效地发挥企业税收常识课程的作用、提升课堂效果，还应不断地对其进行进一步改革，根据实际情况，及时提出有效的改进措施，并为相似的通识通选类课程的建设提供参考。

【关键词】企业税收常识；案例教学；启发式教学；实物教学

一、引言

《企业税收常识》是一门为激发学生学习税收知识的兴趣以及提高学生的纳税遵从意识和树立正确纳税观而开设的一门通识选修课，研究案例教学、启发式教学和实物教学"三位一体"的教学方法在这门课程中的运用具有重要意义。

现已有众多学者和教师针对三种教学法提出了自己的见解。李小珍

（2009）认为，案例教学法在中国税制课堂教学中的有效实施，不仅能充分调动学生学习的能动性，同时也有助于增强教师的教学科研能力。王乔等（2015）强调以学生为中心，突出案例教学和实践教学，并逐步形成"两基四段案例牵引"教学模式。但是，已有的研究中多数学者仅就三种教学方法进行较笼统的介绍，鲜有学者思考如何将案例教学、启发式教学和实物教学三者结合起来提升课程的教学质量。

目前《企业税收常识》课程已有研究实践基础体现在以下三个方面：一是《企业税收常识》这门通选课已经开设三学年共六个学期，每学期选课人数为30～200人，根据每学期期末学生的评教得分情况来看，学生评价较高，反馈效果较好，这门课程较受学生欢迎。二是目前针对这门课程已经连续三年为学生整理每年的税收热点问题，并阶段性地给学生讲解税收政策变革的内容、影响和未来改革方向。三是目前正在初步尝试建立案例集，并已经在课堂上尝试使用案例教学、启发式教学和实物教学三者相结合的方法。

二、项目建设

1. 项目建设目标和内容

本文以提升学生税收基本理论和实践综合素质为主要目的，以《企业税收常识》课程教学效果提升问题为研究对象，围绕这一研究对象设立以下三个研究目标。

一是尝试厘清以提升学生税收基本理论和实践综合素质为主要目的的《企业税收常识》课程建设目标，课程建设目标的设定和厘清直接关系到课程内容的设计，也直接影响课程教学效果。《企业税收常识》课程作为一门通识选修课，以激发学生对税收的兴趣、培养学生的依法纳税意识、掌握基本税收常识为建设目标。首先，开展《企业税收常识》课程要满足为进一步深化教育教学改革、提高教育教学质量、创新人才培养机制，通过企业税收常识课程的学习，使学生能够掌握与企业相关的主要税种的内涵、基本计算方法与纳税申报流程的相关知识。其次，实行案例教学、启发式教学的教学方法，做到活跃课堂氛围，形成以课堂讨论、课堂辩论、师生互动为主，教师以"主持人"的身份组织学生课堂的讨论或辩论。最后，运用实物教学法使学生能够切身体验企业财税人员是如何处理税会差异以及如何进行实际的纳税申报的，从而使学生把知识真正地做到活学活用，加深对知识的理解和运用。

二是要以问题引导出发，让学生善于发现生活中的税收问题并形成自己的思考，在教师的启发和引导下主动去探索和解决税收实际问题，并形成习惯和相应理念。由于这门课的定位是通识选修课，选课学生对于税收知识掌握的基础程度不同，通过每节课前预留出 10 分钟让学生提问题、教师进行解答的方式，教师通过学生提出问题的难易程度及质量可以有效地了解学生对于税收的敏感度以及基础知识的扎实程度，以便在教学内容设计上更有针对性，真正使每个学生，不管有无税收基础，都可以成为一个懂税的人。

三是不遗余力地在《企业税收常识》课程案例教学、启发式教学和实物教学水平提升方面，寻找最佳结合点和切实可行的实施方案和对策建议，"以教促研，教研结合"，在教学中不断反思总结以确保研究成果落地。首先，不断更新陈旧的典型案例，使案例能够紧跟税收热点问题。其次，在准备教学案例之前，可以通过上课提问或课下交流的方式提前了解学生感兴趣的税收问题和基础知识的薄弱环节，以便在教学过程中提高案例的针对性和趣味性。实物教学环节可以多形式，比如通过调查问卷的形式了解学生对于不断出台的各个税种的征求意见稿的意见和建议，使学生也参与到国家的税制设计过程中，提高学生的参与度。最后，《企业税收常识》的案例不应仅限于选择题、解答题这些客观题，还应该涉及一些主观分析题，使学生更多地去体会专业知识的运用。

本文的研究思路如图 1 所示。

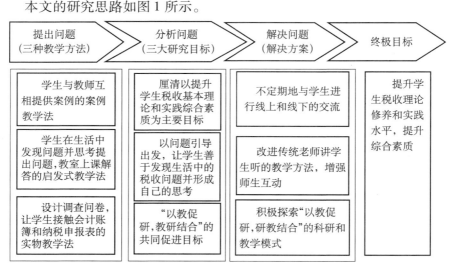

图1　研究思路框架

2. 拟解决的问题

（1）根据课程建设目标和知识体系设计合理的课程内容，不定期地与学生进行线上和线下的交流，了解学生的学习近况和知识掌握的层次结构。

（2）改进传统老师讲学生听的教学方法。一是增强师生互动。鼓励学生在生活中发现问题、思考问题进而提出问题的主动学习积极性；二是采用部分内容学生课堂展示并讲解、师生共同探讨的方法；三是教师在科研过程中将一些经典案例进行更新改编，并且引导学生选取相关案例对理论内容进行运用。

（3）通过备课的过程不断提高教师的科研能力。教师备课的过程可能会对案例所反映的问题有全新的或更加深刻的认识，从而向学术论文或课题的方向落地。教师备课内容经典且不失趣味性，也能很好地激发学生学习的主动性和自觉性。

三、企业税收常识调查

（一）基本情况

1. 调查目的

为切实提高高校学生的综合素质水平、更有效地促进通识通选课程的教学、深化教育教学改革、提高教育教学质量，对《企业税收常识》课程课堂效果进行问卷调查。该调查的目的在于：调查学生对于当前学校开设的通识通选课程的教学方式、教学内容等的看法，了解目前通识通选课程教学上的不足之处，以及学生对于《企业税收常识》课程教学方式的看法，从而分析出《企业税收常识》课程教学的改进措施和改进方向。

2. 调查对象

本调查报告选取首都经济贸易大学的学生作为问卷调查的对象，因本课程属于通识通选类课程，选修学生不设专业限制，因此将调查对象确定为选修该课程的本校学生，共122人。本次问卷调查共发放问卷122份，收回有效问卷114份，有效问卷占比93.4%。

3. 调查方法

调查采用问卷调查的方法。首先根据调查目的和调查内容的可行性设计调查问卷；其次选取合适的调查对象发放问卷，为保证发放和回收问卷的效率、保障问卷有效性，对学生发放电子调查问卷；最后将问卷回收并进行筛选统计，得到最终的问卷调查数据结果。

4. 问卷内容

该调查问卷共 20 道题目，其中 13 道单选题、6 道多选题、1 道开放性问题。内容共包括以下三部分。

（1）考察调查对象自身情况。该部分目的在于了解学生的年级、专业、学生自身对税收知识的了解情况等，试图调研学生自身情况是否影响课堂效果。

（2）考察调查对象对于以往通识通选课程课堂情况的看法，了解学生对于课程教材的使用情况，老师的授课方式，小组合作、案例教学等教学形式等问题的看法。

（3）考察调查对象对企业税收常识课程的意见及建议，了解学生认为目前企业税收常识课程存在的不足和可以实行的改进措施。

（二）调查结果

1. 调查对象自身情况

（1）年级及专业。本次调查对象中，大一学生共 82 人，占比 71.9%，大二学生共 26 人，占比 22.8%，大三学生共 6 人，占比 5.3%，选修《企业税收常识》课程的学生中主要为大一学生，其次为大二学生，大三学生最少。因为本课程属于通识通选类课程，所以选课学生中没有大四学生。

通过对学生专业的调查发现，选修本课程的学生中管理类专业学生最多，共有 77 人，占比 67.5%，其次是经济类专业 25 人，占比 21.9%，法学、英语等其他专业学生共 6 人，占比 10.6%。其中，管理类学生中仅会计类专业就有 37 人，占总人数的 32.5%（如图 2 所示）。由于会计主体通常是一个企业或者是若干企业组织起来的集团公司，企业税收知识对于会计专业的学生来说也就尤为重要。

另外，根据对学生选修《企业税收常识》课程原因的调查发现，有 88人是由于对税收知识感兴趣，71 人认为该课程有助于本专业的学习，其中有 49 人对于以上两种原因都认同；另外，学生选择本课程的渠道有一半以上是由老师或同学推荐，可见此课程的师生认可度高，需求量较为可观。

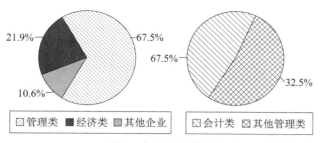

图 2 专业分布情况

（2）对税收知识的了解情况。通过对学生是否曾学习税收相关课程的调查得知，除大一学生中有 9 人、大二学生中有 5 人、大三学生中有 5 人学习税收相关课程外，其余学生均未曾学习税收相关课程。从图 3 中可以看出，在学习本课程前学生对税收知识的了解普遍偏少，其中有 20 名学生对税收知识不了解，占比 17.5%，85 名学生对税收知识了解较少，占比74.6%，8 名学生对税收知识比较熟悉，占比 7%，仅有 1 名学生对税收知识非常熟悉，占比不到 1%。由此可见，选修此课程的学生年级偏低，相关知识基础薄弱。另外，除其他小税种外，学生对税收知识的了解大部分集中在个人所得税这一税种，其次是消费税和增值税，而对企业所得税的了解最少。

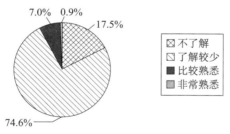

图 3 对税收知识的了解情况

由图 4 可以看出，大部分学生对税收知识的学习有兴趣，但兴趣程度有所不同，其中 16.3% 的学生非常感兴趣，69.6% 的学生比较感兴趣，14.1% 的学生不能确定是否对税收知识有兴趣，结合上个问题的选择结果发现，这些不能确定兴趣的学生中都是对税收知识不了解或了解较少的。通过进一步调查发现，学生对增值税、消费税、个人所得税、企业所得税的兴趣程度大致相当，并且有 49 名学生对企业税收中的这四大税种都感兴趣，占总人数的 43%。

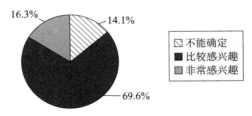

图 4 对税收知识的兴趣

学生希望从《企业税收常识》课程中学习课税对象、税率、税收优惠、纳税管理等税收知识，具体统计结果如图 5 所示。显而易见，这四个知识要点的被选择频次都非常高，其中"税收优惠"和"纳税管理"更稍高一点。由此可见，学生对于税收知识的需求还是很大的，不仅对课税对象、税率等基本税收知识感兴趣，还想了解税收优惠、纳税管理等税收知识。

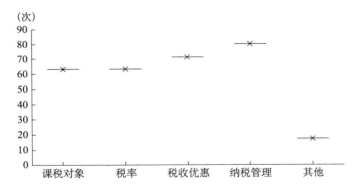

注："其他"中包括纳税人、税目、纳税期限、纳税环境等税制要素。

图 5 希望学到的税收知识

针对"您认为哪个税种更贴近生活"这一问题，按照出现频次从高到低依次是消费税、个人所得税、增值税、企业所得税。由图 6 可见，学生认为消费税和个人所得税更贴近生活，这也是目前为止学生接触较多的两个税种，消费税与生活中多数物品密切相关，如烟、酒、鞭炮、高档化妆品、珠宝首饰等，这些是学生们比较熟悉的，消费税则蕴含其中；个人所得税也是学生即将或正在打交道的一个税种。相比之下，增值税和企业所得税则稍显陌生，同时这两个也是比较偏向企业的税种。

因此，课程的设置应根据学生的诉求，并结合学生对税收知识已有的了解，选择适当的侧重点，通过《企业税收常识》课程的学习，使学生能够掌握与企业相关的主要税种的内涵、基本计算方法与纳税申报流程的相关知识。

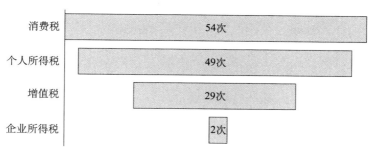

图6 贴近生活的税种

2. 调查对象对通识通选课程的看法

（1）通识通选课程难度情况。调查结果显示，大部分学生认为通识通选课程的难度是较为合理的，由图7可以看出，36.8%的学生认为在以往的通识通选课程的学习中没有困难，48.2%的学生认为有点困难，14.1%的学生认为比较困难，仅有1名学生认为非常困难，占比不足1%。这基本符合通识通选课程设置的课程目标，作为一门通识选修课，应以激发学生对知识的兴趣、培养学生的学习意识、掌握课程相关基本常识为目标，起到一个普及的作用，因此不宜将此类课程设置得太难。

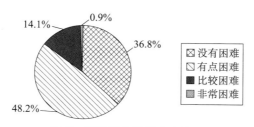

图7 通识通选课程难度情况

学生觉得课程学习困难的原因可能有以下几种：学生们的学科背景不同，相关知识的基础水平参差不齐，老师专业的内容表达不易理解；学生自身学习能力不足，跟不上老师的节奏。因此，本课程也应遵循这一基本准则，在课程的设置上兼顾学生不同的学科背景和不同的学习水平，注意课程难度的调整，避免造成过多学生在学习过程中过于吃力，影响教学效果。

（2）以往通识通选课程存在的问题。根据表1中调查对象选择的结果来看，学生认为以往通识通选课程在课程时长、教学内容的选择、讲授知识难度水平的定位等方面都存在不足。首先，将近一半的学生认为自己的基础知识薄弱，授课老师的讲授起点较高，因此在学习中更容易感到困难。其次是课时设置短，学生学习时间不够，学习能力较弱的学生不能很好地掌握老师所教授的知识。最后，有少部分学生认为在通识课程中教师不了解学生需求，所教非所需，影响课堂质量。对以上问题做出如下分析：由于学校通常将通识类课程设置的课时较短，老师很难将知识讲解得详尽全面，因此会占用更多的课上时间；而学生通常会将主要精力放在本专业的主课程上，很少会在课下时间学习通识课程，此类课程的学习时间主要集中在课上，因此会造成学生学习时间不够。另外，学生大多来自不同专业甚至不同年级，学生的学科背景不同、知识储备不同，因此每位学生可以接受的课程难度也有所不同，基础薄弱的学生可能会觉得听讲吃力，难以理解。

表 1 通识通选课程存在的问题结果统计

选项（多选）	人数（人）	比例（%）
课时设置短，学习时间不够	54	37.2
教师不了解学生需求，教非所需	22	15.2
学生相关基础薄弱，老师讲授起点较高	69	47.6

3. 调查对象对企业税收常识课程课堂情况的看法

（1）教材的使用情况。对于学生对本课程教材使用情况的看法，55.2%的学生认为课本或 PPT 仅为辅助，主要靠教师讲授更多内容更适合本课程的学习，39.5%的学生偏好于较为按照课本或 PPT 内容，有部分拓展，3.5%的学生认为可以没有课本或 PPT，1.8%的学生认为应该完全按照PPT（如图 8 所示）。可以看出，在本课程的学习中，学生还是较为依赖教材的。由于本课程属于经管类课程，课程内容涉及的概念、特征、条例规定较多，并且需要规范的专业表达，课堂上知识需要以文字的载体呈现，因此课本或者 PPT 是必不可少的，这有助于老师向学生传递信息以及学生对知识的接收。

（2）对教学形式的看法。表 2 的调查结果显示，在有助于学习税收知识的问题上，学生对于案例教学的认可度最高，调查对象中有 93%的学生认为案例教学有助于税收知识的学习，相比之下，学生对于小组合作的认

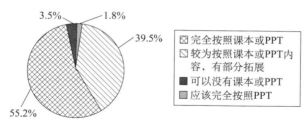

图8 教材的使用情况

可度偏低，选择频次的比例仅为9.5%。由于选择本课程的学生来自不同专业或不同年级，对待本课程的看法和态度不同，不重视课程的学生可能会在小组任务中敷衍了事，从而认真对待的学生承担更多的学习任务，造成合作性和协调性较差。另外，学生认为理论讲授和实物教学也有助于税收知识的学习，其中理论讲授的被选择频次比例为26.6%，实物教学的被选择频次稍低，比例为19.9%，这可能是由于本课程的学科属性，适用课堂教学的实物教学少，且多是文字载体，实物教学在课堂上稍显弱势。

表2　　　　　　　　　　对教学方法看法的结果统计

选项（多选）	被选次数	选择频次比例（%）	总人数占比（%）
理论讲授	64	26.6	56.1
案例教学	106	44.0	93.0
小组合作	23	9.5	20.2
实物教学	48	19.9	42.1

由图9可以看出，在案例教学中，对于案例来源，绝大部分学生希望由老师提供案例，少部分学生觉得自己搜集案例更好。其中，48.2%的学生希望由老师提供经典案例，然后学生讲授，老师来点评；39.5%的学生希望完全由老师提供案例并讲解；只有12.3%的学生认为由小组合作完成案例的搜集和讲解，再由老师点评更好，这也对应了前面学生对于小组合作认可度低的调查结果。

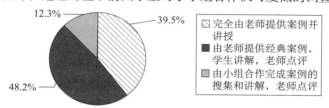

图9 案例教学的开展情况

　　形成这种情况的原因可能是，一方面，学生目前的税收知识基础较为薄弱，自己暂时无法甄别哪个案例更有助于某一知识点的学习，而老师则可以把握案例对于知识点的突出性或综合性，并且老师实时关注该专业领域，更能提供真实、新颖的案例。另一方面，由老师讲解案例，老师更能抓住案例中的关键点或者题眼，通过循序渐进的引导、剖析、总结，能够帮助学生更好地理解税收知识，而由学生讲解案例，能给学生留下更深刻的印象，有助于知识的吸收。

　　针对"小组合作能否提高学习效率"这一问题，调查结果显示，47.4%的学生认为小组合作对于学习效率的效果一般，并没有使其学习的主动性提高；34.2%的学生认为小组合作使其变得更积极，提高了学习效率；9.6%的学生认为小组合作不仅不能提高学习效率，反而使其承受了更大的学习压力；8.8%的学生认为在小组合作中更容易依赖他人，不能提高学习效率（如图10所示）。综上可知，有近七成学生对小组合作是不认可的，这种教学形式有可能不适合在本课程的教学课堂中开展。

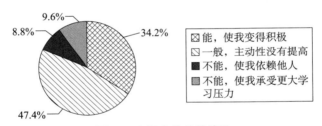

图10　小组合作效率情况

　　这种结果的形成有以下几种可能：选择本课程的同学来自不同专业、不同年级，知识储备不同，组织性与协调性差强人意，学习效果可能不如个人学习的效果好；学生的学习能力不同，性格也不同，有的学生在小组合作中容易产生依赖性，不仅主观能动性没有提高，反而形成了"等、靠、要"的状态，同时这也加重了其他同学的学习压力，给原本积极主动的学生增添了额外的学习任务。

　　调查结果显示，学生更愿意老师在课堂中承担讲授知识和引导学习的职责，其次是提供学习情景，再次是参与考核。从图11中具体来看，41.2%的学生更希望老师讲授知识，37.7%的学生更希望老师引导学习，16.7%的学生更希望老师提供学习情景，而更希望老师参与考核的学生仅占4.4%。由此可见，大多数学生希望老师在课堂更注重对知识的传递和学习的引导。

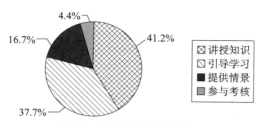

图11 老师扮演角色的情况

（3）对企业税收常识课程的意见或建议。该部分调查内容是寻求学生对于企业税收常识课程未来改革的意见或建议，现将有效的调查结果整理如下。

①由于课时有限，不能将税收知识讲得全面详细，增加课时，可以更细致地讲解，并合理安排授课内容。

②讲授起点较高，低年级和不同专业的学生零基础或基础薄弱，税法知识点深奥，建议从最基础的讲起，便于接受与学习，并希望绞难的专业知识可以重复巩固。

③税法知识文字条例多，希望老师的授课内容更贴近生活，增加一些生活中的实例，引导启发式教学。

④建议讲学过程中增加案例教学的比例，多讲解真实案例，贴近生活便于理解，并且希望减少知识理论介绍的过程，尽快进入案例学习，以帮助理解税收知识是如何运用在现实生活中。

⑤企业税收常识主要还是应以老师讲授学生接收为主，小组学习效率和积极性不会太高，因为选择本课程的学生来自不同专业、不同年级，知识储备不同，分配小组任务效率不一定比自学的高。

⑥小组学习是一种自发性的学习方式，应该是学生自己寻找小组而不是老师分小组。

⑦希望老师可以分享一些有关税收的最新政策、文章、实事等，拓展更多的小知识，可以加入一些视频和课外读物进行拓展。

⑧建议增加课堂互动形式，可以再适当多加一些讨论环节，让课堂更生动有效。

⑨建议增加题目练习，提供习题库。

另外，受新冠肺炎疫情影响，学校实行"停课不停教，停课不停学"，本课程也通过线上课堂进行网络教学，无论是老师授课还是学生学习的效率多少受到了影响，但学生们也克服困难，坚持完成了线上学习。同时，针对线上教学，学生也提出以下几点建议。

①希望老师能够采取 PPT 辅助，采用 QQ 直播或者腾讯会议上课，增加课堂互动。

②建议一节网课的时长不要过长，容易受到设备或网络影响造成视频中断，打断学习状态。

③由于录制的视频课程可以调整倍速播放，希望老师可以在讲课的过程中多多引用案例，即使对于案例的描述比较多，也不会导致实际上课时间过长。

（三）学生对于企业税收常识课程的需求情况

通过整理调查问卷结果，并结合学生对于《企业税收常识》课程未来改革的意见或建议，了解学生对《企业税收常识》课程的诉求，我们发现，学生对于本课程有以下几个方面的需求。

1. 增加课程时长

首先，在调查问卷的客观题部分就有很多同学反映，以往的通识通选课程就存在课时设置短、学习时间不够的问题。其次，根据问卷主观题的统计结果可以看出，对于《企业税收常识》课程，一些学生也认为课时过短，老师很难将税收知识讲得细致、全面，并且在短时间内学习、理解并掌握这些知识也存在困难。学生希望增加课时，一方面老师可以更加细致地讲解企业税收知识，另一方面学生也有充足的时间去理解掌握所学知识。

2. 加强课堂互动

调查结果显示，学生认为有多种教学方式都有助于《企业税收知识》的学习，很多学生希望加强课堂互动，再适当地多加一些讨论环节，增强师生互动，这样既可以丰富课堂内容又可以提高学生的综合素质，让课堂更生动有效。在《企业税收常识》课程的教学中，不应局限于传统的教学方式，单纯的教师讲授和问答，不利于学生对税收知识的学习，应该丰富课堂互动的形式，改进教学方式，给学生提供更多展示和锻炼的机会。

3. 增强案例教学

根据调查结果，很多学生反映税收知识本身就深奥、无趣，难以理解，税法精细严谨，若一味地向学生灌输知识，很有可能会影响学生学习企业税收知识的积极性和听课质量。调查结果中很多学生表示，希望老师的授课内容更贴近生活，在讲学过程中减少理论知识介绍的过程，增加案例教学的比例。若课堂中教学案例较少，既不能满足学生的需求，学生也无法达到理想的学习效果。

4. 强化拓展练习

根据学生针对主观题部分的作答，发现有些学生认为需要增加企业税收相关题目的练习。一方面，例题讲解可以更加清晰、明确地体现某个知识的关键点，引导学生发现题眼；另一方面，通过做课后习题可以夯实基础，巩固所学知识。

另外，还有学生并不满足于课上理论知识的学习，在对企业税收常识课程未来改革的建议中提出，希望老师可以分享一些有关企业税收的最新政策、文章、实事等，并加入一些科普视频或课外读物进行相关拓展。

四、为提升课堂效果而实施的改进措施

为了提升《企业税收常识》课程的课堂效果，根据以上学生对于本课程的需求，我们采取了以下改进措施，以期提高教学质量，能够向学生普及企业税收常识，进而促进学生的知识、能力、素质共同提高和全面发展，助力综合素质人才的培养。

（一）优化教学内容

1. 精心细化备课工作

《企业税收常识》作为一门通识通选类课程，要服从学校的教学安排，难以人为增加课时。因此，我们在为本课程的备课时特将其区别于必修课程的授课安排，厘清课程目标，防止无效讲解，给予学生充足的学习时间，避免课堂时间的浪费和计划的教学内容讲不完等情况的发生。在备课前，教师通过线上调查和线下交流等方式，提前了解学生感兴趣的税收问题和基础知识薄弱的章节，以便在教学过程中更有针对性地讲解。另外，教师在授课前仔细考量每个章节的知识孰轻孰重，并结合教学经验，分析每个知识点老师讲解的难易程度和学生理解的难易程度，配合课时长度，合理安排授课内容。

2. 提供完善的教学资料

新冠肺炎疫情期间，我们依托于线上教学平台，教师为每一章节录制了线上教学视频并上传到班级群，这些教学视频能够永久保留，并且可以倍速播放，反复观看。同时，教师编辑了每个章节知识的 PDF 电子版讲义，包括企业税收概述、增值税、消费税、企业所得税、个人所得税等主要章节，最终形成了一整套成熟完善的教学资料。另外，教师还制作了教学日历、教学大纲和考试相关安排的资料，也上传到班级群，提前向学生公布课程的进度安排，真正做到师生齐头并进，在有限的时间内，老师力争出色完成教学任务，学生也能达到理想的学习效果。

（二）丰富课堂互动

1. 课堂提问

在讲学过程中我们从问题导向出发，使学生能够在教师的启发和引导下主动去探索和解决税收实际问题，并形成习惯和观念。首先，我们每堂课都有课堂提问环节，区别于传统的课堂提问，除了由老师提问学生、学生向老师提问外，我们还增设了学生提出问题、由其他同学回答、最后由老师点评总结的环节。这种提问方式不仅有助于老师了解学生的困惑点，还能根据学生答案判断学生的盲点和误区，以便给学生查漏补缺、纠正知识误区，并在接下来的课堂中及时改进教学内容。另外，教师通过学生提出问题的难易程度及质量可以有效地了解学生对于税法的敏感度以及基础知识的扎实程度，以便在教学内容的设计上更有针对性。

2. 课堂讨论

我们在每个章节后都设有开放式问答环节，根据课堂上讲解的税收知识，老师可以提出相关问题，例如"结合个人所得税的学习谈谈个税改革的意义？""你认为我国消费税征收范围的改革方向是什么？""如何理解税收取之于民，用之于民？"等，教师以"主持人"的身份组织学生进行课堂交流、讨论或辩论，形成以课堂讨论、课堂辩论、师生共同探讨、师生互动为主的课堂互动形式。通过这种互动方式激发学生的学习兴趣，引导学生关注税收热点，发现生活中的税收问题，自主学习税收知识。

（三）改进教学形式

企业税收的理论知识较为抽象，税法设计精细，条文规定严谨，其教学方式应与其他课程的有所不同，从《企业税收常识》作为通识选修课的定位和学生掌握知识水平的程度来看，局限于教师的讲授和问答不利于学生对税收知识的理解和掌握，因此我们将案例教学法、启发式教学和实物教学法结合，致力于提高课堂效果。

1. 案例教学

我们针对四大主体税种增值税、消费税、企业所得税、个人所得税分别设计完成了相应的教学案例，案例设计力求形象具体。首先，在准备教学案例之前，通过课上提问或课下交流的方式提前了解学生感兴趣的税收问题和薄弱的知识点，从而更有针对性地选择案例，提高案例的趣味性。其次，不断更新典型案例，使案例能够紧跟税收热点问题。教师在备课的过程中，选取了科研实践中的部分素材编写成案例用于教学，把理论学习与教学实践紧密结合起来，开拓学生的思维，活跃课堂，提高教学的质量；同时，教师在不断进行案例分析和写作的过程中，对案例所反映的问题有更深的认识，最终也可以通过课题或论文的形式升华到全新的理论高度。

通过改进案例教学，我们建立了企业税收常识的案例集并完善案例的设计，将案例教学法细化、深化、优化，将相关知识具体化、形象化，增强学生对税收知识的印象，使学生能够更加系统性地学习相对较散的税收知识点，提升学生整体学习效果。

2. 启发式教学

我们在课堂上采用启发式教学的方式，例如，在授课前教师向学生提出引导性问题，如"你交过税吗？目前你交过哪些税呢？"，将课堂知识与日常生活相结合，使课堂学习更贴近日常生活，并引导学生发现生活中的税收；又如，在学习增值税这一章节后，请学生"结合疫情防控优惠政策谈谈对国家支持疫情防控和经济社会发展增值税相关优惠政策的理解"，通过将时事热点引入课堂，并引导学生关注税收热点事件，自己发现并了解生活中的税收知识，从而激发学生的学习兴趣。

另外，我们鼓励学生在生活中发现问题、提出问题、思考问题。例如，在学习消费税知识前请学生"找出日常生活中哪些物品属于应税消费品？

你认为我国现行的消费税征税范围是否合理?"等,并选取部分内容由学生进行课堂展示,然后由师生共同探讨,最后由老师点评总结。

3. 实物教学

我们将纳税申报表、纳税申报软件引入课堂,手把手教学生使用个人所得税 App,把知识应用到实践中,进一步把抽象的理论知识形象化、具体化,使目前的课堂学习更加贴近以后的工作需求,提高学生纳税意识和纳税遵从度。利用实物教学法,使理论与实际相结合,培养学生在实践中发现问题、分析问题和解决问题的能力。最终,我们将《增值税纳税申报表》《企业所得税纳税申报表》《个人所得税纳税申报表》等申报表进行系统整理,并将网上纳税申报流程和个人所得税纳税 App 直观详细地反映到书面上,形成一套完整的实物教学模板。通过这门课程的学习,使学生了解纳税申报的流程,明确纳税申报表的填报说明,提高学生的依法纳税意识和参与度。

(四) 提供题库和读物

为加强学生对企业税收知识的理解与掌握,我们甄选了例题和习题,并给学生提供了一个完整的题库。首先,我们针对每个知识点选取了典型例题,在讲义中例题体现在知识点精讲的下方,学生每新学一个知识点都能通过相应的例题帮助理解,通过老师讲解对题眼的捕捉,同时学生也能捕捉到某个知识的易错易混点。其次,在每一章节结束后都有相应的习题,如"基础巩固""强化提升""进阶拓展"等不同难度的题目供学生选择,不同基础的学生可以选择性地选取不同版块的题目。另外,习题的题型设置也不仅限于选择题、判断题等客观题,还涉及一些主观分析题,同时可以结合案例教学来展开,使学生能够更好地去体会专业知识的运用。

除课堂教材和讲义外,我们还为学生拓展了一些课外读物,包括文字、视频等资料,以便有兴趣的学生进一步学习,也丰富了教学资料。教师在班级群分享微信学习链接,实时整理相应时期内的最新的税收政策及热点事件,税收政策包括最新发布的政策及税收政策改革等文件,热点事件包括与税收相关的时事,如《支持疫情防控和经济社会发展税费优惠政策指引》等文件和相关视频资料,让学生明白税收存在于生活中的方方面面。最后,我们将这些资料按时间或分税种形成一个规范的文件夹,以便课堂调用。

五、进一步展望

1. 兼顾学生专业背景，调整课程难度

为发挥好企业税收常识课程科普教育的作用，建议任课教师兼顾不同基础水平的学生，有区别地调整课程难度。从最基础的讲起，便于基础薄弱的学生接受与学习；对重点知识详细讲解，并帮助学生重复巩固；对较难的专业知识点题即可，不做深究，避免给学生造成心理负担。在下一轮的教学中可以做好课前调查，尝试配合"小组合作"实施。

2. 提供更贴近生活的案例教学

税法知识本身专业用语多，通过提供贴近生活的典型案例，把知识放到案例中去讲解，更有助于学生对知识的理解。建议教师提供的案例尽可能地贴近生活，不拘泥于税收专业用语，搜集或改编更日常化的案例，有助于学生更好地融入情景，并激发学生对企业税收知识的学习兴趣。在以后的教学过程中，要尽可能地及时更新、添加新的实务案例，切实提高案例集的质量。

3. 改进小组合作的教学形式

鉴于传统的小组合作教学可能不适用于本课程的学习，应改善小组合作的教学方式。建议将小组合作作为一种自发性的学习方式，由学生自愿成组，而不是由老师分组。小组内事先分工，可以根据自己的兴趣领取学习任务，在以后的学习过程中也可以再自由调整，避免学习的知识过于片面。建议教师对不同小组分配的任务适当有所侧重，以便照顾到不同专业和不同年级的学生。

六、结论

目前，我们发现学生对于《企业税收常识》课程有很大的需求，尤其是在课程时长的设置、授课内容安排、课堂互动形式、教学方式改进、习题与课外知识等方面，因此我们采取相应的改进措施，通过优化教学内容、丰富课堂互动、改进教学形式、提供习题库和课外读物等以满足学生的需求，以期提高教学质量。此外，为了更有效地发挥《企业税收常识》课程

的作用、提升课堂效果，还应不断地对其进行进一步改革，根据实际情况，及时提出有效的改进措施，并为相似的通识通选类课程提供参考。

参考文献

［1］李小珍．中国税制课程案例教学法的实施及建议［J］．边疆经济与文化，2009（10）：162－163.

［2］王乔．全面提升高校创新能力［N］．江西日报，2015－11－30（B03）.

［3］遆云凤．税制改革背景下高职税法课程教学改革探析［J］．中国管理信息化，2021，24（4）：238－239.

［4］张海琴．中国税制理论课程与实习课程教学改革浅析［A］//四川省科教创客研究会、四川科幻世界杂志社有限公司．2020科教创新学术研讨会论文集（第三辑）［C］．四川省科教创客研究会、四川科幻世界杂志社有限公司：四川省科教创客研究会，2020：3.

［5］郭彦．深化税制改革背景下税法课程教学模式改革探析［J］．金融经济，2019（14）：123－124.

［6］韩育晟，王玉峰．税制改革背景下《税法》课程"四阶段案例教学法"的应用研究［J］．北京财贸职业学院学报，2019，35（6）：47－50.

［7］周心洁．税制改革背景下高职院校会计专业《税务会计》课程教学模式探究［J］．纳税，2019，13（25）：15－16.

［8］王乔，徐建斌，王雯．一流本科课程建设的探索——以"中国税制"课程为例［J］．中国大学教学，2020（12）：31－35.

［9］刘玉龙，徐佳韵，陈海峰．企业对税收筹划人才素质需求及其教学模式的问卷调查研究［J］．会计师，2021（9）：122－124.

［10］王怡文，王继楠．"对分课堂"教学模式在《企业税收筹划》课程中的应用初探［J］．质量与市场，2021（13）：64－66.

［11］刘华．现代服务业中小企业在新税收政策实施后困惑引发高职《税务会计》课程教学改革探讨［J］．产业与科技论坛，2020，19（2）：137－138.

［12］纳慧．税收实务课程实践教学改革的探析——以《企业涉税实

务》课程改革为例 [J]. 当代教育实践与教学研究, 2016 (11): 185, 184.

[13] 苗艳芳. 浅谈行动导向教学模式在高职企业纳税实务课程中的应用 [J]. 新校园 (上旬), 2016 (7): 57 – 58.

[14] 苏颖宏, 高绯. COVID – 19 疫情背景下高职院校在线教学探索与实践——以外贸企业税收实务课程为例 [J]. 黎明职业大学学报, 2021 (1): 69 – 73.

[15] 刘莉. 基于混合式教学模式的企业纳税实务互动立体教材设计 [J]. 商业会计, 2020 (9): 127 – 129.

[16] 武建红. 税制改革背景下高职财税课程教学改革 [J]. 纳税, 2020, 14 (7): 10 – 11.

[17] 周青浮. 新一轮税制改革背景下财经类专业税法课程应用项目教学法探讨 [J]. 学周刊, 2019 (30): 14 – 15.

高等教育应用型课程双线并行互动教学模式研究

——以《无形资产评估》为例

张晓慧

【摘要】目前经济发展的客观环境以及综合性人才的培养目标对高等教育的教学模式提出了挑战。本文根据应用型课程多年教学实践，以《无形资产评估》课程为例，针对教师以理论授课为中心、理论与实践结合不足，学生学习缺乏主动性、团队合作意识较弱以及互动模式割裂，缺乏情境沉浸等问题，对相关文献及数据进行梳理、整理和分析，并探索区别于传统的互动教学模式的可行性以及有效途径，构建经济管理类应用型课程的双线并行互动教学模式，为相关专业教学模式创新提供一些新的思路。

【关键词】应用型课程；双线并行互动；教学模式；无形资产评估

一、引言

1. 研究背景

近年来，我国经济的发展目标从高速增长转变为高质量发展。同时，在国际竞争的大环境下，创新型国家建设已经成为趋势。我国明确了创新的重要作用，强调了它是现代化经济体系建设的战略支撑。因此，经济发展变化的客观环境对于高等教育所培养的综合性人才提出了更高的要求。高等教育经济管理类专业教育模式不断在进行新的探索，在教学过程中注意加强学生创新能力的提升。以资产评估专业为例，由于资产的价值评估是基于特定的经济行为对评估对象进行合理的价值估计，对我国经济发展具有重要的促进作用。随着我国经济形势的变化，资产评估行业也呈现新的发展趋势，对综合性创新人才的需求大幅增加，对于应用型课程的教学效果也提出了更高的要求。作为经济管理类专业应用型课程的主讲教师，笔者一直在探索基于创新理念的综合性人才培养模式的切入点，即应用型课程的教学模式的创新。当前经济管理类应用型课程的教学模式存在一些问题，即使现在的教学模式与教师单一授课为主的传统模式相比已经有了一定的改进，教学手段日趋丰富并具有一定的互动性，但是还不能够满足社会对于综合性创新人才的需求。

2. 研究内容

本文基于《无形资产评估》课程多年来教学的理论和实践经验，以及对于互动教学模式的逐步探索，针对高等教育经济管理相关专业应用型课程双线并行互动教学模式的合理建设途径开展研究，重点探讨如何在授课模式和考评模式两个方面对应用型课程教学模式进行合理创新，探讨提高教学质量的途径和方法，为应用型课程的教学提供一些新的思路。

本文拟解决的重要问题主要有两个方面：一是针对目前许多应用类课程教学模式的现状，研究双线并行互动教学的整体性特征，探讨经济管理类应用型课程进行双线并行互动教学的可行性，研究结论力图对经济管理类专业打造合理的综合型人才培养模式提供有力支撑；二是以《无形资产评估》课程为例，强调注重授课方法和考评方式等关键环节的路径研究，力图勾勒出双线并行互动教学建设的逻辑线条，提出更为合理的双线并行互动教学模式，为应用型课程教学提供参考。

二、互动教学模式研究现状

1. 互动教学模式种类及演变方面

互动式教学作为一种创新的教学法首先在哈佛大学使用。20 世纪 70 年代开创"交互式课堂教学"的教学理念，80 年代引进我国但没有广泛使用。近年来，在教学改革的背景下，教育领域广泛推行互动教育。

从形式互动到实质互动，课堂教学互动实质效应的产生并非一蹴而就，它经历一个由"触动—共识"到"交融—共鸣"再到"自由—共享"的逐渐演变的过程。黄积虹（2011）认为，互动式教学法运用于高等教育教学中可以表现为设问激发式、主题讨论式、案例教学式、情景启发式和插叙插议式。许健松、魏道智（2018）指出，课程教学中经常使用的混合式互动教学方式有案例引导、翻转互动、人机对话及多媒体课件互动等。佘维等（2019）认为，在翻转课堂的互动式教学模式下引入丰富的教学资源，同时通过信息化工具的使用借助真实案例进行教学实践，能够使学生更专注于知识的理解和运用。

2. 互动教学模式实践方面

刘军和等（2017）对分组教学法进行了探索，认为互动教学可以将知识传授者变为问题的解决者，将课堂的控制者变为角色的扮演者，完全转换身份、换位思考，实现教源于学、学寓于教。杨玉、王荣媛（2019）在英语课程教学模式改革中研究师生互动的不同环境的结合对教学效果的影响，得到的结论是该模式可以提升学习英语的主动性，同时对学生的英语交流能力和信心以及学术素养有很大帮助。

蒋丽平（2021）通过在不同的班级实施不同的教学模式，发现每种互动教学模式都能提升学习效果，但对课堂教学气氛的影响不同，教师的积极作为和多样的教学互动模式可以优化互动式教学效果。在线上课堂实践方面，邱定荣等（2021）录制教学课件，通过微信群课前发布预先录制好的教学课件给学生进行预习，老师利用智慧教学网络平台雨课堂进行在线直播授课，课上课后采用多种方式如弹幕及微信群与学生进行互动，认为基于雨课堂直播的翻转互动教学有利于教学效果的提升，增加学生线上参与度及教学满意度。

3. 互动教学模式的创新方面

学者们在原有研究的基础上进行了互动教学模式的创新，对于互动教学要采取哪种模式，不同的学者看法不同。

一些学者认为，线上互动教学模式的教学效果更好。陈浩等（2021）对交互教学模式中的在线直播课堂进行研究，分析其优势，并结合专业开课情况进行了案例分析。熊力等（2021）的研究表明，通过互动和教学内容的重建可以提高课堂吸引力。另外，学者们针对互动式混合教学模式进行了研究。孙春（2020）认为，混合教学模式能满足学生个性化的学习需求，应当采用多元化评价，注重线上线下课堂的连接。蔡婕萍（2021）指出，教师可以依托 SPOC 模式借助互联网建立管理学案例教学体系，坚持以课堂学习为中心的模式，辅以小组讨论，通过课上课下社会化媒体的运用来加深教师和学生之间的学习和情感交流。

4. 文献述评

纵观已有的研究成果可以看出，互动教学模式在 20 世纪开创并得以运用，经过几十年的发展，其形式非常多样，目前的发展趋势有线上互动教学模式、线上与线下相结合的模式、以学生为主的互动式教学模式、以教学互动软件为辅助工具的互动教学模式等。互动教学模式有利于提高教学效果及学生教学参与度，提高学生对教学的满意度，使学生转换身份，换位思考。多媒体授课给教师减轻了压力，授课模式趋向多样化，学生有一定的参与度，但改善并不足够明显。高校教学人员对于互动模式不断进行探索，但是在互动方式的研究上还存在一定的不足。

三、高等教育应用型课程教学模式存在的问题

应用型课程就是将课程内容如何在实践中应用作为教学的主要目标的课程，它们根据当前所需要的应用型人才的培养理念在教学体系中进行设置，往往与校企联结、产学研项目有密切的联系，在课程体系中具有非常重要的地位。近些年来，通过教学实践发现高等教育应用型课程教学模式存在一定的不足，主要表现为以下三个方面。

1. 教师以理论授课为中心，理论与实践结合不足

应用型课程的主要特点就是在教学中将理论与实践紧密结合，学生接触的理论需要根据现实中的应用情况加以佐证。如果现实状况变化较大，课堂教学要随时予以更新调整才会取得较好的教学效果。而目前在应用型课程的教学中，一些教师存在固有思维，在理论教学上倾注更多的精力，而对理论应用的现实状况调查趋于表面，往往以历史经验进行推断，对现实变化不敏感，理论和实践有较大脱节，就会形成无效教学。张晓楠等（2021）和王艳（2016）等学者分别对高校应用型数学课程和经济类专业经济法课程进行了研究，发现教学目标设置不合理、教学内容存在一定的局限性、教学方法陈旧和传统学生课程基础薄弱以及对课程认识不足等问题。

2. 学生学习缺乏主动性，团队合作意识较弱

随着互联网的不断发展，社会信息来源渠道众多，学生的知识面也得到了较大扩展。但是由于学生获取信息的来源非常复杂，初始及多次加工的信息容易混淆，而且获得的多为易获取的碎片化信息，对基础知识的掌

握不牢靠，很多时候拒绝主动深入思考。学生学习上也比较被动，积极性不高，应用型课程的教学效果因此大打折扣。

另外，团队合作意识较弱也是许多学生学习应用型课程中的障碍。目前，高等教育需要培养的目标人才更多倾向于综合性素质人才，但是由于社会一些不良环境的影响，导致许多大学生过多以自我为中心考虑问题，集体意识差，不能与其他同学进行良好的团队合作。以笔者多年的教学经验来看，一些学生在自我意识越来越突出的同时对于团队合作的意识非常薄弱，一方面表现为我行我素，突出自身，忽略团队整体目标，与团队其他成员的努力无法配合，另一方面可能体现为完全放弃，不能积极参与团队的活动，但希望通过"搭便车"来享受其他团队成员努力的成果。

3. 互动模式割裂，缺乏情境沉浸

应用型课程强调实操性，因此学生的实践能力是检验应用型课程教学效果的重要指标。教师也在教学过程中通过许多教学手段来提升学生的实践能力，在课堂中采用互动的教学模式在应用型课程教学中也屡见不鲜，如课堂讨论、小组案例分析及微信群答疑等。但是，一些互动教学模式是以教师为中心而进行的，学生的互动会比较被动，自主性受到一定的限制；而另外一些教学模式强调以学生为中心，如果把控方向不及时，应用型课程的主导方向与课程主线就会存在一定的偏离。因此，目前应用型课程的互动教学模式存在割裂的情况，建议教师和学生在课程的学习中应当共同起到主导作用。另外，一些互动模式缺乏时间情境的沉浸，学生无法将自己完全代入应用型课程所需要的模拟情境，对于该情境下对应的各项数据不能准确提取，这样很难将真实的情况予以反馈。

四、双线并行互动教学模式的设计理念

教学模式的改进和教学效果的提升是一线教师极为关注的问题。对于应用型课程来说，教学模式是教学理论和实践的纽带，需要教师在教学中不断摸索和改进。通过教学模式的合理设计将教学理论进行具体的阐述，促使教学实践具有可操作性，将应用型课程的理论和实践紧密结合。应用型课程建设的实现途径为明确、整合、优化课程建设内容与考核指标，推广信息化教学手段以及重构考核评价体系。本文提出双线并行互动教学模

式的设计，希望将应用型课程的特点深入体现在改进的教学模式中，学生能够提高学习的积极性、参与度和学习效率。因此，双线并行互动教学模式的设计理念主要体现在以下三个方面。

1. 以学生认知为导向

在思维层面上，当代的大学生思维非常活跃，具有极强的好奇心。传统的教学模式是教师按照既定的教学大纲安排教学进度和课件，有时会比较刻板，对于学生的时代和专业特征并没有针对性的调整，因此学生在学习上会比较被动，积极性不高，教学效果也会大打折扣。因此，在教学模式的设计上，要以学生的认知为导向，对学生的专业基础进行调查，了解学生的特点。学生认知的发展水平以及学生已有的经验基础应当对教师的教学具有重要的导向作用，这对于应用型课程尤为重要。

2. 以构建合理的模拟情境、加强团队合作为手段

应用型课程要求将课程理论与实践相结合，为了让学生能够对知识的掌握更为扎实，创建合理的模拟情境、加强团队合作是提高教学效率的重要手段之一。传统的教学模式中，教师授课的知识通常以分章节的方式讲授，很多时候学生会感觉知识是割裂的，形成的印象不够深刻，就是因为学生是作为旁观者去接受一些结论，而没有真正作为当事人去经历得出结论的过程。而双线并行互动教学模式就是希望帮助学生构建合理的模拟情境，在应用型课程的讲授中作为模拟情境中的一个角色，亲自体验和思考，并与团队其他角色成员互相磨合，将分割的知识点按照逻辑串联去发现问题和解决问题，从而更具有实践意义。

3. 以师生双主导、教学相长为目标

双线并行互动教学模式设定教师和学生在教学两条线中分别作为主导，课内教学线中教师有明确的教学目标，严谨组织教学活动，合理引导学生，主导教学节奏，通过多种教学手段激发学生主动学习的兴趣，提高他们自主学习的能力。课外教学线中学生将作为主导，以课内教学的知识线索进行情景模拟和团队合作。学生团队之间既是合作伙伴又是竞争对手，主导推进情景变化，可能会产生不同的组合。教师对学生提供指导的同时又会接受学生在情境模拟中的反馈，并根据关注时事的特殊变化来弹性调整教学内容，实现教学相长。

五、应用型课程双线并行互动教学模式构建——以《无形资产评估》课程为例

随着市场经济的不断深入与社会知识产权的普及，无形资产的价值在经济活动中的作用日益显现，将无形资产作为重要资产在企业中加以运营已成为当今知识经济的发展主流。无形资产评估是资产评估业务中极其重要的组成部分，在资产评估专业课程设置中，《无形资产评估》也具有非常重要的地位。

《无形资产评估》课程是结合专业无形资产评估理论和实践的应用型课程，具有全面、系统、新颖和实用的特点。通过本课程的教学，使学生全面了解无形资产的评估前沿理论、无形资产与企业价值之间的关系、无形资产的价值影响要素以及评估各类无形资产的基本方法与模型等。教师在教学过程中通过多种教学手段，让学生了解多种评估方法的实际应用，为学生对无形资产评估及相关领域的理论和实践问题进行判断、分析并提出相应对策和建议打下良好的基础。

由于无形资产的类型逐渐变得多样化、复杂化，对于无形资产价值评估的难度也不断增加，对高校设置的相关课程教学效果提出了更高的要求。本文根据对互动教学模式研究的梳理以及多年的《无形资产评估》课程的教学经验，构建了应用型课程双线并行互动教学模式，希望为其他的经济管理类应用型课程提供一定的参考。

1. 双线并行互动教学模式的目标

以《无形资产评估》课程为例，双线并行互动教学模式的目标如下。

（1）知识层面的延伸。通过《无形资产评估》课程的学习，使学生全面、系统地把握无形资产评估原理的基本内容，进而熟悉无形资产评估的相关规定和规范性运作程序，逐步深入对无形资产评估理论的深层次研究。

（2）能力层面的增强。通过分阶段模拟轻资产企业运行来探索无形资产发展的规律，掌握无形资产评估的实践性特征，提高独立思考、信息筛选等分析和解决实践问题的能力。

（3）思想层面的提升。通过《无形资产评估》课程的学习，使学生对于无形资产价值评估所面临的国际和国内环境有更深入的了解，意识

到我们要强化国家战略科技力量、提升企业技术创新、形成良好的创新
机制和环境、增强综合国力、提升竞争力，在思想上加强对祖国的责
任感。

2. 双线并行互动教学模式的界定

双线并行互动教学模式不同于传统的应用型课程的教学模式，是强调
教师和学生的双主导互动教学模式。具体包括两个层面：一是双线并行互
动授课教学模式；二是双线并行互动考评模式。

以《无形资产评估》课程为例，授课教学分成课内教学线和课外教学
线两部分（如图 1 所示）。课内教学线主要集中在无形资产评估理论的学
习，从基础概念到理论的深入发展进行详细讲授，以教师作为主导。课外
教学线通过学生分组模拟轻资产企业运行、培育无形资产并评估该无形资
产价值的方式进行，强调无形资产评估实践，以学生作为主导。两条教学
线一起进行，互为补充，形成学生自主性学习的良性循环。

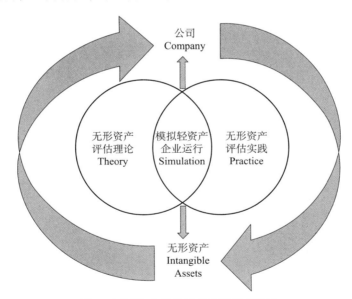

图 1　无形资产评估课程双线教学理念

考评过程区别于传统的老师对学生的单向考评，以学生模拟团队作为
对象引入学生的意见，通过互动点评和讨论给出评价，极大增强了学生的
参与度。

3. 双线并行互动授课模式分析

双线并行授课模式中的课内教学线是以教师为主导进行课堂讲授。无形资产是资产评估执业中重要的评估对象，《无形资产评估》课程属于应用型课程，如果学生想在评估实务中对无形资产的特征以及评估方法有深入的理解，需要扎实掌握相关的理论。教师在课内教学时要注意深入浅出，将晦涩的理论进行明晰的解释和论证，为评估实务操作分析打下牢固的理论基础。与教师的课内教学线相辅相成的是以学生为主导的课外教学线。学生通过分组模拟轻资产企业运行，将无形资产评估同企业运营紧密结合，提高自主学习的能力（如图 2 所示）。

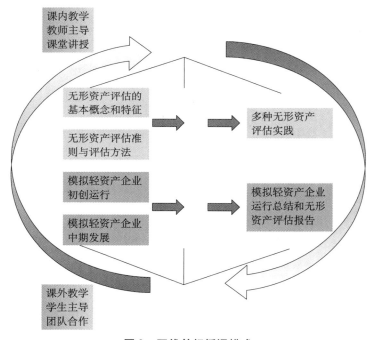

图 2　双线并行授课模式

双线并行互动授课模式将无形资产评估教学分为三个阶段，即以模拟轻资产企业运行的不同阶段进行分割。

第一阶段为模拟轻资产企业初创阶段。预计投入时间约为 5 个教学周共10 课时。教师主导的课内教学线重点讲授无形资产评估的基本概念和特征等基础知识，同时指导学生分组，为学生提供相关参考书目并提供咨询帮助。学生主导的课外教学线根据要求建立模拟轻资产企业，通过团队成员合作进行市场调研、搜集资料、模拟设立轻资产企业，并在第 5 教学周进行模拟轻资产企业初期商业计划报告，确定模拟轻资产企业的发展规划并说明企业可能拥有的无形资产，与教师和其他团队互动获取反馈。

第二阶段为模拟轻资产企业中期发展阶段。预计投入时间约为 5 个教学周共 10 课时。教师在课内教学线重点讲授无形资产评估准则、无形资产信息收集的手段以及无形资产评估的基本途径。学生在课外教学线中在教师的指导下进行市场调研，搜集资料进行筛选，对企业前期的发展状况是否符合经营计划预期以及公司培育的作为评估对象的无形资产的发展状况及主要特点进行说明，并提出下一阶段企业的发展目标。同时，各个企业团队将在第 10 教学周进行模拟轻资产企业中期发展报告演示，并与教师和其他团队互动获取反馈。

第三阶段为模拟轻资产企业运行总结报告和无形资产评估报告阶段。预计投入时间约为 6 个教学周共 12 课时。教师在课内教学线重点讲授具有代表性不同种类无形资产评估的方法和案例。课外教学线中学生以模拟轻资产企业团队为依托模拟成熟期轻资产企业发展状况，分析本企业的优势和劣势，总结企业所拥有的无形资产并作为评估对象进行分析和评估，并在课程的最后两周进行模拟轻资产企业运行总结报告演示和企业所拥有的无形资产评估报告演示，同时与教师和其他团队互动获取最终反馈。

双线并行互动授课模式强调注重培养学生分析问题与解决问题的能力，倡导以学生进行自主研究和学习、教师给予一定方向上的引导。因此，在《无形资产评估》课程的讲授中，充分运用多媒体及智慧教室等硬件设施、多媒体课件、互联网资料交互分享等教学手段，采用提问诱导法、文献阅读、调研、情景模拟、课堂讨论、案例分析及小组演示等方法使课堂教学生动活泼。课外通过微信、腾讯会议、学习通等媒介对学生分组后模拟轻资产企业运行提供指导，帮助学生提升自主学习能力。学生在模拟企业中承担不同的职位，围绕无形资产估值进行不同角度的分析，课余需要查阅大量资料对本企业的运营提供数据支持。而教师的作用在于给学生适当的引导，提出问题，鼓励学生个性化的思考。

4. 双线并行互动考评模式分析

本文中双线并行互动考评模式是双维度、多节点的考评模式。双维度是指老师对学生以及学生之间的互动反馈和评价，多节点是按照教学进度的不同阶段分别进行有针对性的考评。以《无形资产评估》课程为例，学生通过分组模拟轻资产运行，通过对企业运行中形成的无形资产进行分析，并探讨其评估方法和结论（如图3所示）。双线并行互动考评模式将模拟轻资产企业运行过程中的考评分为初期考评、中期考评和终期考评三个节点，分别对应企业运行的三个阶段。老师对学生模拟团队以及学生模拟团队之间根据不同阶段的侧重指标分别进行互动反馈和评价。以终期考评为例，考评指标如表1所示。

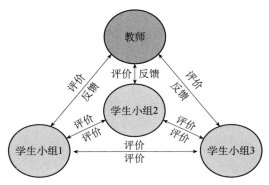

图3　双线互动考评模式

表1　　　　模拟轻资产运行总结报告和无形资产评估报告互动考评表

公司演示	公司发展（50分）	经营计划执行情况（30分）	
		团队配合情况（15分）	
		市场调查情况（5分）	
	无形资产评估（40分）	评估方法的可行性（20分）	
		评估依据的充分性（15分）	
		创新性（5分）	
	问答环节（10分）		

总分：

　　双线并行互动考评模式的优势在于两个方面：一是轻资产企业在运行中通过教师和其他团队的互动反馈和评价随时进行合理的调整和改进，而不是仅仅由教师在期末做一次最终考评，降低评价结果的主观性的同时提高学生在不同阶段参与的积极性。二是不同团队之间在模拟企业运行过程中既是竞争关系，也可以进行合作和互相学习。学生在交流的过程中为其他团队的轻资产企业运行计划及无形资产评估过程提出建设性意见并根据多个指标给出公正客观的评价。虽然是模拟情境，但是通过数据的支撑更为真实地反映了现实情况，并促使学生在不断变化的环境中去主动思考，开拓视野，将理论逐步应用到实践当中来符合应用型课程的教学需要。

六、结论

关于高等教育经济管理类应用型课程教学中出现的教师以理论授课为中心、理论与实践结合不足，学生学习缺乏主动性、团队合作意识较弱以及互动模式割裂、缺乏情境沉浸等问题亟待解决。本文以《无形资产评估》课程为例，在教学实践的基础上，对相关文献及数据进行梳理、整理和分析，对经济管理类专业应用型课程的双线并行互动教学模式进行界定，探索区别于传统的互动教学模式的可行性以及有效途径，构建了教师和学生双主导的双线并行互动教学新模式，包括授课和考评两个方面，希望能够推动经济管理类专业课程的教学体系建设。笔者在《无形资产评估》教学中积累了多年的教学经验，不断尝试双线互动教学模式在课程中的实践，根据学生的反馈不断进行完善。未来的研究希望可以侧重于建立轻资产企业模拟情境的数据案例库，为学生提供更便捷和有效率的指引。本文的研究成果将继续在教学班进行实践，同时也可以为经济管理类相关专业教学模式创新提供参考。

参考文献

［1］蔡婕萍. SPOC 视域下管理学课程互动式混合教学模式研究 ［J］. 中国管理信息化，2021（4）：225－226.

［2］陈浩，熊伟，杜春，彭双. 增强在线直播课堂互动的教学模式探索 ［J］. 电气电子教学学报，2021（3）：138－141，174.

［3］陈丽萍. 课堂教学互动效应的内涵、层次与演变 ［J］. 广西教育学院学报，2005（6）：34－37.

［4］代大齐. 基于"校企合作""技能竞赛"双驱模式的应用型课程改

革实践 [J]. 中国职业技术教育, 2019 (5): 85 - 87.

[5] 丁翠红. 多维互动的 SPOC 混合式教学模式研究 [J]. 现代教育技术, 2017, 27 (7): 102 - 108.

[6] 付庄, 冯新, 王尧. 多维互动线上教学法在教学中的应用 [J]. 高等工程教育研究, 2021 (1): 193 - 196.

[7] 郭雨霁, 邪鲁军, 张晓丽, 张艳敏, 张晓芳, 刘真, 丁兆习, 康敏. 医学形态学综合实验 SPOC 线上互动教学模式探析 [J]. 中国组织化学与细胞化学杂志, 2020, 29 (4): 391 - 396.

[8] 胡培培. 密涅瓦互动教学平台应用分析及启示 [J]. 现代教育技术, 2017, 27 (4): 106 - 110.

[9] 黄积虹. 论互动式教学法在高校课堂教学中的运用 [J]. 思想战线, 2011, 37 (S1): 361 - 365.

[10] 蒋丽平. "三教" 改革背景下高职英语互动式教学模式研究 [J]. 中国职业技术教育, 2021 (17): 75 - 81.

[11] 李佳佳, 张拴, 唐于平, 郭惠, 史亚军, 龙旭, 王李雯, 孟庆华, 张光辉, 张赛. 线上线下互动教学模式在医学院校基础化学教学中的应用——以 "缓冲溶液及其作用机制" 为例 [J]. 化学教育 (中英文), 2020, 41 (16): 67 - 72.

[12] 李宁. 大数据背景下应用型大学专业课程教学的变革 [J]. 江苏高教, 2019 (10): 93 - 96.

[13] 李相美. 关于应用型高校会计专业人才培养教学模式研究 [J]. 吉林省教育学院学报, 2021, 37 (7): 113 - 116.

[14] 李祥, 何金环, 李凤玲, 王永芬. 基于蓝墨云班课的动物生物化学互动反馈式教学模式研究 [J]. 黑龙江畜牧兽医, 2019 (16): 167 - 170.

[15] 李晓明. 注重职业能力的应用型会计专业课程体系构建 [J]. 财会月刊, 2016 (24): 118 - 120.

[16] 刘军和, 杨艳丽, 禹明甫. 昆虫分类学互动教学应用模式探讨 [J]. 生物学杂志, 2017, 34 (4): 124 - 126.

[17] 毛廷贵, 李伟民. 中国近现代史纲要课程教学中运用 "双主互动" 教学理念的研究 [J]. 广西社会科学, 2010 (10): 158 - 160.

[18] 邱定荣, 陈燕华, 杨雯荔, 邹涛, 林美珍, 文希, 张碧霞. 基于雨课堂直播的翻转互动教学在精神科护理学中的应用 [J]. 护理学杂志,

2021，36（8）：56 – 58.

[19] 施永，陶维青，刘宁. 双主体互动式教学模式在网络与通信技术课程中的应用 [J]. 科教导刊，2021（11）：109 – 111.

[20] 孙春. 高校互动研讨课混合教学模式构建研究 [J]. 教育观察，2020（37）：61 – 63.

[21] 孙晓敏. 应用型本科高校商务英语专业课程教学模式现状及改进策略 [J]. 西部素质教育，2020，6（14）：154 – 155.

[22] 王艳. 应用型本科高校经济类专业经济法课程教学改革探索 [J]. 教育理论与实践，2016，36（6）：48 – 49.

[23] 王玉红. 应用型院校会计学专业柔性化实验教学模式构建 [J]. 职业技术教育，2017，38（8）：43 – 46.

[24] 吴怀平. 基于校企合作模式应用型课程教学改革——以《金融企业会计》为例 [J]. 时代经贸，2021，18（4）：126 – 128.

[25] 熊力，郑丽，杨婉，刘玉洁，王午登. "以学生为中心"的线上教学模式探索——以大学物理课程为例 [J]. 物理通报，2021（5）：31 – 33，38.

[26] 许健松，魏道智. 探究高校互动教学模式，助推高校教学改革创新 [J]. 高校生物学教学研究（电子版），2018，8（4）：26 – 31.

[27] 杨玉，王荣媛. "互联网＋"时代下英语基础课多元互动教学模式研究 [J]. 中国教育学刊，2019（S1）：66 – 67，77.

[28] 杨梓樱，邓宏宝. 基于产教融合的应用型高校课程改革探究 [J]. 职教论坛，2020（1）：56 – 62.

[29] 佘维，田钊，刘炜. 面向对象方法学课程翻转课堂互动式教学模式研究 [J]. 河南教育（高教），2019（7）：61 – 63.

[30] 曾敏，唐闻捷，王贤川. 基于"互联网＋"构建新型互动混合教学模式 [J]. 教育与职业，2017（5）：47 – 52.

[31] 张世强，罗亚玲，梁波，许凤，万素馨. 以教师为引导、学生为主体、师生互动的网络教学模式探索与实践 [J]. 重庆医学，2013，42（31）：43 – 45.

[32] 张晓楠，关明，王贵艳，于佳彤，朱佳宏. 基于应用型人才培养的数学课程有效教学模式研究 [J]. 现代职业教育，2021（31）：104 – 105.

[33] 赵建义，赵永强，王爱国. 转型背景下应用型课程建设的探索与

实践［J］. 教育理论与实践，2019，39（15）：18 – 20.

［34］钟兰凤，钟家宝. 混合式 EAP 阅读 BREAD 教学模式设计及有效性研究［J］. 外语电化教学，2020（1）：77 – 83，103，12.

［35］Lisa Zhu. Research on the Teaching Mode of the Course Complex Function Theory in the Applied Undergraduate College［J］. International Journal of Education and Economics，2020，3（2）.

［36］Song Leizhen and Lv Dongfang. Research on Interactive Teaching Mode Based on Small Video［J］. Frontiers in Educational Research，2021，4（5）.

［37］Zhe Wang. Study on Cultivation Mode Forensic Auditing Talents in Application-oriented Colleges and Universities［J］. IOP Conference Series：Materials Science and Engineering，2018，452（4）.